SUAD HADDAD DE ANDRADE

Blucher

SBPRP
SOCIEDADE BRASILEIRA DE PSICANÁLISE
RIBEIRÃO PRETO

SUAD HADDAD DE ANDRADE

Obra selecionada

Organizadora

Maria Aparecida G. Galiote B. Pelissari

Comissão organizadora

Ana Rita Nuti Pontes

Guiomar Papa de Morais

Maria Aparecida Sidericoudes Polacchini

Maria Lucimar Fortes Paiva

Mauro Campos Balieiro

Suad Haddad de Andrade: obra selecionada

Editora Edgard Blücher Ltda.

Publisher Edgard Blücher
Editor Eduardo Blücher
Coordenador editorial Rafael Fulanetti
Coordenação de produção Andressa Lira
Produção editorial Regiane da Silva Miyashiro
Preparação de texto Mariana Góis
Diagramação Negrito Produção Editorial
Revisão de texto Cristine Sakô
Capa Laércio Flenic
Imagem da capa iStockphoto

Blucher

Rua Pedroso Alvarenga, 1245, 4º andar
04531-934 – São Paulo – SP – Brasil
Tel.: 55 11 3078-5366
contato@blucher.com.br
www.blucher.com.br

Segundo o Novo Acordo Ortográfico, conforme 6. ed. do *Vocabulário Ortográfico da Língua Portuguesa*, Academia Brasileira de Letras, julho de 2021.

Dados Internacionais de Catalogação na Publicação (CIP)
Angélica Ilacqua CRB-8/7057

Suad Haddad de Andrade: obra selecionada/ organizado por Maria Aparecida G. Galiote B. Pelissari. – São Paulo: Blucher, 2024.

596 p.

Bibliografia

ISBN 978-85-212-2096-1

1. Psicanálise 2. Andrade, Suad Haddad de – 1933-2021 I. Pelissari, Maria Aparecida G. Galiote B.

24-0186 CDD 150.195

Índice para catálogo sistemático:
1. Psicanálise

Suad Haddad de Andrade (obra póstuma)

Filósofa, psicóloga e psicanalista formada pela Sociedade Brasileira de Psicanálise de São Paulo (SBPSP), associada a International Psychoanalytical Association (IPA). Participou da fundação da Sociedade Brasileira de Psicanálise de Ribeirão Preto (SBPRP), onde atuou em vários cargos do conselho diretor, entre eles, como presidente. Membro efetivo com funções didáticas da SBPSP e da SBPRP, participou ativamente da formação de novos psicanalistas e da divulgação da psicanálise no Brasil e na América Latina.

Uma homenagem para Suad Haddad de Andrade

Luciano Bonfante[1]

O pessegueiro[2]

Estar à espera de se tornar planta,
lembrar-se de ter sido animal,
ter vindo de muito longe para esperar:
tornar-se, isto é: adquirir o seu repouso.

Maria Filomena Molder

Fincado próximo ao ângulo do canteiro delimitado pelo cimento, junto ao muro de divisa, o pessegueiro atravessa estações, domesticado no quintal da casa. Erguido em tronco hirto de casca rugosa, denunciando o tempo ignorado por ele, suas folhas estreitas, de diferentes tonalidades de verde, obedecem ao movimento do vento conforme a força natural se impõe.

---

1 Membro filiado à Sociedade Brasileira de Psicanálise de Ribeirão Preto (SBPRP).

2 Texto originalmente publicado em https://sbprp.com/2019/03/18/o-pessegueiro/

Da visão da varanda, em primeiro plano, sua copa irregular recorta o céu e revela um cenário onde ele concorre, sem conflito, o espaço aéreo com outras árvores frutíferas, suas irmãs de destino. E, quando floresce, é tomado por delicadas flores típicas da espécie, misturadas em quantidade à folhagem amarelecendo, prenúncios de uma safra de inédita fartura.

O pessegueiro, ora florido, agarrado ao chão com nobreza, prenuncia a colheita cumprindo seu desígnio. Vertidos da inflorescência, os rebentos despontam e logo pesarão os ramos de onde sugam a seiva invisível de sua nutrição. Então os frutos de veludo são tingidos de um suave amarelo, insinuando alaranjado com pinceladas de vermelho, cores fosco-acamurçadas, convidativas ao toque, alegrando os sentidos à espera do paladar.

Na safra que se acercava, os pomos abundantes enchiam o dia a dia, encantando o espectador mais distraído pela beleza que ornamentava seus galhos. De carga incomum, os frutos chegaram a termo: colheita!

Envolvendo a mão que mal se fechava sobre o espécime mais carnudo, havia o aroma peculiar inevitável. Generoso por natureza, o pessegueiro floresceu como nunca. Não haveria outro ano de prenhez. E os frutos derradeiros transformaram-se em sabor a cada polpa mordida, inundando bocas com sua suculência. Quantos pêssegos em uma só levada! Que magia moveu o pessegueiro a tamanho empenho? Há o insondável enigma dessa rara oferta. (Ensurdeço para a botânica).

Entre evidências e mistérios circundantes, aquele foi o último ano em que o forte pessegueiro ofereceu sua doçura. E de fruto em fruto, de semente em semente espalhadas por quem dele provou, ele foi germinando em outros solos da mesma terra, multiplicando-se em novas gerações. Hoje, enquanto completa seu ciclo, a sombra fresca permanece, mas quieto, quase imóvel não fosse pelas folhas que o vento ainda balança. Em seu silêncio, o velho pessegueiro mal desconfia que agora possa ser tantos.

Apresentação

Suad sempre dizia que escrever e apresentar um trabalho era a maior contribuição que um membro poderia fazer à sua sociedade. Mulher forte e coerente, levou a sério suas palavras. Seu legado poderia compor muitos volumes, pela profusão de artigos, palestras, reuniões científicas e participações que teve nos mais variados campos do ensino e difusão da psicanálise. Foi necessário um exercício de abstinência e parcimônia do nosso grupo, organizador desse livro, para selecionar algumas de suas mais significativas contribuições, que contemplassem ao mesmo tempo a essência e a abrangência do seu pensar psicanalítico, tal como o concebemos.

Essa compilação condensa alguns anseios dos organizadores e daqueles que apoiaram de diferentes formas esse trabalho. Reflete o desejo de comunicar às novas gerações o espírito apaixonado dessa autora pela psicanálise. Com essa força de vida, ela compôs o grupo de pioneiros na fundação da Sociedade Brasileira de Psicanálise de Ribeirão Preto (SBPRP), e transmitiu a muitos de nós a paixão e o entusiasmo pela busca de conhecimento e abertura para a infinidade de experiências intrínsecas ao nosso trabalho. Assim, é também uma homenagem que pretendemos eternizar por sua incansável dedicação à psicanálise. Expressa a gratidão de todos que sentiram nela um importante norte no conhecer e fazer psicanalíticos, pela crença, fé e rigor em preservar e difundir os pressupostos da psicanálise.

Selecionamos dentre seus escritos aqueles que expressam seu modo peculiar de pensar e experienciar a teoria, a clínica e as questões sociais e da cultura contemporânea, sob o olhar psicanalítico, abrangendo o período entre 1968 e 2016. A característica do seu estilo é de muita proximidade com o leitor, assim como se expressava em seus contatos como professora, supervisora e analista. Seus artigos e textos são quase testemunhos de como ela pensava a psicanálise, mas, sobretudo, como vivia e sentia a psicanálise em todos os campos, ou seja, no interior de um *setting* rigoroso ou na leitura da vida cotidiana.

Na tentativa de organizar suas contribuições, o livro foi dividido em cinco partes, cujo intuito foi selecionar os artigos que refletem os seus pensamentos em diferentes campos do saber.

Na Parte I, foram priorizados os artigos teóricos. Os artigos compilados nessa seção apresentam suas concepções sobre a evolução da psicanálise desde Freud até os nossos dias, abordando questões sociais como a necessidade de poder, a violência e seus reflexos na configuração das relações humanas contemporâneas. Na Parte II, apresentamos sua abordagem sobre as experiências clínicas e o aporte teórico proposto sobre elas, com especial ênfase à importância da atenção aos aspectos destrutivos, à violência e à inveja, assim como suas diferentes apresentações na clínica psicanalítica.

Dentre as várias contribuições que Suad apresentou em congressos e outras atividades científicas, selecionamos os trabalhos que se encontram na Parte III, onde podemos depreender suas impressões sobre questões contemporâneas, como depressão e gênero, e sobre a formação psicanalítica e suas evoluções, temas que lhe eram muito caros.

Seu trabalho incansável e dedicado à difusão da psicanálise aconteceu também por intermédio de comentários de filmes, nos quais explorava com maestria a relação entre o olhar psicanalítico para a vida, as emoções humanas e a arte. Estes trabalhos são apresentados na Parte IV do livro, onde a "arte imita a vida". Nessa seção, Suad compartilha suas impressões sobre filmes que proporcionam elaborações interessantes sob o vértice psicanalítico.

A Parte V, denominada por nós de "reflexões", brinda-nos particularmente com temas que a impactavam nos últimos tempos, como a questão do envelhecimento, e um tema recorrente em seu trabalho, a questão da violência e seus efeitos deletérios. Apresenta também reflexões sobre temas atemporais que sempre ocupavam sua mente, como a prática da psicanálise na atualidade, em diferentes culturas, assim como as contestações mais recentes a essa abordagem.

Acreditamos que seja possível encontrar aqui a essência de suas concepções e os desenvolvimentos a que ela constantemente se propunha, diante das transformações pessoais, culturais e sociais, para manter um olhar psicanalítico sempre depurado e significativo. Sentimos, no entanto, a impossibilidade de explorar mais amplamente no âmbito do livro (pelos óbvios motivos éticos), o profundo legado de seu trabalho "intramuros", que a consagrou como a grande psicanalista que foi.

Maria Lucimar Fortes Paiva

Mauro Campos Balieiro

Conteúdo

Nota explicativa sobre o presente volume

A obra de Suad Haddad de Andrade é extensa, fértil e abrangente. Seus interesses, desde o ponto de partida da psicanálise, versam sobre a clínica e seus desdobramentos teóricos e técnicos; e sobre as relações da psicanálise com a cultura, incluindo aportes com a filosofia e a sociologia, assim como as mais diversas produções do humano, nas artes, na literatura e no cinema.

O pensamento da autora apresentado neste volume contém artigos publicados em periódicos científicos, palestras, comentários e apresentações orais em eventos. Isso constituiu o primeiro desafio da Comissão Organizadora, que buscou localizar, organizar e selecionar mais de uma centena de textos produzidos e apresentados em diversos lugares e diferentes formatos ao longo de três décadas de produção.

Considerando a intenção da Comissão Organizadora do presente livro em preservar a originalidade, o estilo e a espontaneidade da autora – tão característicos de sua forma de ser e se expressar – optamos por preservar todo o material que se encontra nas páginas a seguir em sua forma original, tal qual foi escrito ou lido em diferentes contextos pela própria autora. Essa opção implicou decisões listadas a seguir, especialmente em relação às referências bibliográficas utilizadas ao longo do texto.

Em relação às citações literais, destacadas no texto entre aspas, quando não foi possível verificar o ano e a página de origem, optou-se por manter a citação sem a referência exata, mantendo o texto original tal qual produzido pela autora.

Quando possível, o leitor encontrará referências bibliográficas ao final do capítulo, sobretudo nos capítulos que foram previamente publicados em outros periódicos. Quando não foi possível aos organizadores localizar as referências utilizadas, optou-se por não as incluir ao final do capítulo.

Uma lista geral de bibliografia consultada foi incluída no final do livro, permitindo acesso às referências básicas utilizadas pela autora.

Barros (2005) cita uma passagem interessante relativa à história da psicanálise: Ernest Jones teria sugerido a Melanie Klein que ele reescrevesse um dos trabalhos dela para torná-lo mais claro, e a resposta de Klein foi: "certamente seria mais claro, mas seria menos eu!".

Identificados com essa posição e apoiados na ideia de que a psicanálise pode ser um modo pelo qual cada um de nós possa viver e usufruir de seu próprio modo de ser, desejamos a todos uma boa leitura, deixando que vocês, leitores, possam usufruir da obra dessa preciosa autora, provavelmente como ela gostaria que fosse conhecida: assim como ela é!

Comissão Organizadora

Prefácio

Maria Aparecida Sidericoudes Polacchini
Guiomar Papa de Morais
Ana Rita Nuti Pontes

Apresentar nossa querida Suad é abrir um imenso universo de lembranças, memória viva da nossa longa convivência com uma pessoa tão singular, vivaz e autêntica. Muito desta convivência se deu pela psicanálise, nossa forte ligação com ela.

Nascida em 19 de março de 1933, dotada de uma percepção arguta, curiosa, atenta à realidade em seus aspectos culturais, sociais e artísticos, despertavam atenção suas reflexões, muito bem fundamentadas com base em sua graduação em Filosofia e em seu profundo conhecimento psicanalítico.

Membro efetivo e analista didata da Sociedade Brasileira de Psicanálise de São Paulo (SBPSP), na qual concluiu sua formação em Psicanálise, foi pioneira e participou ativamente junto com colegas da profissão na fundação da Sociedade Brasileira de Psicanálise de Ribeirão Preto (SBPRP), hoje com reconhecimento nacional e internacional. Exerceu funções como membro efetivo e analista didata, assim como assumiu a presidência e a diretoria do instituto. Sua especialidade era tratar de modo cristalino as questões que se lhe apresentassem, fossem em análise, em supervisão, em seminários clínicos, teóricos, em palestras, enfim, em qualquer função que ocupasse, na instituição ou fora dela.

Essa era Suad, visionária de necessidades e capaz de abrir caminhos para atender às demandas dos interessados em psicanálise, sua grande paixão. Assim nasceu o Curso de psicoterapia de orientação psicanalítica Suad Haddad de Andrade, destinado a psicólogos e médicos, para preencher a lacuna entre o tempo de conclusão de vida universitária e o início da formação psicanalítica. Vale ressaltar que uma de suas características inesquecíveis era seu talento para ensinar: o fazia com maestria, seriedade e generosidade!

Suas participações nos congressos da Federação Brasileira de Psicanálise (Febrapsi) e da Federação Psicanalítica da América Latina (Fepal) foram marcantes e a apresentação de seus trabalhos se destacava por sua capacidade de entrelaçar teoria, clínica e técnica psicanalítica, expressando ideias complexas e criativas em estilo próprio de escrita, em linguagem tocante, densa e, ao mesmo tempo, compreensível e penetrante. Atraía muitos congressistas, de decanos aos mais jovens, e era comum grande parte da plateia se sentar até no chão, preenchendo todos os espaços possíveis para ouvi-la; quem ficava de fora lamentava preciosa perda. Hoje, com este livro, os que a viram em congressos, eventos científicos e culturais terão a feliz oportunidade de retomarem suas falas; os que não conseguiram, agora serão agraciados.

Admiradora das artes, literatura e cinema, escreveu dezenas de trabalhos, ensaios e comentários de filmes, transitando por diferentes temas. O desejo de organizar um livro em sua homenagem com a publicação de seus inúmeros textos, desde os primeiros, que conservam seu frescor por anteciparem uma visão de futuro, nasceu em uníssono, do coração dos membros da SBPRP, cujo sentimento de filiação a essa sociedade se encontra fortemente entrelaçado à sua pessoa.

Esses textos afirmam a visão ampla e profunda de Suad, sobre a vida psíquica e social, sempre atenta aos acontecimentos do mundo, capaz de uma leitura microscópica tanto da mente individual quanto da social e cultural, com observações inovadoras, paradoxais, marca de seu pensamento inquieto, perscrutador e progressista. Suad não era nem de meias verdades tampouco de meias palavras. Seu peculiar estilo, comprometido com a honestidade e a verdade, sempre marcante, revela-se nos textos ora publicados. Representam um registro tão encarnado e fiel à personalidade de sua autora que, ao lê-los, ainda a ouvimos. Poderão ser apreciados tal qual uma partitura musical, em que as notas não são apenas lidas, mas ouvidas com toda a limpidez que a escrita oferece. Essa é uma particularidade da sua preciosa escrita.

Os artigos aqui oferecidos têm a singularidade de, mais do que conduzir o leitor a entrar em contato com a intimidade da autora, levá-lo a uma intimidade consigo mesmo. Esse era o traço característico de Suad, tão naturalmente entranhada no espírito psicanalítico, acrescentado ao filosófico. Suas palavras tinham esse poder de nos provocar a perplexidade tanto do óbvio quanto do estranhamente familiar, o que fazia dela alguém que nunca nos deixava indiferentes, sempre nos despertando algo, gostássemos ou não. Com ela, invariavelmente nos encontrávamos com as nossas verdades, as mais insuspeitas. E assim esses artigos nos mobilizam; por eles, não passaremos incólumes.

PARTE I

Artigos teóricos

1. A evolução da teoria e prática psicanalíticas: da experiência de Freud aos nossos dias[1]

O conflito endopsíquico é o tipo de conflito sobre o qual podemos fazer algo. Todos os outros conflitos não são afetados por nós, porque não podemos fazer nada a respeito deles.

(Bion, 1978)

Ao privilegiar o uso das palavras como o instrumento essencial do tratamento da mente, já nos *Estudos sobre a Histeria*, Freud não só instaurou a psicanálise, mas também abandonou, sem se dar muito conta, como mostra Vassilli (2003), tanto o método das ciências naturais como o da psicologia da época, como também o das disciplinas filosóficas. Desde então, a prática psicanalítica tem sido desenvolvida, testada e questionada permanentemente na sua especificidade.

Em seu livro *Clínica psicanalítica e neogênese*, de 2005, Sílvia Bleichmar diz: "A clínica não é o lugar onde a teoria se produz, mas o espaço onde se levantam as questões que testam as teorias que

1 Comunicação oral, não publicada.

sustentamos com convicção". Ela considera que há um excesso de teorias e de formulações que se sobrepõem e criam um "acúmulo de escombros . . . e exigem uma limpeza: desentulhar o espaço, separar os elementos fecundadores do mato".

Penso que na clínica testamos nossas teorias, e dali, também, partimos para a criação de novas teorias. A reflexão que a clínica nos impõe é inevitável e enriquecedora: na clínica nasceu a psicanálise, e ela continua sendo o nosso principal laboratório de pesquisa. Não concordo com a afirmação de termos uma real necessidade de limpeza desses acúmulos, e de estarmos impossibilitados de tolerar a grande variedade de acréscimos e teorias existentes.

No âmbito da teoria, temos visto muitos autores preocupados com as diferentes psicanálises. Paulo Duarte Guimarães Filho (2005) fala de confluências teóricas e assinala a ocorrência de uma pesquisa clínica informal e convergente que pode nos ajudar a lidar com as divergências.

No mesmo livro, Dana Birksted-Breen (2005) fala da noção de tempo em psicanálise e mostra que o conceito de *aqui e agora* não tem uma única interpretação: para alguns seria uma pura repetição do passado; para outros é a expressão do presente, das atuais relações objetais internas. Ela chama a atenção para alguns fenômenos interessantes: mostra que partiu de Freud a concepção do *après-coup*, ou ressignificação, em que uma nova criação do passado ocorre no presente analítico. O conceito foi reformulado e muito discutido por Lacan e, segundo ela, os analistas britânicos frequentemente trabalham com a noção de *après-coup* sem nomeá-la, ao mesmo tempo em que os analistas franceses estão levando em conta o tempo do desenvolvimento quando estão lidando com o *après-coup* e não percebem.

Então, parece que temos também pseudodiferenças, como é o caso da identificação projetiva, que esclarece e amplia o entendimento da contratransferência do mesmo modo como o *enactment*, conceito igualmente esclarecedor desenvolvido dentro de outro contexto teórico.

O conceito de *objeto interno* ampliou e possibilitou a evolução do conceito de *sexualidade* em psicanálise: ao invés de objeto da pulsão, como em Freud, o objeto interno dá ao externo a conotação que é própria do sujeito. Não se concebe o objeto separado da qualidade do relacionamento com o sujeito. A teoria das relações objetais é um marco importante, e o objetivo da análise passa a ser a modificação dos objetos internos. Porém, a teoria das relações de objeto apresenta-se, ela mesma, também com ramificações: por um lado, a preocupação com a pulsão, suas características e sua evolução; por outro, as manifestações pulsionais sendo consideradas como efeito das ações do adulto sobre a criança.

As diferenças teóricas evidentemente acarretaram mudanças clínicas importantes, mas parece que estamos com alguns elementos bem unificados. A importância da relação analista-analisando tornou-se central, e a vivência da dupla passou a ser o núcleo ao redor do qual se desenvolve o trabalho psicanalítico: transferência, contratransferência e interpretação ainda são os conceitos básicos para a maioria dos psicanalistas, embora alguns já falem em ir além dessas postulações, como nosso convidado aqui, Dr. Botella. A convergência importante é a participação da mente do analista no trabalho clínico. Não se tenta decifrar o inconsciente recalcado, mas investigam-se os aspectos inconscientes por meio de sua repercussão no analista. O espaço comum criado na sessão e a relação entre as duas personalidades é o que caracteriza hoje o trabalho clínico. "O psicanalista não dá sentido à fala do paciente, mas juntos, paciente e analista, estão sempre tentando descobrir o sentido da experiência que está sendo vivida", na expressão do colega Rezende (2006). As transformações pelas quais o paciente passa em decorrência de novos sentidos e significados trazidos pela interpretação podem alterar até mesmo a organização pulsional, o substrato biológico, como mostra Barros (2005) no seu trabalho sobre interpretação.

Costumo dizer que nossa função, como analistas, não é tranquilizar os pacientes, mas de inquietá-los, sempre nesse sentido de fazê-los atentos, ao de fora e ao de dentro. Não eliminamos os desconfortos, tais como as dúvidas, angústias, inveja, ciúmes, desconfianças, mas ajudamos as pessoas a desenvolverem recursos para lidarem melhor com eles.

O método continua sendo o mesmo, o da investigação do inconsciente, mas mudaram as técnicas. Estamos todos falando, sempre, da intolerância à frustração e do sofrimento psíquico. Podemos falar que existe uma unanimidade, desde Freud, quanto a ajudar os pacientes a viverem melhor, mas divergimos quanto a alcançar tal objetivo ou como definimos os caminhos a serem seguidos para esse fim.

De um lado, temos analistas que se preocupam com o diagnóstico para definir a condição de analisabilidade e as possibilidades de cura. No *Livro anual de psicanálise*, Glen O. Gabbard e Drew Westen (2005) tentam caracterizar as tendências e controvérsias recentes, chegando à conclusão de que temos três categorias de intervenção na psicanálise que facilitam mudanças: eles acentuam a função terapêutica do nosso trabalho falando de *ações terapêuticas*. Mencionam a crescente flexibilidade na prática clínica sem preocupação com ordenação e limpeza: "Precisamos conceituar as fronteiras analíticas como sendo fluidas e relacionadas a questões contextuais de determinada díade analítica". A preocupação com a ação terapêutica os leva a buscar ajuda das outras ciências, que eles chamam de *disciplinas aliadas*. E nos previnem para não questionarmos as propostas se elas são analíticas, porém terapêuticas. Eles recorrem às neurociências cognitivas e às pesquisas empíricas e experimentais. E descrevem inúmeras e variadas ações terapêuticas tendo em vista problemas ou dificuldades específicas dos pacientes. Gabbard fala em dar maior atenção terapêutica a processos conscientes e como ensinar aos pacientes estratégias conscientes para regular ou tolerar afetos.

Não temos dúvida de que estamos diante de um vértice muito próximo do modelo médico-curativo diretamente aplicado à clínica psicanalítica.

Outra corrente considera o trabalho psicanalítico como um processo de conhecimento, isto é, procura conhecer como a mente do paciente funciona e parte do pressuposto de que esse conhecimento expande as possibilidades e recursos do paciente para lidar com suas dificuldades e viver melhor. Outros ainda especificam mais o trabalho clínico como um processo que constrói e amplia a capacidade de pensar.

"A clínica psicanalítica, ao invés de ser tomada como um tratamento voltado para a cura, é vista como proporcionando uma ampliação das capacidades psíquicas de fazer sentido". Essa é a definição de Figueiredo (2005). Ele fala de um processo de "ir fazendo sentido", um processo criativo que implica em permanente trabalho de ligação e desligamentos, e que são operações afetivas, mais do que cognitivas. O objetivo mais importante nesse tipo de abordagem não é "curar", mas ajudar o paciente a "ampliar as capacidades processuais do psiquismo para lidar com suas experiências emocionais".

O conceito de transformações em Bion e do aprender com a experiência emocional é uma colocação que nos deixa mais voltados para o desenvolvimento da capacidade de pensar do que para os resultados terapêuticos pontuais. Contudo, as coisas não são tão simples. Seguidores de Bion se preocupam com a verdade e com o desenvolvimento da capacidade para pensar, enquanto Ogden, entusiasta das propostas de Bion, não lida com a transferência e a contratransferência, mas com o conceito que ele criou de *terceiro analítico*. Embora considere a realidade psíquica como resultado da interação da dupla, exclui o objeto intrapsíquico, ou mesmo a vivência intrapsíquica. Essa postura o inclui, segundo Franco Filho e Sandler (2006), entre os autores que trabalham com a intersubjetividade, fortemente questionada por eles, já que pode levar a um afastamento dos postulados básicos psicanalíticos.

Porém, se todos falam da interpretação, por outro lado admitem existir ocorrências que não são cobertas pelas interpretações: Figueiredo fala de *manejo* e outros autores identificam como *significados relacionais inconscientes*. Falam de como a interpretação carrega um componente emocional capaz de provocar mais reações do que o conteúdo veiculado por ela – meu empenho, meu entusiasmo, minha atenção presente e minha capacidade de captação das emoções do paciente são perfeitamente detectados pelo paciente e provocam reações – podem ser bem recebidas ou não. Muitas vezes sofrem uma transformação muito destrutiva: o paciente ouve como agressão, acusação, crítica, exigência ou menosprezo. E acredita, então, que o terapeuta passa a incomodá-lo e não é o que ele, paciente, está vendo de si mesmo. Pode também trazer tranquilidade ao se sentir bem acompanhado, digamos assim, com uma mãe interessada, presente. Este olhar atento às mobilizações na relação é o principal acontecimento para qualquer analista; precisa ser percebido e apontado.

Então é ali, no trabalho com o paciente, que fazemos a *limpeza* ou a ordenação a que se refere Silvia Bleichmar. É a experiência, a sensibilidade e a reflexão que, presentes, nos possibilitam a intervenção adequada.

O paciente não só conhece mais de si mesmo quando seus sentimentos e ideias adquirem sentido, como também usufrui do mecanismo da *identificação introjetiva*. A introjeção do analista, ou de seus aspectos, que ocorre na relação analítica significa que a função terapêutica está sempre presente, não importa a orientação teórica do analista. Está aí um fenômeno que aproxima os diferentes enfoques.

A relação da psicanálise com outras áreas do conhecimento é natural e desejável. O problema está em reduzir a psicanálise a outros modelos – biológicos, médicos, linguísticos ou filosóficos e perder nossa especificidade. O risco não está na aproximação às outras áreas, mas no afastamento da clínica.

Um século depois de *Estudos sobre a histeria*, estamos acrescentando: não só olhar, observar e conjecturar, mas também ter disponibilidade e capacidade de viver a experiência emocional da sessão para ampliar nossos recursos investigativos e nosso campo de investigação.

A preocupação com os resultados terapêuticos parece existir em todos, apenas não ficam sempre bem explicitados. As diferenças podem ser menores do que parecem e com certeza as semelhanças ou linhas de proximidade precisam ser mais pesquisadas.

Não é necessário unificar. Não vamos chegar a uma visão única, um único objetivo ou uma única técnica; vamos continuar acompanhando as mudanças e tirando proveito delas. É assim que temos nos desenvolvido.

Têm me chamado atenção a abertura e o interesse dos psicanalistas para com as psicoterapias psicanalíticas, de orientação psicanalítica ou dinâmicas.

Quando entrei na instituição psicanalítica, e isso faz muitos anos, não se estudava, nem mesmo se falava em psicoterapia de orientação analítica. Esse tema era uma heresia dentro da instituição. Atualmente, o *International Journal of Psycho-Analysis* tem uma seção intitulada "Psicoterapia psicanalítica".

Qual o significado disto? Vou partir de uma observação bem rápida e superficial do *International Journal of Psycho-Analysis* que fiz recentemente: tem havido uma diversificação significativa nas propostas dessa revista magna da *International Psychoanalytical Association* (IPA). Até pouco tempo atrás, não havia uma diferenciação de setores ou de seções, depois elas passaram a ocorrer e os trabalhos dos psicanalistas colaboradores da revista foram distribuídos em áreas ou seções diferentes. Antes tínhamos apenas o subtítulo: "Teoria e técnica". Depois apareceram: "Estudos interdisciplinares", "Desenvolvimentos em áreas afins", "História da psicanálise", "Educação", "Investigação empírica", "Comunicações clínicas", "O analista trabalhando" e "Psicoterapia psicanalítica". Este último, dos mais recentes, é o que mais me intrigou.

Na seção clássica, "Teoria e técnica", as teorias psicanalíticas são pensadas e a clínica está subjacente ou inerente a essas preocupações e desenvolvimentos. Em "Comunicações clínicas" e "O analista trabalhando", a questão da prática é central. Agora, a inserção da seção "Psicoterapia psicanalítica" é especialmente significativa. Podemos levantar hipóteses, questionamentos, mas é evidente que existe alguma angústia subjacente. Não é simples definir o que seja a psicoterapia psicanalítica e parece haver várias definições, pesquisa que gostaria de ter feito e ainda não tive tempo para isso. Pelo que temos acompanhado nesses anos, sabemos que, para alguns, ela se diferencia da análise pelo número de sessões; para outros, pelo diferente manejo da transferência-contratransferência, ou pela dificuldade de enquadre, de manutenção de um *setting*, ou pela necessidade de flexibilização e adaptação a grupos, família etc.

A inclusão em nossa revista mais importante denota expansão, solução criativa ou adaptação? A expansão é inevitável e muito desejável, mas devemos nos acautelar também nesse aspecto porque a manutenção da clínica psicanalítica não é fácil.

De uns anos para cá, estamos frequentemente falando em crise da psicanálise. Em algum momento os temores de que a psicanálise não sobrevivesse eram tantos que se chegou a propor aos institutos das sociedades de psicanálise a abertura de cursos para o ensino de psicoterapias, como uma formação paralela, interna, de psicoterapeutas. Uma ameaça que parecia ter desaparecido me parece que continua existindo com outras características. Sempre que diminui a procura por análise nos consultórios, ou a procura pela formação psicanalítica, instala-se o pânico (no cotidiano de nosso trabalho – não estou falando de crise no sentido mais amplo, metapsicológico, de questionamento de nossos fundamentos teóricos).

E enfrentamos cobranças também: por isolamento, por não ter uma boa inserção na sociedade ou ficar à margem. Não vejo sentido nessas críticas. Não há qualquer possibilidade de nos distanciar do mundo ao nosso redor. A clínica nos situa na fronteira entre o íntimo e o social. Da captação do que se passa com o analisando e do que é vivenciado por ambos, podemos lançar hipóteses ou fazer conexões produtivas sobre o que ocorre no plano cultural e social. Não podemos nos furtar a pensar o mundo em que vivemos porque ele não só nos bate à porta, mas entra fortemente dentro do consultório. Li em algum lugar que o paciente é o sintoma do universo social a que todos pertencemos. Ao pensar o homem da intimidade, a psicanálise está contribuindo com o social, ao mesmo tempo em que estamos reformulando permanentemente nossas teorias e nossa prática a partir desse contato vivo. "Há sempre um movimento de mão dupla entre a clínica e a cultura, ambas alicerçando o desenvolvimento da teoria psicanalítica" (Marinho, 2006).

Devemos ser liberais na política, socialistas na economia e conservadores na cultura. Essa afirmação, que também não sei localizar, parece absolutamente correta no que diz respeito à cultura. Na formação da interioridade, os aspectos fundamentais não mudam: valores pessoais, culturais, artísticos e éticos se mantêm além da época. A psicanálise tem muito a preservar. No consultório, estamos atentos às identificações projetivas, e sabemos bem que podemos contribuir com o paciente se pudermos nos proteger do sentimento de incapacidade e limitação ou da arrogância e da onipotência que os pacientes projetam em nós. Se o analista se identifica com o projetado, perde a condição analítica. Com a psicanálise ocorre o mesmo. A pressão externa é perigosa; podemos perder nossa especificidade se quisermos criar soluções fáceis para o que é difícil.

Penso ser fundamental a preservação da psicanálise e da formação analítica que privilegia a clínica como recurso de ampliação das capacidades analíticas pessoais e do próprio universo teórico psicanalítico. Ser conservadores nesses aspectos não é uma escolha, mas uma exigência.

Referências

Barros, E. M. R. (2005). Reflexões sobre a interpretação psicanalítica. *Revista Brasileira de Psicanálise*, *39*(2), 17-24.

Birksted-Breen (2005). Tempo e *après-coup*. *Livro Anual de Psicanálise*, XIX, 219-229.

Bleichmar, S. (2005). *Clínica psicanalítica e neogênese* (pp. 24-35). Annablume.

Figueiredo, L. C. (2005). A questão do sentido, a intersubjetividade e as teorias das relações de objeto. *Revista Brasileira de Psicanálise, 19*, 79-80.

Franco Filho, O. M., & Sandler, P. C. (2006). Intersubjetividade: progresso em psicanálise? *Revista Brasileira de Psicanálise, 19*, 96-97.

Gabbard, G. O., & Westen, D. (2005). Repensando a ação terapêutica. *Livro Anual de Psicanálise,* XIX, 139-157.

Guimarães Filho, P. D. (2005). Recentes confluências teóricas na psicanálise e sua importância epistemológica. *Livro Anual de Psicanálise,* XIX, 179-189.

Marinho, N. C. (2006). *Razão e psicanálise* (p. 272). [Tese de Doutorado, Pontifícia Universidade Católica do Rio]. Coleção Digital. https://www.maxwell.vrac.puc-rio.br/colecao.php?strSecao=resultado&nrSeq=8964@1.

Rezende, A. M. (2006). *Novas perspectivas para a psicanálise atual – a expansão do universo mental.* Curso proferido na SBPSP. 7a aula.

Vassalli, G. (2003). O nascimento da psicanálise a partir do espírito da técnica. *Livro Anual de Psicanálise,* XVII, 97-117.

2. A máfia de cada um![1]

Estou me propondo a fazer o relato de uma experiência que tem sido muito rica para mim em possibilidade de reflexão.

No decorrer da sessão, estabeleceu-se o seguinte diálogo:

Paciente (P) – E agora estou com uma nova preocupação; é um outro problema que apareceu: vou começar a ter aulas à noite, a partir das 19 horas e, portanto, não poderei mais vir neste horário aqui. Vamos ter um curso de medicina preventiva. Tenho que ver com a senhora outros horários no meio da tarde.

Analista (A) – Mas você não tem aulas todas as tardes?

P – É, mas agora, por causa desse curso à noite, eles vão nos liberar algumas tardes, e aí, então, dentro das suas possibilidades, a gente vê novos horários. Eu ligo para a senhora na segunda-feira, quando eu estarei com todos esses dados.

A – E quanto tempo você acha que dura esse curso à noite?

---

[1] Artigo publicado originalmente em 1978 no *Jornal de Psicanálise*, *10*, 24, pp. 17-21.

P – Um mês.

No final da sessão ele me paga (era a última sessão do mês, uma sexta-feira) e completa: "Então a senhora pode dispor do meu horário de segunda-feira; eu telefono depois para combinarmos". Despede-se e sai.

Assim que ele deixou a sala, fui tomada de uma total certeza de que estava deixando a análise definitivamente. Encontrei a confirmação no início da semana quando o procurei por telefone (ele não me ligou como pretendera); continuou afirmando que não tinha condições de horário, e assim que tivesse voltaria a me procurar.

Estava perplexa, não porque ele desistia da análise, mas pela maneira como fazia; articulara uma boa mentira; era um plano bem elaborado que em nada combinava com o paciente durante as dezesseis sessões que tivemos. Diria melhor agora; não combinava com o paciente que eu via, mas era perfeitamente coerente com o paciente que não fui capaz de ver. O diálogo aqui descrito é uma amostra do desencontro; eu falava com ele de horário quando ele me falava da sua mente; estava me comunicando que, na sua mente-relógio, não havia *hora* para a análise.

Contudo, a surpresa despertou minha curiosidade e o desejo de entender um pouco mais desse paciente e do que ocorrera entre nós dois. Eu tinha poucas anotações, sabia que deveria recorrer à memória, mas, na verdade, eu contava mais com as fortes impressões deixadas em mim por ele.

Quando o paciente me procurou, queixava-se de estar sofrendo muito com ideias obsessivas e fantasias persecutórias muito angustiantes; passara no vestibular da faculdade de medicina, mas vivia atormentado, imaginando as perseguições que os veteranos fariam a ele, calouro. Já estava em aula há dois meses, mas ainda temia os colegas. Passava horas ou a noite toda pensando no que aconteceria no dia seguinte e como faria para escapar. Também sofria tonturas e por isso não saía de casa, a não ser para as aulas. Em todas as sessões eu ouvia o relato de seus sintomas e a descrição minuciosa do que passava pela sua mente; de como imaginava o que iria acontecer e como planejava lidar com essas situações criadas mentalmente. Ele me impressionava pelo sofrimento; via diante de mim um jovem atormentado que me pedia sugestões de como deveria fazer para *parar de pensar essas coisas*.

Nas sessões, as angústias persecutórias e as identificações projetivas eram vivenciadas muito dramaticamente. Uma dessas situações foi quando ele, sentado perto da mesa (nunca usou o divã) bateu a cabeça na estante. Percebi que, além de muito angustiado, ficou também atordoado. Passado o mal-estar, ele me diz que, a seu ver, eu colocara propositalmente a estante ali esperando que ele batesse a cabeça para ter então a oportunidade de observá-lo sofrendo de tontura, que era uma de suas queixas. Esse seria um dos truques que eu usava no meu trabalho para estudar sua reação. Um relógio de mesa que precisei usar alguns dias, em substituição ao de pulso, tinha a mesma finalidade; ele ficara muito incomodado com o relógio e o entendia como uma provocação. E assim ocorreram várias situações: a luz apagou fora porque eu planejara tudo; meus movimentos eram muito bem vigiados por ele porque tinham todos uma intenção prévia.

Além de apontar a angústia presente, tentei mostrar-lhe que eu não usava essa *técnica* e que, na minha maneira de trabalhar, a mentira, o subterfúgio, a omissão ou qualquer truque não tinham lugar. Pensava que ele estava interessado em me conhecer e conhecer minha forma de trabalhar; é possível que ele tivesse algum tipo de interesse nessa linha, mas penso que a questão principal, que me escapou, era o que ele me dizia. A inutilidade do esclarecimento é evidente – tudo aquilo que eu pudesse colocar naquelas circunstâncias não tinha qualquer valor e possivelmente nem era ouvido por ele, já que eu só existia como projeção de sua mente.

Também quando ele me pedia *receitas* para conter a agitação louca de sua mente, achei que era adequado oferecer-lhe a possibilidade de diferenciar uma análise de uma abordagem sugestiva ou suportiva; não compactuando com ele no sentido de acreditar em soluções mágicas eu acreditava que o estaria ajudando a pensar. E mais: tinha como ponto pacífico que ele vinha buscar a análise, contava comigo e esperava muito de mim. Portanto, eu tinha as minhas teorias, que aplicava no paciente e me impediam de ver a pessoa que estava ali comigo. Agora eu posso afirmar que não sei o que ele pretendia com a análise.

Não só ele já tinha me mostrado que era capaz de truques por meio das identificações projetivas como também já havia me relatado que mentia muito aos colegas, amigos e familiares. Mas eu acreditava que ele mentia para os outros e não para mim. Afinal, pensava, ele veio para se conhecer e não para me enganar. Logo, eu estava presa às minhas próprias concepções, tão falsas como as do paciente. E nessa linha existem aspectos bastante sérios a serem considerados; penso em como a minha arrogância e intolerância teriam me impedido de aceitá-lo tal como é: o paciente se manejando com suas mentiras e sendo aquilo que ele pode ser.

Ele se apresentava como senhor de uma mente privilegiada, capaz de controlar. Quando ficava imaginando o que aconteceria no dia seguinte e como lidaria com todas as situações, estava exatamente acreditando ser capaz disso: de prever, conter, mudar tudo – as pessoas, o tempo, a si mesmo. Todas as situações desconhecidas e novas não podiam existir; elas já estavam esquematizadas na sua cabeça, faltavam apenas acontecer. Na sua mente não podia existir o imprevisível; tudo tinha de estar organizado. Eu não tinha uma existência e maneira de trabalhar, de pensar, se não aquela que ele me atribuía.

Quando eu mostrava que o via ali, angustiado, aflito, ele retrucava que não; dizia não estar preocupado com a situação presente, mas com o que *vai acontecer amanhã*. Ele não podia, de fato, estar perseguido pelo momento presente que sabia não conter perigo; estava vivendo uma experiência que não tinha como ser contestada. Mas há sempre o momento seguinte, que é totalmente desconhecido para ambos. O futuro era imediatamente depois e tinha de ser organizado dentro dele para que não ocorresse o grande perigo: a desorganização catastrófica. Ele não podia mesmo ter tranquilidade um só momento; sua tarefa era horrível porque tinha de se precaver comigo e consigo próprio, num convívio insuportável, já que eu sempre podia escapar ao seu controle. Quando o paciente, sentado diante de mim, vigiava atento todos os meus movimentos, colocava em mim todo o persecutório que estava dentro dele; é da emergência do seu mundo desconhecido que ele se protegia; o não deitar no divã, que ele pensava ser uma forma de exercer controle sobre mim, era antes a maneira de controlar a si próprio.

Penso que, quando ele está debatendo, angustiado com seus pensamentos, está se sentindo sufocado pela própria onipotência que o leva a acreditar que é capaz de previsões e soluções. Nada lhe pode escapar e ele precisa ter controle sobre tudo. A sua impotência consiste em não ser capaz de conter a onipotência crescente. E a mentira faz parte desse mesmo sistema; ele pode colocar dentro da mente do outro o que quiser, segundo seu próprio esquema, mas tem de estar sempre fabricando mentiras. Tanto os sintomas como as mentiras são expressões de uma mesma deformação mental. Na mentira, aparentemente, há mais destrutividade e desprezo pelo objeto. O que ele não pode ver é que de fato quem acaba envolvido em mentiras é ele mesmo, pois não tem o poder que acredita ter. Mais do que o objeto, é a sua mente que fica danificada, pois ela fica obstruída pelas mentiras que vai criando e que vão a comprometendo cada vez mais. O grande temor de experimentar situações novas o leva a viver na ilusão de que pode tornar o que vai acontecer em experiências já conhecidas.

Quando certa vez ele se pôs a fazer queixas dos pais, dizendo-os muito exigentes ao insistirem para que ele se esforçasse em vencer suas dificuldades de relacionamento, afirmava que eles deveriam ter outra atitude: deveriam saber que sendo ele doente já sofria muito, que poderiam ser diferentes com ele etc. Eu mostrei que o estava vendo exigente. Sua reação foi muito irritada: eu não o entendia, eu o estava acusando injustamente etc. Portanto, ele transformava minhas intervenções em acusações e eu passava a representar sua parte exigente tão odiada. Noutra situação ele me contou de sua aflição em ter de evitar os colegas para que eles não desconfiassem do quanto ele era assustado, inseguro etc. Dizia que os colegas nunca deveriam saber. Eu o questionei: *por quê?* Também aqui ele reagiu com muita violência – ele sabia bem como eram os colegas, como zombavam uns dos outros, como eram cruéis. É claro que ele deveria se proteger deles. E o que meu paciente queria? Obrigá-lo a contar aos outros quem ele era? Mais grave do que querer forçá-lo a fazer isso ou aquilo, eu estava propondo que ele pensasse e isso era exatamente do que ele mais fugia. O seu ódio a mim, naquele momento, expressava ódio à percepção; ele não queria era ver toda a sua agressividade negada e projetada.

Na penúltima sessão ele me conta que não conseguira ir à escola assistir às disputas esportivas; a mãe insistira muito para que fosse e lhe respondia, aflito: "Eu não tenho condições! E se continuar insistindo comigo vou acabar explodindo!". Além das solicitações da mãe, existia outra pressão: eram as ameaças dos colegas que prometeram represálias a quem não prestigiasse os jogos. Para estes, ele encontrara uma solução: mentir! Diria que esteve doente.

Ele *está doente* e ele *não tem condições*. Afirmando "eu sou doente", ele tem garantidos cuidados, consideração e aceitação absoluta, dele doente nada se pode exigir. Também é prepotente e arrogante na sua doença, e adquire o direito de mando sobre os objetos – *a senhora tem de me ajudar* é o controle agressivo pela doença. Colocado dessa maneira, parece que ele delimitaria sua doença aos sintomas e para estes viria buscar tratamento e cura. Já a mentira, com todos os seus aspectos de destrutividade, ficaria fora do campo da doença – a cisão seria tão completa e eficiente que não haveria o risco de serem mobilizadas todas as angústias encobertas e negadas pelas mentiras. Mas penso que não é bem assim. Quando ele afirma desesperado que não tem condições, parece que vislumbra algo de suas deformações mentais e de sua incapacidade para tolerar o conhecimento de si mesmo. As mentiras são produtos de sua mente e, como tal, exprimem de alguma forma aspectos seus bastante verdadeiros e que não são de todo inconscientes. Fundamentalmente, penso que a mentira é o recurso que ele tem para esconder de si mesmo os ataques que faz à sua percepção.

Em uma das sessões ele chegou muito aflito, afirmando que estava pior e que não aguentava mais; eu disse que ele estava se queixando de mim, de que eu nada estava fazendo para minorar seus sofrimentos. Ele retrucou dizendo que não estava se queixando, só estava desabafando comigo. Penso que era exatamente assim como afirmava; ele realmente não acreditava que eu ou qualquer outra pessoa pudesse ajudá-lo.

Imagino uma quadrilha de bandidos ligados pelos mesmos objetivos e liderados por um chefe que dispõe deles. Os bandidos não têm qualquer liberdade de ação – são violentos, destrutivos, mas não agem por determinação pessoal. Pertencem a um grupo em que cada membro tem mais ou menos definida sua função, e cada um é tão perigoso para os de fora como para os de dentro da organização. Eles são unidos e separados; necessitam uns dos outros ao mesmo tempo que se temem reciprocamente. É uma situação de compromisso terrível, em que qualquer deslize pode ser castigado com a morte; existe um círculo que se aperta cada vez mais e pesa sobre eles a sensação de que nada pode ser feito, a não ser manterem-se prisioneiros dentro do grupo. Saber muito é arriscado: pode dar prestígio, mas pode significar a morte; muitos são eliminados porque *sabem demais.* Arrogantes, sua superioridade consiste em assustar e submeter pessoas, sem se darem conta do quanto estão eles submetidos. Atuam sem pensar; se o bandido se sentir mobilizado a pensar e tiver condições de refletir sobre essa complexa situação em que se encontra irá fatalmente descobrir todo alcance de sua conduta criminosa e verificará também que está cavando cada vez mais sua própria sepultura. E ele só poderá se libertar se tiver condições internas para tanto.

O meu paciente tem sua própria máfia. Prisioneiro, condenado a permanecer unido à organização destrutiva e onipotente de sua mente, à margem da realidade dos fatos, ele parece não ter condições de entrar em contato com sua realidade interna. Para ele, saber muito de si mesmo só poderia levá-lo à loucura; e a medicina preventiva que ele usou para se proteger foi abandonar a análise. Visto por esse ângulo, não houve exatamente uma mentira quando o paciente desfez o compromisso analítico; a sua proposição expressa uma teoria sobre si mesmo que ele tem como verdadeira; é como se ele dissesse: "não há espaço para a análise na minha mente". E diante dessa convicção não há possibilidade de escolha. Penso que o paciente realmente não optou, nem tem condições para isso. Como na situação do bandido que está preso ao seu grupo, sem qualquer liberdade, o paciente se sente sem forças para empreender a luta contra o assassinato de sua mente.

E a presença (ou ausência) do analista contribuiu em que para esse rompimento tão precoce? De que maneira as minhas próprias concepções não o levaram a ter de mentir mais e mais? São interrogações sem resposta, e mais: penso que é inútil questionar sobre a vantagem ou não de sua decisão; não temos possibilidade alguma de garantir que a análise seria sua *melhor saída*. Ninguém conhece mais a respeito do meu paciente do que ele mesmo!

3. O que querem os psicanalistas?[1]

Entendi o convite da diretoria da Associação Brasileira de Psiquiatria (ABP) como uma proposta para dialogar sobre minhas dúvidas, angústias e expectativas. Cada psicanalista tem seu percurso e suas inquietações; ampliar a possibilidade de discuti-las num congresso é um privilégio. Meus agradecimentos pela oportunidade.

Em primeiro lugar, quero esclarecer, ao propor este tema, que não vou tratar aqui das motivações inconscientes que nos levam a escolher essa atividade; as motivações subjacentes a essa escolha já foram muito discutidas e, embora importantes, e sempre presentes, vou considerá-las conhecidas e partir para as questões mais conscientes, se é que podemos chamá-las assim.

Em muitos escritos de colegas sobre nosso trabalho psicanalítico encontro chamadas insistentes sobre as necessidades ou obrigações dos psicanalistas: temos de atentar para nossa tarefa de desenvolver nossos conhecimentos para um bom trabalho clínico; temos de reforçar nossa identidade teórica e profissional; temos de

1 Palestra proferida em evento da Associação Brasileira de Psiquiatria (s.d.).

aumentar nossa preocupação com os meios cultural, social e científico; temos de dirigir nossa atenção para as instituições sociais, estamos muito voltados para nós mesmos; temos de investir nas questões socioculturais e científicas etc.

Em uma jornada ocorrida em Goiânia, há poucos meses, o Sérgio Rouanet fez algumas "cobranças" que incomodaram muito de nós, psicanalistas. A mim ele inquietou mais do que incomodou, no sentido de que eu sentia que ele trazia questões importantes sobre as quais deveríamos pensar. Resumindo sua fala crítica, ele dizia o seguinte: os psicanalistas não estão pensando os problemas sociais; não estão, como Freud, atentos à cultura e às patologias sociais, e ficam só voltados para dentro do consultório. Freud escreveu textos magníficos para nos ajudar a compreender os conflitos de sua época, falando de religião, moralidade, psicologia das massas, narcisismo etc. O que ele fazia quando pensava os problemas sociais, os grupos humanos, era chamado de "psicanálise aplicada", e agora, diz ele, parece que a psicanálise aplicada é a que se aplica nos consultórios. A psicanálise essencial, pergunta ele, não seria a que analisa as patologias coletivas? Pergunta também se a psicanálise não poderia contribuir para diminuir as resistências a ela própria ao se dispor a colaborar nas modificações das macroestruturas de onde se irradiam essas resistências: as tendências autoritárias e antidemocráticas dentro da sociedade e da família, as ideologias moralistas, os fundamentalismos religiosos, os fanatismos identitários etc. Apesar do seu encantamento com a psicanálise, fica evidente a sua decepção com o que vem ocorrendo no momento, quando, diz ele, a psicanálise está sendo acusada de estar ultrapassada, quando não, de estar obsoleta. A resistência à psicanálise é um fato e ele analisa as várias razões que levam a ela. Fiquei com esses questionamentos do Rouanet e pensando que, não só nós, psicanalistas, estamos sempre nos cobrando, os outros também nos cobram severamente! Daí a dúvida se deveria elaborar minhas conjecturas sobre o que querem os psicanalistas ou sobre o que querem *dos* psicanalistas.

Tive o privilégio de ler a tese do Ney Marinho, em que ele fala desse aspecto de maneira clara e precisa. Segundo ele, esses estudos sobre os grupos foram relegados a um segundo plano desde a década de 1980, mas explica também que o funcionamento dos grupos obedece a regras próprias e diferentes das que ocorrem no comportamento individual; e pedem métodos e conceitos diferentes. Mesmo nos campos da sociologia e da antropologia não há estudos. Estamos vivendo numa época "sem prisões teóricas", como diz a Regina Shöpke, ou num momento de crise das teorias. Não só na psicanálise, nas ciências humanas em geral vivemos uma *penúria teórica*, como dizia nosso saudoso Fábio Hermann. O importante é que, se na filosofia estão surgindo os filósofos sem escola, como ela diz, que tendem a oferecer soluções para viver bem, nós, na psicanálise, continuamos a não dar receitas e a inquietar os pacientes, a levá-los a pensar.

Por outro lado, é da clínica que sairão os recursos para a expansão psicanalítica, de qualquer tipo, seja no âmbito restrito de nosso trabalho clínico, seja nos aspectos mais amplos, socioculturais. É a clínica o nosso laboratório de pesquisas, e eu coloco aqui as palavras do Vicenzo Bonaminio (2006): "É a clínica, isto é, a situação terapêutica, que modificou a psicanálise, da mesma forma como a clínica, desde seu início, deu origem ao modelo de funcionamento da mente elaborado pela psicanálise".

Não acho que seja necessário nos afastar da clínica. O que mais precisamos é de um ambiente institucional acolhedor, que nos ajude a suportar as dificuldades inerentes ao nosso trabalho e que também nos congregue para desenvolver juntos nossos recursos, dividir nossas dúvidas e angústias. A troca de experiências é, para os psicanalistas, fundamental suporte para nossas angústias e para nosso desenvolvimento. Penso que isso está subjacente aos nossos congressos, como este, em que a clínica é o tema. Quando o Rouanet diz que atualmente a psicanálise aplicada é a psicanálise aplicada à clínica, é verdade, e isso porque a cultura, o mundo em que vivemos, entra para dentro da clínica e lá podemos pensá-las, ambas, a cultura e a psicanálise.

Suzanne Langer, no seu livro *Filosofia em nova chave*, ensina que o mais importante não é responder perguntas, mas pensá-las. Falando da filosofia, diz ela que o mais significativo não são os problemas de uma época; o que marca um pensamento é o modo de tratar os problemas que vão surgindo. A natureza de nossas indagações define nossos avanços e não as respostas ou soluções encontradas. Mais importante é fazer novas perguntas. E é muito interessante, ainda, o que ela diz: são as noções formuladas por nós, de dentro de nós, de nossas mentes, que podem abrir novos horizontes.

Outra colocação que ela faz: quando encontramos um quebra-cabeça enigmático, quando surgem os paradoxos, podemos estar no limite de uma ideia gerativa. Diante de novas perspectivas de vida, temos de buscar novos valores ou novas ideias. Eu penso que, sem perceber, isso está acontecendo conosco, com a psicanálise hoje.

Paradoxos e quebra-cabeças não nos faltam, mas eu os encontro mais no nível da clínica do que das teorias, já que dispomos de um arcabouço teórico rico e consistente no seu conjunto. É inegável a presença do pensamento psicanalítico nas áreas de artes, crítica literária e humanismos em geral.

No âmbito da clínica as dificuldades têm sido muito grandes. O paradoxo inicial está no fato de sermos já bastante conhecidos; fala-se muito de fazer análise, de procurar um analista e, no entanto, a maioria dos psicanalistas se queixa da falta de pacientes. Também a evasão de candidatos nos nossos institutos é geral.

Então, vejamos: a psicanálise, hoje, está bastante inserida nas universidades. Mas precisamos entender bem isso, e eu volto para a Langer: o método das ciências naturais levou a psicologia a desembocar na fisiologia, na histologia e na genética. Por esse caminho, a psicologia não nos ajudou a conhecer e estudar os fenômenos mentais. Freud contribuiu para a grande virada; a obra "A interpretação dos sonhos", de 1900, trouxe os processos de simbolização para o centro dos estudos. A simbolização, também explorada no campo da lógica simbólica, vai trazer uma nova concepção de mentalidade que nos faz atentar para as reações humanas, agora de outro vértice. Os processos de simbolização passam a ser a nova ideia geradora que irá abrir novos caminhos para a psicologia, o que o cientificismo não soube encontrar. Agora temos esclarecimentos importantes: o que nos diferencia dos animais não é mais a inteligência, a capacidade de captação sensorial, a capacidade de memorização ou a capacidade associativa, mas o poder de criar símbolos. E aí se instalou uma revolução no conhecimento, uma revolução na filosofia. A capacidade de representação, ligada à simbolização, é o núcleo de todo um novo caminho de pesquisa que será englobado pela filosofia. Por isso a psicanálise está, hoje, bem instalada na universidade. A filosofia se deu conta da legitimidade da psicanálise, de sua força e de sua sustentação erudita, e vai explorá-la. A elitização da psicanálise hoje, a meu ver, está mais relacionada à cultura universitária do que à clínica. As eruditas e sofisticadas discussões de nossos autores psicanalistas, dentro da universidade, não estão vinculadas conosco, não são vinculadas à clínica, não têm vinculação com a IPA. Ela fica instalada no campo filosófico. E isso não reverte em procura pelo trabalho psicanalítico dos consultórios. Ao contrário, o que vemos é um questionamento, quando não uma verdadeira esnobação de nosso trabalho. Parece que a nossa é uma psicanálise de segunda categoria! Os próprios alunos das faculdades de psicologia só procuram análise se querem se encaminhar para a clínica, e muitas vezes contrariados... Os demais, que pensam em trabalhar nas áreas de educação, hospitalar, recursos humanos, não acham que precisam trabalhar consigo próprios para desenvolver depois um melhor trabalho com os outros. A psicanálise é um tema, no máximo uma teoria como qualquer outra, para ser pensada, discutida, defendida ou questionada. Não é para ser *vivida*.

Por outro lado, colegas nossos estão fazendo o outro movimento – estão indo da clínica para a universidade e produzindo trabalhos brilhantes, às vezes, como os do Ney Marinho, do Pavan, da Cristina Gondim e outros. É um processo lento, mas muito enriquecedor.

A pergunta é: a clínica não tem produzido nada de importante para o mundo intelectual ou o que é produzido fica só entre nós e para nós? Está havendo uma divulgação de nossas descobertas? E essa divulgação é possível? Ou ela é válida, merece ser feita?

Então, somos cobrados por não dar atenção ao mundo que nos rodeia, e nós mesmos reclamamos que não temos a atenção que merecemos.

Felizmente, apesar de tantas queixas, os psicanalistas continuam firmes no seu trabalho; nossa pesquisa clínica segue, e continua o empenho em conhecer mais, em trabalhar melhor, sempre na busca de novos recursos pessoais e teóricos. Da pesquisa clínica, temos certeza, emergirão ideias importantes, que poderão ser inovadoras ou não. Com certeza serão extremamente válidas para melhorar nosso trabalho de formiguinhas: individual, lento, sempre na contramão de uma sociedade massificadora, apressada e voraz.

Este congresso se propõe a discutir os avanços e as dificuldades do dia a dia com nossos pacientes exatamente porque a clínica expressa uma busca constante de cada um. Ninguém acha que tem explicação para tudo e o mais comum é nos deter diante de cada paciente para pensar o que de novo ou de estranho ele está trazendo; estamos sempre inquietos. A clínica não permite acomodação nem certezas.

É aí que está a importância de nosso trabalho e a importância da psicanálise, no sentido de que ela é viva, está sempre muito viva.

Então vamos ver se podemos compreender um pouco mais o que ocorre com a clínica, que está sofrendo resistências. Fala-se muito em análise, na sua importância, na ajuda que pode trazer, mas o paciente nos procura e, sem a menor cerimônia, nos faz a *sua* proposta de trabalho: quero fazer análise uma vez por semana. Outros ainda chegam questionando nosso contrato, no qual é proposto ao paciente pagar as sessões a que falta, outros ainda não aceitam que não possam alterar seus horários sempre que achem necessário etc. Então, os pacientes não nos procuram para lidar com algo novo, desconhecido, enigmático, misterioso; eles já sabem o que querem e como conseguir.

O que é isso? Freud explica. Édipo explica.

Essa postura do paciente, que nos impõe normas, que não admite estar diante de alguma coisa nova que ele não conhece e que teria de aceitar como desconhecida, é tipicamente edípica. Ronald Britton, na sua colocação da terceira posição, mostra que a vivência edípica não é indesejável por ser dolorosa, mas é temida como uma catástrofe: o pai significando a falta de compreensão e a mãe significando a capacidade de compreender, formam, juntos, uma "figura combinada que personifica a contradição, a falta de sentido e o caos". Se aceitarmos a relação entre os pais como uma relação amorosa e odiosa, portanto, incluindo amor e ódio, temos a possibilidade de tolerá-la e podemos então ficar numa outra posição, a terceira, em que somos observadores, testemunhas, e não precisamos estar incluídos. A falta dessa terceira posição, ou a incapacidade de elaborá-la, impede a própria relação analítica. O paciente vê ameaça em qualquer vínculo do qual está excluído. E ele está sempre excluído do nosso vínculo conosco mesmos, analistas, com nossos conhecimentos, com as teorias que aceitamos, com as emoções que sentimos na sessão, enfim, excluídos do universo mental e concreto de nossa existência. O *setting*, que protege nosso trabalho, é o primeiro a ser atacado. O paciente tenta impor seu próprio *setting*.

Tenho uma paciente que fica furiosa quando eu me coloco como observadora atenta ou testemunha de seus embates internos. O que ela mais deseja, e não consegue, é observar a si mesma, a luta interna entre a vida e a morte. Uma das maneiras encontradas por ela para lidar com sua dificuldade é transformar a briga interna em uma disputa entre nós duas. Ela faz uma reversão de perspectiva: sai no ataque me analisando, me questionando, cobrando, exigindo. Como ela não tem liberdade mental, liberdade que só a terceira posição possibilita, ela tenta eliminar a minha liberdade de pensar, observar, construir com meus próprios pensamentos; tenta impedir a tarefa analítica com ataques, seduções, dramatizações, enfim, uma série de atuações que são difíceis de lidar. Ela procura criar uma situação de disputa em que eu tenha de ficar provando que tenho razão ou que minha versão é a correta. Se não entro no jogo, ela reclama, furiosa: "Você parou de falar por quê?" ou "Não entendo porque você não me responde". Essas pressões, tão comuns no nosso trabalho, não diferem das outras, externas, a que estamos expostos todo o tempo. Qualquer coisa diferente é uma ameaça, e nós, psicanalistas, somos diferentes! Sempre digo que andamos na contramão e por isso incomodamos muito. Quando exigem que nós, psicanalistas, mudemos, é para que tudo continue *igual.* Assim, nada de novo acontece. Só que a inovação, as mudanças, fazem parte da vida; o engano está em se querer impedir o crescimento.

O analista conquistou a terceira posição e é desse lugar que devemos examinar os questionamentos ou cobranças que enfrentamos. As questões sociais surgem na clínica, mobilizam nossa clínica e nos fazem pensar e desenvolver nosso trabalho. E se nosso trabalho tem a ver com as pessoas, com as mentes, então estamos fazendo a nossa parte e recolhendo subsídios para um conhecimento de maior amplitude. Está claro que os pacientes se sentem ameaçados quando precisam nos impor seus padrões; e é urgente que possamos identificar essas ameaças ampliando nossa visão, nossos conhecimentos, nossa técnica. E estamos fazendo isso todo o tempo: quem não se defronta hoje com pacientes que viajam muito, que nunca podem garantir sua permanência no local e nos horários combinados? Quem de nós não está inquieto e perplexo com as transformações do núcleo familiar, e tendo de pensá-las de um vértice desafiador? Temos de nos adaptar às mudanças sociais e estamos sempre fazendo isso, embora não seja levado em conta e continuemos a ser considerados como tiranos que impõem regras rígidas e criam dependência nos pacientes. Está aí uma experiência que pode servir para compreender os movimentos grupais eivados de violência.

Demorou, mas foi na clínica que descobrimos o psicótico dentro de nós, e talvez tenhamos ainda de aguardar para compreender melhor os conflitos grupais. Essa dificuldade decorre do fato de estarmos inseridos no grupo e, também, porque vivemos domesticando, também dentro de nós, um tirano, um superego sádico e prepotente. Por exemplo, como falar de preconceitos raciais ou sociais de qualquer tipo quando estamos esbarrando, a cada passo, com nossos próprios preconceitos, que não gostamos de ter, mas existem!

Muitas vezes chamo a atenção dos jovens psicanalistas para o que eles pretendem: serem amados pelos pacientes, serem sempre reconhecidos, serem valorizados diante de um bom trabalho; não se conformarem quando o paciente interrompe a análise ou não admite o progresso. Sabemos o que está por trás disso e sabemos que não tem jeito: seremos sempre acusados ou depreciados ou responsabilizados porque esse é o nosso destino. Não vamos deixar que a resistência ao nosso trabalho, as exigências e os ataques fiquem só por conta do paciente ou dos inimigos da psicanálise, e esquecer que também esse inimigo habita dentro de nós.

Um outro aspecto importante: um dos candidatos à presidência da IPA tem como bandeira de luta a regulamentação de nossa profissão, ou a proteção legal ao nosso trabalho. E o espantoso é isso: depois de um século ainda não temos uma definição legal e somos confundidos com os demais profissionais da área *psi*, e isso no mundo todo. Como ser conhecidos e diferenciados? Até hoje, só o nosso trabalho clínico e nossa postura profissional é que garante e divulga nosso trabalho. Essa é uma reivindicação básica e justa, a da qualificação, ou do nome – psicanalista. Não tínhamos de tirar patente!

Claro que não é por aí. Na verdade, estamos sempre lutando contra forças disruptivas, ao nível pessoal e social. O embate é pulsional, a cultura está sempre atribuindo uma ou outra configuração a nossas lutas, mas sempre vejo como a batalha interna pela sobrevivência da vida e pela contenção da morte de aspectos nossos fundamentais.

Vale perguntar por que vivemos mais hoje? Só por causa das condições externas que nos oferecem conhecimento e estímulo para nos cuidar mais, ou porque esse é, para todos, jovens ou velhos, o objetivo da vida: estar sempre superando a morte e querendo ganhar dela. A satisfação com a vida e a necessidade de preservá-la não é sempre muito clara – encontramos pessoas que estão sempre reclamando, infelizes, mas, sem dúvida, querem viver. As anorexias e a bulimia, por exemplo, expressam uma luta de vida e morte em que a atração pela morte é tão grande que chega a nos desanimar como psicanalistas. Mas, mesmo nesses casos, o paciente precisa estar vivo para ter o prazer da vitória! E os suicidas? Não estão sempre esperando continuar vivos dentro de alguém?

Esse é um de nossos paradoxos básicos, e que não é da psicanálise, mas da vida.

A necessidade de viver é efetiva. Sartre diz que o homem está fadado a ser livre. Podemos acrescentar que o homem está fadado a crescer, a se desenvolver, a mudar; o homem está fadado a se expandir, a criar. Mas também está fadado a morrer. Crescemos e morremos a cada instante! As ações automáticas, os sintomas psicossomáticos, o apego ao concreto são expressões de uma luta interna em que a vida mental está enfraquecida. É quando a morte de recursos internos é mais evidente. É esse nosso campo de trabalho.

Voltando aos idosos felizes – é óbvio o meu interesse por eles – temos visto como festejam a vida; aparentemente eles estão felizes com sua saúde, com a vitalidade física, mas a tranquilidade maior vem da aceitação da morte, que não negam e com quem convivem com sabedoria. A velhice feliz não é estar vivendo bem, e sim aceitar a morte; ao aceitá-la, estou dizendo que posso aproveitar a vida, que ela é boa, que estou vivo. Não é o fato de que vamos morrer o mais importante, mas não estarmos matando, enquanto vivos, o que mais precisamos para viver bem, que são nossos recursos internos, sempre à nossa disposição e que podemos, ou não, usufruir, conter e cuidar.

E do que depende a capacidade de contenção? Da existência de um espaço interno que contenha a ansiedade. A capacidade de contenção é introjetada; identificamos e assimilamos a mãe da *rêverie* e podemos, então, ter a condição interna absolutamente fundamental de conter. Passamos a ter um espaço mental mais amplo que inclui o poder de dar significado às diferentes experiências, sejam elas boas ou más, e que passam a ser conhecidas na sua significação, e não mais como uma avalanche inundadora dos processos mentais.

Se não dermos conta de conter nossas angústias, insatisfações e incertezas, vamos continuar exigindo de nós mesmos o impossível, como os outros fazem conosco. O grande problema é que ficamos identificados com nossos críticos e, consequentemente, não usufruímos de nossa própria experiência e de nosso lindo trabalho. E sabemos muito bem que atrás de nossas próprias cobranças ou do nosso desânimo a onipotência e a arrogância estão de espreita!

Não nos cabe ser masoquistas, mas é fácil cair nessa postura; sofremos quando as coisas não vão bem no nível profissional, se faltam pacientes ou se o paciente vai embora, e sofremos quando nos acusam de omissão. Desde a formação já começam as queixas; os candidatos sempre têm muitas, e quase sempre têm razão, só que tudo o que eles desejam nunca vão ter, desde os cursos mais completos, os professores todos supereficientes, ausência de contradições, de desencontros e de hierarquia. Temos de superar estas fantasias e desejos mesmo porque a diversidade é nossa riqueza e a incompletude é nosso tema.

Na verdade, estamos todos, sempre, muito empenhados. Quem rejeita convites para falar da psicanálise? Estamos presentes para fazer palestras, comentar filmes, orientar profissionais de outras áreas, para supervisionar psicólogos e psiquiatras recém-formados, para atender a todas as solicitações que surgem cada vez mais. De maneira exuberante ou de forma muito modesta, estamos sempre orgulhosos de nossos conhecimentos e querendo expô-los. Outro dia, uma candidata me contou que tem sido quase que regularmente solicitada por uma rádio de sua cidade para responder perguntas dos ouvintes sobre questões pessoais, angústias e dúvidas do dia a dia. Mas o mais lindo foi o que ouvi recentemente: o padre confessor da paróquia, não dando mais conta de ficar ouvindo seus fiéis no confessionário o dia todo, contratou uma psicóloga para ajudá-lo! E deu tão certo que ele estava à procura de outras. É uma vitória. Estão descobrindo que se faz necessária uma escuta especializada para ouvir sobre angústias, sentimento de desamparo, solidão, perdas, culpas etc. E que além de abençoados, os fiéis também gostam de ser esclarecidos e de saber mais de si mesmos!

Um paciente insistiu comigo que é claro, óbvio e absolutamente válido que ele *queira* tudo de bom, sempre. Eu disse que não concordava e não achava tão claro assim: *ter* tudo o que é bom é que é bom. Sabemos que a frustração é a mola do crescimento, do desenvolvimento da capacidade de pensar e do conhecimento de si próprio. Então, bom não é ter tudo, *bom é suportar não ter tudo!*

4. Os dois princípios do funcionamento psíquico[1]

O Ego combate em duas frentes: tem de defender sua existência contra um mundo exterior que o ameaça com a aniquilação, assim como contra um mundo interno que lhe faz exigências excessivas.

(Freud, 1938)

Desde os filósofos mais antigos, vivemos lidando com a questão do prazer e da felicidade; todos são unânimes em colocar a gratificação no centro das questões humanas. Sem gratificação não sobrevivemos. Por outro lado, temos os desejos, aquisição que nos fez humanos, nos diferenciando dos animais e possibilitando a construção da mente pensante – os desejos estão sempre presentes, buscando ser atendidos. Cabe então a questão: temos de aumentar as possibilidades de gratificação ou temos de diminuir os desejos? Já Epicuro aconselhava: "Se queres enriquecer, Pítocles, não lhe acrescentes riquezas: diminui-lhes os desejos".

---

1 Artigo publicado originalmente em 2011 na *Revista de Psicanálise da SPPA*, *18*(1), pp. 123-134.

No texto clássico "Formulações sobre os dois princípios do funcionamento mental" (1911), Freud coloca os temas básicos: as transformações do ego, a adaptação à realidade, a passagem do autoerotismo ao amor objetal, e o pensar como substituto da ação. Em trabalhos posteriores ele desenvolveu esses temas e novos conceitos foram trazidos, por ele e pelos psicanalistas que o seguiram. É central, para Freud, nesse trabalho, examinar como se constrói o psiquismo na relação com a realidade. Mas ele já toca na questão, muito atual e não decidida: é a cultura que nos faz infelizes ou são nossas dificuldades internas que prejudicam as gratificações? No "Esboço de psicanálise" (1938, pp. 217-218), quase três décadas depois, ele diz: "Seja o que for que o ego faça, em seus esforços de defesa, procure ele negar uma parte do mundo externo real ou busque rejeitar uma exigência instintiva oriunda do mundo interno, o seu sucesso nunca é completo e irrestrito".

Para Freud, inicialmente o conflito ocorria entre o desejo de gratificação da sexualidade e as interdições externas, daí a necessidade da repressão. Mesmo quando ele passou a ver que os maiores embates ocorrem entre as pulsões de vida e de morte, a repressão continuou a ser, para ele, a defesa central. Na neurose, diz ele, o ego suprime um fragmento do id para estar de acordo com a realidade. Predomina então a influência da realidade e nossa dependência é aceita. Já na psicose, o ego, a serviço do id, reconstrói um fragmento da realidade. É o id que sai vitorioso – na psicose, a realidade é rejeitada. Nesse conflito permanente estão envolvidos nossos mecanismos de defesa. A repressão, que Freud considerava como um recurso básico, é um mecanismo "eficaz e inadequado". Outros mecanismos de defesa importantes serão apontados depois pelo próprio Freud e pelos psicanalistas posteriores. Klein (1952/1991b) nos apresentou defesas, anteriores à repressão, também eficazes e inadequadas. Sem dúvida, lidar com nossa realidade interna, com nossos desejos, com as pressões por gratificação, com os limites que a natureza nos impõe, é difícil. Precisamos recorrer à onipotência e à onisciência, precisamos nos acreditar autossuficientes e autônomos, precisamos recorrer a crenças e até negar nossa finitude. Devemos aceitar esses recursos defensivos e recorrer a eles muitas e muitas vezes ou não damos conta da vida! Mas, felizmente, todas as defesas são sempre inadequadas. A defesa que fosse totalmente eficaz e onipresente só nos afastaria de nós mesmos, de nossa realidade. É de Freud (1938, p. 229) a afirmação de que "muito dos bens altamente valorizados de nossa civilização foram adquiridos à custa da sexualidade e *através das restrições das forças motivadoras sexuais*". A capacidade de contenção é um recurso precioso; é sua ausência o maior dos riscos. Segundo ele (Freud, 1938, p. 234), "o ego deve sua origem, como a mais importante de suas características adquiridas, à sua relação com o mundo externo real". Coube a Klein (1946/1991a) complementar e ampliar esses conceitos de Freud: para ela a nossa luta é interna, e o mecanismo de defesa mais importante passou a ser a projeção; nossos aspectos internos indesejáveis sendo projetados nos objetos externos tornam o desconforto interno mais tolerável. As pressões internas dos impulsos de vida e de morte, que nos envolvem nos movimentos de projeção e introjeção, irão nos mobilizar e nos ajudar a construir o mundo em que vivemos, física e culturalmente.

Então, tentamos manter o prazer a todo o custo enquanto lutamos para preservar o que nos é útil. A acomodação à realidade nos dá muito trabalho, daí a impressão de que é a realidade o nosso maior problema. Mas devemos estar sempre atentos: qual realidade, a externa ou a interna? É o social que nos leva a essa postura atual individualista com a abolição da subjetividade? E nossos recursos internos, como os usamos, como cuidamos deles?

Temos desejos porque somos humanos; saber de nossos desejos e buscar satisfazê-los é absolutamente humano. Somos humanos porque escolhemos e vamos atrás de nossos sonhos. E é aí que barramos com os limites, internos e externos. Portanto, é a realidade que aponta meus limites e também me dá a conhecer e me ajuda a definir minha dimensão. Ela me permite saber quem eu sou. Como fomos premiados com os desejos, ficamos à mercê dos sonhos. Os sonhos podem nos levar a acreditar que temos poderes, que somos deuses. A realidade é a mãe que nos contém, e como a mãe, nós a odiamos e amamos.

É de nossa natureza o permanente caminhar em busca da realização pessoal; vivemos em processo de individuação, de definição pessoal, de definição de nossas características e peculiaridades. Mas isto não ocorre sem que o outro esteja sempre incluído. A alteridade se impõe ao nascer. Brota de dentro de nós a necessidade ou a exigência de levar em conta o outro ou de estar atentos e prontos para viver com o outro e à mercê do outro. O outro é fundamental na medida em que ele me define; o outro me oferece a possibilidade de eu *saber* e *ser* quem sou. Ficamos muito inseguros e nada satisfeitos quando nos deparamos com nossas limitações, necessidades e dificuldades; o temor, sempre, é de não sermos capazes ou não contarmos com recursos pessoais para suportar as frustrações. Se pudermos conter a necessidade de gratificação imediata, se pudermos suportar a pressão do desejo e da necessidade premente de satisfação, se a atividade de pensamento for mobilizada, novos recursos surgirão. Quando podemos usar nossas experiências, nossa memória, conseguimos suportar melhor as frustrações, já que as ligações, que pareciam perdidas, serão agora mobilizadas. Pensar é isso: associar, lembrar, ligar.

Não dá para negar as pressões cultural, da globalização, do consumismo; não dá para negar que nossas crianças estão cada vez mais exigidas e arrastadas a serem cópias de adultos desde muito cedo. Mas também não dá para precisar onde entramos, cada um, com nossas necessidades, nosso narcisismo, nossa indiferença, nossa indefinição e nossas violências camufladas.

A verdadeira insatisfação, a insatisfação latente, hoje, fica muitas vezes encoberta. Sempre que o paciente insiste em suas queixas dos outros ou de pressões externas, precisamos ficar atentos para não cair na mesma armadilha que ele monta para si próprio. A pergunta que precisamos fazer é: o que o desagrada nele mesmo que ele não pode ver? Um paciente não conseguia entender por que fantasias sexuais muito agressivas tomavam conta de sua cabeça a ponto de ele não poder trabalhar. Nossa pesquisa mostrou que sempre que sua esposa tinha sucesso no trabalho, ele partilhava muito da satisfação dela – mas não só! Na verdade, uma grande inveja era mobilizada dentro dele e sua violência aparecia nas fantasias sexuais. O medo da incapacidade, de qualquer tipo, na nossa cultura, é uma ameaça terrível. Temos de ter sucesso, muito sucesso! E o sucesso do outro me ameaça.

Elisabetta Gennari de Rocca, psicanalista argentina, chama atenção para dois aspectos fundamentais de nosso tempo: o ataque ao pensamento e a desvalorização da história. Freud combateu a repressão excessiva, e a nós cabe nos defrontar com a violência atual que traz em si uma proposta cultural onipotente. Rocca mostra, ainda, que vivemos uma culpa que nos é inerente, mas "existem aspectos da cultura que tendem a incrementá-la" (2000, p. 67). E, como consequência, temos a negação da morte e a negação da vida – se a história tende a desaparecer, o futuro fica sem sentido, já que não existe a possibilidade de reparação e de esperança, tem-se de viver o momento. O ataque ao pensamento é concomitante ao aniquilamento do sentido da história.

O enquadre histórico-familiar-cultural nos exige muito, mas também nos protege, além de possibilitar desenvolvimento, realização e criatividade. E aí entra também a questão da subjetividade na medida em que a subjetividade é a experiência de si, não como um ser isolado, mas a experiência de si mesmo inserido no ambiente. O culto da individualidade é uma maneira de se desvincular de suas raízes com a crença de que se alcançará a independência, a liberdade. Para que serve a liberdade irrestrita e a independência se não há desejo, se não há projetos? E como se diferenciar, ser único, se o objetivo não é se construir, mas apenas aderir a um grupo que também não tem projeto nem futuro. É assim que eu vejo o mundo atual: há uma necessidade de se desfazer do passado e não há nenhum interesse em construir o futuro. É a isso que chamamos de abolição da subjetividade na medida em que não me penso e não sei exatamente o que quero e o que me serve; o importante é atingir o lugar que é definido pelos outros como sendo valioso, sem o questionamento se é realmente bom ou se é o que realmente quero.

Por outro lado, nossa inserção social está sempre ligada à história do grupo. Por exemplo: a paciente me diz, muito admirada: "Eu aceitei o cargo na diretoria de minha instituição. Nem acredito! Outras vezes já me ofereceram e eu ficava apavorada e não aceitava. Mas sabe, estou achando bom e estou com muitas ideias". O que ela não sabe, mas sabe, é que ela pertence a essa família (a instituição). Enquanto menina não podia ocupar o lugar da mãe; mas agora ela cresceu, já aprendeu muitas coisas, seu corpo e sua mente já se desenvolveram e ela sente que pode cuidar da casa. Isso a assusta e ao mesmo tempo traz prazer porque ela está dando continuidade a seu percurso e ao percurso da "família". Assim ela vai realizar seus projetos, que também são do grupo. Esse sempre é o objetivo implícito quando pertencemos a qualquer grupo que tem uma história e projetos. Se não temos inserção, não temos o que desejar no nível grupal e não temos porque nos preocupar com o futuro.

A informática e as telecomunicações, todo esse universo de comunicação generalizada tem um aspecto extraordinariamente benéfico, já que nos conscientiza da inexistência de verdades definitivas e completas e possibilita o respeito ao novo e ao diferente.

Por outro lado, a valorização da rapidez, da eficácia e do sucesso a todo custo vem acompanhada de uma impossibilidade de reflexão, de pensamento, conforme nos mostra Rocca (2000). E mais: a busca de uma vida perfeita, sem sofrimento, e todos os meios para alcançá-la não respeitam a individualidade, a maneira de ser e o valor pessoal inerente a cada um. Daí a autora nomear a nossa sociedade atual de fálico-narcisista na medida em que "potencializa o demoníaco atrativo da completude", que está de alguma forma sempre presente.

Quando os interesses ficam muito limitados, quando ocorrem restrições exageradas em que nada merece ser cuidado ou desenvolvido, quando os processos de sublimação e simbolização não se expandem, devemos pensar que o mundo interno está empobrecido ou desorganizado. A dificuldade em identificar os sentimentos, em nós e no outro, é uma questão importante principalmente pelo fato de que as relações humanas provocam ou fazem emergir as emoções. É a interação constante com pessoas e interesses no mundo que mobiliza e possibilita o desenvolvimento mental. Logo, a falta de interesse pelos outros ou pelo que ocorre ao nosso redor bloqueia o nosso desenvolvimento. O que é a posição depressiva senão a ampliação de nossos interesses? Na medida em que os objetos internos passam por uma reformulação dentro de nós, ficamos aptos a criar, reformular, ampliar. Revisamos nossas versões sobre os outros e sobre nós mesmos e, consequentemente, nosso universo se amplia. Quando isso não acontece, quando os aspectos fragmentados e incoerentes predominam, estamos falando da posição esquizoparanoide, que é exatamente a vivência em que o distanciamento da realidade externa e interna predomina. Quando nos deparamos com aspectos emocionais e atuações egocentradas, parece óbvio que não estamos podendo sair dessa posição narcisista para uma vivência cooperativa, participativa e emocionalmente ampliadora e gratificadora. E sabemos porque: é exatamente dentro dessa organização mental paranoide que as ansiedades persecutórias predominam; se ficamos fechados, isolados e não partilhamos é porque estamos muito ameaçados!

Vivemos hoje uma dificuldade de discriminação importante que passa despercebida muitas vezes e que, a meu ver, visa exatamente a esconder todo o aspecto ameaçador e persecutório em que vivemos. Temos de diferenciar submissão de opção, o desejo de poder do sentimento de responsabilidade; diferenciar o que é de fato uma escolha ou uma inevitabilidade decorrente de limitações e tantas situações outras. Por exemplo: se o jovem permanece com a família porque os pais não o querem estudando fora de casa, essa é uma submissão ou uma opção? Acredito que se ele quiser realmente sair, se confiar nos seus recursos para enfrentar a nova vida, ele não fica em casa. Esse "uso" que fazemos do outro, expressa, principalmente, uma grande fragilidade, sem contar a violência subjacente. E no processo educativo, quando os pais estabelecem as limitações aos filhos, estão simplesmente usando do poder paterno ou as limitações se fazem necessárias para a própria saúde mental do filho? Nós estamos vendo que a necessidade dos limites e a dificuldade em impô-los é uma questão atualíssima dentro da família e fora dela. O que é ser tolerante, ou ser benevolente, ou ser responsável?

Sempre que aceito meus limites fico tranquilo, porque me encontro e posso então ser generoso para comigo mesmo. O superego exigente só existe porque sou ruim para mim mesmo, querendo de mim o que não posso dar. Preciso ter tolerância, aceitação e acolhimento comigo mesmo. Mesmo o analista, se não for tolerante para consigo próprio, como pessoa e como analista, nunca poderá exercer bem sua tarefa e ter prazer com seu empenho.

Trágico, para os gregos, e para nós, hoje, é conservar o que não pode ser perdido. Temos de nos descobrir e o que descobrimos são nossas limitações, nossa dependência. A paciente fala desesperada: "Estou com raiva de meu filho que não faz lição, não cuida das coisas da escola" – o difícil é ver sua tristeza pela incapacidade do filho. E também sua impotência. E o paciente: "Não aguento minha mulher, que explode em ameaças e acusações todo dia". Ele sabe que o que a faz explodir é uma sensação de desamparo que a leva a esse desesperado pedido de socorro. Ele pode atendê-la e, no entanto, nada faz, porque é assim que ele se sente valorizado.

Reiteradamente afirmamos que os jovens hoje não veem significado, ou não dão importância ao que estão recebendo como legado cultural e entendemos que isso significa desprezo pela tradição, pela história familiar e grupal. Ao lado desse desrespeito pelo que recebem existiria também uma falta de metas, de valores a serem perseguidos. Quando o individualismo é forte, a cultura da solidariedade tende a desaparecer: com certeza estamos projetando no outro o desinteresse e a depreciação que há dentro de nós. Por outro lado, não podemos esquecer que é extremamente desconfortável ou mesmo doloroso não encontrar o significado de uma vivência ou de um acontecimento.

Se não há coerência e se medidas devem ser tomadas para que as novas gerações tenham outro viés de observação e de adequação ao mundo, essas medidas não cabem a nós, na condição de psicanalistas. O fundamental é que estejamos atentos para oferecer nossa colaboração e para organizar e construir novos conceitos e novos critérios teórico-clínicos. Não podemos ficar interpretando esses fenômenos sociais como retrocesso ou descontinuidade – há uma situação presente a ser conhecida, compreendida e alcançada no seu significado. Tudo que vemos hoje e que nos parece tão incoerente pode não ser e, ao contrário, pode ter uma fantástica coerência se pudermos ver de um outro vértice. Vejamos um exemplo: o vestuário feminino – ele é ridículo, absurdo, imoral etc. ou ele é perfeitamente coerente com a maneira de pensar e de agir de nossa época? Atualmente, a roupa pode ser tão exígua que deixa à mostra quase todo o corpo, num excesso como jamais ocorrera. Mas é perfeitamente coerente com a vivência da sexualidade nos nossos dias. Talvez a roupa feminina seja mais verdadeira hoje no sentido de que a sexualidade está muito presente e não é necessário fazer de conta que não é importante ou escondê-la. E a roupa masculina, cada vez com mais conotação feminina ou detalhes tão femininos, não expressa exatamente a não diferenciação que hoje fazemos do que é próprio do homem e do que é da mulher? Essas mudanças no vestuário não me parecem apenas uma excentricidade; elas incomodam porque representam uma forma de linguagem, e estão expressando algo importante.

E eu gostaria de trazer, então, uma outra possibilidade de visão e de compreensão dos fenômenos atuais. Money-Kyrle, em seu texto *O medo da insanidade* (1977) fala de um "zelo proselitista", do pervertido, do psicótico, do viciado – é o desejo das pessoas insanas de tornarem insanas as outras pessoas. O comprometimento psíquico ocorre quando a parte má, dentro de nós, conquista e subjuga as partes boas – fazemos isso com os outros também. Mas Money-Kyrle traz outra possibilidade: não haveria aí o desejo de que os outros possam compreender a agonia e o terror de ser louco?

Temos de nos deter nisto. Quando hoje observamos o que ocorre em nossa cultura, principalmente com os jovens, fica evidente o desespero, o desamparo, o caos interno. Muitas vezes temos a sensação de que eles querem permanecer "loucos" e querem nos enlouquecer. Mas de que sofrimento exatamente eles estão "falando"? Será o desespero de quem está se sentindo exigido demais? Ou se sentindo enganado?

Será que não poderíamos pensar em um certo tipo de *enactment*? O jovem, hoje, não estaria desempenhando o que a sociedade consumista quer que ele seja? Não estariam eles se defendendo e até denunciando algo muito sério que a sociedade capitalista está produzindo, ou deteriorando? Quando Money-Kirle fala do "zelo proselitista" como um pedido de socorro, não poderíamos ver aí o pedido de socorro urgente dos jovens, aparentemente tão egocêntricos, tão narcisistas, tão autossuficientes e na verdade tão desamparados? Outros autores, como Bion, têm nos mostrado, e a prática confirma, que o interjogo projeção-introjeção, além de seu aspecto defensivo, é também uma forma importante de comunicação.

Então vejamos: do vértice cultural, o que vivemos no dia a dia, aquilo a que estamos expostos todo o tempo tem um significado coerente? Acho que bem ao contrário, a falta de significado válido, realmente humano, ocorre na maioria das vezes. O avanço tecnológico não criou uma sociedade mais justa, mais igualitária; podemos até questionar se na verdade ele não trouxe uma acentuação das diferenças, diminuição das oportunidades e depreciação do ser humano como tal a favor da valorização dos bens de consumo, dos valores concretos. E o mais terrível é não saber *de quem* ou *a quem* temos que nos queixar ou *contra quem* temos que nos opor. Há um poder invisível nos manipulando. Invisível, mas perfeitamente identificável.

Não dá para afirmar que o ambiente é o nosso maior constritor ou que é a violência interna que mais nos fragmenta, que nos desintegra. Com certeza, ambos os aspectos estão sempre presentes, mas essa constatação não elimina as perguntas: e por que é assim, pessoas de um mesmo ambiente sendo tão diferentes nas suas respostas às dificuldades? O que são *características inatas*? O que é o *constitucional*? As diferentes respostas mostram que mesmo entre os psicanalistas não existe uma única maneira de pensar esses aspectos todos, o que, por outro lado, não tem impedido que continuemos nosso trabalho e nossas buscas.

Nossa tarefa como psicanalistas é a procura dos significados. A psicanálise resgata valores e recursos humanos valiosos. Como li em algum lugar: o melhor *holding* é uma interpretação. A interpretação nada mais é do que um meio de levar o paciente a um melhor contato com a realidade, seja quando apontamos a severidade de seu superego, seja quando mostramos sua dificuldade em lidar com os aspectos destrutivos internos, sempre os responsáveis pelas nossas angústias. O superego extremamente exigente do início da vida é muito violento! Objetos internos irracionalmente exigentes distorcem até nossa visão ética: a confusão de valores ou a anulação de valores humanos fundamentais ocorrem sempre que a realidade de nossa condição humana não é aceita ou compreendida. Custamos para descobrir que não somos deuses nem precisamos ser; na verdade, somos seres lindos predestinados a crescer, a lutar, a se desenvolver sempre – esse é nosso destino. O que não tem limite é o crescimento e, paradoxalmente, é a aceitação de nossos limites a melhor expressão de crescimento. Crescemos quando aprendemos a respeitar a realidade.

Como diz o Franco Filho (2009, p. 184): "Sempre atrás de um sofrimento vamos encontrar um ego tentando conciliar dois funcionamentos mentais: o do Princípio do prazer e o da Realidade". O individualismo falsamente construído por um sistema artificial de necessidades coloca as pessoas em conflito. Temos de estar atentos à maneira como as gerações mais jovens estão detectando e reagindo a esse mal-estar social. Se esses movimentos ou essas condutas não trazem gratificação ou se elas são falsamente gratificadoras e estão predominando é porque elas expressam algo mais sério a que precisamos estar atentos.

Eles realmente acreditam que a busca do prazer sensorial e o recurso à analgesia (o desejo de abolir a dor) trazem prazer, enquanto a vivência emocional compartilhada só acarreta sofrimento? Essa distorção não combina com a natureza humana e, portanto, não pode ser fácil de ser vivida. E também não pode ser uma opção! A mim parece a saída mais possível no momento.

E essa não poderia ser uma nova maneira de processar o movimento em direção à posição depressiva, na medida em que os obstáculos, sendo tão extraordinariamente maiores, obrigam um contorno gigante para chegar ao crescimento ou às mudanças necessárias para o crescimento?

Quando Viñar (2002) chama nossa atenção para a permanente ressignificação do mundo interno que ocorre por toda a vida e em decorrência de uma causalidade multifatorial e complexa, parece que não podemos mais falar do indivíduo fechado em si mesmo e confinado a uma causalidade inconsciente decorrente apenas das relações objetais primitivas. Se a maneira de pensar está diferente, se nossos referenciais como família, trabalho e sexualidade mudaram, devemos estar atentos, já que, como coloca ele: por acaso a realidade exterior é exterior ao psiquismo? E desde que existe um nexo entre cultura e psicopatologia temos de examinar melhor esses desvios atuais que estão nos surpreendendo.

Temos de nos lembrar sempre: "Mudanças sociais, políticas e culturais determinam mudanças no pensamento, e tais mudanças são a solução realizada pelo presente para os conflitos e as contradições do passado" (Chaui, 1994, p. 83). As soluções de hoje são o resultado de acontecimentos muito sérios que não estamos podendo, ainda, compreender bem.

Não acredito em opção, em jeito de ser, em ausência de compromisso, em escolhas mais fáceis que creditamos às novas gerações. Somos humanos, com características que não escolhemos, mas que nos diferenciam e nos definem. E essas características incluem a preocupação com o outro e, portanto, com o mundo em que se vive. Prefiro pensar que esses jovens, assim como os não tão jovens de hoje, expressam mais do que simples comodismo ou acomodação; eles são o resultado de acontecimentos infelizes de vários tipos e estão nos dando, com sua conduta, uma resposta, e fazendo uma chamada importante.

Curiosamente, os movimentos ecológicos atuais representam uma preocupação com o planeta que não existia antes. E não existia porque não sabíamos da importância do que usufruímos e dos riscos que nossa postura ignorante poderia trazer. Mas a partir do momento em que os perigos ficam evidentes, há uma mobilização magnífica que encontra eco geral. Proponho a pergunta: por que nossas observações e descrições das condutas das novas gerações, na maioria das vezes, têm um teor tão crítico e depreciativo? Por que essas observações não são acompanhadas das mesmas preocupações e mobilizações que os riscos ecológicos provocam?

Espero que possamos aceitar o desafio de nos determos nessas questões. Se pudermos alcançar um melhor conhecimento desses fenômenos vamos ter melhores recursos para uma atuação mais produtiva e gratificadora.

Referências

Chaui, M. (1994). *Convite à filosofia.* Ática.

Franco Filho, O. M. (2009). A civilização do mal-estar pela felicidade. *Revista Brasileira de Psicanálise, 43*(2), 183-192.

Freud, S. (1911). Formulações sobre os dois princípios do funcionamento mental. In *Edição standard das obras psicológicas completas de Sigmund Freud* (Vol. 12). Imago.

Freud, S. (1938). Esboço de psicanálise. In: *Edição standard das obras psicológicas completas de Sigmund Freud* (Vol. 23). Imago.

Klein, M. (1991a). *Notas sobre alguns mecanismos esquizoides.* Imago. (Trabalho original publicado em 1946)

Klein, M. (1991b). *Algumas conclusões teóricas relativas à vida emocional do bebê.* Imago. (Trabalho original publicado em 1952)

Money-Kyrle, R. (1977). *O medo da insanidade.* Casa do Psicólogo.

Rocca, E. G. (2000). A psicanálise na sociedade pós-moderna. *Revista de Psicanálise da SPPA, 7*(1), 65-70.

Viñar, M. N. (2002). A psicanálise e o mundo de hoje: mudanças e permanências. *Revista Latinoamericana de Psicoanálisis – Fepal, 5,* 11-20.

5. Pulsão de morte: a utilidade da clínica do conceito[1]

A psicanálise não cura as pessoas, mas
mostra a elas o que nelas é incurável.

Adam Philip

Falar de pulsão de morte implica falar da dualidade pulsional em primeiro lugar, ou seja: pulsão de vida e pulsão de morte. São duas forças ou dois movimentos psíquicos internos que consistem na tendência à construção, de um lado, e na tendência oposta, de destruição, do outro; uma força que congrega e outra que é desagregadora.

A pulsão de vida é inquestionável, mas a existência da pulsão de morte, ou de duas forças antagônicas no psiquismo, é tema de debates desde quando Freud a propôs, em 1920, em *Além do princípio do prazer*.

São várias as questões e elas comparecem com diferentes formulações: o homem nasce violento ou se torna violento por causa

---

1 Comunicação oral, não publicada.

das circunstâncias da vida? A pulsão de morte tem energia própria? Temos, ou não, um instinto destrutivo congênito? A pulsão de morte, por si só, é a vilã dos processos psicopatológicos?

Freud foi inflexível quanto à dualidade pulsional, conceito coerente com a noção de conflito, seu conceito básico. E articulação entre as duas pulsões é permanente – para entender uma, necessitamos levar em conta a outra. A hegemonia do princípio do prazer cai por terra quando Freud vislumbra a pulsão de morte como autônoma e originária.

Klein vai centralizar sua construção teórica na angústia. Em Freud buscamos a morte, o Nirvana; em Klein nós tememos e evitamos a morte. Para ela, a angústia é expressão direta da pulsão de morte, o que deixa então claro a força que ela atribui a essa pulsão.

Ela vai diferenciar e definir bem o dualismo pulsional: enquanto Freud considerava a pulsão de morte silenciosa, Klein vai mostrar que ela é barulhenta. Freud falava da necessidade de descarga de energia; Klein traz os mecanismos de projeção e mostra que a estimulação interna é provocada pelos objetos. O objeto é revelador das pulsões. O objeto não cria as pulsões, mas possibilita que elas se manifestem, sempre lembrando que o objeto pulsional é uma representação e não um objeto externo, no sentido de uma coisa no mundo. E os arranjos internos são possíveis graças às fantasias inconscientes.

A questão, sempre, é a luta entre vida e morte e ela vai mostrar ainda, na sua proposta das posições, que é a pulsão de morte, por intermédio da angústia e da culpa, que vai nos levar à posição depressiva!

É interessante como todos aceitam a existência e importância da agressividade. Quando falamos de agressividade, falamos de energia, combatividade, disposição ativa e empreendedora, defesa, autoproteção. A agressividade está, para muitos autores, ligada à pulsão de vida.

Já a proposta de uma destrutividade interna não seria suficiente ou não bastaria para provar a existência da pulsão de morte – a tendência a destruir não seria natural, mas apareceria, ou passaria a existir, a partir das frustrações provocadas pelas falhas ambientais. Para Antonino Ferro, "pulsão de morte ou instinto de morte poderia ser apenas resultado de inadequações reais da capacidade de nossa espécie de transformar informações sensoriais". Os psicanalistas americanos da psicologia do ego não concordam com a existência da pulsão de morte. E os que não aceitam a pulsão de morte dizem que se recorre a esse conceito na tentativa de dar forma ao que não tem forma; é um esforço para dar representatividade ao que está sem representação.

Por outro lado, são muitos os que consideram a pulsão de morte como pulsão mobilizadora da vida. Hanna Segal, em seu texto "Da utilidade clínica do conceito de pulsão de morte" (1986), afirma que, para ela, o conceito é indispensável no trabalho clínico. E a compulsão à repetição, o movimento mais importante dessa pulsão, que inicialmente era vista como um mecanismo empobrecedor e como uma maneira de não ver a própria violência interna, assume outras características: repetimos não para imobilizar, mas para gerar novas situações, revisões, reformulações e, portanto, para possibilitar a criatividade. Eero Rechardt (1986) diz que a compulsão à repetição nos ajuda a sobreviver; a própria repetição que ocorre na análise nos mostra isso. Paim Filho fala que a repetição traz novas possibilidades como quando o não simbolizado, com a repetição, passa a ter possibilidade de vir a ser simbolizado.

A pulsão de morte impede a permanência e existe para desmontar a ordem; portanto, é um estímulo para o psiquismo. As defesas, por exemplo, existem para nos proteger da atuação da destrutividade interna e representam uma força de vida. Para muitos autores, hoje, a pulsão de morte não é só autônoma e originária, como postulou Freud (com o que Laplanche não concorda), mas é a pulsão por excelência. Em um texto de Cláudio Eizirik, citando vários autores, entre eles A. Green, ele diz que predomina a tendência de considerar a pulsão de morte como a "organização psíquica mais antiga, a que nunca pode ser domada".

Ambas, vida e morte, vêm juntas, formam uma unidade e interagem no psiquismo, como consciente-inconsciente, e são responsáveis pela atividade mental. Klein fala de fusão e defusão – enquanto fundidas as pulsões de vida e morte, as dificuldades são perfeitamente toleráveis. A defusão, com o aumento das forças disruptivas, é o grande perigo.

A noção de mundo interno, construído pelas projeções e introjeções, é a contribuição importante de Klein. Com esses conceitos, passamos a compreender que o passado pontual não pode explicar qualquer coisa, mas o que é feito dele, como o passado foi vivido, o que ficou dele, e o que foi transformado. Em psicanálise, sabemos bem que não somos vítimas das personagens do passado, mas de nós mesmos, de nossa bagagem interna, de nossos recursos ou da ausência deles. É o relacionamento com nossas pulsões, por meio do relacionamento com o outro, que nos faz únicos; nossas primeiras relações são nossas vivências em sentimento que nos definem para sempre.

Vivemos conflitos todo o tempo em decorrência da dualidade pulsional. Como psicanalistas, sabemos que o mais importante não é correr em busca das soluções dos conflitos, mas sempre na identificação dos conflitos. Não negar o conflito, admitir sua existência e torná-la clara para o paciente são nossas tarefas. Temos verificado que o conhecer de si mesmo é útil e traz mobilizações e mudanças significativas, mas esbarramos muitas vezes com a questão da rejeição da violência interna.

A filósofa Suzanne Langer faz, muitas vezes, em seus escritos, a distinção entre homens e animais. A colocação básica é de que os homens se diferenciam dos animais porque constroem símbolos: o pensar acerca das coisas, a linguagem, a imaginação e a especulação são os principais produtos da mente humana. Mas é o conhecimento antecipado da morte a diferença fundamental; só o ser humano sabe que vai morrer. Só o ser humano é capaz de se observar, conhecer-se internamente, enfim, pensar a si mesmo e sobre tudo que o rodeia. E sabe que a morte é o seu destino.

Sabemos da morte porque a vemos acontecer ao nosso redor? Aprendemos sobre ela por observações? Não, sabemos da morte porque a conhecemos internamente, nas múltiplas e constantes mortes que vivemos dentro de nós, nós que temos a capacidade de pensar, de desejar, que vivemos para nos autoafirmar, buscando a felicidade. Os animais vivem para dar continuidade à espécie, nós vivemos para dar continuidade à nossa própria existência, para nos autorrealizar.

Costumamos dizer, então, que estamos condenados à morte. Mas também estamos condenados à vida. Desde que somos concebidos, estamos, digamos assim, condenados a viver, a lutar pela vida. E também condenados a nos desenvolver, a criar e a fazer liames que nos garantem o envolvimento com a humanidade, com os outros homens.

E começamos muito cedo a luta pela sobrevivência. É a persistência dessa energia de luta que nos manterá vivos. Antonio Medina Rodrigues, no seu livro sobre as utopias gregas, fala que o ideal não é aquilo que nós queremos, mas o que nos faz querer alguma coisa; e a persistência da energia do querer é o que nos mantém vivos. A ameaça de morte nos faz querer viver! E não só: se o estar satisfeito é o mais importante, nosso destino está comprometido com a estagnação, com a banalidade. São as insatisfações e ameaças que nos mantêm permanentemente ativos e criativos. Então o que nos mobiliza a viver e a explorar ao máximo nossos recursos são os perigos que a pulsão de morte traz, já que a estagnação é a morte da vontade e a banalização é também uma destruição dos nossos reais valores.

Freud não se deteve no biológico; ele ficou no psicológico quando falou de vida e morte. Klein fala de amor e ódio, de sentimento, portanto. Não precisamos do biológico para saber da morte; ela é uma experiência interna comum: quando desanimados sabemos que está morrendo o ânimo; quando desamparados matamos a esperança, a alegria, a confiança em nossos próprios recursos. Quando cheios de ódio sabemos que estamos matando ou está morto o afeto, o querer bem. Estamos a todo tempo lutando contra a morte dos bons sentimentos, contra a morte de nossos projetos, contra a morte da esperança e contra a estagnação do pensar. Então, o que estou afirmando é: como diz Laplanche, pulsão de morte é pulsão da própria morte, ataca internamente quando são atacados os objetos internos e os recursos do ego. É sempre destrutividade contra o *self*, mas que pode ser projetada para fora. Não temos ideia da morte, temos a vivência da morte quando nossos recursos internos são aniquilados; o medo adulto da morte também está ligado a esse medo interno de aniquilamento do psíquico. Com nossos pacientes, não importa qual seja a patologia, penso que o básico e sempre presente é esse medo de enlouquecer, de destruir a mente pensante.

Também existe desde sempre o desejo de matar. Freud fala do desejo e do medo de matar e de ser morto. O que é Édipo senão isso?

A questão da dualidade, ou da conciliação entre tendências opostas, é básica no ser humano e comparece magnificamente na tragédia grega. E somos trágicos, como diz Rachel Gazolla, enquanto somos lugar de conflito. O que é universal no homem é esse aspecto trágico de uma luta permanente entre vida e morte. A condição trágica consiste em ter de conviver com essa dualidade; esse é o nosso aspecto vulnerável, que não é para ser eliminado, mas para ser explorado. Para os gregos, para nós e para todo o ser humano em qualquer época a conclusão é: *trágico é ter de conservar o que não pode ser perdido*; ou trágico é a queda na realidade, é a perda das ilusões e ter de viver com nossas limitações.

Nascemos com uma potência de vida da qual não nos libertaremos nunca.

A vontade de vida ou de viver nos é inerente e cobra de nós renovação permanente. Então é a vida que nos dá trabalho, que não nos permite repouso.

A autonomia narcísica e a negação da necessidade do outro são tendências terríveis, perigosas, com as quais vamos lidar sempre, e que exigem manter conectadas, permanentemente, as pulsões de vida e de morte, ou melhor, amor e ódio.

A busca pela análise já expõe a luta de nossos pacientes com essa dualidade: eles nos trazem suas angústias (expressão da pulsão de morte) com esperança, empenho e confiança (expressão da pulsão de vida).

6. Sobre deuses, heróis e monstros: configurações do poder[1]

> *Toda estrutura de poder precisa de uma ameaça implícita subjacente... O local da ameaça é geralmente exteriorizado, deslocado para fora, para o inimigo: é a ameaça invisível (e por este motivo todo-poderosa e onipotente) do inimigo que legitima o estado de emergência permanente do poder existente.*
>
> Slavoj Zizek

Esta fala poderia, perfeitamente, ser de um psicanalista. É de um filósofo, Slavoj Zizek (2005), analisando o combate ao terror pelos Estados Unidos. O título de seu artigo é "A vítima é o criminoso". Ele mostra como o Irã, ameaçado de invasão pelos Estados Unidos, é acusado de ser criminoso por ter armas atômicas, quando as utiliza para se defender! Um país poderoso usa da pressão, portanto de seu poder, para coagir o outro; acusando a vítima de ser agressor, ele justifica sua agressão. No jogo de forças político atual isso está bem claro.

---

1 Comunicação oral, não publicada.

O que impressiona é que em nada difere do que ocorre nas instituições sociais de modo geral e na instituição interna de cada um de nós. É a persecução interna, mobilizando as identificações projetivas, que tornam o externo a fonte de perigos. O outro é sempre uma incógnita, com impulsos e necessidades próprias e representa uma ameaça quando se torna o representante externo das minhas próprias configurações violentas inconscientes internas. E, na medida em que o outro se torna perigoso, desenvolvemos as mais diferentes manobras para alcançar o domínio sobre ele. As fantasias onipotentes passam a ocupar todo o espaço mental.

A ânsia de poder não é própria de nossa época, é própria do ser humano e as maneiras como se manifesta nos planos social, político e individual têm características ou denominadores comuns. Em muitos aspectos se configuram como atuações perversas. Estou chamando de perversa a conduta em que a destrutividade predomina na relação e o outro é usado como objeto-coisa. Ou melhor, quando o outro não é considerado tendo em vista suas necessidades e características próprias ou quando o outro não é tratado como alguém único, com sua maneira própria de sentir e reagir; quando não se respeitam os limites de cada um e não se busca conhecer no que estão disponíveis, e em que aspectos estão comprometidos por barreiras internas. Enfim, quando o outro não é tratado como um ser humano (*um objeto total*, na nomenclatura kleiniana), mas apenas como um objeto qualquer descartável (*objeto parcial).*

A sedução, por exemplo, é perversa na medida em que o sedutor explora a fragilidade do seduzido; o sedutor domina exatamente porque não dá oportunidade ao outro de refletir, não o deixa escolher, atraindo-o com promessas de prazer. A corrupção também: ela cria uma hierarquia em que existe o mais forte, o dominador, e os que são arrastados por suas ofertas gratificadoras.

São manifestações violentas porque desconsideram e desrespeitam o outro.

Na perversão não há, portanto, desconhecimento, ao contrário: existe desprezo pela verdade – e isso já conhecemos de Freud desde o texto sobre o fetichismo. É diferente do que ocorre com o psicótico, em que a apreensão da realidade é caótica e ele não se dá conta das normas e restrições externas.

O perverso sabe de suas distorções e se sente poderoso e superior ao enfrentar as normas vigentes. O psicótico atua a confusão mental, concretiza ao invés de simbolizar. Como diz Baranger et al. (1994), o psicótico perde a lei, a elimina. Já o perverso tem perfeita noção das interdições e se apraz em desafiá-las. Aí está a base de seu sentimento de poder e superioridade. Nos perversos a conduta é engendrada e justificada por mentiras e falsidades, com a consequente distorção dos valores; seu contato com a realidade, em vez de ampliar conhecimentos e condições para conviver com o sofrimento, exacerba a excitação e a necessidade de controle dos outros. A apreensão dos fatos tende a ser feita por um vértice supervalorizado, com perda da noção de conjunto e do verdadeiro significado das situações.

Quando nossos pacientes usam estratégias de dominação, expressam um duplo movimento: ao mesmo tempo em que buscam uma relação significativa, rompem o vínculo analítico; estão, portanto, expressando *desespero* porque não conhecem outra forma de ligação que não seja essa: o dominador e o dominado. Como não conseguem acreditar na própria capacidade de preservação interna dos bons sentimentos, também não acreditam na bondade do objeto.

Na relação analítica, muitas vezes, o paciente precisa criar uma situação de domínio e de controle da mente do analista, não só pelo prazer que isso traz, mas principalmente como defesa diante do novo que pode emergir na análise. Por exemplo: o paciente L., sempre que se defronta com algo que o desagrada, imediatamente reage com a pergunta: "E como deixar de ser assim?". Aparentemente, ele está expressando angústia e insatisfação consigo próprio, mas não se detém para examinar o que está emergindo na sessão, e não se esclarece sobre o aspecto apontado e que se lhe afigura tão desconfortável. Ao querer uma solução imediata para sua insatisfação, ele está criando um estado de excitação, de busca, de "esforço interpretativo" do analista. Ao me impor o clima de tensão e excitação, ele garante o controle da minha mente e escapa da verdadeira análise de si mesmo.

De onde vem essa necessidade de poder?

Parece que nós, psicanalistas, não temos tanta dificuldade, como os filósofos e os sociólogos, para apreender de onde vem o sentimento de exclusão. Lebrun (1981) fala de um "sentimento atávico dos deserdados, de serem por natureza excluídos do poder", ou, citando Hume: "o poder é reconhecido há tanto tempo como uma forma de fatalidade" ou, citando Hannah Arendt: "a distinção entre governantes e governados pertence a uma esfera que precede o domínio político" – ela está se referindo à organização patriarcal da família e, embora aponte para o núcleo familiar, está longe de localizar, dentro do indivíduo, a noção de poder e de submissão.

Nós contamos com a teoria do complexo de Édipo: ela nos ensina que, desde os estágios iniciais do desenvolvimento, a criança fantasia a relação entre os pais da qual ela está naturalmente excluída. Na concepção infantil, pai e mãe juntos, totalmente ligados e excluindo qualquer outra figura, são inexpugnáveis – é a configuração fantasiosa infantil da *figura combinada*, pênis e seio reunidos. Essa superpotência concentra todo o poder de vida e morte, por isso é também aterrorizadora. Expressa o máximo de idealização, de onipotência e de persecução. A criança tomada de um medo indescritível dessa figura poderosa também é fascinada por ela, já que representa toda a força, toda a vontade e todo o poder. A identificação com a figura combinada, temida e invejada, é um dos destinos dessa vivência. A autovalorização defensiva, onipotente e narcisista preside esse anseio de poder que vai se manifestar desde as mais simples às mais complexas situações de vida.

Nas vivências institucionais, uma manifestação muito comum é a necessidade de ser herói, de se acreditar salvador. É muito ilustrativa a metáfora usada pelo escritor Philip Roth (2002) numa passagem de seu romance *A marca humana*: "tudo o que a X faz é motivado pela virtude. A mitologia não é cheia de gigantes, monstros e serpentes? Ao definir você como um monstro, ela se define como heroína. É assim que ela está matando o monstro. É assim que ela se vinga de você".

Ungido pelos deuses, e com um destino glorioso reservado por eles, o herói está destinado a destruir os monstros, seres terríveis que precisam, na maioria das vezes, ser criados para a realização magnífica do herói. Para ser herói é necessário que existam os monstros! E eles podem ser das mais diferentes espécies: um ambicioso país vizinho, uma potência econômica, uma religião em expansão, um partido político, uma ideologia com forte ressonância ou uma ideia valiosa que pode desbancar o quadro vigente, e assim por diante. O herói, sagrado pelos deuses, é o único a ter os recursos para salvar a comunidade do monstro terrível que a ameaça. Realiza assim, concretamente, a identificação com a figura poderosa e imbatível da infância.

Para a permanência do herói se faz também necessário que os membros do grupo estejam passando por vivências de incompetência e fragilidade. Ao aceitar a ideia de salvação, o grupo expressa sua maior fragilidade: estão exatamente buscando a figura poderosa das suas fantasias infantis para salvá-los dos perigos internos e externos. Esse é o aspecto sedutor mais perigoso porque é ilusório, já que cabe a cada um salvar a si próprio de seus monstros internos para ascender à condição de adulto livre e responsável.

A necessidade do herói de criar um novo mundo, já que é para isso que ele foi escolhido, implica na necessidade urgente de anular o passado, a história, tudo que ocorreu antes. Destruído o monstro ameaçador, há de se instalar como o herói de um novo tempo. E o monstro destruído tem de desaparecer sem deixar vestígios, para que a violência do herói não possa nunca ser questionada. Assim, nada se perdeu, e tudo será construído agora. A necessidade de aniquilar qualquer vestígio do passado não garante a tranquilidade do herói, porque só os bons sentimentos amparam as boas construções, internas ou externas. Cintra e Figueiredo (2004), estudiosos de Klein, explicam bem: "Essa aspiração a ser criador de si mesmo e do seio materno e a rejeição da condição de ter sido engendrado são o ápice da onipotência e da negação da dependência: significa negar a própria filiação e pertinência a uma linhagem que o antecedeu". Portanto, só é possível a reconstrução quando podemos elaborar as perdas, quando se faz o luto pelo perdido. A recriação valiosa é um trabalho elaborativo doloroso, significativo e enriquecedor quando amplia horizontes e não quando destrói vínculos.

O herói, fundamentalmente, acredita ser necessário superar os pais, a dupla parental ameaçadora e maléfica que habita dentro dele. O poder do herói, aquele que se instala pela produção e destruição de monstros, não consegue se instalar com força dentro do grupo porque não encontra significação para suas ações, já que elas não se apoiam na verdade, mas na construção falsa de inimigos que o permanecem aterrorizando. Sua luta é a do excluído, do filho cheio de ódio que não aceita esperar sua vez. Não vive a terceira posição, a de quem observa a relação harmoniosa dos pais e pode colaborar com eles. Está claro que não se trata do *místico* da nomenclatura de Bion, já que o *místico* traz uma ideia nova que pode ser ou não disruptiva para o grupo. O herói precisa se instalar como salvador para atender à sua própria necessidade de engrandecimento; acredita que assim poderá se libertar das angústias persecutórias.

Por que não basta ocupar o lugar dos pais? Por que se faz necessário aniquilá-los? O que a psicanálise das relações objetais nos ensina é a importância, a força e a ameaça sempre presentes dos sentimentos de voracidade e de inveja, como os autores citados escrevem: "a voracidade, na condição de pura ânsia pelo absoluto, é a forma desmesurada da pulsão de vida, ao passo que o desejo de destruir, como manifestação da pulsão de morte, decorre do sentimento de ter sido lesado em termos de satisfação, sem que o sujeito se dê conta de que parte da frustração é continuamente criada por sua própria voracidade". O objeto que precisa ser aniquilado, na verdade, precisa antes de tudo ter sua criatividade destruída ou anulada; enquanto o objeto for lembrado na sua força e criatividade, representa uma ameaça.

O que o herói vive, então, é uma ilusão de poder e não um poder real, forte e construtivo. Sempre que a responsabilidade pelo destino de um grupo é assumida, é necessário avaliar o que preside a organização do novo núcleo de poder: ideais compartilhados ou ambições compartilhadas? O núcleo do poder usa seus membros para seu próprio engrandecimento e glória ou ele se coloca como a mãe continente, pronta a atender às necessidades dos filhos e a seu desenvolvimento?

Para que a tarefa seja levada a cabo saudavelmente, o núcleo de poder tem de se colocar como o elo de uma sequência, de uma história que ambiciona ser durável, permanente; ele é o referencial a dar sentido aos outros e às outras experiências. A instituição almeja a continuidade, e o núcleo do poder passa a ser o centro de um universo em expansão. O verdadeiro poder está atento em proporcionar produtividade, prazer e ampliação de horizontes. Oferece seu projeto revolucionário, conquista o grupo com suas propostas, amplia os sonhos e o orgulho de cada um de seus membros. Ele se impõe como o defensor dos ideais do grupo e se instala "como uma rede produtiva que atravessa todo o corpo social", como nos diz Foucault (1979). O verdadeiro poder é aquele que transforma todos e cada um em colaboradores e corresponsáveis pelo crescimento do grupo.

Mas se os senhores do poder sonham se instalar indefinidamente, ilimitadamente, cortando vínculos e criando estruturas que visam sua permanência, acreditando que só eles têm recursos para propiciar desenvolvimento, estamos então dentro de um sistema onipotente, portanto irreal, ilusório. Arendt (1987) descreve magnificamente:

> *O poder só é efetivado enquanto a palavra e o ato não se divorciam, quando as palavras não são vazias e os atos não são brutais, quando as palavras não são empregadas para negar intenções, mas para revelar realidades, e os atos não são usados para violar e destruir, mas para criar relações e novas realidades.*

Se a construção do poder não repousa no argumento, no desejo de impor uma vontade nova ou uma nova maneira de pensar; se o poder, para se instalar, não depende de convencer o grupo da superioridade de suas propostas, mas se instala apoiado na destruição do outro, na necessidade de desvalorizar o adversário, temos então uma situação perversa, violenta.

No nível pessoal, necessitamos de poder interno para reprimir nossa própria agressividade, conter nossa voracidade e preservar nossos bons sentimentos. Precisamos de muito poder para não ter de lançar mão das projeções violentas que só trazem empobrecimento, desagregação e falência dos recursos internos de cada um.

Na instituição psicanalítica, a questão do poder é mais significativa ainda, pois a psicanálise é o grande poder ao qual nos submetemos. É uma submissão espontânea, livre e forte. Gosto da comparação da psicanálise com o deus Dionísio, tal como ele aparece na peça grega *As Bacantes*. Eurípedes descreve a fúria do rei que manda prender Dionísio para impedir toda a mobilização da cidade em torno de seus festejos; Dionísio se deixou prender tranquilamente para em seguida explodir a prisão e sair ileso. A meu ver, o mesmo acontecerá, sempre, com a psicanálise: os que tentarem aprisioná-la ou distorcê-la correrão os mesmos riscos, já que ela não se deixa violentar, explode com os grupos que o tentam e retorna sempre com muito vigor para se impor com toda sua majestade.

Referências

Arendt, H. (1987). *A condição humana*. Forense Universitária.

Baranger, W., Goldstein, R. Z., & Goldstein, N. (1994). *Artesanias psicanalíticas*. Kargieman.

Cintra, E. M. U., & Figueiredo, L. C. (2004). *Melanie Klein: estilo e pensamento*. Escuta.

Foucault, M. (1979). *Microfísica do poder*. Graal.

Lebrun, G. (1981). *O que é poder*. Brasiliense.

Roth, P. (2002). *A marca humana*. Companhia das Letras.

Zizek, S. (2005, 27 de março). A vítima é o criminoso. *Folha de S.Paulo – Caderno Mais*.

7. Transferência e contratransferência[1]

Freud, no seu trabalho inicial com as pacientes histéricas, percebeu muito cedo que elas viviam conflitos: conflito entre seus desejos, seus impulsos sexuais e as proibições externas ou as exigências da realidade.

Continuando suas teorizações vai nos mostrar, bem mais tarde, que o conflito pode ser visto de outra maneira: entre o ego e o id, os impulsos, e também entre o ego e o superego. O superego como os pais ou o social internalizado e oferecendo oposição ao id e ao ego. E a conclusão é de que os sintomas eram a expressão de conflitos não resolvidos.

Como lidar com isso? Freud, no início de seu trabalho, tentava explicar às pacientes o que ele percebia; ele falava para elas como se instalavam os conflitos e como elas estavam vivendo essa briga interna.

Mas, muito cedo, e isso aconteceu ainda quando trabalhava com Breuer, percebeu que as pacientes viviam desejos intensos

---

1 Comunicação oral, não publicada.

para com o médico. O próprio Breuer, tomado de surpresa por Ana O., quase teve seu casamento desmoronado.

Havia então um fenômeno típico, perigoso, com o qual era preciso se acautelar. No caso Dora (publicado em 1905 mas escrito bem antes, em 1901 – "Fragmento da análise de um caso de histeria"), ficou bem claro para Freud que o rompimento do trabalho depois de apenas três meses de análise ocorreu por causa dos desejos intensos da paciente e que ele não percebeu em tempo e não mostrou a ela. Havia os sintomas histéricos de Dora, mas, diz Freud, surgiu um novo sintoma: a transferência. E ele dá a definição, que é clássica:

> *Novas edições ou fac-símiles de impulsos e fantasias que são criados e se tornam conscientes durante o andamento da análise; possuem, entretanto, esta particularidade, que é característica de sua espécie: substituem uma figura anterior pela figura do médico. Em outras palavras: é renovada toda uma série de experiências psicológicas, não como pertencentes ao passado, para com os personagens do passado, mas aplicadas à pessoa do médico no momento presente. (Freud, 1905[1901] /1996b, p. 113)*

Eram sentimentos tornados conscientes, ou despertados na análise. Reedições ou edições revistas. Eram as *transferências*.

Então, havia os sintomas de Dora mas, diz Freud, surgiu um novo sintoma, a transferência. Daí, era preciso combater esse sintoma como se combatem os outros? Se a transferência era pensada como um obstáculo, como resistência, agora, pela primeira vez a transferência é introduzida de maneira diferente: a transferência não pode ser evitada. "O tratamento não cria a transferência, mas simplesmente a revela, como outros fatores psíquicos ocultos . . . A transferência que parecia predestinada a agir como o maior obstáculo à psicanálise torna-se seu maior aliado." (Freud, 1905[1901]/1996b, p. 114). Foi a partir daí que a psicanálise passou a ser o que é; foi quando se inventou ou se instalou a situação analítica.

Essa capacidade de transferir é próprio da mente humana. O que é transferir? O desejo e o impulso pressionam a mente, fazem-se representar na mente e pressionam para que a mente dê uma solução. A mente revela então uma de suas características: ela desenvolve a capacidade de *substituir*. Transferimos interesses, emoções, fantasias, ansiedade, culpa, de um objeto para outro; são todas tendências ligadas ao processo de formação de símbolos. Portanto, em nosso trabalho, o conflito reaparece, é transferido para o terapeuta e, ao reaparecer, pode ser trabalhado. Freud descobre, assim, o instrumento de trabalho fundamental da análise: a transferência é a marca da prática analítica. Então, depois de ser vista como perigosa, ela passa a ser nossa forte aliada. E o método da psicanálise nada mais é do que a criação de uma situação, de um *setting*, que possibilita o surgimento ou a emergência da transferência para que ela possa ser trabalhada, interpretada. Só que no início se olhava a transferência para *ver como ela aparecia*, e Freud mostrava isso ao paciente – mostrava como era no passado e como estava se repetindo ali. Lentamente a técnica vai mudando, em decorrência do desenvolvimento teórico e todo o manejo da transferência vai se reformulando.

Em 1927, Melanie Klein, numa polêmica com Ana Freud sobre a análise de crianças, vai trazer achados significativos. Ana Freud dizia que a criança não pode ser analisada porque ela não faz transferência para o analista, já que ainda não acabou de realizar a relação com os pais, e não elaborou ainda a situação edípica. A análise de crianças, nesse período inicial, tinha mais um vértice educativo ou de apoio; Ana Freud se preocupava muito em acolher bem as crianças, em dar suporte a elas, além de instalar normas com função realmente educativa. Já Klein não tem essa postura, e mesmo com crianças muito pequenas, ela não interdita, não censura, não ensina, não aprova, nem reprova. Ela instala a postura de neutralidade, como com os adultos, e isso possibilita ou cria as condições para a transferência. No seu trabalho *As origens da transferência* (original de 1952), ela afirma que a criança transfere desde o início, até para os pais. Afirma também que o Édipo é muito precoce e com esses dois conceitos revoluciona a psicanálise na teoria e na prática; portanto, não só em relação à transferência. O que ela quer dizer com isso: que as relações com os pais já incluem a transferência. Para ela, o que existe é um mundo interno povoado de objetos, os objetos internos que vão se instalando por meio dos mecanismos de projeção e introjeção que atuam desde o nascimento. O mundo interno é o espaço no qual as vivências emocionais são pensadas, adquirem significados. Ela mostra então que todas as relações externas têm uma qualidade transferencial, e isso o Freud também já dizia, mas ela acrescenta que as relações externas extraem seu significado do mundo interno. Não é do passado que transferimos para o presente, mas de dentro para fora, do mundo interno para o mundo externo.

Não estamos nesse caso preocupados com o conflito, ou com os traumas, ou com a história e seus pontos significativos. Estamos preocupados com a estrutura interna do paciente, e como ela comparece em cada movimento.

Essas estruturas, estas formas de reagir, pessoais, permanecem como "memórias em sentimento" e não como memórias de fatos, de acontecimentos. É o sentimento que permanece; são as reações que ocorreram antes e que se repetem agora. Mas não são necessariamente do passado – não é o passado que se torna presente dessa maneira; é a estrutura típica interna que se exterioriza; portanto, nós transferimos de dentro para fora, das relações internas, com os objetos internos, para com os objetos externos. O que acontece comumente é que ao perceber o que está ocorrendo agora, o paciente se lembra de que uma vez aconteceu algo assim no passado, e relata então o sucesso passado. Vejam, é o paciente que vai para o passado, tentando entender o que não entendeu lá atrás. Logo, o passado está no presente, não precisamos ir buscá-lo, basta que se exteriorize o que está dentro de nós.

As fantasias inconscientes vão aparecer na relação com o analista, mas sempre com significados novos, na medida em que essa é uma relação nova, nunca repetida. É sempre uma vivência, ali na sessão, que encontra seu significado ali na relação do momento. Os significados vão sendo descobertos e apresentados ao paciente. Não tem chave, não tem código estabelecido: sou o pai, a mãe etc. Não, os sentidos vão se renovando, se complicando a cada passo. Em todos os encontros, em todas as relações humanas ocorrem transferências, mas aqui no trabalho analítico há uma diferença, uma especificidade. O especial consiste que o paciente vem se encontrar comigo, traz algo para me contar, para partilhar comigo, e eu estou atenta para compreender, para alcançar o que está sendo dito; tenho que instrumentar minha observação no sentido de construir uma interpretação que se espera seja útil ao paciente. Se espera que traga novo conhecimento ao paciente sobre ele mesmo e sobre sua maneira de estar ali comigo e de se relacionar, em geral.

Sempre que interpretamos a transferência nós não só desvelamos algo que está ocorrendo, mas abrimos portas para novos conhecimentos, novos significados: "Nada pode ser revelado sem ser ao mesmo tempo um processo de criação de novos significados" (Elias). As interpretações de transferências possibilitam novas conexões emocionais, o que permite a expansão do mundo interno, nos seus significados e afetos.

Toda vez que nos relacionamos com alguém há uma relação que é objetiva, clara, consciente e uma outra que é fantasiosa. Vocês, por exemplo, vieram aqui para uma conversa sobre este tema nosso – esse é o aspecto consciente, objetivo. Mas quantas fantasias acompanham esse movimento, fantasias a meu respeito, a respeito de como vou desenvolver o tema, de como pode ser uma aula inaugural, a respeito do encontro com os colegas, e assim por diante.

O encontro analítico tem esta especificidade de oferecer ao paciente um conhecimento melhor dele mesmo, do seu mundo de fantasias, e as expectativas do paciente em relação a isso são sempre muito intensas, às vezes muito penosas. Então, o medo que o paciente tem da análise e do analista nada mais é do que temer o que não conhece de si mesmo, mas que ele geralmente fantasia como sendo ruim. São nossos aspectos desconhecidos, sempre, o que mais nos angustiam, embora compareçam como medo da análise ou do analista. No que, de certa forma, eles têm razão (uma das minhas observações aos candidatos é sobre a importância do analista para o paciente, coisa difícil de se aceitar porque é assustadora).

Então, dos conceitos de Freud passamos para os de Klein, que vão abranger novos fenômenos. Este é o destino de toda teoria forte – ela está sempre se reavaliando e se revalidando na prática e exigindo reformulações porque ela própria detecta novos fenômenos que precisam ser explicados. É a prática, a clínica que está sempre trazendo novos achados, novos problemas, e nos obrigando a pensar, a reformular, a trazer novas hipóteses. Esse é o destino de toda teoria forte, e a transferência é uma delas.

E a contratransferência também surgiu da prática.

Quase ao mesmo tempo, Henrich Racker, na Argentina, e Paula Heimann, na Inglaterra, começam a falar na contratransferência – algo que ocorre com o analista e que pode intervir no seu trabalho. As reações do analista ao seu paciente sempre foram vistas como algo muito sério que intervinha fortemente na observação, na captação do paciente. Era algo que ocorria para atrapalhar, e por isso era necessário muito cuidado. Muitos autores chegavam a dizer, taxativamente, que o remédio para a contratransferência era o analista voltar para o divã. Dizendo de outra forma: os sentimentos, as reações do analista ao paciente, até as fantasias que lhe ocorrem na sessão eram vistos como obstáculos à sua captação do que ocorria com o paciente; eram tidos sempre como dificuldades do analista que ele precisava detectar para não prejudicar a análise... (falar da oposição de Klein a Heimann sobre a publicação do trabalho sobre a contratransferência).

Mas esses dois autores começam a se dar conta de que a contratransferência não é contra nada, mas a favor. Passam a escrever sobre a importância desses fenômenos que ocorriam com o analista e propõem que eles não eram ocasionais ou não significavam que o analista estava comprometido com suas coisas, tão somente. Não, podiam ser parte integrante da vivência do momento e deviam ser levadas em conta pelo analista na sua busca de compreender o que estava se passando com o paciente. Então, a mente analista começa agora a entrar na sessão. O que se passa com o analista começa a fazer parte do *setting* e é considerado como o resultado da interação e não mais como um fenômeno intruso que deve ser evitado. Isso significa que a personalidade do analista está inteira ali na sessão, colaborando com o trabalho. Temos de nos deixar tocar pelo paciente, temos de nos deixar penetrar pelo paciente. Este é um assunto muito debatido, importante, que continua em elaboração pelos psicanalistas, embora alguns aspectos já estejam bem assentados. Não vou entrar em detalhes, mas vocês vão ouvir falar de simetria, assimetria, neutralidade, distanciamento, abstinência etc.

Vocês terão cursos exaustivos sobre isso quando estudarem a técnica e a teoria da técnica.

Deixo só bem assinalado: hoje ninguém duvida de que uma sessão diz respeito à intersubjetividade, isto é, as duas mentes ali presentes interagem, uma influencia a outra e, espera-se, ambas saem enriquecidas da experiência. A instrumentação da contratransferência é a grande tarefa do analista e representa um avanço importante. Na situação analítica há uma interdependência mútua entre A e analisando; para alguns autores cria-se um campo onde se concentra toda nossa pesquisa.

O conceito fundamental que instrumenta nossa observação na vivência transferencial-contratransferencial é a identificação projetiva (IP). O que é isso?

M. Klein, em 1946, no seu trabalho "Notas sobre alguns mecanismos esquizoides", definiu e esclareceu esse mecanismo. Segundo ela, projetamos nos outros nossos aspectos indesejáveis (não só), mas não exatamente no outro, mas *dentro do outro*. E passamos a identificar o outro como sendo aquele aspecto que eu projetei. Vamos dar um exemplo: se eu chego aqui com a ideia de que o que eu preparei para falar a vocês não vai agradar, ou não vai ser bem aceito por vocês, vai ser considerado insatisfatório ou qualquer coisa assim, eu vou ficar insegura, até com medo de vocês. O que eu estou fazendo? Estou projetando minha exigência em vocês. Vocês se tornam os exigentes, a ponto de me incomodarem seriamente. Fico atenta a vocês para detectar as queixas, e sou capaz de sair dizendo que vocês não gostaram, que eu percebi bem isso etc. Eu estou imaginando uma situação em que eu sou o paciente e vocês, o analista. Então, como eu projetei a minha exigência em vocês, algo que é meu, só meu no caso, eu vou pedir desculpas, vou ficar me justificando. Vocês podem ficar em silêncio, decepcionados, ou ficam numa expectativa ansiosa diante da minha insegurança. Então, ao projetar minha exigência de fazer uma excelente palestra em vocês, eu estou provocando reações em vocês – este é o entrejogo; começam a surgir as reações: ansiedades, fantasias.

Vocês, o meu analista, vão perceber que eu os estou deixando incomodados de alguma forma. Aí o analista pode dizer (vocês podem dizer): "Você está com receio de que não gostemos de você". Ou: "V. está nos considerando muito exigentes".

Agora, se o analista, V., for mais tarimbado, ele diz: "Olha, Suad, você está me dizendo que suas exigências a perturbam muito, perturbam principalmente a sua relação com os outros".

Então, a IP foi a forma tomada pelo analista como uma comunicação de como a paciente está se sentindo. Ao ficar incomodado com o paciente, o analista tenta entender o seu incômodo como algo do paciente, a exigência, e pode então devolver ao paciente o que é dele. Só que ao mostrar assim, com paciência, com compreensão, desejo de colaborar, estão me ajudando a ver um aspecto que eu não estava percebendo. Se o paciente toma conhecimento desse aspecto seu, e que é seu, não do outro, fica sabendo de algo que lhe é próprio e como esse algo atua se ele até perceber. Esta é a contribuição de Bion, que nos ensinou a ver a IP como uma forma de comunicação também. É o que costumamos chamar de *rêverie* (falar do *rêverie* mãe-criança).

Então, a contratransferência representa agora a totalidade das respostas do analista e não só os aspectos negativos ou os aspectos comprometidos do analista. Logo, é possível acolher todas as vivências emocionais do paciente sem passarmos, nós também, por uma experiência emocional. É bom lembrar que não é só raiva ou críticas que são aspectos contratransferenciais; ter medo, ficar tolhido, ficar inseguro também são aspectos contra; ficar entusiasmado, torcendo pelo paciente, também. E temos de examiná-los. Muitas vezes o paciente quer que sejamos juízes, conselheiros, parceiros etc. Se cairmos nessa, deixamos nossa postura analítica, que consiste em buscar saber o que está ocorrendo e mostrar isso ao paciente.

Mas é muito importante saber diferenciar o que é nosso do que é do paciente. Temos de estar ali presentes, atentos, com uma visão dupla: para com o paciente e para conosco; observação do outro e de si próprio. Uma das confusões comuns é a questão da confissão. Há analistas que dizem ao paciente o que ele próprio está sentindo; às vezes, fazem uma confissão de seus aspectos contratransferenciais. Penso que isso é indesejável e prejudicial. Exatamente a diferença entre o analista e o analisando é que o analista está atento ao que ocorre com ele para entender melhor o paciente e informar o que ele está vendo por meio da interpretação. A maneira como ocorre a interação não deve ser explicitada ao paciente; esta tarefa é só do analista; esse é o seu trabalho (não podemos responsabilizar o paciente, sobrecarregá-lo).

Vocês estão vendo que temos de nos deixar tocar pelo paciente, nos deixar perturbar por ele. Não há outro caminho. E é para poder lidar com todas essas tensões que necessitamos da nossa análise pessoal, mais profunda e minuciosa possível. É por isso que se fala tanto em transferência; não só porque é a marca do trabalho psicanalítico, mas principalmente porque é muito fácil conhecer as teorias psicanalíticas; o difícil é trabalhar com elas. Também é por isso que na maior parte do tempo se faz psicoterapia, que pode ser muito importante também, mas não tem o alcance para o paciente e a dificuldade para o analista, que a análise traz. A psicoterapia de orientação analítica usa o mesmo corpo teórico da psicanálise. O que é diferente é o manejo dessas teorias na clínica, no *aqui-agora* da sessão. É o manejo da relação analista-analisando que diferencia a psicoterapia da análise, ou melhor, é o trabalho com a transferência-contratransferência que caracteriza o trabalho analítico.

Na análise, estamos centrados nas emoções, nas emoções que emergem ali no contato. Não ficamos mais buscando levantar as repressões, mas tentando encontrar os significados das fantasias, das angústias e das defesas que estão ocorrendo ali naquele momento.

Estamos sempre caminhando para poder pensar a situação, para chegar a novos conhecimentos; e a capacidade do analista de poder sonhar, de poder viver suas emoções *sem se perder* nelas é o grande desafio.

Um aspecto importante que não quero deixar passar (muitos serão deixados, evidentemente) é o que diz respeito à confusão da transferência-contratransferência com identificação projetiva e introjetiva. Ambas fazem parte, ocorrem frequentemente, mas não explicam toda a dinâmica e a estrutura das relações Analisando × Analista; também não levam em conta todo o trabalho que ocorre dentro do campo. O conjunto transferência-contratransferência representa sempre uma situação total, como diz Klein, e involucra fantasias, defesas, emoções, enfim, experiências emocionais as mais complexas.

A importância da IP é porque ela representa o movimento mais significativo de comunicação e de defesa; nós a usamos para nos libertar dos sentimentos difíceis, insuportáveis. Representa também a necessidade de negar partes nossas insuportáveis, principalmente negar a separação ego – objeto. Ponho aspectos meus no outro e fico misturado com ele; assim, eu não sou eu e o outro não é o outro. É o que chamamos de relação narcisista.

A IP é um mecanismo que tem sido muito discutido por diferentes autores, mas tem sido aceito pela grande maioria, com algumas variações na sua compreensão e manipulação.

Alguns a consideram apenas um mecanismo de descarga para se ver livre de algo e controlar o objeto.

Depois passou a ser algo que altera o objeto, mesmo.

Depois passou a ser importante a alteração do objeto e o uso que o analista faz da alteração.

Cria-se uma situação especial em que não é mais o sujeito ou o objeto que importa, mas o resultado desses movimentos.

A volta para o sujeito é o mais importante, já que estará modificado. Ogden chama de terceiro analítico.

Então somos levados a viver um papel para podermos trabalhar, e em seguida sair dele.

Um outro tipo de ocorrência dentro da relação analítica é uma espécie de conluio inconsciente entre Analista e Analisando que recebeu o nome de *enactement*, traduzido por *encenação*. É quando o analista é envolvido sutilmente e sem se dar conta num comportamento definido pelo paciente. Na IP, o analisando atua dentro da mente do analista colocando um aspecto seu, de sua própria mente, que agora vai atuar dentro do analista; são estados emocionais que migram de um para o outro. No *enactement* há uma resposta do analista a certos estímulos do paciente e se refere sempre a um comportamento, a uma ação que passa a ser executada pelo analista; por isso se intitula encenação. Se vocês prestarem atenção, verão que isso é comum: o analista é levado a tomar partido, geralmente do lado do paciente; o analista é levado a dar conselhos, ou é levado a supervisionar o trabalho do paciente, ou fica torcendo pelo sucesso do paciente e aí fica bravo ou o tranquiliza, como fazem os pais, e assim por diante. Na verdade, o analista pode ter esses sentimentos, mas não pode atuá-los e deve ficar atento para não sair da situação em que o importante é saber das fantasias do paciente e apontar sua angústia, sua defesa e a maneira como lida com os objetos.

Então, o que podemos fazer no trabalho psicanalítico: ajudar o paciente a recolher esses aspectos que estão sendo projetados fora, recolher o que se livrou e não quer ver em si, e recolocá-los em si mesmo – e aprender a viver com eles. É a reintegração dos aspectos rejeitados e projetados que constitui o objetivo do nosso trabalho.

No exemplo que eu dei: se vocês, como analistas, mostram a mim que sou eu que sou muito exigente, e sofro com minha exigência, e eu posso reconhecer isso e passo a pensar nisto, vou começar a tentar elaborar, conviver e modificar esses aspectos que eu não percebia que eram meus e não dos outros.

Se eu projeto em vocês minha exigência e ela não for reconhecida por mim como sendo minha, vou ficar cada vez mais angustiada, mais perseguida; vou sair daqui em pânico e nunca mais vou falar em público!

Então, se o aspecto projetado não voltar para mim, sendo reconhecido como meu, vai se transformar num processo patológico. Criam-se assim uma ou várias organizações patológicas internas que vão tornar minha vida muito mais difícil, com grandes sofrimentos.

Só que tudo isso: a relação com as transferências, IP, retorno e reintegração dos aspectos cindidos e projetados, as vivências todas são muito difíceis, dolorosas, mas importantes e compensadoras. A análise bem-sucedida nos torna mais habilitados a viver com mais tranquilidade e produtividade.

8. Violência na sociedade contemporânea, uma visão psicanalítica: configurações da violência[1]

Freud chocou todos quando mostrou que as crianças têm desejos sexuais; M. Klein choca ainda muitos psicanalistas ao afirmar que o bebê tem tendências sexuais e agressivas; e que nos relacionamos desde sempre com os objetos e que os mecanismos como introjeção e projeção não são só mecanismos de defesa e de constituição do ego e do superego, mas também formas de interação comunicativa. E mesmo quando Klein aborda os instintos de vida e de morte, ela acentua a luta entre eles, que não é senão a luta entre os sentimentos de amor e de ódio. E esses sentimentos sempre são relacionados a outras pessoas. Qualquer busca, qualquer movimento pressupõe o trabalho dos afetos. Mesmo quando estamos aqui querendo entender ou buscar algo novo em que acreditar, num trabalho cognitivo, a dimensão emocional se faz presente. As motivações são sempre emocionais, sempre mobilizações de sentimentos para com os objetos.

---

[1] Comunicação oral, não publicada.

Um dos aspectos que mais nos impressiona quando nos defrontamos com a violência atual é a sensação de que não existem limites ou de que os limites estão sendo eliminados. Tanto assim que fui convidada a falar sobre isso numa palestra que se intitula: "Relacionamentos e perda de limites". É um aspecto do tema da violência. Vou começar falando dele então.

Só perde os limites quem não tem um projeto. Só perde os limites quem não tem futuro, ou não está confiando num bom futuro. Quando o jovem sabe o que quer e acredita em si mesmo, confia em sua realização. Se acredito que vale a pena sonhar, eu me esforço para realizar meu sonho. Não ter sonhos, não ter projetos é não ter nada de bom. A falta dos bons sentimentos deixa os rancores tomarem conta de nós, a voracidade aumenta e a intolerância também.

Quando alguém atua de maneira desregrada, sem limites, como o infrator, ou os jovens violentos e desorganizados, ou a criança rebelde, o que pode estar ocorrendo com eles? Costumamos dizer que eles não aceitam os limites ou que os nossos padrões estão muito frouxos e por isso não os contêm.

A perda dos limites não é uma provocação gratuita. Expressa uma necessidade de provar poder, força, coragem, superioridade. Chama atenção e não passa despercebida. Podemos pensar que expressa uma defesa frente ao temor de serem abandonados ou de não serem lembrados. Mas pode ser mais complicado. Se pensarmos no *enactment*, um tema que tem sido muito desenvolvido em psicanálise nos últimos tempos, veremos que se trata de um comprometimento mais sério, de uma gravidade perturbadora.

Quando um jovem frequenta uma festa onde há total liberdade sexual, uso de drogas, atitudes de domínio e exigências de submissão, precisaríamos procurar o que realmente o gratifica. É a total liberdade de fazer o que quer, sem os limites a que estamos normalmente submetidos? Ou a gratificação consiste, naquele momento, em estar de acordo com as regras, com essas novas regras que estão sendo impostas pelo grupo? Há de fato uma liberdade, uma escolha pessoal? Ou estamos diante de um outro tipo de submissão?

Jovens infratores, hoje, raramente atuam sozinhos ou por iniciativa própria; o que temos visto é que são comandados por um poder centralizador, uma gangue de qualquer tipo ou tamanho. Eles exercem seu papel dentro do grupo e precisam estar corretamente dentro do papel que lhe é imposto. Tanto na festa como na quadrilha não temos uma real escolha e, portanto, no nível individual, essas pessoas estão absoluta e perfeitamente enquadradas, limitadas. Não há liberdade, não há escolha; os limites são outros, mas nunca deixam de existir.

Quando se trata de uma pessoa isolada fica um pouco diferente. A criança que não atende aos limites estabelecidos pelos adultos e os enfrenta aberta e provocativamente ou mesmo disfarçadamente, está acreditando que tem recursos para tanto, para fazer o que quer. Ela não está se vendo criança, pequena, dependente, em desenvolvimento e, portanto, sem condição para fazer avaliações. Acredita que sabe o que faz, que sabe o que é certo e o que é melhor. Está, portanto, se acreditando como uma pessoa que pode avaliar e escolher. Acredita ter o mesmo conhecimento que o adulto, logo, ela está alucinando.

Na análise, o conceito de *enactment* tem sido útil para entender esse tipo de atuação. Há um conluio inconsciente entre Analisando e Analista de tal maneira que, sem o analista se dar conta, ele está representando o papel que o paciente lhe atribui. Mas, e essa criança de que estamos falando, quem lhe diz que ela pode fazer o que quer? Alguém dentro dela exige que ela seja desafiadora, poderosa, um super-homem. Ela não é nada livre como pode parecer e nem tão forte; está tão submetida quanto qualquer escravo que não escolhe, não pode pensar e só faz o que mandam. Um objeto interno violento a pressiona, e ela fica totalmente desamparada diante dessa força disruptiva interna. E isso acontece quando a capacidade de conter a raiva, a voracidade, o desejo de vingança, os ciúmes, a inveja não está existindo; mas é a capacidade fundamental de suportar frustrações que não está existindo. Quando não podemos pensar, conter a raiva e discriminar, ficamos submetidos a um comando interno enlouquecedor. Quem não aceita os limites externos, na verdade está submetido a um processo mentiroso interno que diz a ele que pode tudo. E mais, faz ele acreditar que é livre! Estamos, portanto, no universo da negação e da onipotência. Esta é a grande contribuição de Klein, que nos mostra como a onipotência, com a negação da impotência, impulsiona os sentimentos. É diferente de Freud, portanto, para quem os impulsos sexuais comandam.

Contudo, voltando para a criança ou o jovem arrogante e sem limites, e retomando a questão do *enactment*, vemos fenômenos muito corriqueiros: quantas vezes os pais não estão forçando os filhos a serem o que eles próprios não puderam ser! Quantas mães não gostariam de ter sido as deusas das passarelas; quantos pais não sonharam em ser campeões! Ter de aturar a loucura dos pais é terrível, um verdadeiro massacre. Mas eles nem sempre chegam a perceber a distorção vivida.

Quem discrimina escolhe, cria seu projeto, sonha e não perde os limites. Quem discrimina não nega os limites, ao contrário, está preocupado com eles, com o que precisa conhecer e levar em conta e se preocupa com a realidade ao seu redor; quer saber com quem conta, fica atento às dificuldades e se organiza para superá-las. Levar em conta meus limites e os dos outros me instrumenta e dá consistência às minhas buscas. Estou dizendo que quando tenho um projeto não perco os limites, logo, só se extrapola quando tudo está desarrumado e sem esperanças. A questão que fica é: como o ambiente, o social, está colaborando com a loucura individual?

Quando não se estabelece limites externos para a criança, certamente ela enlouquecerá. Nada é mais assustador do que não saber até onde ir, o que pode fazer e o que não deve, não saber onde está o perigo; a perda do controle e da orientação é desesperadora em qualquer circunstância. Se não imponho limites a alguém é porque não acredito que ele vai tolerar; estou, portanto, desconsiderando o outro e desacreditando que ele pode aprender e se desenvolver. Acreditar que estou sendo generoso e bom quando imponho limites é resultado de minha própria experiência, já que sei, da minha própria vivência, que o outro é o meu limite e me ajuda a viver. Eu me realizo na relação, o ser se faz na relação, encontra sua identidade na relação.

Só me expresso com sentido quando acredito que o outro vai me entender; vivemos num mundo compartilhado onde o aprendizado, seja ele qual for, implica em se pensar e pensar os outros com quem me comunico. "O significado não existe em si e não reside na mente – é condição fundamental o contato com outras mentes para que nossa mente possa existir" (Márcia Clavel).

Ambiente

A experiência da mãe boa que sempre acaba vindo em nosso socorro, como com o bebê, é a garantia de nossa sobrevivência.

Se não houvesse a gratificação, não haveria sobrevivência. Também é a gratificação que permite que a violência não aumente e colabora para que a criança possa diminuir sua crença fantástica em uma força e em capacidades que ela sozinha não tem; é a gratificação que diminui nossa onipotência.

Segundo Steuerman (2003):

> *O que começara como um desejo de controlar e possuir o objeto torna-se, com um pouco de sorte e com circunstâncias adequadas, uma experiência de gratidão pela reparação do objeto e um desejo de cuidar do que é frágil e dependente em nós mesmos e nos outros.*

E nas situações traumáticas? Pessoas que passaram pela experiência da fome, dos maus-tratos, dos abusos de todo tipo? É claro que entendemos quando alguém que foi muito injuriado se revolta e se torna muito agressivo. Nós entendemos, mas nem sempre examinamos para ver se isso é o que realmente acontece. Gostaríamos de poder afirmar que sempre respondemos de acordo com o que nos foi oferecido. Mas a psicanálise nos ensina que, quando falamos da importância do ambiente e das respostas do ambiente às necessidades da criança ou do adulto, precisamos não esquecer que as dificuldades não decorrem exclusivamente da inadequação da resposta, mas, também, da excessiva tensão, pressão interna ou expectativa que temos. Em sua obra *Inveja e gratidão* (1991, p. 217), Klein diz: "Não é só alimento que ele (o bebê) deseja; quer também ser libertado dos impulsos destrutivos e da ansiedade persecutória". Ela está dizendo, então, que o sadismo projetado pode distorcer a realidade externa; muitas vezes o ambiente se torna ameaçador em função de minhas projeções. Se os sentimentos geram constelações defensivas, a intensidade dos impulsos é fundamental para colorir a realidade.

Temos de estar sempre atentos às nossas fantasias e projeções. Estabelecemos relações com o outro a partir de nosso mundo interno – sempre que um paciente fala de mim, procuro ver se o que ele construiu sobre mim não tem mais a ver com ele mesmo, por exemplo: se ele teme que eu vá rejeitá-lo, o mais provável é que ele rejeite algo seu que projetou em mim.

Cuidar do que é frágil e dependente em nós mesmos é cuidar da posição depressiva (PD), que é também propiciadora do conhecimento do outro e do que no outro é absolutamente necessário para minha sobrevivência.

Vem daí a relação que Klein estabelece entre PD e situação edípica: "A socialização produzida pela resolução do complexo de Édipo implica no reconhecimento do poder do pai e da capacidade de intuição da mãe" (E. S.).

A importância da culpa pelos ataques aos objetos bons é necessária: nos coloca em nosso devido lugar e com nosso verdadeiro tamanho; assim nosso valor e nossa real força poderão ser agora conhecidos.

Quando não se tem limites é porque não se chegou à culpa e à responsabilidade pelos ataques feitos e não se conhece a real dimensão do outro e a minha própria. Logo, é um mundo da posição esquizoparanoide (PS). É da PS a reparação maníaca em que não se admite o dano causado e o ataque e o estrago que está sendo feito.

Felicidade pessoal e responsabilidade social vêm juntas. A capacidade de conviver com o outro, com o diferente, é um exercício de vida fundamental. Steuerman (2003) mostra que isso está em Klein quando a psicanalista coloca a luta entre os instintos de vida e morte no centro da cena. "O amor por um objeto distinto de nós, diz ela, ganha seu significado pleno quando abordado contra o pano de fundo do poder de nossas pulsões destrutivas. Por isto a responsabilidade pelo outro é uma precondição básica para nossa felicidade". A vivência na posição depressiva é um estar voltado para o outro com reconhecimento pela sua importância para mim.

O que o individualismo e o narcisismo dominantes criam é uma sociedade de pessoas voltadas para sua própria realização, portanto é psicótica, narcisista. Ao excluir a importância dos outros, ou apenas atentar a como podem me prejudicar, estamos repetindo experiências de exclusão básica a que fomos submetidos um dia e que foram muito dolorosas. A exclusão edípica, no entanto, além de necessária, é de fundamental importância porque propicia desenvolvimento; é uma oportunidade de conhecer nossas características pessoais, nossa força e nossa criatividade. A construção edípica e sua resolução nos introduzem no social e no moral – ao renunciar à mãe e aceitar o pai como figura de identificação nos introduzimos num mundo mais amplo, no mundo da cultura. Abrimos mão de algo precioso, a mãe, e ganhamos um lugar no universo social e cultural a que pertencemos. Precioso também é o ganho da capacidade de sublimar, de criar, de encontrar, cada um, a si mesmo. Só o reconhecimento de nosso narcisismo é que nos permite recuperar nossa real potência e criatividade.

Quais os traços significativos que detectamos hoje?

Castro Alves cantava que a praça é do povo como o céu é do condor. A praça sempre foi pública, os gregos que o digam: o governo era discutido em praça pública, na Ágora; as decisões eram de todos os cidadãos reunidos ao ar livre. E hoje a gente não sai para a rua, com medo! A tendência é o condomínio fechado, horizontal ou vertical. Mesmo os *shoppings*, aparentemente tão democráticos, na verdade são refúgios protetores. Onde estão a cordialidade, a participação, o popular? E as festas ao ar livre, o sentimento de pertinência? Fazemos festa junina na nossa rua, mas fechamos a rua... Estamos cada vez nos evitando mais, correndo para não ser envolvidos em situações perigosas, seja ao redor de sua casa, seja nas ruas, seja num banco ou seja mesmo numa repartição pública!

O individualismo e o narcisismo dominantes criam uma sociedade de pessoas voltadas para sua própria realização; não quero participar da dor do outro, me nego ao contato para fugir do sofrimento. Essa postura contraria nossa própria natureza: o interesse pelo outro ser humano é constitucional! Então vejamos: será que alguém pode viver sozinho com seu computador? Essa é a crença dos críticos da internet. Mas como falar de *isolamento na internet* se na verdade este existir sozinho pela noite adentro só é possível porque milhares de outros estão envolvidos? A internet possibilita contatos, descobertas, comunicações! Pessoas que nunca teriam possibilidade geográfica de se conhecer estão partilhando seus conhecimentos e suas experiências pela internet. Não é um paradoxo?

Aliás, a coisa mais extraordinária do ser humano são seus aspectos paradoxais. Fugimos dos outros e, no entanto, os outros nunca estarão de fato excluídos, sempre farão parte de nossa vida, de uma maneira ou de outra.

Não somos mais governados pelo estado; são outros os poderes hoje. Sabemos bem que o que comanda é o econômico – não somos mais pessoas, somos consumidores! E o outro paradoxo, como mostra Baumann, é que embora vivamos num mundo globalizado, as soluções não podem ser *globais*, mas sempre *locais*.

Do vértice da economia, do vértice das empresas, hoje constituímos um planeta de *freelancers*, onde no âmbito do trabalho há uma plataforma global onde as pessoas colaboram, competem, dividem conhecimentos de maneira extremamente criativa e pessoal. Ideias, projetos e soluções revolucionárias nascem em cabeças atentas e privilegiadas que estão trazendo uma revolução no mundo empresarial, onde as boas ideias, dizem eles, não têm preço.

Nós, psicanalistas, sempre soubemos disso de alguma maneira, e sempre lidamos com pessoas, cabeças pensantes que são estimuladas e se enriquecem com os conhecimentos que a análise oferece. Ao oferecer análise, nós instigamos a curiosidade da pessoa para conhecer um outro universo, seu mundo interno. E sabemos também que essa pesquisa não fica no âmbito pessoal, ela acaba abrangendo outros, como vemos sempre acontecer, por exemplo, no trabalho com crianças: todo o grupo familiar é afetado, digamos assim, pelo trabalho ou pelas mudanças da criança. E isso sem falar nos adultos que ajeitam os casamentos ou os dissolvem de vez, e assim por diante. Por isso, acho que temos o que ensinar: nossa maneira de trabalhar, de ver o ser humano, de entender relacionamentos, de identificar e compreender angústias, com certeza é importante.

Mas nós trafegamos na contramão. Basta ver como hoje o que mais importa ao nível social é igualar; as pessoas querem estar afinadas com os outros e a mídia faz bem este papel: fazer a cabeça das pessoas a tal ponto que repetir o que está no noticiário é ser instruído. Estar na moda ou ser de ponta é bom. Já para nós é diferente: continuamos a nos relacionar com nossos clientes observando cada um como único, e procurando encontrar sua singularidade. Nosso olhar de respeito para com cada pessoa, e nossa capacidade de acolhimento das necessidades pessoais de cada um, sem julgamentos estabelecidos e sem receitas prontas, é nossa peculiaridade.

Daí concordo com Baumann, não podemos ficar esperando soluções para o mundo, devemos buscar as soluções para meu quarteirão, minha empresa, minha cidade, minha profissão.

São a contenção da violência interna, a capacidade de elaboração e de luta contra minha própria destrutividade interna que podem me ajudar a pensar e a construir um mundo mais pacífico.

Logo, se herdamos a violência, se a violência é um legado da natureza, não podemos eliminá-la; temos de recorrer ao outro legado, que é a capacidade de amar, de partilhar, de se vincular, de construir junto. Sempre conseguimos que o amor superasse a morte, tanto que estamos vivos. Temos, naturalmente, os recursos necessários para enfrentar a destrutividade interna. É preciso usá-los. Este encontro é uma prova disso.

Uma questão importante colocada por Santiago Kovadloff é a sensação de que nossa identidade está sendo destruída; mas ele mesmo questiona: destruída ou nunca foi construída?

Quando estamos aqui apontando a violência e perplexos com ela, não estamos admitindo que houve faltas significativas para que estivéssemos assim? Não é surpresa a presença da violência, o que surpreende é o que não foi feito para que ela se apresentasse dessa maneira, em que beiramos, em algumas situações, o caos.

A indiferença é o maior dos males; a solução individualista, que é sua parente, está cada vez mais forte e com justificativas, aparentemente, válidas. Mas esse caminho é falso.

Temos sempre de nos aprofundar em nosso desencantamento e não desistir; não é saudável nos colocar numa posição mais fácil, indiferentes aos demais. É verdade que não temos respostas, não temos soluções programadas. Porém não podemos esquecer que está havendo um sofrimento social e não só uma dor em busca de uma opção individual.

Estamos aqui lidando com o sofrimento; estamos, portanto, num momento significativo, que não é mais o momento da dor. Como mostra Kovadloff, a dor nos massacra; o sofrimento é a reação à dor quando continuamos a sofrer, mas já reagimos e queremos entender. Estamos ainda na perplexidade e na dor, mas, começamos a querer elaborá-la. Não estamos aqui submergidos, mutilados; estamos buscando saída. Não podemos esquecer que sempre somos cúmplices. Se não assumir isso, se negar ou não tiver consciência disso, nada será feito. E é descobrindo de que maneira colaboramos para chegar a este ponto que poderemos encontrar as saídas.

Esta jornada tem este objetivo: temos de nos deter e pensar, tentar saber mais, definir melhor, com todo o sofrimento que essa postura traz. Estamos dispostos a abrir mão de nossas vantagens? Não adianta dizer que fui saqueado; alguém, de alguma forma foi saqueado por mim, direta ou indiretamente.

Kovadloff diz bem: temos de nos aprofundar em nosso desencantamento; as mudanças a serem atingidas são de grande porte e de grande profundidade; devemos recuperar recursos que não sabemos ainda quais são; temos de nos questionar, temos de nos angustiar, temos de lutar muito para nos dar conta do que falta e do que se tem a fazer.

A crise social é séria e não existe receita pronta. Importante é que nós, psicanalistas, não nos iludamos, não nos deixemos seduzir pela crença de que nossos conhecimentos e nossos recursos sejam maiores ou melhores do que o das outras disciplinas. Por exemplo, quando a perda de valores éticos predomina, o caos é o grande perigo.

Vou fazer uma citação: "não há agremiação social sem violência; as pessoas se unem de forma efetiva pelo que concordam em odiar. O que amarra as pessoas umas às outras e ao seu Deus, é que essas pessoas o mataram". Comentando os textos "Totem e tabu" e "Moisés e o monoteísmo" de Freud, Jacqueline Rose, na discussão de um trabalho do Eduardo Elias, diz que os argumentos históricos de Freud nesses textos são falhos, mas que a tese subjacente, essa citada, é aceita de modo geral, a da violência sempre presente na origem dos grupos humanos.

Sem qualquer pretensão de questionar historiadores, sociólogos e o próprio Freud, eu só acrescentaria que aqueles que se unem pelo ódio para formar qualquer grupo social em qualquer época ou lugar do mundo sempre o fazem para poder sobreviver, por amor à vida.

O desejo de viver, a luta pela sobrevivência, a necessidade de nos unir, de partilhar nossas dificuldades e nossas angústias são características preciosas. O instinto de vida nos mantém; mesmo brigando, queremos viver.

No momento atual, estamos mais assustados porque caminhamos para uma situação perigosa e desalentadora que acreditávamos pertencer às fábulas, às criações fantásticas futuristas: falta de privacidade e ausência de projetos individuais. Estamos nos transformando em números: sou um digital ou um DNA. Posso ser localizado e identificado quando menos espero; não tenho mais qualquer privacidade. Quando também perdermos nossa história, nossa noção de família e de pátria, não teremos mais qualquer sonho de futuro. A que isso vai nos levar?

Estamos acostumados a deixar para os outros a vigilância sobre nosso destino; apenas escolhemos quem vai cuidar de nós. A eterna vigilância é trabalhosa e incomoda – mas é profundamente necessária. Nossos pacientes comumente esperam que a análise os liberte das angústias, das dúvidas, da violência interna, do sofrimento. Nosso trabalho consiste em mostrar a eles que isso é impossível, mas que eles podem desenvolver recursos para melhor conviver com tudo isso.

Uma das críticas mais comuns à teoria e à técnica kleinianas é a interpretação da agressividade. Quando me interrogam sobre a interpretação da violência ou da destrutividade ou sobre o perigo ou a inadequação desse tipo de interpretação para o paciente, costumo dizer o seguinte: não aponto a destrutividade do paciente para simplesmente responsabilizá-lo por ela; ou apenas para que ele a conheça como sendo sua; mostro a ele onde está o que o incomoda, o que o faz sofrer; mostro o que perturba sua vida, o que traz tanta insatisfação e dificuldades no relacionamento, no trabalho e na vida de modo geral. Mostro o que limita ou destrói seus recursos. Mostro onde está seu verdadeiro inimigo. Como disse no início: a psicanálise não resolve conflitos, mas mostra que eles existem, como aparecem e mostra que demandam empenho e sofrimento para serem enfrentados.

Se psicanálise é acolhimento, é intimidade, é hospedagem, como mostra o Marcio Giovannetti, ela é fundamentalmente hospedagem mútua, onde um acolhe o outro. Considerar que o paciente não tem qualquer recurso para captar minha intenção ou meu acolhimento é um ataque a ele, até mesmo um desrespeito, já que não posso afirmar que ele é limitado sem antes verificar.

A interpretação nunca é um ataque, ela aponta os ataques, principalmente os internos, aqueles que fazemos contra nossos próprios recursos. Não protegemos o paciente quando negamos a ele o conhecimento da realidade de nossa constituição, que é muito complexa, pois inclui não só o que nos incomoda, como a inveja, mas também aspectos magníficos de força e capacidades construtivas. Tanto é assim que o paciente nos procura e frequenta, regular e heroicamente, nossos consultórios. E ainda aqui, hoje: não estamos aqui reunidos para pensar juntos, sofrer juntos, para juntos buscar soluções e, principalmente, usufruir uns dos outros?

9. De Freud a Melanie Klein[1]

Em primeiro lugar, vamos falar um pouco desta senhora. Ela nasceu em Viena, Áustria, na cidade onde Freud viveu, em 1882. Ela não o conheceu em Viena. Era de família judia, mas não religiosa. Casou-se aos 21 anos e foi morar na Eslováquia, depois em Budapeste. Teve três filhos: Hans, Melitta e Eric; de uma certa maneira, os filhos despertaram nela a vocação para ser analista; para alguns biógrafos, alguns casos relatados por ela são de observações dos filhos. Em Budapeste ela teve a possibilidade de iniciar análise com Ferenczi, que a estimulou a trabalhar com crianças. Seu trabalho sobre crianças apresentado na Sociedade Psicanalítica Húngara lhe valeu o título de analista. Separada do marido, mudou-se para Berlim em 1920, onde passou a fazer análise com Abraham, que muito a estimulou. Nove meses de análise apenas, porque Abraham faleceu. Sua vida em Berlim não foi fácil porque ela era muito questionada pelos colegas analistas. Conheceu Ernest Jones em 1925, quando ele a convidou para apresentar seu

[1] Comunicação oral, não publicada.

trabalho em Londres. Acabou se fixando na Inglaterra até sua morte, em 1960.

Lá, ela continuou a trabalhar com crianças e a publicar seus relatos. Ela divergia muito da orientação de Ana Freud, que também trabalhava com crianças. E se criaram então duas linhas diferentes que passaram a ser muito discutidas. Klein conquistou um grande número de adeptos na sociedade britânica. Ela era fundamentalmente freudiana e se considerava uma discípula de Freud. Mas sua experiência ia trazendo novas ideias, inovações, que acabaram por incomodar muito os analistas britânicos, a ponto de ocorrem uma série de encontros na sociedade inglesa com a finalidade de se discutir se suas ideias eram ou não psicanalíticas e se ela deveria ou não ser expulsa da sociedade britânica por estar apresentando, segundo alguns, verdadeiras heresias. De 1941 a 1945 ocorreram as famosas controvérsias na sociedade inglesa para discutir a validade das ideias de M. Klein. Pelo tempo decorrido em discussões, podemos imaginar que foram muitas as controvérsias, que aconteceram com forte componente emocional; elas levaram a decisões importantes dentro da Sociedade Brasileira de Psicanálise (SBP), que acabou criando três grupos de formação: o que seguia Ana Freud, o grupo kleiniano e um terceiro grupo, chamado de grupo do meio (Strachey, Balint, Bowlby, Jones, Winnicott e outros).

As controvérsias começaram em Berlim e continuaram na Inglaterra porque ela trazia inovações importantes. E hoje? Klein ainda provoca controvérsias, mas muitas de suas propostas já foram de tal maneira assimiladas que as pessoas não percebem. Às vezes, alguém está argumentando contra os kleinianos e usando conceitos e técnicas introduzidas por ela!

Hoje as divergências não são tão acaloradas, mas bem precisas, e não são mais vistas como oposição – aliás, Klein nunca deixou de se considerar uma discípula fervorosa de Freud e uma seguidora respeitosa de suas ideias – hoje vemos suas ideias como desenvolvimentos, expansões naturais de uma ciência viva, atuante. A teoria das relações de objeto foi uma ampliação que em vários aspectos já estava sendo pensada por Freud e só não foi desenvolvida por ele porque não houve tempo!

Trabalhando com crianças, ela teve a oportunidade de fazer observações importantes que a levaram às propostas inovadoras, sempre apoiada na clínica, como aconteceu com o próprio Freud, que fez suas mais significativas descobertas a partir da clínica.

Em 1927, num simpósio sobre análise de crianças, ela define com precisão seu ponto de vista: enquanto Ana Freud (1927/1971) afirmava que não era possível fazer análise das crianças como em adultos porque as crianças não faziam transferências, já que ainda estavam lidando com as figuras paternas e só era possível dar apoio a elas; numa linha mais pedagógica, Klein afirmava que sim, é possível analisar crianças e trabalhar a transferência mesmo com crianças bem pequenas. E mais, as crianças fazem transferências com os próprios pais, já que o que se transfere são os objetos internos fantasiados ou as imagos paternas. Descobriu também que a capacidade de comunicação da criança é fantástica – ela não fala, não consegue verbalizar suas angústias, mas as expressa por meio dos brinquedos, dos jogos. E nunca é demais repetir que graças ao trabalho com crianças foi possível apreender as angústias mais primitivas e assim enriquecer nosso instrumental para trabalharmos não só com as crianças, mas também com psicóticos. As experiências pré-verbais e a realidade psíquica passaram a ser mais bem apreendidas com suas teorias.

Vejamos então os pontos fundamentais de suas teorias e as diferenças que elas trouxeram.

Enquanto Freud via no processo primário a subversão das regras lógicas, ela descobre que elas ocorrem nas relações com os outros, quando projeções ou expulsões violentas são vividas como reais, quando, na verdade, são construções fantasistas. O conceito de fantasia inconsciente desenvolvido pelos kleinianos é fundamental; as fantasias são o centro de toda a atividade psíquica; os instintos são vivenciados como fantasias, os mecanismos de defesa são fantasias e nossa posição e percepção do mundo são carregadas de fantasias. As fantasias são as expressões mentais dos instintos. Para Freud, as fantasias, na maioria das vezes, são construções conscientes, regidas pelo processo secundário. Para Klein, elas existem desde o começo da vida porque são as manifestações mentais dos instintos. A fantasia é uma função do ego, que também existe, para ela, desde o início. O bebê acompanha as experiências da vida com as fantasias, como diz Hanna Segal. O ego e o superego estão sempre relacionados às fantasias; o ego assimila em si aspectos dos objetos (introjeção) ou os mantém fora de si (superego); também mantém fora de si os outros objetos, que ficam no mundo interno. E toda essa movimentação ocorre na fantasia. Mesmo nosso corpo não é o corpo real, o corpo biológico com que entramos em contato, mas com a versão fantasmática que temos de nosso corpo. Fantasia e objeto também estão desde sempre juntos, ou melhor: sujeito, fantasia e objeto não se definem em separado, ou se definem um em relação ao outro. E lidamos com as fantasias o tempo todo na análise; são elas que mudam e, mudando a fantasia, outras mudanças são possíveis.

E o que é objeto? Para Freud, o objeto é o objeto da pulsão, o objeto do instinto; já Klein vê o objeto como objeto da pulsão e também como objeto psicológico, cheio de sentimentos como carinho, maldades, amor e ódio. Os objetos são pessoas com características de personalidade, com sentimentos iguais aos da própria criança, já que ela projeta seus sentimentos neles. E isso desde os objetos parciais.

E objeto interno – Freud falou de um objeto introjetado, o superego; Klein amplia muito e fala de grande quantidade de objetos que são introjetados e que vão povoar o mundo interno. Essas internalizações se iniciam logo no começo da vida, com a introjeção do seio materno, e vão constituir o mundo interno.

Mundo interno ou mundo interior é o mesmo que realidade interna ou realidade psíquica. Vivemos em dois mundos, o mundo real e o interno, que é tão real quanto, já que as experiências são vividas como concretamente reais. É o mundo de dentro, que tem a qualidade de uma existência física ou que é perceptível como uma experiência física, como quando dizemos: parece uma voz dentro me lembrando ou parece uma força me empurrando etc. É uma qualidade da experiência de si mesmo e da própria atividade mental.

E o que caracteriza o mundo interno? Diz Baranger: "É um mundo louco". É um mundo interno terrorífico, corporal, do qual nos afastamos quando despertos, e ele está ligado à angústia de fragmentação do corpo. Esse mundo interno de Klein é um mundo de objetos; em Freud, o mundo interno é o das instâncias – id, ego e superego, mas Klein inclui os objetos também.

No mundo interno temos representações e objetos. Inicialmente, Freud falava de imagos, que são a representação interna de uma pessoa no sentido de sobrevivência imaginária de situações antigas, como dos pais edípicos precoces. Klein usava a expressão imago no início, depois deixou e passou a falar apenas de objetos internos. Estes objetos "não são réplicas exatas dos objetos externos reais, mas são sempre coloridos pelas fantasias e as projeções das crianças" (Hanna Segal).

Essa ênfase na compreensão das relações objetais, relações com objetos internos e externos levou-a a se afastar da teoria das fases de desenvolvimento da libido. Centrada na observação do desenvolvimento das relações com os objetos externos e dos objetos internos entre si, tanto a relação com os objetos da realidade como com os objetos da fantasia, suas concepções vão ser conhecidas como uma "teoria das relações com o objeto".

Em "Luto e melancolia", Freud traz a introjeção do objeto perdido e abre o caminho para a ampliação do mundo interno, que não é mais só o da relação do ego com o superego, mas o mundo das relações intrapsíquicas entre objetos. E esse mundo interno se organiza concomitantemente ao ego. Alguns objetos são mais integrados que outros, alguns vão constituir o superego. E os objetos internos estão em permanente interação e intercâmbio e é esse movimento interno que vai presidir as mudanças e o desenvolvimento.

Também no trabalho com as crianças, Klein descobre que elas têm um superego extremamente forte, violento e muito precoce; enquanto Freud afirmava que o superego era o herdeiro do complexo de Édipo, ela vai descobrir que ele é tão presente, como o próprio Édipo, já nos primeiros meses de vida: "O superego em Klein é mais jovem e mais malvado", diz Julia Kristeva (2002). Em Freud, o superego é modelado pelos pais. Em Klein, ele é modelado por nossas relações, primitivas e infantis, com as figuras que povoam o mundo interno. Para ela, a situação triangular ou a fantasia das relações dos pais existe desde sempre. A fantasia dos pais combinados – pai e mãe juntos, não diferenciados e formando uma figura única, em que a separação é negada, existe desde muito cedo. No início há uma fantasia da mãe, e o pai não é muito diferenciado, porque a figura combinada não deixa o pai aparecer por inteiro. Na minha versão particular, eu acho que mesmo de maneira muito indiferenciada, a figura do outro, do pai que vai interferir na relação com a mãe, já existe desde o início – como a criança fica ameaçada com a perda do seio nutridor, ela imagina também um objeto que vai roubá-la; logo o terceiro objeto já existe. A figura combinada traz pênis e vagina num único ser e a separação é negada; desde muito cedo a criança tem a percepção do pênis e da vagina.

O desejo inicial, tanto no menino quanto na menina, é inicialmente pela mãe, ou pelo seio. Com a frustração (a frustração oral é de imediato projetada sobre os pais combinados) ambos mudam o desejo para o pai. Há muito ataque ao objeto que frustra, muita angústia e culpa. O pênis é o objeto alternativo ao seio frustrador; a menina permanecerá ligada e desejando ter esse pênis; o menino retornará à mãe. Nessa ida para o pai, o menino incorpora o pênis e se identifica com o pai, e volta a querer a mãe. Os desejos genitais, em Klein, são muito precoces e coexistem com os desejos orais e uretrais. Portanto, a vivência edípica ocorre em termos pré-genitais, antes de se alcançar a genitalidade. Então, na vivência pré-genital já existe o pênis, portanto o terceiro, e a vivência edípica está para iniciar com o começo da posição depressiva.

Os primeiros objetos introjetados na fase oral sádica vão constituir o superego primitivo. E aí temos duas situações opostas: de um lado, um superego tirânico e terrificante pressionando o ego que precisa projetar a perseguição e fica mais perseguido; por outro lado, o superego defende o ego dos perigos internos, da destrutividade que foi projetada e reintrojetada e se constitui numa ameaça interna. Os mecanismos de defesa visam proteger o ego. Com o tempo, com novas figuras na constelação de relações da criança, o superego vai se modificando e se amenizando.

Mas vejamos: essas e as outras modificações trazidas por Klein se apoiam no próprio Freud, na proposta feita por ele em 1920, e que representa uma ruptura das mais significativas da psicanálise, que é a proposta dos dois instintos, de vida e de morte. Todos sabemos que Freud não desenvolveu sua proposta como poderia, quem fez isso foi Klein.

Para Freud, a tensão instintual é o motor do comportamento; os instintos estão ligados a uma hipótese energética e ele fala de distribuição de energia dentro do aparelho psíquico; esses conceitos e mais os do princípio do prazer e princípio de constância constituem a teoria econômica em psicanálise, que nunca foi abandonada por Freud. No entanto, com a mudança da concepção instintivista para instinto de vida e instinto de morte, com o conceito de *equivalência simbólica e de identidade de percepção e de pensamento* ele abriu o caminho para uma nova visão dos processos psíquicos, na qual o que importa não são mais as quantidades, a tensão instintual ou a intensidade das cargas, mas sua qualidade ou a mudança na qualidade ou no significado das emoções e dos sentimentos.

Esse é o caminho que vai ser percorrido por Klein. Com o conceito de fantasia inconsciente como representação mental do instinto, Klein dispensa o enfoque energético: a teoria das relações de objeto já não fala em conservação de energia, mas de *representação mental* e da importância dos vínculos na construção dos significados das experiências emocionais. As pulsões deixam de ser quantidades discretas de energia que surgem de tensões corporais específicas, mas são sentimentos dirigidos aos outros e que utilizam o corpo como veículo de expressão.

Para Klein, as pulsões puras não existem fora da relação objetal; não há pulsão dissociada de uma relação. Para ela, as forças autodestrutivas internas estão sempre operando e são responsáveis, no nível clínico, pelos sentimentos de inveja, pela agressão, pela perseguição etc. Ela traz o conflito entre vida e morte para as vivências emocionais, para o psicológico, coisa que Freud já fazia quando falava em termos de *aniquilar a necessidade, a busca de satisfação a todo custo e o ataque à percepção.* Klein fala do medo de aniquilamento interno (atuação do instinto de morte) e de ter de projetar para fora o ruim.

Então, para ela os conceitos de regressão e de fixação já não serão tão importantes, mas sim os de *projeção, expulsão*. Está aí a sua fundamental contribuição: os conceitos de identificação projetiva (IP) e de identificação introjetiva (II), hoje patrimônio de todas as correntes psicanalíticas e que vêm sendo estudados, compreendidos e reformulados pelos diferentes psicanalistas em todo mundo.

E o que são as IP? Sempre que ameaçados pela presença, dentro de nós, de sentimentos ruins, desconfortáveis, a tendência é de nos livrar deles por meio da projeção em outra pessoa; mas essa projeção é, esclarece bem Klein, para dentro da mente do outro. A pessoa que recebeu a projeção fica então com um aspecto meu indesejável e passa a me preocupar porque tem, ou passou a ter, esse aspecto indesejável que eu projetei nela; daí eu tenho que ficar atenta a esse outro que passou, para mim, a ter as características que eu lhe atribuí, características que geralmente não são nada boas. E isso nós fazemos muito, mais do que desejaríamos que ocorresse: o outro é intolerante, o outro é exigente, o outro é insensível, o outro é invejoso, enfim, o outro tem aspectos que tornam minha vida desconfortável, porque ele está com isso tudo, e mais, em relação a mim! Vejam, é uma construção fantasiosa onipotente na medida em que eu estou construindo esse outro dessa maneira – e passo a me sentir ameaçado por ele. Então: a IP não só é uma fantasia, mas é uma maneira de interagir com as pessoas. Estamos sempre interagindo com outras mentes, com o outro, e assim nos colocamos no mundo e compactuamos com a realidade, interna e externa; essa é a teoria das relações objetais, que teve em Klein uma de suas pioneiras, mas não a única. E hoje são várias as teorias de relações objetais, cada uma com seu enfoque particular.

A II já apresenta outras características: eu me identifico com um objeto, geralmente muito valorizado, e o introjeto no desejo de ser como ele. Esse é o mecanismo que mais frequentemente ocorre no trabalho analítico quando o paciente passa a se identificar com aspectos do analista que ele valoriza. Também a repressão tem um outro momento e outro significado agora; ela ocorre como solução saudável, quando na posição depressiva (PD) nós podemos reprimir o ódio e todos os sentimentos prejudiciais às boas relações com os objetos.

A importância do objeto em Klein é fundamental – desde sempre o objeto está presente, assim como desde o nascimento temos já um ego, que embora incipiente ainda, é capaz de sentir angústia e de usar mecanismos de defesa. Segundo ela, já nas primeiras experiências da criança depois do nascimento os objetos são construídos em sua mente: se a criança está alimentada, feliz, ela se sente protegida por um bom objeto; se ela sente fome ou qualquer desconforto, ela se sente ameaçada por um mau objeto que quer destruí-la. Então o bom e o mau objeto existem desde sempre. E o objeto é construído pelos sentimentos – essa é a questão marcante em Klein. O fator central da vida psíquica, mostra Elias, é a emoção; enquanto Freud aponta para o conflito pulsional como o centro e vê a emoção como um subproduto da vida pulsional, Klein tem a emoção como base. As experiências emocionais movimentam o mundo interno e colorem a relação com o mundo externo.

O objeto e sua relação com ele vão influenciar a natureza da estrutura psíquica ou contribuir para a construção dessa estrutura. O que marca, ainda, a evolução em Klein, segundo Ruth Stein (1990), é a capacidade de manipular os impulsos e sentimentos. Os estágios evolutivos não são marcados ou definidos pelas diferentes zonas erógenas – para ela, as zonas erógenas, oral, anal, fálica, são ativas, todas, desde sempre. O que regula os sentimentos e as defesas não é a sexualidade, e sim a onipotência; as reações emocionais não são definidas em relação às fontes somáticas: o desenvolvimento é compreendido em função da capacidade de tolerar sentimentos. E os sentimentos básicos são de amor e ódio. E as pulsões, dirigidas aos objetos, transformam-se em sentimentos, em emoções complexas.

Esses sentimentos, quando extremados e bem polarizados – totalmente bom e amado e totalmente ruim e odiado –, apontam para os mecanismos de cisão: bom de um lado e mau de outro; e o mecanismo de negação: em que só uma parte é considerada e a outra é negada. É assim que ocorre desde o nascimento, quando o temor de aniquilamento interno é vivido por um ego ainda frágil que lança mão das defesas como cisão, negação, projeção, introjeção, e principalmente, onipotência.

Logo, o que gera angústia não é a libido represada, como em Freud, e também a angústia já não é vista como sinal de perigo, mas é a agressividade interna, presença do instinto de morte (IM) que a produz. É o sadismo ameaçando os objetos internos ou, quando projetado, deixando o mundo externo perigoso. E a projeção para fora faz com que precisemos nos defender. O círculo vicioso que ela descreve é facilmente detectado na clínica: construímos fantasias sádicas, projetamos no outro e distorcemos assim a realidade, que se torna ameaçadora, obrigando-nos a atacar mais para nos defender do perigo que não é visto como sendo interno; aí reforçamos nossos ataques e construímos o círculo desesperador.

Como os objetos existem desde sempre, a teoria das relações de objeto de Melanie Klein não aceita a existência de uma fase anobjetal, assim como não aceita o narcisismo primário; para ela, só podemos falar de narcisismo secundário, que significa que retornar para si mesmo, dispensar o outro e acreditar que se basta é uma reação; o narcisismo é sempre uma volta da libido para si mesmo como consequência de alguma frustração com o objeto. Portanto, não existe para os kleinianos uma fase ou um estágio a que se retorna quando do narcisismo; e sim sempre uma reação decorrente de frustrações: quando o objeto não nos satisfaz, negamos sua importância e tentamos acreditar que ele pode ser dispensado. É a negação do outro que se configura como o mais significativo obstáculo para o desenvolvimento. É também por isso que quadros psicóticos são conhecidos por seu componente narcísico. Não temos condição de nos conhecer ou de conhecer nossas características ou nossos recursos sem a presença de uma outra mente que me limita e me define com minhas características pessoais e minhas potencialidades. Só o outro pode me ajudar a saber de que sou capaz, o que suporto, o que me agrada ou desagrada, me ajuda a fazer escolhas externas e a melhorar meus recursos internos.

As posições são configurações psicológicas básicas ou um modo de organização psicológica que gera um modo particular de experiência ou o modo como o indivíduo maneja seus sentimentos. Elas se diferenciam pelos tipos específicos de defesa, pela forma de se relacionar com o objeto, pela qualidade da ansiedade e pelo grau de subjetividade presente. Essas posições não existem de maneira pura e não tem nada a ver com os estágios de desenvolvimento; elas representam a maneira como a pessoa reage naquele momento e naquelas circunstâncias e pode ser substituída, em seguida, pela outra posição ou retomar a posição anterior com relativa facilidade. São duas as posições: a posição esquizoparanoide (PS) e a PD. Na PS predominam os mecanismos de cisão e de negação, a angústia é persecutória e as relações de objeto são parciais. Nessa posição predominam as IP, o perigo se torna externo, e consequentemente o ego está ameaçado. Na PD diminuem as angústias persecutórias e predomina a angústia depressiva, os mecanismos são de II e de repressão e a relação é com o objeto total; surgem a culpa, a ambivalência e a preocupação com o objeto, ele agora ameaçado, e não mais o ego. Em vez da projeção do ruim, ocorre a introjeção do bom. Ambivalência e culpa na PD são inevitáveis. Na PD, a percepção de que o objeto não é só ruim e perigoso, mas também é bom e importante para mim, cria a necessidade de protegê-lo internamente de meu próprio sadismo e cria a responsabilidade pelos próprios sentimentos e pelo outro. Ao reconhecer nossos maus sentimentos, abrimos mão do controle obsessivo sobre os outros e de nossas desconfianças infundadas e afastamos o desespero que passa a ser substituído pela preocupação com o outro e o desejo de reparação; surge o amor, a ternura, o reconhecimento, e o temor é o da perda do objeto. Agora é um círculo benevolente, como fala Stein (1990), que se instala e nos mobiliza para realizações mais precisas e de acordo com nossas verdadeiras e reais condições. O desejável, então, é chegar até essa posição e lá permanecermos por mais tempo possível, na medida em que agora eu poderei conviver com meus aspectos indesejáveis, ter consciência de que são meus e assim integrá-los, sem ter de projetar tudo o que é desagradável fora, o que contribui para a fragmentação da personalidade.

Se no início Klein chegou a cogitar que a PD era um lugar de permanência, isso mudou posteriormente, quando se viu que o movimento era sempre de ida e volta, o que não nos empobrece; ao contrário, revitaliza e enriquece nossas vivências.

A integração que ocorre na PD é a mesma que acontece no *insight*, quando os aspectos fragmentados e dispersos do ego são integrados e uma nova percepção é possível, mais de acordo com a realidade interna ou externa.

Então onde fica o conflito em Klein?

Em Freud, o conflito era entre os impulsos e a realidade, daí a necessidade da repressão. Klein, ao assumir a dualidade instintiva – vida e morte – vai dar grande importância à agressão e suas vicissitudes na vida mental. Ela descreve uma evolução mental a partir de um outro quadro ou de um outro referencial que não é exatamente igual ao de Freud; enquanto ele traça uma evolução psicossexual, ela fala da destrutividade e da onipotência. Ela vai enfocar a atuação do instinto de morte, sempre presente e precisando ser contido ou neutralizado. Agora teremos uma preocupação maior, não com as normas (externas ou as internalizadas do superego) mas com os sentimentos: amor e ódio. São, portanto, conflitos entre os próprios sentimentos que vão constituir a essência da realidade psíquica.

O último trabalho teórico de Klein foi *Inveja e gratidão*. É interessante como antes dela nenhum sentimento tinha sido tão bem descrito e desenvolvido pelos psicanalistas como ela faz com os sentimentos de inveja e de gratidão. É um trabalho precioso, cheio de exemplos clínicos e com uma clareza extraordinária. Antes dela, principalmente em Freud, o que se conhecia era a inveja do pênis. Agora ela vai estender muito nossa compreensão dessa emoção e de seus efeitos.

Começa falando que a inveja é um fator poderoso que solapa a capacidade de amar e ter gratidão e aparece na relação com o seio materno, logo, na mais antiga relação e que vai influenciar todo o desenvolvimento e a formação da personalidade.

Ela considera a inveja como a expressão do instinto de morte, portanto como um fator poderoso interno que afeta a relação da criança com o mundo, impede as experiências de gratificação e contribui fortemente para os quadros psicopatológicos. A inveja, sempre presente, pode fazer emergir a parte psicótica da personalidade. São suas palavras: "A inveja é o sentimento raivoso de que outra pessoa possui e desfruta algo desejável – sendo o impulso invejoso o de tirar este algo ou de estragá-lo" (Klein, 1957/1991).

No desenvolvimento normal a inveja é integrada; nos damos conta de nossa inveja e assim impedimos seus efeitos daninhos.

Também as gratificações, possibilitando a gratidão e nos ajudando a suportar as frustrações e a ter mais tolerância, nos ajudam a suportar melhor a inveja. Assim como temos o círculo destrutivo, temos também o círculo benevolente, em que mais amor e mais gratidão trazem mais integração de nossos recursos, o que permite um melhor desenvolvimento. Com a diminuição da inveja diminuem também a culpa e a perseguição.

Klein enfatiza muito como a inveja prejudica o trabalho analítico; devem estar atentos a ela para ajudar o paciente a reconhecer seus ataques e, o que é mais importante, usufruir da análise e de seus próprios sentimentos de gratidão. A integração de seus aspectos cindidos e projetados ocorre, principalmente, com a compreensão da inveja.

10. Adolescência: o duplo limite entre o infantil e o adulto[1]

Fui convidada há um mês para substituir a colega de São Paulo, Maria Olimpia, e corajosa ou audaciosa ou irresponsavelmente, aceitei. Fui então procurar trabalhos sobre adolescentes nas nossas revistas para me atualizar e fiquei surpresa: todas as revistas tinham um ou mais trabalhos sobre adolescentes, todos acentuam a dificuldade desse trabalho e fica evidente o aumento desse tipo de atendimento nos últimos anos. Eu deixei de atender esses pacientes há muitos anos. É uma tendência natural, com o passar dos anos vamos deixando as crianças e adolescentes para os mais jovens. Mas me surpreende ver tanta procura de atendimento psicanalítico por jovens (ou pelas famílias) e tantas angústias envolvendo esse trabalho dos nossos colegas.

Escolhi então me centrar mais na questão do *setting*.

O que é o *setting*? É o enquadre, a soma de todos os procedimentos que organizam e possibilitam o processo analítico; é o conjunto de regras, atitudes, combinações montadas em conjunto

---

1 Comunicação oral, não publicada.

a serem seguidas pelo Analista e pelo Paciente. É o *setting* que possibilita o nosso trabalho, que serve de cenário para que as velhas e as novas experiências emocionais ocorram.

Por isso, o *setting* está sempre sujeito a pressões por parte do Paciente. Tentar transgredir o *setting* é um movimento natural dos pacientes em geral, já que é um espaço novo, muito especial e que incomoda e assusta. Não sabemos o que vai emergir ali nem como, por isso, o Paciente tenta fazer com que a relação analítica se transforme numa relação igual às outras já conhecidas: de amigos, de professor-aluno, de pais-filhos, de médico-paciente etc.

Por outro lado, o Analista está ali com uma disponibilidade jamais conhecida. Costumo dizer que não encontramos na vida alguém que fique nos ouvindo e atentos a nós durante quase uma hora – e somente a nós, sem se trazer diretamente – alguém usando de sua mente, sua experiência, seus conhecimentos, inteiramente disponível para o Paciente – com acolhimento, respeito e empatia. Essa disponibilidade do Analista é realmente muito especial e exige muito do profissional; é natural que os pacientes façam muitas experiências, nos testem de várias maneiras para saber se realmente podem confiar em nós. E aí já temos uma diferença grande entre o trabalho com adolescentes, crianças e adultos. A criança tem muita facilidade para confiar, para se entregar ao trabalho proposto; é natural na criança essa relação com o adulto em que ela sabe que conta com ele e acha bom poder contar, confiar, se expressar para esse adulto que lhe dá atenção e que a respeita. A entrega da criança é quase imediata, mesmo que ela seja resistente; até suas resistências são expressas direta e claramente. Sendo naturalmente dependente, ela se entrega à tarefa com facilidade. O adulto também sabe ou pensa que sabe porque vem; mesmo que não tenha escolhido espontaneamente, sabe que vem porque quer, com suas próprias pernas. Mesmo camuflando, mesmo narcisicamente desprezando ou querendo mostrar superioridade, o adulto sabe que se trata de um trabalho.

Já com o adolescente é diferente: em primeiro lugar ele resiste em admitir que estamos oferecendo a ele um trabalho. Ele traz para a relação todas as dúvidas e desconfianças que o invadem neste momento de sua vida. Para o adolescente todos os adultos são assustadores, pois é com eles ou contra eles que acredita que tem de lutar. Para se definir, para se encontrar, para ser, ele tem de se impor, brigar. Ele acredita que é com o adulto que ele briga, e de fato é. Mas na verdade, não: ele briga consigo mesmo. Dentro dele tem um pai que precisa vencer, superar; dentro dele estão as proibições, críticas, imposições. Quando comparecem no ambiente fica mais fácil. Ele briga com o mundo para ter vez, mas a pressão e as dúvidas vêm de dentro dele. O medo de não dar conta, de não ser capaz, de não ter valor, de não merecer respeito, essas dúvidas são internas e inevitáveis. Projetá-las fora é o caminho para lidar com elas e superá-las. Só assim ele vai se diferenciando, se conhecendo e adquirindo autonomia. Então as atuações também são inevitáveis. Ele tem de ir se adaptando ao seu corpo em transformação e procurando a resposta para a pergunta: quem sou eu?

O adolescente precisa entrar no mundo adulto – e isso não é uma escolha, já que ele é arrastado, empurrado pelas mudanças corporais, pela sexualidade, que o empurra para a procriação e a preservação da espécie.

As estruturas mentais também vão se ampliando, seus interesses, sua curiosidade, e ele tem de entrar nesta briga. O adolescente precisa se afirmar, provar sua independência, ao mesmo tempo que é dependente social e economicamente. E isso comparece como o grande problema. Ele não se deu conta ainda de que somos naturalmente dependentes, todos os seres humanos. Dependemos uns dos outros até para desenvolver nossos recursos internos. Muitos de nossos pacientes estão ali no consultório porque ainda não se deram conta disso. E ao mesmo tempo em que dependemos do outro, somos sós e únicos. Esses aspectos internos opostos são vividos dramaticamente pelo adolescente, que ainda não teve tempo de viver, de se adaptar e aceitar as limitações naturais do ser humano.

Os adolescentes querem ser independentes. Esse é o percurso natural. Mas eles são dependentes e subjugados exatamente como nós, os adultos, que também não percebemos isso com muita clareza. Na nossa sociedade atual somos totalmente subjugados pelos padrões estabelecidos e divulgados pela propaganda e pela mídia que nos impõe maneira de ser e de agir, mas acreditamos ser livres para fazer nossas escolhas. Abro esse parêntese: não está ligado à questão adolescente, e sim à nossa cultura atual. E, na maioria das vezes o adolescente, hoje, é mais consciente do que o adulto do quanto somos culturalmente construídos. Somos uma peça da engrenagem social globalizada e cumprimos as tarefas que esse mundo nos determina. A fuga da subjetividade é isso: não paro para pensar quem sou, o que realmente quero, o que me agrada e o que é importante e valioso para mim; estou sempre me esforçando para ser o que querem, o que esperam de mim. Esse empobrecimento é geral, faz parte da cultura. O movimento de oposição do adolescente poderia ser, ou é, uma reação a isso. Só que tem data certa, tem prazo de validade. Ele vai perder essa força, infeliz ou felizmente, porque precisa se adequar. Está ocorrendo um quadro novo neste momento no mundo todo e quem sabe poderemos falar disso no final.

Voltando às características do trabalho com adolescentes: as turbulências internas do jovem se manifestam no ambiente, assim como suas contradições e ambivalências. Ele não aguenta esperar, precisa ser satisfeito imediatamente. Ao atuar está impondo suas características, sua individualidade; está defendendo seu espaço e se definindo de maneira muitas vezes violenta. A necessidade de silenciar o tumulto interno o faz descarregar no ambiente, nas pessoas ao seu redor, suas queixas, acusações, oposições. É assim que ele vai encontrando, definindo sua identidade.

Então (Ferrari, como citado em Tanis, 2009):

> *O adolescente precisa dar conta de um corpo pulsional em transformação.*
>
> *Há uma aguda sensibilidade em relação ao mundo externo.*
>
> *Enfrenta permanentes demandas do mundo externo.*
>
> *Enfrenta extrema complexidade de emoções e sentimentos para os quais ainda não desenvolveu um repertório mental que lhe permita gestar tudo isto.*

Daí usarem de defesas múltiplas em que oscilam de uma total onipotência (eu sei, eu dou conta, eu não me importo) até uma total impotência (eu não dou conta, não vou conseguir, não adianta tentar etc. – o que vai levar a graves problemas, como drogas, suicídio, atuações muito violentas).

A necessidade de se diferenciar para reforçar sua identidade é um processo muito angustiante, difícil, que torna marcante este momento de vida para ele e todo seu ambiente.

Bolognini (2004) diz que devemos ter uma presença humilde e discreta com o adolescente, na espera de um reconhecimento que no início é impossível. E aconselha ficarmos sempre num papel secundário: "Não roubar a cena". Nada de superioridade adulta – o adolescente não tolera.

A recepção de suas propostas pelo terapeuta vai ser fundamental. Nós ouvimos não para avaliar, repreender, limitar, mas para conhecer o significado. Mostramos ao adolescente o que está sendo importante para ele, o que está sendo realmente sério neste momento. Quando ele descobre que seus segredos serão mantidos pelo terapeuta e respeitados, poderá conhecer mais de seus segredos inconscientes, como mostra Silvia Flechner (2008). Ao mostrar o significado imediato de sua atuação, de sua vivência aqui conosco, estamos também apontando a função que tem no seu psiquismo. Conhecendo a função, o adolescente cria um espaço interno para pensar, para se pensar. Daí não precisa mais atuar. As atuações estão sempre mostrando e/ou escondendo afetos, e ao apontarmos o que está escondido ou precisando ser escondido ou o que está mostrando ou precisando mostrar, ele vai ter de se deter para uma pesquisa interna. Despertamos no adolescente a curiosidade sobre si mesmo de outra forma e esse é o melhor trabalho a ser feito.

Ao se dar conta de que precisa saber mais de si, é o próprio adolescente que passará a cuidar do *setting*. Ele descobre que cuidar do *setting* é a melhor maneira de proteger esse trabalho tão específico e tão significativo para ele, já que aqui ele vai saber melhor de suas confusões e tumulto interno. O *setting* deixa de ser um lugar ou um conjunto de regras – passa a ser a possibilidade de falar e ouvir. E assim irá passando da condição de adolescente que atua para a de adulto que se comunica pela linguagem.

Na relação analítica essas questões vão comparecer e dar uma conotação muito específica ao nosso trabalho. O *setting* fica sendo a questão central, a mais difícil e mais importante do trabalho com adolescente.

O fundamental na preservação do *setting* com adolescentes ou com qualquer paciente é o retorno à sessão depois de terem sido muito agressivos com o terapeuta. Encontrar-nos inteiros e não com a cabeça arrebentada é fundamental. Eles querem e não querem nos vencer. Então não são as mudanças de horário, de número de sessões, de reposições, de trocas que definem o *setting* – é nossa condição interna de poder fazer todas essas trocas, ou não as fazer, já que não é a rigidez ou a frouxidão externa que importam, mas a firmeza interna de nossas convicções psicanalíticas. Ser livre, flexível, é necessário, mas difícil, porque o superego institucional interno nos cobra muito.

A contratransferência é uma questão importante, da qual devemos cuidar todo o tempo. Temos de identificar as nossas reações às provocações dos adolescentes para preservar nossa capacidade de observar e entender. Isso não é fácil, mas absolutamente necessário.

É interessante como ocorre, em cada relação nossa com o adolescente, o mesmo processo de tensão, adaptação e reformulação que está acontecendo dentro dele. Vamos nos acostumando com esse jovem assim como ele vai se acostumando com seu corpo; devemos ter paciência, calma, tolerância, assim como ele precisa ter com as angústias e incertezas de suas transformações. Com o adolescente estamos sempre em trânsito, como ele, sem ter qualquer ideia de como será a próxima sessão.

Ele está sempre tentando descobrir seus valores pessoais, suas escolhas de vida, seus limites, seus referenciais e nós também tentamos descobrir a melhor maneira de preservar o *setting*, interno e externo, apesar das alterações sempre inovadoras dos adolescentes nas sessões.

Ora se deitam no divã, ora no chão, ora andam pela sala, ora ficam sentados no nosso lugar, ora ficam pregados ao celular; ora brigam conosco, nos desafiam, questionam, nos assustam, tentam nos desestabilizar. É como expressam e nos mostram sua instabilidade interna.

Assim como eles precisam preservar sua identidade, nós também devemos ficar atentos para preservar nossa tarefa. O adolescente não sabe com que recursos pode contar dentro de si; esse é o seu drama. Aí está uma grande diferença: nós sabemos, em parte, com o que contamos, e sabemos muito bem com o que podemos contar. Sabemos que é necessário preservar o *setting* externo e o interno. Temos um universo conceitual que nos garante e orienta. Contamos com a psicanálise! E temos de contar conosco, com nossos recursos pessoais. Isso significa que não vamos ser educadores, orientadores, professores, juízes, acusadores etc. Só psicanalistas.

Não vamos mesmo? Essa é a questão. O adolescente nos desafia o tempo todo a sair de nossa postura analítica. Eles nos convidam a atuar e nem sempre escapamos! A tarefa dele é arrebentar nosso referencial e nossa cabeça, como ele está arrebentando os esquemas infantis de dentro dele. A nossa tarefa é preservar o nosso referencial, nosso trabalho. Preservar o *setting*, o enquadre interno e o externo, dentro do possível, é preservar nossas convicções, nosso conhecimento, nossa confiança em nossa bagagem psicanalítica. Esse trabalho de elaboração interna é o mais importante a oferecer aos adolescentes. Elaborando, trabalhando sofre os fatos, sobre os dados todos que comparecem na sessão vamos encontrando significados, vamos descobrindo o sentido de cada vivência. É isso que o adolescente tenta fazer também dentro dele e vai introjetando de nós esses recursos de elaboração.

É esse sentimento de coerência interna, de ligação com nossa tarefa, essa vivência de unicidade pessoal que vamos oferecer a ele com nossa conduta, nossas intervenções, nosso respeito. Nossa relação com as teorias que abraçamos e a seriedade com que exercemos nossa tarefa é exatamente o modelo que o adolescente procura definir dentro de si: a relação com os pais, a importância deles, dos valores familiares e grupais. Precisa definir suas escolhas como nós definimos as teorias que vão orientar nosso trabalho. E a firmeza de nossas convicções será fundamental.

A reorganização interna que fazemos constantemente quando reformulamos nossas ideias sobre nosso trabalho, quando confrontamos os conceitos conhecidos com novas e diferentes propostas que vamos encontrando são também desafios que nos são familiares. Assim como vamos descobrindo com o tempo nossas características pessoais, nossa maneira própria de trabalhar e passamos a aceitar mais nossas falhas, idealizações, necessidade de perfeição e principalmente nossos limites, assim também com o adolescente. Essa aproximação de nosso trabalho com o do adolescente que estou fazendo é válido? É possível?

Este é um parêntese em minhas elaborações. Com mais de 50 anos de atividade clínica, fiquei pensativa quando comecei a elaborar este trabalho agora. O adolescente sai da adolescência para ser adulto. E nós, analistas, como é nosso percurso? Em muitos aspectos, também chegamos a um novo lugar quando nos libertamos do narcisismo opressor, que nos cobra perfeição e alinhamento por um lado, e autonomia e independência de outro lado.

Temos visto vários trabalhos de colegas com adolescentes que se encantam pelas soluções, pela capacidade de sair e de entrar no enquadre tantas vezes e de se exporem fazendo isso. Estamos descobrindo que esse é o nosso trabalho com eles, mas também nosso trabalho conosco, com nossas teorias, nosso enquadre profissional psicanalítico. Ninguém como o adolescente para nos pôr à prova, para nos fazer estar atentos a nosso trabalho e nossas convicções.

A construção da identidade é trabalhosa e angustiante para o adolescente, já que precisa conciliar as diferentes identificações que tem feito durante toda a vida. Ajudamos o adolescente a lidar com a mobilidade interna, com os processos de integração, para que ele possa construir sua identidade com força e clareza. E nós, psicanalistas, também estamos fazendo isso sempre: realizamos o trabalho de integração de nossas diferentes identificações psicanalíticas.

Nossa sociedade atual colabora muito para dificultar a interação entre as pessoas – com tantas informações e opções, é difícil buscar e encontrar acolhimento; o jovem necessita de calor humano para trabalhar seus dramas internos. Ele pode tudo e não pode nada; tem diversão, sexo, grupos de atuação, mas não tem intimidade. Não encontra acolhimento para suas experiências emocionais. Hoje desapareceram as discussões acaloradas, os protestos barulhentos, as infindáveis reinvindicações. Não brigam com os pais, com a família. Eles vão atuar no ambiente, quietos, mas violentamente. A paciente de 16 anos chega contando para a terapeuta que conheceu um rapaz na balada e de lá foram para o motel. Não sabe quem é ele e não quer saber. Já repetiu isso várias vezes com diferentes rapazes. A ação direta, sem questionamento, sem pensamento, significa, para ela, independência. Não percebe que está totalmente submetida a um padrão supervalorizado de seu grupo, no qual o que menos existe é escolha, independência. Essa maneira de entrar para o mundo adulto é muito violenta.

Na sua competição, necessária, com o adulto, eles muitas vezes não percebem o que estão perdendo: daí as drogas, o suicídio, a falta de objetivos e de projeto de vida. A marca de nosso tempo é exatamente a falta de perspectivas ou de interesse em buscar, em confiar, em sonhar que lá na frente, no futuro, encontrarão a realização pessoal.

Retornando então à questão do *setting*: os jovens tentam revertê-lo, desprezá-lo, forçar mudanças. Temos de nos enquadrar a eles? Em muitos aspectos é possível, mas dentro de nós mesmos devemos ter firmeza; ela vem de nosso referencial forte, confiável.

E por que a nossa sociedade não tem firmeza hoje? Por que os pais não são limitadores, não funcionam como referencial importante? O problema está todo aí. O desprezo pelos valores humanos não é uma questão dos jovens de hoje: os jovens de hoje estão reagindo ao que receberam e estão protestando. A questão é muito séria e eu proponho que a pensemos como um problema de nossa sociedade atual, como um todo.

11. Mecanismos inconscientes que interferem nas relações humanas: rivalidade, inveja, cobiça, aspiração pelo poder[1]

O tema é o homem, o inconsciente humano. E dentro de nós, na mente humana não existe separação – agressividade e amor estão sempre interagindo, e só nessa interação é que podemos compreender bem o indivíduo. A dinâmica interna, o mundo inconsciente é muito rico e complexo e esse recurso se faz necessário. Nossa preocupação é a de não conseguir deixar suficientemente clara essa interação.

Para compreender alguns aspectos do comportamento humano e as motivações que entram em jogo nas relações interpessoais, seja no trabalho ou em qualquer outra situação, precisamos nos reportar às emoções básicas de todo ser humano.

Temos de conhecer como se origina no homem, desde o nascimento, esse complexo de sentimentos que interatuam na luta pela vida.

A crença, já superada, de que a criança, principalmente a criança muito pequena, é um ser tranquilo e feliz, sem preocupações, sem

---

1 Comunicação oral, não publicada.

problemas, vem da impossibilidade de nos lembrar, de participar de nossa memória consciente, todas as emoções muito precoces. É só no inconsciente que permanecem essas vivências e coube à psicologia profunda, desvendando o inconsciente, a descoberta de tais fenômenos. Os estudos psicanalíticos vieram mostrar que a luta intensa que travamos para viver, viver agradavelmente, para encontrar prazer na vida, se trava desde o nascimento.

A criança, já ao nascer, sente-se exposta a ansiedades – o nascimento é sentido como um ataque, uma ameaça. Ela sai de uma situação de total dependência, equilíbrio e prazer para uma situação nova em que a satisfação não é permanente como no útero materno. Ela agora sente fome, frio ou calor, desconforto físico, ausência de aconchego etc. Essas privações são sentidas como ameaça à sua sobrevivência, perseguição. Desde o nascimento estamos, portanto, diante do conflito entre os dois instintos – de vida e de morte. Nascemos e queremos viver, temos uma força interna de vida dentro de nós, mas as privações são uma ameaça a essa sobrevivência.

Aceitamos bem a morte para o corpo – todos sabemos que células do organismo vão morrendo, que o corpo envelhece e que estamos, desde o nascimento, caminhando para a morte. Mas no nível mental tendemos a negar isso, a negar a interação entre o desejo de viver e a sensação de morte dentro de nós. Negar a agressividade, o ódio, que são expressões do instinto de morte, é uma ilusão. Toda a história da humanidade é uma prova evidente da destrutividade que arremessa uns contra os outros e ameaça até a sobrevivência na face da terra. Nós nascemos com esses impulsos e de nada adianta negá-los. O ideal de amor, com a abolição de todo o mal, de todo ódio, não se tem provado eficiente, embora pleiteiem tantas religiões. O que é mais produtivo, na verdade, é conhecer esses impulsos para melhor tirar proveito deles. A agressividade não é só destrutiva – ela é mobilizada, muitas vezes, para destruir obstáculos com fins construtivos. Vamos ver como a agressividade bem distribuída, controlada, pode se tornar até uma fonte de satisfação pelas conquistas que pode nos proporcionar.

Quando a criança está satisfeita, bem alimentada, podemos dizer que se estabelece um bom equilíbrio entre os impulsos de amor (instinto de vida) e os de ódio (instinto de morte). Mas quando ela sente fome ou qualquer outra insatisfação, os recursos agressivos são reforçados. Ela se sente arder de raiva, sente dores físicas, é como se queimasse ou sufocasse de ódio.

Nós sabemos bem quanto o mal-estar nos causa a raiva; são comuns expressões como: "estava louco de ódio", "sufocado de raiva" etc. A criança tem de se livrar dessas sensações penosas; ela não pode tolerar essa dor e procura uma saída. Primeiramente com movimentos, choro, ela consegue uma descarga física. No plano psíquico, ela projeta, isto é, ela põe pra fora, ela se defende pondo na mãe, único objeto que até então ela distingue ou percebe, as suas coisas ruins. Ela passa a sentir que as coisas más não são dela, são da mãe. O perigo de se ver destruída pelos maus sentimentos gerados dentro dela por causa das frustrações faz com que ela os coloque no objeto externo. Tudo o que é ruim é das mães, não dela. É a mãe que a ameaça, a persegue, que põe em risco sua própria vida. Ela separa assim os seus sentimentos - faz uma cisão entre o que é ruim e o que é bom. O bom está com ela, o ruim está fora dela. Ela se defende de sua própria hostilidade e pode expandir mais livremente - seus sentimentos de ódio, sem correr risco de se aniquilar. Ela odeia a mãe, e nas suas fantasias ela a ataca violentamente.

Esses mecanismos de projeção e de cisão são intensamente usados por nós durante toda a vida. É a divisão que nos leva a separar as coisas e as pessoas em boas e más, em agradáveis e desagradáveis, em simpáticas e antipáticas. Separamos, também, as emoções de atividade intelectual – é o que fazemos quando "deixamos em casa as preocupações", quando vamos trabalhar. A capacidade de discernimento só é possível quando distinguimos as coisas nos seus aspectos positivos e negativos. Mas esse mecanismo de divisão é também responsável por dificuldades sérias, quando a cisão é violenta e perdura além do necessário, porque ela vai impedir a integração harmoniosa de personalidade. A cisão na criança vai dar lugar, posteriormente, a uma integração, mas se ela se mantém será fatalmente causa de perturbações psicológicas graves. Uma forma mais branda, mas também prejudicial, é a separação intensa entre sentimentos e razão. Indivíduos extremamente racionalizados, que só reagem dentro de uma lógica estrita e revelando certa firmeza emocional, estão fazendo uma cisão. São pessoas rígidas, formais, que costumamos identificar como sendo "feitos de pedra", "duros como rocha". Na verdade, ao invés de ganho eles estão tendo um grande prejuízo, porque as emoções enriquecem a vida. Não precisamos dizer que isto ocorre inconscientemente, como uma defesa, embora eles procurem, às vezes, até provar racionalmente a vantagem em ser assim.

A projeção é a reação mais frequente de todos nós contra sentimentos desagradáveis. Vemos melhor os defeitos dos outros do que os nossos; não querendo vê-los em nós, como nos outros. Tendemos a sentir más intenções nos outros e não percebemos muitas vezes nossas más intenções. Sentimo-nos comumente explorados, mas temos dificuldades em perceber o quão exploradores somos às vezes. Isso é frequente nas relações entre empregados e empregadores. Para as forças destrutivas, vindas de dentro de nós, contra nós mesmos, a reação mais segura é pô-la para fora. O perigo é localizado bem longe – e assim como a criança ataca a mãe, em quem ela coloca sua agressividade, nós também atacamos o perigo que projetamos fora de nós. Atacamos e odiamos as pessoas que receberam nossas projeções agressivas. E disso advém outra gratificação, que consiste no prazer da descarga agressiva. Quem não conhece a sensação de alívio e mesmo de satisfação quando descarrega a raiva? Muitas vezes brigamos, discutimos e depois ficamos aliviados – "a coisa estava engasgada, mas depois que descarreguei tudo, aí melhorei". Quando dizemos "vomitei tudo em cima de fulano", ou então "despejei tudo que tinha para falar", estamos exatamente descarregando a raiva contida lá dentro.

Quanto mais agressiva for a criança, mais agressiva e ameaçadora ela sente a mãe, porque projeta suas coisas nela e quanto mais ódio sente o nenê, maior é seu medo de morrer de fome, e maior a sua avidez, sua voracidade. Ela precisa de muito alimento para se aplacar, para diminuir o perigo da morte, ela precisa de mais gratificação para se tranquilizar, para o amor e o bem-estar voltarem a se instalar dentro dela. Diminuindo a fome ela se sente bem, sente que merece coisas boas, que não é tão má, e encontra, então, a tranquilidade. Convém lembrar aqui que o ambiente externo interfere muito e sempre nos sentimentos da criança de se sentir frustrada ou gratificada. Há uma permanente interação entre os fatores constitucionais e os ambientais. Se a criança é muito gratificada ela pode fortalecer as fantasias de se sentir boa e merecedora; ao contrário, se o ambiente externo é frustrante, vai reforçar na criança suas fantasias persecutórias e aumentar assim seus ataques ao objeto.

A cobiça, a avidez, o desejo de adquirirmos coisas boas, quer materiais, quer no sentido de privilégios, boa situação, melhores condições de vida e de trabalho, apresentam sempre a necessidade de provar para nós mesmos que somos bons, que merecemos coisas boas. Sentindo-nos bem alimentados, afastamos ou diminuímos o ódio dentro de nós. Não nos sentindo vazios, podemos estar tranquilos de que merecemos amor, não somos tão maus, tão destrutivos. A cobiça existe sempre porque representa uma força de vida, mas quando ela é exagerada revela a pouca confiança que a pessoa tem em si mesma. Não confia em si, na sua possibilidade de adquirir o suficiente. Ela tem sua autoestima diminuída.

Voltando à criança, vamos ver que ela sente a mãe como aquela que tem todas as coisas de que necessita e a inveja intensamente. Ora, nós sabemos como a inveja é um sentimento doloroso. A inveja, que nasce exatamente da comparação entre nós e o outro, ou outros, é penosa porque o objeto invejado se afigura, a nossos olhos, como tendo muito mais que nós. E isso nos dá uma sensação de humilhação, de desvalorização. Sentimo-nos vazios, indignos, como se não merecêssemos nada de bom. Não toleramos o outro com tudo aquilo que queremos para nós. Ao sentir inveja, as forças destrutivas estão atuando dentro de nós. Sentimo-nos ameaçados pelo sofrimento decorrente da sensação de indignidade, de desvalia. Para reestabelecer o equilíbrio e afastar o mal-estar o mecanismo é sempre o mesmo – pôr para fora o que é ruim e voltar toda a agressividade contra o objeto invejado.

Temos de depreciá-lo, desvalorizá-lo para não sentir a depreciação de nós mesmos. Tentamos diminuir a pessoa invejada para não ter mais motivos para invejar. Rebaixando a pessoa invejada, seus dotes, suas posses, suas conquistas, colocamos fora de nós a agressividade e não temos mais porque invejá-la. Vamos tentar exemplificar: suponhamos que em um ambiente hospitalar uma enfermeira seja muito elogiada por um relatório cuidadoso, completo, feito sobre uma ocorrência importante. A colega "X", cheia de inveja, pode fazer os seguintes comentários: "Mas que péssima redação, ela parece que nem sabe escrever, ela precisava era melhorar o português; e também, pudera, ela não fez isso sozinha, provavelmente foi o chefe dela que fez quase tudo; acho que ela nada fez senão escrever, e assim mesmo muito mal". Dessa maneira, o que nossa enfermeira fez foi: desvalorizar, destruir o trabalho da outra, descarregar sua agressividade. Desvalorizando a companheira ela não tinha mais motivos para invejar.

Já a enfermeira "Y", para o nosso exemplo, sendo capaz de controlar melhor os impulsos agressivos, tendo mais forças construtivas dentro de si, sem temor (e, portanto, com maior força de vida) poderá achar que a companheira foi ajudada, que a redação foi imperfeita, mas podendo aceitar, sem perigo para sua segurança interna, o sucesso da outra, usará o que aprendeu. Ela poderá copiar o relatório para saber como fazer, em situação semelhante, vai fazer perguntas, vai querer se inteirar melhor de tudo. Poderá até querer ir trabalhar no lugar da companheira, com o chefe bom de quem obterá coisas boas. Ela terá capacidade para mobilizar os seus recursos interiores, ela suporta aquela frustração momentânea com o desejo de caminhar para a frente. Ela terá impulsos de vida fortes dentro de si, que permitem lutar contra o desconforto. Deseja algo melhor para si porque se acredita merecedora – a agressividade não destruiu sua autoestima.

Contudo, podemos imaginar uma outra reação – suponhamos que a enfermeira, também cheia de inveja, porém incapaz de qualquer comentário, nada diz, mas fica se mortificando de ódio. Esta última não vai agredir, não vai botar a raiva para fora, mas vai estar irritada, indócil durante todo o dia. Sem que ela saiba, a inveja não a deixará trabalhar bem, e ela não terá qualquer satisfação nesse dia. Tudo lhe será ruim, desagradável. Vemos assim que outra expressão da inveja é representada pelas pessoas que, mesmo invejando muito, nunca fazem nada para melhorar, para adquirir o que desejam. Gastam suas energias em queixas: reclamam que nada tem, que tudo lhes é difícil, que nada para elas dá certo etc. No fundo, estas pessoas sentem que estão sendo prejudicadas pelos outros, são roubadas pelos outros. Se o outro tem é porque roubou, é porque foi desonesto, inescrupuloso etc. e elas acabam se colocando como vítimas do mundo mau, cheio de pessoas odientas.

O mundo mau é a agressividade voltada para fora, e a tranquilidade vem do fato de assim não se sentirem perigosas, pois não desejam nada do que é dos outros. O ruim disso é que não advém dessa atitude nenhuma vantagem, nem para elas, nem para os outros. Elas perdem muito do prazer que poderiam ter se tentassem conseguir melhores coisas para si.

Isso não significa que a depreciação seja sempre negativa. Não, certa dose de depreciação é necessária na vida e nos permite, mesmo, caminhar para melhores soluções. Mas, quando a depreciação está a serviço da inveja, ela é muito destrutiva.

Podemos ver assim que a competição, a rivalidade representam um impulso de vida – acreditamos em nós, em nossas qualidades e lutamos para melhorar, para vencer na vida. Mas a rivalidade, quando exagerada, revela grande insegurança e traz dificuldades para o indivíduo e para os demais. Ter de estar sempre vencendo, estar sempre à frente dos outros, é uma maneira do indivíduo sempre provar para si mesmo que tem qualidade, que é melhor que os outros. Os outros ficam com as coisas más, ficam humilhados, diminuídos: ele fica com a vitória, abraça o bom para si.

Quando criticamos ou condenamos os outros, muitas vezes, estamos fazendo algo semelhante – os outros estão errados, os outros têm defeitos, os outros são irresponsáveis. Nós ficamos com a retidão, a verdade, a honestidade e assim por diante. Vejamos, por exemplo, o caso do funcionário eficientíssimo – o indivíduo que não falta, chega sempre na hora ou antes do horário e sempre sai depois dos outros. Sempre em dia com seu trabalho, corretíssimo, exigentíssimo. Essa eficiência pode estar encobrindo uma violenta agressividade – sendo correto ele está provando aos outros o quanto os outros são falhos, imperfeitos; na sua excessiva exigência para consigo próprio ele não consegue esconder suas exigências para com os outros.

Ele teme a sua própria preguiça, suas falhas, porque as ameaças internas são muito intensas, ele passa a vê-las fora, nos companheiros. É interessante como na mesma medida em que esses mecanismos são inconscientes na pessoa, eles também são inconscientemente captados pelos outros. Ninguém gosta de trabalhar junto com uma pessoa assim, excessivamente correta, ela incomoda, dá mal-estar, porque no fundo sentimos que estamos sendo agredidos, que a perfeição do outro é uma permanente crítica às nossas imperfeições.

Outro aspecto importante na relação da criança com a mãe consiste na dependência – a criança depende totalmente da mãe para viver, mas ela não tolera, não aceita essa dependência – isso lhe é muito perigoso. A criança não tem nenhum senso de realidade. Para ela, tudo existe porque ELA existe. A mãe existe exclusivamente para atendê-la, para satisfazer suas necessidades. A criança é egoísta por excelência, isto é, sente que é o centro do universo. Ela sente-se absolutamente poderosa e nega a sua dependência da mãe por meio do mecanismo de onipotência. Sentindo-se onipotente, ela não teme as exigências dos instintos, sempre buscando satisfação. Esse recurso da onipotência é, portanto, uma defesa contra sua própria incapacidade de subsistir sozinha. A dependência traz insegurança e medo, a não ser quando existe amor – na criança vai haver uma evolução nesse sentido, porque ela irá integrar os objetos bons e maus na mãe e vai poder então aceitar sem medo a dependência. Quando no adulto a agressividade é muito grande, sem um bom equilíbrio com amor, então a dependência assusta.

Temos medo de sofrer exatamente porque não temos condições de dar, dar de nós mesmos, e não acreditamos poder receber em troca. Sentindo-nos incapazes de amar, só temos desânimo e ódio ao redor de nós. Os indivíduos que atuam de maneira onipotente são exatamente aqueles que precisam negar sua dependência, sua necessidade dos outros. Eles são autossuficientes, poderosos, não amam, ou amam muito pouco e, portanto, julgam não precisar do amor dos outros.

Os indivíduos onipotentes têm uma necessidade preponderante, que é provar a si próprios o seu poder. Muitas vezes a realidade torna isso mais difícil, então o indivíduo onipotente pode precisar do recurso de ter sempre pessoas medíocres ao seu redor, isso garante a eles sua superioridade.

Outras vezes a onipotência pode se expressar pela procura de situações perigosas – são pessoas que estão sempre enfrentando perigos para testar sua onipotência, sua capacidade de vencer situações muito arriscadas. Vamos dar um exemplo: numa equipe de médicos, o chefe da equipe é um indivíduo ativo, cheio de iniciativas, exigente, produtivo. Está sempre distribuindo atividades, exigindo esforço dos demais. Está sempre na vanguarda, planejando pesquisas, abrindo novos horizontes. Isso é realmente bom e o hospital tem interesse em manter esse profissional assim, em posição de comando.

Estamos vendo a situação de fora; vamos tentar ver a situação um pouco mais de perto: ele está usando seus impulsos de vida, de sua criatividade para melhorar, para dar de si próprio aos pacientes, aos colegas, ao hospital, à humanidade todo seu empenho? Ele está permitindo aos que trabalham com ele oportunidades de se realizarem também? Ele acredita suficientemente em si para não temer o brilho e o sucesso dos demais? Ele vibra de satisfação quando outros dão passos à frente? Se for assim, ele é um indivíduo sadio, capaz de usar seus recursos em seu favor, e dos outros; ele não teme sua destrutividade interna, ela não o ameaça e, portanto, ele não se sente ameaçado, não precisa estar provando pela liderança o seu valor a si próprio. Mas se ao contrário, ele precisa do domínio para se assegurar, toda a sua luta visará sempre seu próprio benefício, ele não abrirá mão do sucesso e das vantagens para ninguém; ele sufocará os demais, ele poderá destruir até suas próprias conquistas quando se sentir ameaçado na sua onipotência.

E agora vamos falar do ciúme. O ciúme tem sua origem na situação edipiana. O complexo de Édipo, em resumo, consiste no seguinte: o menino tem desejos sexuais para com a mãe, e odeia o pai como rival.

E, portanto, a rivalidade no amor faz surgir o ciúme. Mas o ciúme não é apenas uma reação de ódio pela perda, ou ameaça de perda do ser amado. O que ocorre, principalmente, é uma reação de humilhação, de desvalorização que o ciumento tem. Sente que não é amado porque não merece amor. Novamente é usado o mecanismo de projeção; para se libertar dos sentimentos dolorosos o ciumento ataca o rival com toda a sua agressividade; ele destrói o rival pondo nele todas as suas maldades e assim fica livre delas. O ciúme aparece também nas relações de amizade, de trabalho, entre irmãos etc. Mas o ciúme e inveja andam muito juntos, e às vezes é até difícil separá-los. Digamos que no ambiente de trabalho um companheiro é promovido – surge o ciúme porque sentimos que o pai (chefe, diretor, que representa então a figura paterna) preferiu o irmão. A reação de ciúme ocorre porque nos sentimos desprezados pelo amor do pai – o companheiro mereceu mais o amor, nós fomos desprezados. Mas ocorre também a inveja porque nos sentimos roubados, prejudicados pelo outro, que ficou com o cargo ou a posição que desejávamos para nós. Outro aspecto relacionado com a expressão de agressividade, e no qual entram vários dos mecanismos já descritos, consiste na distribuição da agressividade. A agressividade mais distribuída é menos perigosa para o próprio indivíduo e para os demais. São pessoas que agridem muito e, principalmente, de maneira um tanto indireta, como nos casos de intriga, maledicência etc. Quando fazemos intriga estamos agredindo, pondo nos outros aquilo que é incômodo em nós mesmos. O ciúme e a inveja levam muito à intriga e à maledicência. O indivíduo que não enfrenta uma situação difícil, que exige dele uma atitude mais agressiva e franca, é sempre uma pessoa que sente ter tanta agressividade, que se puser para fora será terrivelmente destrutiva. O indivíduo que acredita em suas coisas boas pode agredir quando necessário, sem temor - ele tem um objetivo e é capaz de enfrentar seus próprios sentimentos desagradáveis sem tanto receio. É comum a pessoa não ser capaz de reivindicar e usar a intriga para alcançar seus objetivos. É como se quiséssemos envenenar uma pessoa dando uma dose de veneno - nós a matamos, mas se colocamos esta dose de veneno no pão que cinquenta ou cem pessoas irão comer, não matamos ninguém, no máximo vamos intoxicar a todos. Esta intoxicação é o que ocorre nos ambientes muito cheios de intrigas.

O que tentamos mostrar aqui, analisando esses mecanismos, é que, apesar de atuar muitas vezes de maneira tão desagradável e inadequada, o que estamos tentando sempre é encontrar um meio de superar o desconforto, estamos tentando sobreviver. Há, portanto, um impulso de vida sempre presente em todas as reações adultas de ódio, inveja, ciúme etc., embora isso seja quase imperceptível e pareça tão deturpado.

A agressividade, quando muito intensa, forma um ciclo de ataque e contra-ataque; mas se a agressividade é em boa dose usada para conter os impulsos dentro de nós, que é o que normalmente fazemos, então o amor pode emergir mais facilmente. Podendo dar afeto, carinho, ter consideração pelos outros, sendo capaz de sacrifícios e de tolerância, nós oferecemos bondade e recebemos amor em troca. Recebendo amor, o nosso esquema interno de segurança está garantido, porque nos sentimos realmente merecedores de coisas boas, e tornamos a dar, assim, sucessivamente.

Em vez de um ciclo de ódio e agressão, forma-se um ciclo de amor e compreensão.

Referências

Bicudo, V. L. (1967). Algumas considerações sobre as necessidades emocionais da criança de 0 a 1 ano de idade. *Jornal da Psicanálise*, *2*(5).

Klein, M., Heimann, P., & Riviere, J. (1978). *Desarrollos en psicoanalisis*. Horme.

Klein, M., & Riviére, J. (1962). *Vida emocional dos civilizados*. Zahar.

Segal, H. (2010). *Introducción a la obra de Melanie Klein*. Paidós.

Parte II

Artigos teórico-clínicos

12. A dramatização na situação analítica[1]

O título do capítulo leva diretamente para a questão da representação teatral. O teatro é realmente nosso referencial, mas o teatro a que me refiro neste capítulo é o vivido na relação analítica. Todos conhecemos situações em que os pacientes nos trazem suas angústias de uma maneira muito dramatizada, com um exagero expressivo evidente, mas nem sempre consciente.

O teatro tem sua origem nos ritos e mitos dos povos primitivos. Sempre despertou muito interesse, desde os mais arcaicos agrupamentos humanos, porque suas diferentes formulações e formas de expressão giram em torno dos conflitos do ser humano, de suas angústias e seus aspectos misteriosos e fascinantes. Foram necessários muitos séculos para que Édipo Rei, a peça de Sófocles também baseada em um mito, fosse reconhecida como a trama que expõe com precisão a construção da mente humana, mas sua importância e permanência decorrem exatamente do que ela

---

[1] Artigo publicado originalmente em 2013 na *Berggasse 19*, publicação semestral da *Revista de Psicanálise da SBPRP*, *3*(2), 113-126.

expressa. Como diz Meyer (2003), ela persiste ao longo dos tempos porque "Põe em jogo uma matéria que morde, por assim dizer, no âmago do homem". O caráter básico do complexo de Édipo traz a interdição do incesto, que é "a lei natural e mínima para que uma cultura se diferencie da natureza"; inclui os processos que "transformam o ser natural em um ser cultural, e, num nível mais amplo, criam a civilização" (Almeida, 2004). Édipo Rei fala da integração inadiável do sujeito na categoria humana, em que os dramas internos, a diferenciação mundo interno-mundo externo e a necessidade de se adaptar à realidade são fundamentais.

Dramatizar é uma forma de sonhar e de trabalhar com as situações endopsíquicas e é por isso que a relação do teatro com a psicanálise é natural. Os grandes autores teatrais, como os grandes artistas, são aqueles que têm um "contato privilegiado com as profundezas do psiquismo" (Cruz, 2003).

Também a criança se expressa naturalmente por meio de dramatizações. Suas montagens e suas brincadeiras são construções expressivas e absolutamente necessárias, porque é o recurso que elas têm para elaborar e resolver seus conflitos, na medida em que não desenvolveram plenamente a capacidade de expressão verbal. E elas o fazem natural e seriamente, na terapia e fora dela. Os personagens do brincar da criança, como os personagens dos sonhos, são partes da personalidade, "personificações" de aspectos internos. No sonho transformamos ideias em imagens e construímos com elas uma situação. A criatividade dramática tanto no trabalho do sonho como no brincar da criança é produtiva e abre novas perspectivas. São funções estabilizadoras e contribuem para a preservação da atividade mental.

Quando falamos de dramas nas sessões, de certa maneira estamos falando de representação, de simbolizações e das dificuldades ligadas a esses processos. Botella (1997) fala no irrepresentável, vivências que não puderam ser representadas mentalmente e por isso não podem ser esquecidas. Levy (2006), falando do trauma, mostra como uma situação se torna traumática quando não pode ser simbolizada. Uma vivência que não pôde ser contida e elaborada internamente pode se tornar traumática. O misterioso, o estranho dentro da mente precisa sempre ser decifrado e contido. O *outro* é sempre estranho e assustador, e o analista é estranho e assustador como realidade externa e interna. Daí pensar a dramatização na sessão como uma maneira de se expor, e também uma maneira de se esconder. Mas é principalmente uma oportunidade de experimentar.

Com o adulto temos sempre a expectativa de que ele vai se comunicar conosco verbalmente e muitas vezes isso ainda não é possível. A teatralização é montada para suprir as dificuldades de expressão verbal, que uma vez alcançada torna o contato mais direto, mas nem por isso mais fácil.

Erwing Goffman, sociólogo estadunidense que se interessou pelas interações de face a face no cotidiano, buscou recursos conceituais em metáforas teatrais como palco, público, personagens. O que ele quer examinar é a estrutura da experiência individual da vida social. Ele fez, durante anos, estudos em hospitais psiquiátricos de onde ele partiu para sua análise da dramaturgia cotidiana. Usando o modelo teatral, tenta dissecar a lógica das representações de papéis que estruturam as interações, desde as mais simples (Corcuff, 2001). Para ele, estar integrado na ordem social implica assumir papéis e se portar na vida como se representasse um papel no teatro. Em *O mundo social como cerimônia*, ele nos mostra como os valores sociais são ilustrados nas representações teatrais que reafirmam, de alguma maneira, os valores morais da comunidade. Por isso ele vê o mundo social como uma cerimônia, onde as pessoas procuram provar, com suas condutas, que estão de acordo com as normas. Assim como o ator, estamos sempre, de alguma forma, reafirmando os valores morais da comunidade (Lallement, 2004).

Joyce MacDougall (1996) escolhe o teatro como metáfora da vida psíquica ou da realidade psíquica. Fala que as sessões são o teatro que os analisandos desejam partilhar com seu analista e no qual o analista vai representar vários papéis. Ela lembra de Anna O., que intitulava de "teatro particular" seus encontros com Breuer. Desde as histéricas de Freud sabemos que partes do corpo podem se tornar o suporte de uma significação simbólica inconsciente. As "peças de teatro internas" inscritas durante a primeira infância têm um efeito duradouro sobre a sexualidade do adulto e são muito significativas nas manifestações neuróticas e psicóticas. Nesse texto ela trata das somatizações e nos mostra como o corpo, para o psicossomático, é usado para libertá-lo da dor psíquica. Portanto, as doenças psicossomáticas, mesmo as que ameaçam a vida biológica, "podem representar, paradoxalmente, uma luta para a sobrevivência psíquica". Na análise, vamos ajudar o paciente a libertar o corpo dessa tarefa, desde que possamos nos aproximar dos dramas ocultos que se desenvolvem nos teatros do "eu". Também o analista vai estar atento ao seu próprio teatro interior e terá de interpretar a si próprio antes de interpretar o seu paciente, nos diz ela.

No teatro, o corpo é usado como canal de expressão na medida em que o ator conecta os processos interiores com as manifestações exteriores. Bonfitto (2011), no seu texto claro e elucidativo, cita Stanislavski quando diz que as ações físicas são psicofísicas e agem como iscas de processos interiores e como catalisadores e elementos transformadores de um sistema:

> *o ponto principal das ações físicas não está nelas mesmas, enquanto tais, mas no que elas evocam. Se o herói se mata, isto não é o importante, mas as razões*

> *interiores que o levaram ao suicídio. Existe uma ligação inexorável entre a ação da cena e a coisa que a precipitou. E ainda, há um labor expressivo do intérprete como arte de composição criativa.*

O ator é um compositor que planeja, combina, constrói e executa sua partitura de ação. Houve, portanto, um deslocamento do pensar sobre o ator do polo da representação para o da expressão. Na representação, que dominou o teatro no século XIX, os atores seguiam certos códigos, poses e gestos, que correspondiam a determinados sentimentos e situações, e isso era o bastante. Já no teatro moderno, há a passagem da representação para a expressão, na qual são explorados os sentimentos, as vivências internas do ator. As possibilidades expressivas do ator, ações físicas, gestos, movimento, ritmo, têm a ver com a conexão entre mundo interno e externo. O bom ator, para ser criativo, precisa também ser compositor; ele não segue regras de representação tão somente, mas tenta integrar processos interiores, numa conexão importante entre *representação* e *expressão*. Essa conexão interno-externo do teatro moderno tem muito a ver com nosso vértice, com o olhar psicanalítico, principalmente nessas situações a que estou me referindo, de intensa dramatização na sessão. O ator-paciente não apenas *representa*, mas principalmente *expressa* sentimentos.

E assim como no teatro, temos de buscar o que justifica as ações. No teatro, o ator vai buscar dentro de si, nas suas memórias, as experiências análogas ou mesmo iguais às do personagem. O resgate de emoções, nesse caso, vai estar sempre presente quando houver dramatizações, mas se no teatro o ator tem de se apropriar do texto, no nosso trabalho o paciente busca se apropriar de seu mundo infantil e conta conosco como espectadores, mas não só. Com certeza eles buscam nossa ajuda para modificar, para viver emoções, sentimentos e fantasias de forma diferente. Um exemplo:

o paciente briga na sua firma porque acredita que o querem submeter, obrigá-lo a fazer um trabalho que ele não quer; cria então uma armação para enfrentar a situação – monta uma situação muito dramática no serviço e também aqui na sessão, à qual comparece falando desesperado sobre seu medo de perder o controle e desistir de tudo. Ele está agindo de forma diferente da que ocorreu quando, muito criança, o deixaram para trás, quando a família "esqueceu" dele. Mas também está resgatando a criança desesperada que ainda habita dentro dele. É por meio da dramatização que ele tenta expressar algo autêntico de si mesmo. Mas ele atua como um personagem e não como o adulto que é hoje. Nessa situação, ele não consegue se apossar do adulto pensante, reflexivo e responsável que também ele é. Conta com a análise para conseguir isso.

Em *Transformações*, Bion (1983) fala da hipérbole:

> *O aparecimento de hipérbole em qualquer forma deve ser encarado como significativo de uma transformação na qual rivalidade, inveja e evacuação estão presentes. . . . O exagero é útil no esclarecimento de um problema – ganhar a atenção necessária para ter um problema esclarecido. O continente desintoxica a emoção ou pode não ser capaz de tolerar a emoção ou a emoção contida pode não tolerar a negligência – isto é, a emoção que não pode tolerar negligência aumenta em intensidade, é exagerada para assegurar atenção e o continente reage por mais, e ainda mais, evacuação violenta.*

Há uma equação constante na hipérbole, diz ele, de uma força crescente de emoção com força crescente de evacuação. E se estamos lidando com dramatizações na sessão, estamos lidando com as evacuações, com a inveja e, portanto, com identificações projetivas.

O núcleo de nossa proposta é: o paciente que dramatiza tem interesse pela análise. Ele não deprecia o trabalho analítico; pelo contrário, sabe que aqui pode comparecer e mostrar seus dramas internos, mas não podemos esquecer de que os aspectos ambivalentes estão sempre presentes. O dramatizar, um recurso criativo, também pode comparecer impregnado de distorções, principalmente de uma distorção da relação analítica. Na situação analítica não estamos presentes como uma pessoa comum; quando estamos trabalhando temos uma postura e um objetivo muito especiais de que nem sempre o paciente se dá conta. A negação da função analítica é uma defesa que tanto pode inibir como exacerbar a forma de expressão a que estamos nos referindo. Se ele tenta nos enganar, está mostrando que é assim que ele vive, se enganando! Como na literatura e no teatro, em que o personagem é um duplo do escritor, o personagem da sessão é um duplo do paciente. Na literatura, cada personagem é uma faceta do autor – também aqui sua performance é um aspecto seu importante que precisamos ajudá-lo a conectar com um todo muito fragmentado. Com certeza seus exageros representam muito de seu desespero por se organizar internamente, por se conhecer, por encontrar seu lugar. Além de ser uma exposição de suas angústias, ele está mostrando também como vivencia seus relacionamentos.

A dramatização pode também expressar uma experimentação, que só ocorre se houver ambiente confiável. E o analista pode estar sendo sentido exatamente como o objeto acolhedor, propiciador de novas experiências. O paciente, certamente, está explorando sua criatividade e querendo desenvolvê-la. Podemos dizer que é um esforço para exprimir melhor o que ainda está caótico no seu mundo interno. Mesmo havendo aspectos evacuativos, é a forma possível, no momento, de expressão.

É muito difícil o encontro com o caos interno; mais difícil ainda é expressá-lo, na medida em que se o caos existe é porque faltam discriminação, significação e nomeação. É isso que o paciente vem buscar! A esperança, que sempre existe, é fundamental (Figueiredo, 2008) e pode vir acompanhada de aspectos agressivos ou elementos psicóticos na medida em que a autossuficiência e a onipotência estão sempre presentes. E estão presentes nessa conotação: "só eu sei como me fazer entender e sem minha ajuda dramática o analista nunca vai poder me entender". A onipotência do paciente e a incompetência do analista estão implícitos. Essa desqualificação do analista mostra que a dramatização ou a necessidade de encenar existem por causa da ambivalência: o analista ainda não está definido dentro dele, o que aponta para uma dificuldade do paciente em identificar e preservar o bom objeto dentro de si.

Na busca de ligação com o analista por meio do drama há um deslocamento da angústia na medida em que o paciente está mais atento à representação e ao efeito que vai causar no analista. Seus verdadeiros sentimentos ficam escondidos, principalmente dele mesmo! O drama é aparentemente bem organizado, com causas e buscas bem definidas. Aparentemente! Na verdade, é um mecanismo defensivo que, bem instrumentado pelo analista, pode ser bastante produtivo. E nunca podemos pôr em dúvida o excesso de tensão, a grande insegurança e o temor de desintegração mental do paciente dramático.

Na dramatização, qual identificação está sendo priorizada? Esse é o caminho que temos para seguir nossa pesquisa sobre o paciente, sobre como ele construiu sua subjetividade. O drama é a expressão de algo muito primário que precisa comparecer e ser lidado. As encenações na sessão visam acabar com as encenações internas, repetitivas, doentias. É sempre a procura desesperada de algo novo. E se o paciente exagera, dramatiza, é porque precisa reproduzir algo que já foi vivido e não foi compreendido ou elaborado. Diferentemente do teatro, é o paciente que cria o texto e o interpreta. Ele é o criador e o intérprete que deseja expor ao analista sua “tragédia”. Com esses pacientes, o contato com o analista é muito difícil e não pode ser direto, porque expressa o contato com seus objetos internos, com seu mundo interno, e o paciente não se acredita capaz de conter a si mesmo. Quer experimentar para saber da continência do analista. Usa sua mente, seus recursos, para criar a si mesmo, para dar forma a um modelo de pessoa, ou de mundo interno, que ele deseja acolher e compreender. A sessão é um campo de observação e de experimentação de si mesmo e do analista.

Qual é a doença de meu paciente que chega gritando, agitado, nervoso: “Não aguento mais!”? Sua doença inclui a descrença de que o terapeuta possa levá-lo a sério, ou possa ouvi-lo com interesse se ele não fizer todo esse barulho. E o que o paciente é, nós podemos perceber bem: perseguido, ameaçado, limitado, e, principalmente, incapaz de confiar, de observar, de apreender qualquer coisa diferente daquela que ele tem em mente. Ele não tem disponibilidade para esperar, para pesquisar, para ter curiosidade, para aprender. Ele chega dramatizando – logo, ele não está só ligado ao que sente, não está ligado totalmente a ele mesmo. Ele está atento e preocupado com o analista: como mobilizá-lo, como ser importante para o analista naquele momento, como fazer o analista presente com ele. Aquilo que realmente o incomoda, aquilo que o angustia, está habilmente encoberto pelo personagem que ele traz. E o personagem encobre alguém desconfiado, incrédulo, ameaçado de não ser bem acolhido. Então o paciente expressa seu desamparo fazendo um longo contorno, em que a identificação projetiva está presente.

Outro paciente: ele chega com uma maleta, entra lentamente, observa a sala minuciosamente e coloca a maleta junto à parede na frente do divã e se dirige para cumprimentar o analista. Para no meio do caminho e retorna. Pega a maleta novamente e a carrega indo e vindo em várias direções na sala. Finalmente decide colocá-la sobre a poltrona, junto da escrivaninha. Essa é uma linguagem em que fica claro, de imediato, que o paciente precisa da atenção do analista para o fato de que ele não sabe exatamente suas prioridades e espera que o analista o assegure do que deve fazer. E também de como deve fazer escolhas e avaliações. Ele diz, dramaticamente: me ajude a saber o que faço com minha mente, qual é meu lugar na sua mente e qual é meu lugar na vida!

Outra situação: "Eu sou mesmo uma pessoa que nasceu marcada: perdi a mãe muito criança, tive um pai muito louco e tenho irmãos tão doentes que eu tenho de me desdobrar para cuidar deles". É uma forma dramática de se colocar: órfão, desamparado e sobrecarregado. Mas ele não é só essa pessoa – na verdade, tenho diante de mim um profissional liberal muito bem-sucedido profissionalmente, bem casado e com uma família bastante normal que o gratifica muito. Qual é a função dessa colocação tão exagerada, tão dramática? Realmente existe um aspecto seu interno muito desorganizado, que o fez buscar análise, mas ele não é, com certeza, esta "pessoa marcada", ou tão especialmente infeliz, como está hoje aqui. Existe algo importante na relação comigo, analista, que precisamos descobrir, e que esperamos que nos ajude a colocar alguns aspectos seus internos em ordem.

A montagem do drama na sessão pode ser vista como equivalente ao barulho, ao choro do bebê que está angustiado, ameaçado pela fome. Ao captar a angústia do bebê e ao oferecer a sua resposta, a mãe possibilita a ele uma nova condição interna. Ao introjetar esse objeto-mãe com recursos de conter seu caos interno, ele consegue também se organizar melhor internamente; então novos sentidos serão alcançados. Existe uma criatividade do paciente ao dramatizar; ele quer transmitir algo, quer aproximação, compartilhamento, participação. Mas não sabe como buscar isso de forma direta; esse caminho, cauteloso, é o possível para ele. Existe desconfiança e necessidade de controle, mas é muito forte a necessidade de reconstruir seu mundo interno. Como nos mostra Unamuno (1987) citando Aristóteles, a curiosidade e o empenho em conhecer são da natureza humana. O que levou Eva a comer o fruto proibido senão a curiosidade e o desejo de saber? Aliás, é aí que está a origem da ciência. E, como ele diz: conhecemos e desenvolvemos conhecimento para viver, para sobreviver.

O paciente cria o drama para nos mobilizar, mas de certa maneira para nos golpear como ele vive sendo golpeado em sua mente pelos conflitos, sempre presentes! O paciente acredita que o analista vai libertá-lo de suas angústias e que tem condições de ajudá-lo. Está em busca de uma "nova ideia para ser assimilada e para pôr em movimento toda a estrutura cognitiva", como nos mostra Mélega (2011). Usa a metáfora do drama não só porque desacredita da possibilidade de ser quem é livremente, mas também porque já nem sabe quem é. Os diferentes aspectos dentro dele não são instrumentados adequadamente, ao contrário, criam um caos interno. Ao mesmo tempo em que quer e precisa narrar sua história, ou sua versão de sua história, vários aspectos se misturam: o que ele é, o que acredita ser, o que quer ser e quem acredita que o analista quer que ele seja.

O grande problema, hoje, é a negação de nossa existência, no sentido da negação da existência de aspectos nossos que não são vividos nem conhecidos. Um pai que abandona o filho nega sua existência como pai. Como mostra Frayze-Pereira (2011), vivemos hoje um vazio na medida em que nos relacionamos com tudo aquilo que nega a existência, como a redução da vida interior e as grandes dificuldades do viver junto. Quando priorizamos a televisão ou o contato pela internet, não vivemos os obstáculos, não enfrentamos as dificuldades, não precisamos tentar conhecer nossos recursos. Também não precisamos fantasiar, sonhar. E, pior, novos valores não são identificados e acrescentados ou integrados. O desejo é evitar mudanças, é impedir o novo!

Então o sentimento de vazio, tão discutido hoje, expressa, a meu ver, um mundo interno cheio de dificuldades, de sentimentos de incompetência, de descrenças, desesperança e de ameaças. Aí, em vez de irmos em busca do que é importante, de discriminar o que é realmente significativo, de desenvolver a capacidade de tolerar as frustrações, de buscar conhecer mais e mais quem somos e o que queremos, optamos por nos fechar em nossos narcisismo e individualismo. Essa é uma aparente solução para o sofrimento diante das frustrações e culpas; na verdade não nos protege, e até nos empobrece como ser humano. É o viver, o desafio de viver, de enfrentar as dificuldades que as relações sempre trazem, que nos possibilita o desenvolvimento pleno de nossos recursos, de nossas potencialidades.

De certa maneira, vivemos hoje papéis em que a realidade dos personagens é mais importante do que os fatos, do que a realidade dos acontecimentos do aqui-agora, do que eu sou ou quero para mim.

Voracidade e inveja têm relação com esse quadro da dramatização em análise. A inveja, hoje, tem um caráter cultural na nossa sociedade. Quando o bom é destruir o outro, destruir o bom que é do outro, como um caráter social de competição válida, com a conotação de ser isso uma expressão do esforço pessoal, do desejo de sucesso a todo custo, quando esses valores são os mais importantes, estamos numa sociedade perversa. A sociedade onde predomina o narcisismo, onde ocorre a banalização da violência e onde a verdade não é importante, onde se tem de exercer o papel escolhido ou se tem de se ater ao papel que lhe foi atribuído, a dramatização na situação analítica é muito fácil de ocorrer ou é esperado que ocorra. Mas quais são os pressupostos básicos para que ela ocorra?

O saber do analista causa inveja. Incapaz de contar e tirar proveito do analista, o paciente se atribui o papel de mobilizador dos recursos e da sensibilidade do analista. Ele, o analista, não os tem! O paciente precisa fazer muito esforço, um contorno trabalhoso e difícil para melhorar o analista. Logo, se o analista é competente, foi o paciente que o fez competente! Então também não precisa sentir gratidão pelo que recebe. E mais importante: eles, ambos, são iguais! Isso expressa o quão difícil é a vivência na posição depressiva, quando tenho de reconhecer a importância do outro e preciso cuidar da relação.

Como diz Frayze-Pereira (2011): "O invejoso inveja o impossível – não sentir falta, não ter limites, não precisar do outro, se gratificar sozinho, narcisicamente". Assim como Narciso estava todo absorvido por si mesmo, hoje nós também, absorvidos por nós mesmos, não conseguimos nos deixar afetar pelo outro ao nosso lado e ao mesmo tempo estamos infelizes em busca de relacionamento afetivo, que realmente é indispensável, na medida em que necessitamos urgentemente, sempre, sermos afetados pelos outros, sejam pessoas, ideias ou fatos.

A inveja do analista dificulta poder usufruir do que o analista lhe oferece, daí ele precisar construir uma situação em que cabe a ele, paciente, todos os recursos e toda criatividade. O paciente curioso e que instrumenta bem sua curiosidade vem para a sessão atento, querendo ouvir, saber. Ele até se surpreende muitas vezes: Como você viu isso? Como você sabe? O dramático aboliu isso de certa maneira, ele vem para ser o mais importante, para deixar o analista curioso, para chamar a atenção do analista. Segundo Frayze-Pereira (2011), essa abolição ou diminuição da curiosidade é exatamente uma fuga de se descobrir invejoso. E isso faz sentido nesse caso, na medida em que o paciente está no palco, no lugar central, para onde todos têm de voltar a atenção!

A inveja traz a inibição da curiosidade – não querer saber do outro, dos recursos do outro, do que o outro pode lhe oferecer é uma defesa contra a inveja. Para Klein (1991), a inveja da criatividade é fundamental. O paciente inveja a capacidade criativa do analista que, com sua pesquisa na sessão, quer abrir caminhos, enveredar com o paciente no seu mundo desconhecido.

Betty Joseph (1991) distingue o masoquismo autodestrutivo maligno dos pacientes de difícil acesso da dramatização. Essa distinção é importante: nos casos graves descritos por ela, o prazer está em criar situações de desesperança. Na dramatização, ao contrário, há uma expectativa de descobertas salvadoras, por meio da captura da curiosidade do analista e do exercício criativo de ambos.

Os refúgios psíquicos descritos por Steiner (1997), em que o paciente fica estagnado, isolado e retraído, parecem ser muito diferentes dos quadros de dramatização que representam sempre uma maneira de chamar a atenção. Mas penso que até aí pode se criar um refúgio. É quando o paciente se entusiasma e passa a querer melhorar sua performance dramática: "Eu não disse para a senhora que não adianta eu me esforçar, me empenhar, aceitar tudo! Foi pior! Aí que ele passou a abusar mais de mim". Esse refúgio no drama, no exagero, na expressão sempre tensa dificulta os relacionamentos, principalmente consigo próprio. O drama permanente o protege do confronto com as realidades interna e externa. Cito outros exemplos a seguir.

A paciente está cansada, mas tranquila ao chegar em casa depois de um dia de trabalho difícil e muito produtivo. Enquanto aguarda o marido para o jantar, começa a se inquietar e não resiste: abre o computador do marido e, como sempre, fica imaginando sobre relações dele com outras mulheres. Chega à sessão muito agitada, desesperada mesmo: "Por que eu faço isso? Eu já tinha me decidido a não fazer de novo!" É toda uma dramatização, ali na sessão, já nossa velha conhecida.

E tem uma função: não ter de relacionar o seu bem-estar com a análise, que não terá por alguns dias, e não ter de assumir seus recursos. Se ela assume a responsabilidade por si mesma, por seus próprios recursos de tolerar a espera, de conter as dúvidas e os desconhecimentos, ela deixará a mim e ao marido tranquilos. Isso enlouquece porque ambos temos de cuidar dela todo o tempo. Se ela se assume, nós vamos descansar e ela vai sofrer. Acredita nisso, que "vai sofrer", que vai ficar desamparada. Não acredita que vai crescer, se desenvolver, e que isso não só é bom como inevitável. O crescimento é da natureza humana e se impõe a todos nós. Ela vem hoje, última sessão antes das férias, para penetrar minha cabeça, se instalar dentro de mim para que eu não fique tranquila e não a esqueça. Está implícita aí a inveja de meus recursos em ajudá-la a crescer e de minha capacidade de usufruir do que tenho hoje, de minhas férias. É ela que deixa, assim, de usufruir de si mesma, de suas conquistas na análise e na vida.

Temos aí uma criança chorando, fazendo muito barulho para ser lembrada, para não ser esquecida. Ela expõe suas angústias e ao mesmo tempo as esconde, na medida em que não consegue identificar dentro de si mesma o que é significativo, o que é seu e o que é do outro. Está projetando em mim sua violência e expondo sua inveja. O curioso é que ela sabe disso, mas ao mesmo tempo não pode saber, ou não acredita que aguenta saber. Ao se colocar como vítima da analista que a abandona, ela repete o drama edípico da infância.

Outra paciente chega muito agitada, gritando que não sabe o que fazer consigo mesma, que tem medo de enlouquecer, de não dar conta de suas tarefas, de perder o controle etc. Descreve a situação: a filha está doente, a empregada com problemas, a sogra vai fazer uma cirurgia e o marido está viajando. São situações difíceis, questões importantes que ela não está negando ou desconsiderando. O importante é que ela sabe de tudo isso e que tem de buscar ajuda, ajuda que existe e apenas precisa ser acionada. Não temos aí nenhuma tragédia, apenas situações difíceis a serem enfrentadas. E, o mais importante, ela sabe que dá conta! Por que o drama então?

Se não cria o drama, não será valorizada no seu empenho e nas suas capacidades. Logo, tanto os familiares como o marido e eu somos incapazes de avaliação, de valorização, de reconhecimento. A questão que sempre fica é: se ela sabe de seus recursos, por que precisa comparecer como quem não os tem? Ela ataca seus recursos ou quer apenas que eu a reassegure? Deixa para mim a tarefa de discriminação e comparece como alguém incapaz de saber quem é. Como o ator no teatro, ali estão presentes ela mesma e uma outra.

Referências

Almeida, R. S. (2004). Freud e Ésquilo: uma visão psicanalítica das relações da tragédia grega com o desenvolvimento da civilização. *Revista Brasileira de Psicanálise*, *38*(3).

Bion, W. R. (1972). Una teoria del pensamiento. In W. R. Bion. *Volviendo a pensar*. Paidós.

Bion, W. R. (1983). *Transformações – mudança do aprendizado ao crescimento*. Imago.

Bonfitto, M. (2011). *O ator compositor*. Perspectiva.

Botella, C., & Botella, S. (1997). *Más allá de la representación*. Promolibro.

Corcuff, P. (2001). *As novas sociologias: construções da realidade social*. Edusc.

Cruz, J. G. (2003). Psicanálise e literatura: iluminações mútuas. *Revista Brasileira de Psicanálise*, *37*(2/3).

Figueiredo, L. C. (2008). *Psicanálise: elementos para a clínica contemporânea*. Escuta.

Frayze-Pereira, J. A. (2011). Arte e inveja – relação entre amor e ódio, clínica e política na era do vazio. *Revista Ide*, *52*, 157-171.

Joseph, B. (1991). O vício pela quase morte. In E. B. Spillius (Ed.). *Melanie Klein hoje*. Imago.

Klein, M. (1991). *Inveja e gratidão e outros trabalhos*. Imago.

Lallement, M. (2004). *História das ideias sociológicas*. Vozes.

Levy, R. (2006). Trauma e não simbolização no campo analítico. *NPCR*, XIV.

MacDougall, J. (1996). *Teatro do corpo: o psicossoma em psicanálise*. Martins Fontes.

Meyer, A.V. (2003). Psicanálise e teatro. *Revista Brasileira de Psicanálise*, *37*(2/3).

Mélega, M. (2011). Origens literárias do modelo psicanalítico de mente. *Jornal de Psicanálise*, *80*.

Steiner, J. (1997). *Refúgios psíquicos: organizações patológicas em pacientes psicóticos, neuróticos e fronteiriços*. Imago.

Unamuno, M. (1987). *Del sentimento trágico de la vida*. Madri.

13. A violência da mentira e o naufrágio da subjetividade[1]

Quando aceitei escrever meu trabalho para o congresso do Rio de Janeiro, não tinha notado que eu ficara na sessão Interface, e me espantei porque, para mim, a violência é, antes de tudo, interna e sua compreensão tem de partir da compreensão das várias expressões violentas dentro de nós. Aliás, este é o percurso do psicanalista que não dá soluções às questões sociais, pode até tentar explicar, mas, principalmente, problematiza e amplia os questionamentos, sempre partindo de dentro para fora.

Falar da mentira é falar da importância da verdade e do perigo de nos afastar dela. Nosso compromisso enquanto psicanalistas é estar atentos às mentiras, exatamente como Freud, que descobriu a psicanálise quando viu que suas pacientes fugiam da verdade.

---

1 A autora possui um artigo publicado em 1998 na *Revista Brasileira de Psicanálise*, *32*(4), 921-929, uma edição temática sobre o XVII Congresso Brasileiro de Psicanálise. O presente capítulo é resultado de um manuscrito elaborado com vários conceitos apresentados no referido artigo, sendo, então, uma versão revisitada e não publicada pela autora.

Estamos permanentemente refazendo o percurso de Freud – estamos o tempo todo atentos às deformações dos processos de pensamento e às suas causas. E mesmo sem muitas respostas, acredito que caminhamos para a frente nessa dinâmica natural da busca da verdade, que é uma busca eterna, já que chegamos sempre a uma fatia mínima, a um fragmento da verdade, ela mesma inalcançável.

Na análise, o ambiente externo do paciente é a mente do analista; e vice-versa: o ambiente externo do analista, ali na sessão, é a mente do paciente. Mas não só na análise: nós circulamos nas mentes dos outros e os outros, na nossa. Portanto, quando falamos de mentira, estamos falando de no mínimo duas mentes – podem ser muitas, mas o que caracteriza a mentira é essa ação sobre a mente do outro. Estamos falando então de relação – é necessária a relação para que ocorra a mentira. Incluo aqui a relação original, tal como proposta por Klein, em que nos relacionamos a objetos já ao nascer e construímos um universo interno povoado de objetos, eles também em permanente relação entre si.

Parece importante diferenciar as falsas noções ou a falsificação da verdade das mentiras, e a diferença que se costuma fazer consiste em considerá-las conscientes ou inconscientes: a mentira seria um processo consciente, em que existe a intencionalidade; na mentira existe a intenção de enganar o outro. Acho muito difícil essa demarcação, porque sempre existe um outro em nós mesmos que queremos enganar. Na maioria das vezes estamos mentindo para nós mesmos. Prefiro então não fazer a diferenciação e usar mentira nesse sentido bem amplo. Vejamos este exemplo.

Na sua primeira entrevista, uma jovem de 15 anos me fala de dificuldades de relacionamento, de seus variados sintomas orgânicos e da dificuldade para acompanhar os estudos. Informa também que tem um irmão um pouco mais velho. "Eu sei que sou uma revoltada, mas claro, do jeito que meus pais me trataram eu tinha de ser assim mesmo". E relata que alguns meses após seu nascimento a família teve de se mudar para outra cidade; uma mudança um tanto complexa e que os deixava muito inseguros. Os pais decidiram então que ela, o bebê, ficaria com os avós maternos; o irmão, criança muito instável e agressiva, iria com os pais. A mãe tomou essa decisão porque tinha medo de não dar conta das duas crianças na situação nova e difícil. E a paciente continua: "Fiquei até um ano com minha avó, deixada lá, desprezada por meus pais".

Os pais, muito constritos, confirmam estes fatos e concordam em assumir que são responsáveis pela infelicidade da filha. "A gente não pensava que isso poderia causar tantos problemas".

A narrativa é aparentemente coerente, assim como a relação entre os fatos, logo, nada mais natural do que a conclusão: as perturbações da jovem decorrem de ter sido abandonada pelos pais ainda bebê. Mas, evidentemente, podemos nos deter e examinar melhor. Qual é a verdade desta conclusão? Por que todos, pais e filha, aceitam tão facilmente esse "diagnóstico"?

A jovem, cheia de ódio, incapaz de conter sua hostilidade, adoece no corpo e na mente. Os pais, massacrados pelas próprias crenças, pela hostilidade da filha, por culpa e remoeduras próprias, também estão perturbados. Fatos e significados estão misturados, não se diferenciam – esse é o processo básico para a transformação em alucinose.

Partimos de alguns dados concretos que tomamos como tendo um significado já implícito, aceito como o único possível. Então o que encontramos é uma aparente verdade ou uma verdade parcial, que não é a verdade, mas uma mentira, ou uma falsificação, uma alucinação. Uma situação perigosa, principalmente porque fecha o caminho para o conhecimento da verdade; a mentira satura todas as possibilidades de novos desvendamentos. Mas não é agora que isso está ocorrendo; desde o início esse foi o processo; desde sempre essa criança e seus pais se evadiram de entrar em contato com suas emoções, e passam a viver dentro de um universo onde causa e efeito fecham um círculo fantástico e cruel. Onde então os conflitos entre amor e ódio, dependência e narcisismo, inveja, voracidade? Se pudermos reconstruir, veremos que a história é outra.

Esta fábula, tão bem contada, tão verossímil, é muito frequente. O interessante nesse modelo tão simples e comum é poder encontrar aí todos os ingredientes que possibilitam a montagem das situações mentirosas: é preciso haver comunicação; é no campo relacional que construímos nossas mentes e onde encontramos quem partilha e divide conosco nossas mentiras. Quanto mais elas encontram verossimilhança, mais nos afastamos da verdade de nossos sentimentos, da verdade de nossas condições internas, da verdade dos recursos de cada um. E quanto menos verdades, mais paralisações, mais doenças: "O vínculo entre duas mentes que conduz à destruição de ambas é a mentira" (Bion, 1973).

A violência é o fator fundamental acarretando essas deformações: a violência do amor e do ódio, das projeções e introjeções, da voracidade, da inveja, dos ressentimentos, da revolta contra a dependência. O ataque ao conhecimento de si mesmo é a grande violência; com receio de viver emoções, fugimos delas e atacamos nossas percepções; atacamos também a confiança em nós mesmos quando não nos acreditamos capazes de suportar nossas dores; atacamos nossas esperanças, despojamo-nos da coragem de viver plenamente. É essa violência, do ódio à verdade, que nos enfraquece. Esta é a doença do homem, a doença da humanidade.

Precisamos da verdade como alimento da mente; a mentira é o seu veneno – essa é a mensagem de Bion que perpassa toda sua obra. E quando mais nos afastamos da verdade, mais onipotência e mais arrogância. Onde está a curiosidade sadia que nos põe a caminho de novas descobertas? Onde estão as possibilidades de expansão? Então são doentes os pais que se aceitam responsáveis, como a filha, que, como um inquisidor implacável, os joga na fogueira. A impossibilidade de sair desse esquema, de reformular, de buscar conhecer outras respostas, de ir além da relação crime e castigo, é própria dos estados de fragmentação mental.

É na relação com o outro que vou construindo a mim mesmo; desenvolvendo a capacidade de pensar e de encontrar novas soluções. Se o outro não me ouve ou não se interessa em partilhar minhas angústias – como a mãe do bebê que está presente, mas se nega a sentir o que ele sente (ausência de *rêverie*, como mostra Bion); ou se o outro devolve minha comunicação acrescentada de sua própria angústia e hostilidade, sinto-me desamparado e sem ajuda quando mais preciso dela. Uma das soluções é desistir dessa ajuda; negamos a necessidade do outro, acreditamo-nos autossuficientes e partimos arrogantemente para a construção de uma realidade interna e externa totalmente fictícias. Ao nos instalar nesse mundo fantástico, onde os vínculos emocionais são odiados e substituídos por vínculos lógicos e matemáticos, vamos criando um universo sem vida, sem condição de expansão – os vínculos que perduram, na linguagem de Bion (1959/1970b), são cruéis, perversos e estéreis. Abandonamos a comunicação e a troca com o mundo externo e com nossos objetos internos. As diversas instâncias psíquicas também não mais se comunicam e a capacidade de simbolizar, criar, substituir ficam inoperantes. Cria-se um interior hostil, vazio de significados. É a violência interna que impede os relacionamentos, a capacidade de interagir e a vontade de abrir novos caminhos. Não lutamos contra os obstáculos reais internos e externos – ficamos à mercê do perigo interno reativado; ficamos massacrados pela repetição, pelo ódio, pela insatisfação, pelos ressentimentos.

A outra saída, então, e que não é *outra*, mas a saída sempre necessária e renovada é de *se fazer entender*. Usando ainda o modelo mãe-bebê, a criança que suporta a falha da mãe vai continuar insistindo; vai fazer o possível para ajudar a mãe a ajudá-la. E isso porque o bebê *sabe e aceita* que precisa dela. Admitindo minha dependência, admito meus limites, mas também vou conhecer e experimentar minha força, a força que realmente tenho. Estou assim preservando o amor por meus objetos internos, meus valores, meus planos, meus sonhos.

Vou trazer o exemplo de uma outra paciente: ela chega à sessão muito contrariada, irritada, contando que faz o possível para agradar a mãe que está muito doente, e nada consegue. A mãe só sabe reclamar, não valoriza todo seu esforço, não reconhece seu empenho. A paciente e seus irmãos se revezam, preocupados em atender a mãe, e ela, doente, insatisfeita, sem controle, quer dispensá-los e diz que não precisa de ninguém.

A paciente está muito brava. O que eu mostro é que ela, paciente, não é capaz de ficar satisfeita com o que ela faz, com seu esforço, com sua abnegação. Ela me repete. "E adianta? Eu faço tudo e ela só sabe gritar e reclamar". É claro que adianta se a minha paciente puder saber quem ela é naquele contexto; quais são seus recursos, qual sua postura; saber que faz o melhor etc. Adianta se ela não ficar medindo a si própria a partir da resposta da mãe. A resposta da mãe só pode ser essa: a mãe não tem recursos internos para lidar com sua insatisfação, nem tem recursos internos para ter reconhecimento.

A paciente, invalidando a si mesma e ao se reconhecer apenas na resposta de mãe doente e limitada, mostra que está incapaz de avaliar a si própria. E não pode perceber que toda sua raiva é porque ela não pode mudar a mãe – esta é a primeira questão. A paciente tem o desejo onipotente de mudar a mãe e fazê-la diferente.

A segunda questão é não querer enfrentar a tristeza de ter de aceitar a mãe com mais essa doença, a doença da incapacidade de reconhecimento, a doença da insatisfação. Para não sentir o sofrimento da tristeza por essa mãe seriamente doente também no aspecto psíquico, ela (a paciente) fica se enganando e afirmando que sua ajuda não tem valor. Essa versão mentirosa de si mesma a torna tão limitada quanto a mãe.

Na psicanálise e fora dela, transgredir, ousar, faz parte da busca da verdade; se aceitarmos o estabelecido sem qualquer questionamento, estamos acreditando que somos donos da verdade – *ela* já foi encontrada e é *minha*. Acreditar-se dono da verdade equivale à paralisação e à morte do pensamento. Toda proibição deveria ter uma finalidade reguladora para um determinado momento, para algumas circunstâncias e, necessariamente, ser reavaliada sempre. Mas precisamos de coragem e confiança para alterar o estabelecido. O caminho mais fácil é sempre a acomodação ou a força. Se eu instalo meu poder apoiado numa verdade inabalável, minha postura é arrogante, onipotente e representa um ataque à curiosidade e à própria natureza humana, já que crescer, mudar, expandir é do instinto de vida. Chegar à verdade possível a cada passo é diferente da *posse* da verdade.

Na sessão analítica, temos de estar sempre atentos ao novo, ao inesperado; temos de estar sempre nos renovando, criando, tentando ver o invisível. Também nas nossas relações sociais, no mundo da cultura, a presença atenta e a inquietação se fazem necessárias. O jurista Dalmo de Abreu Dallari (1997) diz que é preciso ter sempre a angústia da justiça; mesmo no campo do direito não podemos ser meros receptores de valores estabelecidos, apenas personagens sujeitos às leis. Aquele que simplesmente aceita valores prontos para seguir é um irresponsável, no sentido de que não incorre em falhas de responsabilidade. Um bom exemplo disso são os casos de nepotismo que estão sendo discutidos – eles não são ilegais, são amparados pela lei, mas o que se discute agora são os aspectos éticos da questão, são questões de responsabilidade. Outro exemplo é o dos torturadores nazistas, que *recebiam ordens*.

E nós sabemos que a responsabilidade é a marca da maturidade, da saúde psíquica, da presença da individualidade. É preciso ter sempre a angústia da justiça, diz o jurista, e eu diria que é preciso ter sempre a angústia de captar a verdade do momento, o emergente de cada situação, o novo que dá a marca e o sentido a cada situação humana.

Manter o contato reflexivo com nossa emocionalidade profunda, com o âmago do nosso ser, nos faz atentos e presentes. Quando isso não acontece, estamos nos evadindo de viver emoções fortes ou dolorosas. Fugimos de algum conhecimento difícil de ser enfrentado, geralmente um conhecimento de nós mesmos. E essa fuga para não saber de si é o primeiro grande obstáculo ao crescimento. Só podemos nos desenvolver como pessoas, só pode haver criação nas relações se suportarmos as dores que as verdades trazem. Por exemplo: meu primo perguntava por que seu filho de 7 anos ficava vendo na televisão o filme do menino que anda de bicicleta e não pega sua bicicleta e vai andar por aí, em vez de ficar colado à telinha. Tentei ver com ele – primeiro o menino precisa ter o trabalho de verificar sua bicicleta e mantê-la em ordem; se ele sai com ela fica sempre tentado a fazer manobras, a bancar o atleta, e tanto pode se sair bem como pode não conseguir; ele poderá também encontrar os amigos e vai acabar havendo uma competição de corrida ou coisa assim e ele poderá ganhar ou perder, ficar satisfeito ou muito decepcionado consigo próprio. Então, se ele sai por aí, vai acabar sabendo mais de si mesmo, e é disso, desse conhecimento, que ele foge.

Então, hoje, o domínio da imagem nos afasta de nós mesmos. Envolvidos pelas imagens e pelas fábulas que elas nos contam, negamos a separação, a ausência, as frustrações, os conflitos. A elaboração dos conflitos internos, indispensável ao crescimento e à individualização, é posta de lado e passo a acreditar que me realizo no jogo que assisto ou na trama da televisão. As identificações com os filmes e novelas, se superficiais, acrescentarão algo ao meu próprio desenvolvimento ao me fazerem pensar, pensar a mim mesmo, a como eu estou enfrentando a vida. A gratificação verdadeira só ocorrerá se eu der um passo a mais na compreensão de minhas dificuldades e do mundo que me rodeia. Se só me divirto com o espetáculo ou se o espetáculo é para eu me acreditar campeão, aí há um grande risco. O espetáculo só é construtivo se me despertar dúvidas, se me levar a levantar hipóteses, se mobilizar minha curiosidade. Caso contrário será empobrecedor, quando não perigoso.

No jogo televisivo e nos jogos virtuais, a destruição do outro não traz culpa. Você desliga a máquina e pronto! Mas no jogo da vida a culpa está sempre presente. Klein nos ensina que só a integração dos aspectos indesejáveis de nós mesmos, que foram projetados e negados, só essa integração, acompanhada de culpa e de esforço reparador, é que permite a verdadeira gratificação e o tão desejado desenvolvimento.

Quando o professor Melhem Adas fez, recentemente, uma palestra no nosso grupo de estudos, nos falou da versão que os estudiosos da comunicação têm para os acontecimentos atuais, versão que me pareceu pertinente e extremamente preocupante. E vem de encontro a este tema da ausência de subjetividade. Partem da premissa de que os homens usam, na evolução social, primeiro a linguagem oral, depois a escrita e, finalmente, a linguagem visual. Consideram que a linguagem escrita desenvolve a capacidade de pensar; quando eu preciso me deter e refletir sobre o que penso, ou entender o que o outro me comunica na sua escrita, estabeleço diálogos internos; surgem questionamentos, tento maiores esclarecimentos, discuto, faço trocas. Somos obrigados a pensar quando lemos ou escrevemos; temos de ordenar as ideias, definir pontos de vista. Um mínimo de coerência se faz necessário e, portanto, de organização da própria individualidade.

Em seguida, vem a linguagem visual, que é a linguagem moderna. Desde Freud temos destacada a importância da imagem, tal como ele a ressignificou nos sonhos, nos apontando o poder da imagem que pode ir criando ou modificando a realidade.

Esta libertação por meio da imagem, da criação onírica, não é o que de fato está ocorrendo. No nível social, a imagem está substituindo a escrita de uma maneira perversa. Aliás, não está havendo substituição no sentido evolutivo, mas a supressão da segunda etapa e a passagem abrupta para a terceira, ou melhor, a etapa da linguagem escrita está sendo suprimida e a linguagem visual está se impondo de maneira a impossibilitar a elaboração do pensamento. Recebemos imagens demais; elas invadem nossas mentes e antes que tenhamos podido elaborar algum significado ou antes de alcançar o sentido daquilo que estamos assistindo, outra imagem, complemente diferente, nos leva para outro universo de elaborações mentais, que também não evolui porque novas informações vão atropelar nossas mentes. O que vemos preponderando, então, não é a imagem sonho que nos faz construir o mundo, mas a imagem massacrante, que nos atropela e não nos deixa pensar. São as falsificações da realidade que nos remetem a um universo onde a mentira, com toda sua violência, nos torna vítimas do outro e de nós mesmos, vítimas do medo de viver a vida com todas suas dificuldades e encantos.

Parece que as pessoas não se aproximam mais para crescer juntas, mas para consumir juntas os mesmos produtos, as mesmas ideias, os mesmos valores. Repetimos valores aprendidos como se fossem igualmente adequados para todos, numa repetição estereotipada de padrões conhecidos, geralmente falsos ou inócuos. Assistimos à esterilização e ao engessamento das mentes. Isso equivale, na experiência psicanalítica, ao uso mecânico de conceitos teóricos em detrimento da experiência emocional do momento.

Como chegaremos ao senso de verdade nas nossas experiências do dia a dia? Se nos mantivermos ligados, capazes de pensar em nós mesmos e no que nos rodeia, se não dividirmos as pessoas categoricamente em "boas" e "más", se pensarmos sempre na maneira como estamos envolvidos em cada situação, qual de nossas paixões está em jogo, o senso de verdade poderá emergir. Uma das consequências do envolvimento é sermos tomados por sentimentos de *indignação*; a possibilidade de se indignar só existe quando você está vinculado, presente, interessado. Tenho visto, com satisfação, muitas pessoas levantarem essa questão: *não podemos perder a capacidade de nos indignarmos*. Sem ela corremos o risco da paralisação. Diz Eduardo Montagne (1991): "A indignação está a serviço do instinto de vida e se orienta a oferecer resistência às ameaças destrutivas contra a vida". É a agressividade útil se fazendo presente para remover obstáculos e abrir caminhos.

A insatisfação geral em que vivemos hoje traz em seu bojo um componente de indignação que infelizmente está tomando o pior dos rumos em alguns segmentos sociais. Em países desenvolvidos, as insatisfações sociais conduzem os movimentos populares e políticos organizados – são movimentos revolucionários que expressam a indignação e a necessidade de mudança.

Infelizmente, entre nós, a indignação, em função do baixo nível de escolaridade e de desenvolvimento sociocultural de parte considerável da população, está levando a um tipo de reação que nos faz, a todos, de vítimas. A criminalidade, tal como a assistimos hoje em nosso país, não é assunto que psicanalistas possam resolver, mas pensar sobre isso é de nossa responsabilidade na medida em que somos atores desse projeto social que engloba a todos. Consequentemente, se somos todos vítimas da violência que nos rodeia, não podemos deixar de pensar na questão: como contribuímos para contê-la ou para incrementá-la?

E outro aspecto importante: quando pensamos em violência, costumamos nos satisfazer com algumas imagens que nos aterrorizam e geralmente nos colocamos como vítimas eminentes da violência externa. O perigo está em nos acomodar a essa versão, negligenciando os perigos vindos de dentro. A atuação da pulsão de morte e o medo do aniquilamento interno são permanentes e a luta contra esse perigo interno também tem de ser permanente. Segundo Green et al. (1988): "O que diferencia a concepção psicanalítica da criminalidade e justiça é que sempre agredimos a nós mesmos: mesmo quando matamos alguém é uma parte de nós mesmos que matamos". Portanto, não se trata de acabar com a violência, que nos é inerente, mas saber como lidar com ela; conhecer outros recursos necessários para conter a destruição provocada pelos ataques do instinto de morte. E a mentira é uma forma de morte mental, já que impede o conhecimento. A mente se desenvolve a partir da aquisição de conhecimentos – conhecimento de si próprio e dos objetos externos e internos. Quando atacamos nossa capacidade de percepção, de conhecimento, aí estará atuando o instinto de morte. Outro exemplo: suponhamos que eu resolva dizer uma mentira a vocês, seja para me vangloriar, seja para desvalorizar outro, não importa. Se eu conto uma mentira estou acreditando, onipotentemente, que sou capaz de me introduzir nas suas mentes e sou capaz de colocar nelas o que eu quiser. Estou assim negando que não sei nada de vocês, nem individual, nem coletivamente; estou afirmando que vocês não têm recursos de se protegerem de minhas mentiras. E estou negando, esse é o aspecto mais importante, que vocês são diferentes, diferentes de qualquer ideia que eu tenha a respeito. Estou negando meus limites, estou atacando minha capacidade de discernimento e atacando o conhecimento da realidade externa e da minha realidade pessoal.

A sociedade do espetáculo ou do entretenimento, tal como tem sido denominada nossa cultura atual, diz respeito a todos nós, na medida em que nossas mentes estão sendo mobilizadas ou massacradas. Na sociedade do espetáculo ou do entretenimento não podemos nos iludir, tudo é estrategicamente organizado; não estão previstas a autonomia, a autorreflexão, a crítica; nada a ver com liberdade, com criatividade, nada a ver com o homem consciente de suas obrigações, deveres, responsabilidades. Tudo é instrumentalizado para chegar a objetivos bem planejados, estrategicamente definidos.

Por outro lado, o caos e o terror representam outra expressão da falência da subjetividade, na medida em que aterrorizado eu não sei quem sou e não sei quem é o outro, quem está comigo e quem está contra mim. O contraponto do terror é o mundo do espetáculo, o mundo como entretenimento – nessas duas situações as consequências são as mesmas: ao buscar o prazer e ao me ofuscar com ele estou fugindo de minha realidade pessoal, estou impedindo o contato com minha essência humana. Nessas duas extremidades predomina a violência, já que não sei mais da verdade ou da realidade ao meu redor; é quando posso, facilmente, me deixar levar pelas falsidades e mentiras.

Christopher Bollas (1992) acresceu aos dois grandes grupos de patologias mentais neuróticos e psicóticos um terceiro: os normóticos. São aquelas pessoas que ele diz serem "anormalmente normais . . . demasiadamente estáveis, seguras, à vontade e socialmente extrovertidas. São fundamentalmente desinteressadas da vida subjetiva e tendem a refletir-se na concretude dos objetos, na sua realidade material, ou nos dados que se relacionam com os fenômenos naturais". São pessoas que se satisfazem em ter o carro do ano ou em fazer a viagem internacional da moda.

Essas pessoas transferem o significado subjetivo, os sentimentos em relação a si mesmos e aos outros para objetos externos ou para situações externas. Acabam se satisfazendo no meio de uma profusão de coisas, de objetos sem sentido, seu valor simbólico. Anulam sua vida interior e se tornam também objetos na medida em que se satisfazem em ser uma peça bem ajustada da engrenagem social. A meu ver, essa é a maior das violências de nossos dias.

Na análise e na vida é fundamental o intercâmbio ativo, a disponibilidade para dar e receber, sempre confiantes de que tenho muito para aprender e posso sempre contribuir, já que *meu vértice é único*. Em qualquer grupo pode e deve ocorrer o que acontece na análise: o intercâmbio, a interpenetração, a disponibilidade para mudar, para ser tocado e para permitir o nascimento de filhos, de muitos filhos! Filhos, ideias novas, novas soluções, reformulações, ousadias, transgressões. Só assim poderemos impedir a construção de milhares de clones – impedir a instalação de uma sociedade inventada por alguns e imposta a todos.

O nosso grande achado, o inconsciente, está aí para ser revelado e instrumentado a cada passo, em qualquer situação. Ao ser detectado, sempre conferirá significados novos às situações aparentemente insolúveis ou aterrorizadoras. Como psicanalistas temos muito a fazer, a transmitir e, agora mais do que nunca, quando descobrimos que não nos instrumentamos para observar, ver e mostrar o que ocorre com o outro, mas para vivermos juntos – o marco mais importante da clínica psicanalítica foi essa mudança: de observadores do paciente passamos a ser parceiros de uma grande aventura, a análise. Ali, no encontro analítico, minha mente está tão mergulhada como a do paciente; e dessa vivência algo novo irá surgir. E esse viver junto é sentir os sentimentos, é suportar a dor mental das frustrações, invejas, insatisfações, dúvidas, angústias, incertezas e privações. É viver a experiência emocional e aprender com ela.

Referências

Bion, W. R. (1970a). Sobre a arrogância. In W. R. Bion. *Volviendo a pensar*. Paidós. (Trabalho original publicado em 1957)

Bion, W. R. (1970b). Ataques ao vínculo. In W. R. Bion. *Volviendo a pensar.* Paidós. (Trabalho original publicado em 1959)

Bion, W. R. (1973). *Atenção e interpretação*. Imago.

Bollas, C. (1992). *A sombra do objeto: psicanálise do conhecido não pensado.* Imago.

Dallari, D. A. (1997). A atualidade da Ética. *Hypnos, Ethos, Ética, 3*. Palas Atena.

Green, A., Laplanche, J., Segal, H., Rechardt, E., & Yorke, C. (1988). *Pulsão de morte.* Escuta.

Montagne, E. (1991). Odiar sin culpa; una reflexión psicoanalítica sobre los afectos y su relación con la violência. In M. Lemlij. *El múltiple interés del psicoanálisis; 77 años después* (p. 98-106). Sociedad Peruana de Psicoanálisis.

14. A violência no homem contemporâneo[1]

O título me parece ambíguo: é o homem contemporâneo, é a sociedade contemporânea ou é a violência contemporânea?

Na verdade, nada é contemporâneo, é tudo muito antigo. Desde sempre estamos nos deparando com a violência, desde o ato violento de expulsão de Adão e Eva do paraíso. Isso porque somos constituídos de características que incluem os aspectos destrutivos, e que comparecem nas nossas fábulas, as mais sérias.

A nós, psicanalistas, interessa fundamentalmente a violência interna, que, se por um lado tirou os homens da caverna e nos aproxima de Júpiter, por outro é a fonte de nossas infelicidades do dia a dia. E se não é possível acabar com a violência interna, podemos, entretanto, tentar identificá-la melhor e daí administrá-la. Não é uma tarefa fácil em nossos dias porque a anulação da subjetividade está ocorrendo de maneira dramática.

Comentando um trabalho do Eduard Elias, intelectual palestino que escreveu um texto sobre "Moisés e o monoteísmo", do Freud, a

---

1 Comunicação oral, não publicada.

inglesa Jacqueline Rose diz assim: "Não há agremiação social sem violência; as pessoas se unem de forma efetiva pelo que concordam em odiar. O que amarra as pessoas umas às outras e ao seu Deus, é que estas pessoas o mataram". Ela comenta então que é aceita de modo geral a tese de que a violência está presente sempre na origem dos grupos humanos. Volto depois para comentar essa colocação.

Este é o tema do momento: violência. Defrontamo-nos com a violência a cada passo. Só que não é um tema novo, já que desde Adão e Eva sempre existiu; a cobra, a tentação, a expulsão do paraíso, as condenações são expressões de extrema violência que aceitamos, assimilamos, e até nos acostumamos; a história da humanidade é uma sequência de acontecimentos violentos. Essa violência externa é óbvia, facilmente identificável e até nos parece natural.

A violência interna não é tão clara assim e não assusta tanto. Mas devia, deve assustar, porque é a causa de todas as outras. A violência do ser humano é assunto dos psicólogos. É o nosso assunto desta mesa.

Em "Além do princípio do prazer", Freud lança a ideia da existência de dois instintos básicos: de vida e de morte. Freud não desenvolveu muito essa proposta, quem vai ver nessas pulsões básicas a força construtiva de todo processo mental é Melanie Klein. Só que ela não fala em pulsão no sentido biológico, mas no sentido psicológico, de sentimentos opostos: amor e ódio.

Em Freud, a descoberta do outro era resultado do processo de desenvolvimento. Primeiro é um ego corporal, uma noção de si mesmo bem isolado, sem objeto. Não existia, para ele, no início da vida, a ideia do outro, mas as necessidades internas, o corpo, as pressões instintivas e a necessidade de sobrevivência. Melanie Klein trouxe uma outra visão: o outro existe para mim desde sempre. Assim que o bebê nasce, se ele sente fome, desconforto, desespero, imediatamente relaciona com a existência de um outro que deseja matá-lo, ou, se está bem, há um outro que o ama. São sempre dois objetos: o bom e o mau. E dentro de nós também, os bons e maus sentimentos. Dentro de nós existem a vontade de participar, de unir, de partilhar e ao mesmo tempo a vontade de me afastar, de rebaixar o outro, de anular sua importância. Vivemos oscilando entre essas duas posturas ou posições. As posições, em Klein, falam de situações ou vivências diferentes e importantes de se conhecer e discriminar porque definem o estado mental da pessoa, o que é imprescindível no nosso trabalho clínico. Quando estou centrado em mim mesmo, preocupado com o que o outro pretende de mim ou em como ele pode me perturbar, vou me defender, atento aos perigos; esse sentimento de ameaça, de perseguição, me faz ver perigo em toda parte. Agora, quando passo a me preocupar com o outro, com o que ele está sentindo, com o que pode prejudicá-lo, no que posso defendê-lo, ou como posso ajudá-lo, então o centro de minha preocupação deixa de ser eu mesmo para ser o outro com quem me relaciono. Se me preocupo em como podemos conviver, o outro deixa de ser alguém contra mim e passa a ser alguém comigo. Esse tipo de vivência, mais madura, mais sadia, menos persecutória é sempre desejável, mas não será nunca permanente. Por mais saudável que eu seja, vou ter muitos momentos de insegurança, de persecução; se esses momentos forem menos duradouros, melhor; em algumas pessoas eles são quase permanentes e isso é expressão de que os aspectos destrutivos internos estão preponderando e a capacidade de pensar está muito prejudicada.

Então, a capacidade ou a natural tendência à socialização é um atributo do ser humano, já que desde o nascimento o outro é fundamental para mim. É o outro que me possibilita ter a noção de que existo, de que minha mente existe. Portanto, nascemos socializados. E é na situação edípica que isso se torna mais claro: ao aceitar que estou de fora da relação entre os pais, tenho de procurar a minha tribo; e ela está ali mesmo ao meu redor, é a minha família. Mas veja: o mesmo Édipo que me socializa é o que revela minha violência, ou minha índole assassina; o desejo de eliminar o genitor do mesmo sexo não é isso, um desejo assassino? Mas o tema desta mesa é a violência no homem contemporâneo. Entendo então que temos de pensar como a violência comparece hoje, como ela se manifesta, não nesses aspectos evidentes, mas como ela está embutida em diferentes movimentos nossos do dia a dia e não percebemos exatamente como ela está ocorrendo e fazendo muito estrago.

Então vejamos: existem mobilizações sociais fortes das quais não conseguimos escapar, como o consumismo. O que é o consumismo se não uma exacerbação da voracidade que atinge um aspecto violento na medida em que atuamos sem pensar, apenas levados por uma compulsão desenfreada? Na nossa sociedade capitalista atual o consumismo não é escolha, é necessidade; se não consumo, a produção se estagna e o desemprego é a consequência imediata. Logo tenho de consumir, o que significa que sou apenas uma peça da engrenagem. O que é uma violência. Aliás, a globalização entranha tantos aspectos violentos que quando você quer se livrar de um, cai em outro. A mídia, por exemplo, tão importante no sentido de nos informar, de nos fazer conhecedores do que acontece no mundo e ao nosso redor, no entanto também serve, muitas vezes, como um elemento sedutor, que nos faz acreditar na validade de produtos ou de posturas; ela vai fazendo nossas cabeças hoje e amanhã muda tudo. Hoje tomar café é bom para a saúde, ontem o café era extremamente nocivo, e assim por diante! Fazer de nós massa de manobra que atende a interesses de alguns, é violência. Este mundo comandado pelos interesses econômicos é extremamente violento. Prestem atenção à sedução: quando nos defrontamos com um sedutor, que fica nos valorizando para tirar algum proveito, sempre ficamos nos sentindo mal. É claro, toda sedução tem implícita uma grande violência, na qual o sedutor está afirmando que eu sou um idiota e que ele faz o que quer com minha cabeça. Ampliem isso para os níveis maiores, da política e do poder econômico!

Outro tema importante é o da preservação do planeta. A ecologia nos alerta sobre a necessidade de cuidar do planeta Terra, o que é muito saudável; mas é fácil partir para as acusações de que os homens estão destruindo a Terra – nós até podemos fazer algo nesse sentido, mas a natureza tem seu percurso e não precisa nos consultar. As profecias catastróficas encontram sempre um terreno fértil para se expandir; é fácil acreditar que eu, você, estamos destruindo tudo! É fácil porque temos, todos, dentro de nós, um componente forte de culpa persecutória que vem de longe, desde os primeiros meses de idade quando quisemos afastar o pai de nosso caminho.

Olgária Matos nos lembra que nas práticas primitivas, guiadas pela magia e pelos mitos, era comum o sacrifício de sangue – e não mudou muito. Ela cita Benjamin quando fala da imoralidade das guerras imperialistas atuais, em que o sacrifício de sangue ocorre de maneira terrível e o que se busca não é a felicidade das pessoas, mas a expansão do capital. Mesmo o conhecimento, as ciências, eram valorizados como um *bem* para ajudar o homem a ser feliz. Hoje a ciência serve para qualquer fim, ou para quem pagar mais. Na Antiguidade, as lutas e competições ficavam delimitadas à arena, às disputas esportivas ou mesmo às guerras. Hoje elas ocorrem no dia a dia, entre nós. Vivemos numa arena e aceitamos isso não só porque a competição e a inveja são da nossa natureza, mas também porque vivemos ameaçados, num mundo onde o terror é a *incerteza*, como mostra Baudrillard.

Este quadro generalizado impressiona porque o que vemos é uma banalização da violência. Mas como psicólogos não podemos parar aí; o social somos nós! Então, de que maneira o social explora aspectos que são nossos? Estamos sempre atentos à violência no social e nos sentindo vítimas. E de fato isso acontece. Mas nós a projetamos fora. Também foi Klein quem possibilitou, com o conceito de identificação projetiva (IP), compreender esse fenômeno: ela consiste em colocar nossos aspectos no outro e passamos a identificar esse outro que recebeu nossa projeção com as características projetadas por nós. Por exemplo, devemos invadir o Iraque para democratizar o país! Quer dizer que a ausência de liberdade, de escolha está no Iraque, no Paquistão, no Afeganistão? Aqui somos totalmente livres? Nossa democracia é um modelo perfeito!

Projetamos nossa agressividade, voracidade, inveja, competições e ficamos ameaçados pela inveja, competição, voracidade do outro! Em um trabalho meu muito antigo eu me refiro a um acontecimento relativamente banal que ocorreu comigo, e dou minha versão do fato e como tenho visto muitas pessoas se referirem a ele, vou repetir aqui: falo de um cão que me assustou muito certa vez, quando eu passava junto ao portão da casa de seu dono; ele correu para me atacar e foi detido pelo dono, que interveio rapidamente, fazendo o cão obedecê-lo. A pergunta que eu fiz era: onde está a violência, no animal ou no dono? A violência interna do homem aparece potencializada em nome de uma defesa contra as violências externas, o que implica em negação da realidade, onipotência, incapacidade de pensar. Quem garante que um animal vai obedecer seu dono na próxima vez?

Só um sentimento de muita fragilidade pode nos levar a defesas tão fortes. Não é isto que acontece com as gangues criminosas? A perda da dignidade, a perda da identidade traz um grande perigo porque o indivíduo assustado e fragilizado se torna presa fácil dos grupos violentos. O psicanalista Eduardo Mantagne fala da *fascinação pela violência* que grupos organizados despertam quando oferecem a ilusão de uma identidade poderosa e forte. Apesar da dependência total ao grupo, seus membros se sentem seguros e protegidos; basta ver as fotografias ou filmes dos marginais nos morros, como se sentem poderosos com suas armas e sua posição bem demarcada. Então, se não são oferecidas oportunidades para a pessoa conhecer e desenvolver seus recursos, ela vai atrás, vai buscar as oportunidades para se conhecer e se desenvolver; muitas vezes a criminalidade ou a violência extrema são o único caminho possível.

Mas não só de IP, de cisões, de negações nós vivemos; dentro do processo de desenvolvimento vamos superando nossos temores e construindo relações muito positivas. Se a violência é um legado da natureza ao ser humano, não é o único: recebemos, também, a capacidade de amar, de compartilhar, de nos vincular, de construir junto. O ser humano é moral em essência; Klein nos esclarece isso brilhantemente. A capacidade para o sentimento moral é um atributo determinante compartilhado por todos os seres humanos. O conceito de reparação e de restauração do objeto interno perdido ou danificado fala de uma emoção muito positiva. Temos a capacidade de conter o ódio, a raiva, os aspectos destrutivos internos e esses sentimentos fortes podem ter resolução e integração. A psicanálise resgata assim recursos e valores humanos valiosos. Klein mostra que é natural em nós a preocupação com o bem-estar dos outros. Não existe a felicidade isolada, ela sempre inclui outros.

Devemos estar atentos, sempre, às diferentes maneiras como nossa destrutividade atua. Por exemplo: escondida atrás do culto ao físico e ao uso de drogas está a falta de perspectivas. Sem qualquer ligação com o passado e sem interesse pelo futuro, ficamos presos ao presente concreto. O culto ao corpo decorre da falta de gratificações subjetivas – o ideal de felicidade possível é o do corpo perfeito. Esse individualismo massacra a subjetividade e elimina a procura, dentro de si, dos elementos que constituem o conflito.

O individualismo e a ausência da subjetividade levam à negação dos conflitos entre desejos, entre eu e o outro, nega a discórdia, os valores, a culpa, a percepção de suas falhas, de seus limites. Fazemos o culto ao corpo para não pensar; usamos drogas com o mesmo objetivo. E quando não pode haver vivência subjetiva, devemos nos submeter aos padrões externos. Não podendo me guiar por mim mesmo, guio-me pelos padrões existentes, que não precisam ser questionados. Com certeza estamos fugindo da culpa, dos conflitos inconscientes. Esta fragilidade é grave.

Talvez o mesmo ocorra com a chamada realidade virtual – o que significa você optar por uma segunda vida? O que significa você socializar com pessoas que você nunca viu nem, possivelmente, nunca verá? Este ser potencial, possível, mas principalmente inventado, preenche uma necessidade; quem vive esse relacionamento tem características específicas ou dificuldades específicas que ainda não podemos saber exatamente quais são; de qualquer maneira, separação, ausência, falta não são vividos; quem foge de ter essas vivências provavelmente acredita que não as suporta, daí cria relações nas quais se sente protegido de ter de pensar e sofrer. "Onde tudo ocorre e nada ocorreu não é possível nem necessário tolerar a frustração", diz Ahumada. E a capacidade de tolerar a frustração é nosso grande diferencial. Crescimento psíquico ocorre na medida em que desenvolvemos a capacidade de suportar as frustrações. Quem trabalha na clínica encontra sempre pessoas que nos procuram para eliminar as dificuldades, internas ou externas, e o que nós fazemos o tempo todo é diferente disso: ajudamos as pessoas a aceitarem as dificuldades e a desenvolverem recursos para conviverem com elas.

Santiago Kovadloff questiona a colocação de que nossa identidade está sendo destruída. Ele diz: ela não está sendo destruída, ela nunca foi construída. Quando estamos aqui apontando a violência e perplexos com ela, admitimos que houve faltas significativas para que estivéssemos assim. Então o que mais nos surpreende é a questão de saber o que não foi feito para que as coisas estivessem assim. E todos reconhecem que o maior dos males é a *indiferença*. A indiferença me distancia dos outros e destrói a dimensão ética; sem a conotação ética, nós nos perdemos de nossa essência, perdemos o domínio de nós mesmos, a razão de nossa existência. É por isso que hoje só falamos em depressão; os consultórios psiquiátricos estão cheios e os laboratórios estão felizes.

Kovadloff também nos lembra da diferença entre dor e sofrimento: a dor nos massacra; somos atingidos por um infortúnio e ficamos arrasados. Já o sofrimento é diferente; continuamos a sofrer, mas reagimos e queremos entender o que está ocorrendo; saímos da perplexidade e começamos a pensar, a pesquisar. Não ficamos submergidos, tentamos buscar saídas. É isso que está ocorrendo agora, aqui, neste encontro. Ele diz: "Temos que nos aprofundar no nosso desencantamento". Temos de recuperar recursos que ainda não sabemos quais são.

O que sabemos, penso eu, é que estamos vivendo a maior das violências quando nos transformamos em uma *digital* ou em um DNA.

Lutamos tanto pela liberdade e a conquistamos. São muitos os exemplos de liberdade que hoje usufruímos e que eram impossíveis no passado, por exemplo, a condição da mulher.

E este é, então, o grande paradoxo: sou mais livre mesmo? Posso fazer minhas escolhas ou devo corresponder ao que esperam de mim? Já que posso ser identificado e localizado quando menos espero, não tenho mais qualquer privacidade. Ao lado disso, estamos perdendo nossa história, nossa noção de família, de pátria; estamos perdendo nossas raízes. Antes a identificação era mais vertical, hierárquica, hoje ela tende a ser só horizontal, entre os companheiros, os iguais; se me apego ao grupo de minha escolha não tenho compromissos com o passado, mas também nenhum compromisso com o futuro; logo não preciso e não faço projetos. Não tenho limites que me aprisionam, sou livre, solto. Solto demais, e com certeza nada feliz!

Por que isso? O grande engano está em considerar que não ter limites é bom. Não é! Pensem na criança, no alívio que ela sente quando gritamos para ela parar. Sem limites eu enlouqueço, e os vínculos me limitam; a preservação dos vínculos me faz construir, criar parâmetros, criar projetos, sonhar; e se estabeleço vínculos tenho o que preservar e como me ater aos meus limites. Só perde os limites quem não tem um projeto, quem não discrimina. Quando digo: preciso ir para casa, ver meus pais, minha mulher, meus filhos, estou dentro de um universo ao qual pertenço e onde meu lugar está definido e eu tenho que zelar por ele. Se não tenho um lugar, não tenho para onde ir; qualquer coisa ou, nenhuma, me serve. A aparente indiferença é coisa muito séria e leva a um individualismo ou a um narcisismo que não tem como se sustentar porque o interesse pelo outro ser humano é constitucional. O desinteresse do isolamento é expressão de desespero e expressa angústias persecutórias. Sempre me defino por meio do outro; o outro nunca vai deixar de existir para mim e se ele se torna muito perigoso, crio uma situação de caos interno que altera toda minha visão da realidade.

Daí eu concluo que estamos vivendo muitos tipos de violência, mas que elas são versões atualizadas, adaptadas ao estágio social que vivemos, com todas as características contemporâneas. Não acredito em patologias atuais ou novas doenças, como pânico, anorexia, bulimia etc. Não são novas, só têm novos nomes, ou a maneira como expressam as ansiedades profundas dentro da linguagem atual.

Voltando à questão trazida pela Jacqueline Rose, de que as pessoas se unem de forma efetiva pelo que concordam em odiar, eu trago agora um outro vértice, apoiada nas propostas psicanalíticas que descrevi: aqueles que se unem pelo ódio para formar um grupo social, em qualquer época ou lugar, sempre o fazem para poder sobreviver, por amor à vida. É o sentimento de desespero que mobiliza a violência; mas a vontade de viver é o móvel mais importante sempre. E sempre que estamos inquietos, querendo entender, é porque o instinto de vida está muito mais forte do que as tendências destrutivas. Como aqui, agora.

15. Figurações da inveja: o ódio ao esforço[1]

Introdução

Não só a mãe, também a criança tem de desenvolver uma parcela significativa de esforço para conseguir nascer e continuar vivendo. Não sabemos com precisão quando começa essa luta, mas sabemos que a batalha pela sobrevivência biológica e psíquica acaba junto com a própria vida.

No entanto, o que verificamos na clínica é que nem sempre o esforço é aceito ou vivido com naturalidade; acontece mesmo de nos surpreender muitas vezes com o fato, evidente, de que toda uma história de sofrimentos e infelicidades simplesmente decorre da reação do paciente em não poder ou, aparentemente, se negar a ter empenho quando necessário.

Estou me referindo ao desempenho natural, espontâneo, que nos mobiliza a crescer. Há uma vitalidade natural interna psíquica

---

1 Artigo publicado originalmente em 2003 na *Revista de Psicanálise da SBPPA*, 5(1), 49-64.

e uma energia orgânica sempre nos colocando em movimento, verdadeiro fator de sobrevivência do homem na Terra. Estou considerando a resistência a essa mobilização como uma expressão de ataque aos impulsos naturais e fundamentais para a preservação da vida. É diferente do esforço de obrigação, do esforço superegoico que não respeita as possibilidades de cada um e representa um ataque às nossas condições naturais e individuais. A exigência de crescer a todo custo, de "vencer", de superar o pai em força, capacidade e poder mostra uma distorção da vivência edípica que compromete o processo de desenvolvimento.

Estou intitulando de *ódio ao esforço* a dificuldade bem específica de uma pessoa desenvolver empenho em alguma atividade importante, seja ela física ou psíquica. Tento pesquisar um fenômeno que estou considerando como um desvio perverso, mas num sentido muito restrito. Não falo de estrutura perversa nem de desordem de caráter perverso; também estou me afastando totalmente do conceito de perversão ligado exclusivamente à sexualidade, no sentido de desvios da atividade sexual. Fico mais próxima do que se considera hoje como defesas perversas, na medida em que o ódio ao esforço me parece ligado diretamente à emergência da inveja e representa uma forma de lidar com ela. Trata-se de uma negação defensiva de um aspecto da realidade que pode ocorrer em diferentes personalidades, em diferentes situações, com maiores ou menores consequências para a personalidade como um todo.

Examino então como os aspectos destrutivos, que se manifestam pela inveja e idealização, podem contribuir para prejudicar a capacidade de construção do mundo interno e a percepção do mundo externo, enfocando apenas este sintoma, que é a dificuldade em fazer esforços.

A inveja

Para os kleinianos, as diferentes distorções da realidade são manifestações da pulsão de morte, e a inveja é o representante direto do instinto de morte. Nada ameaça mais do que a inveja – ela é o grande mal, na medida em que é o mal instalado internamente e é acionado e ataca quando menos se espera. Na inveja, o bom se torna mau pelo simples fato de existir, e esse é o seu aspecto paradoxal, frequentemente presente na relação com o psicanalista: o analista é mau e incomoda pelas possibilidades de oferecer *rêverie*. A condição de ter acolhimento, em algumas situações, é vivida como se fosse pior do que se o analista não a tivesse, já que desperta inveja.

Estamos frequentemente nos protegendo de sentir inveja; nós nos defendemos dela quando desprezamos o objeto bom e o destituímos de qualidades para não ter porque invejá-lo. O refúgio no narcisismo é uma solução para não viver a inveja do objeto bem-dotado e necessitado e pode trazer deformações importantes na percepção da realidade.

A inveja primária é a que surge na relação com o seio materno. Segundo Steiner (1997), as *perversões narcisistas* estariam relacionadas à relação dual e diretamente relacionadas à inveja primária. Os sentimentos de ciúmes emergem quando da percepção do pai e dos irmãos e correspondem à inveja secundária. O reconhecimento da cena primária e o complexo de Édipo estariam relacionados à inveja secundária – as dificuldades na elaboração da situação edípica levariam às *perversões sexuais*. As negações fundamentais, nessa constelação, são as das diferenças entre os sexos e entre as gerações; é quando vão ocorrer *as idealizações do ânus e a criação de um mundo anal em que as diferenças são abolidas.*

Steiner fala também *das perversões românticas, da realidade e do tempo*. Esses três grupos de perversões que ele descreve têm a ver com a proposta de Money-Kyrle de destacar três situações básicas – fatos da vida – que são negados ou cujo reconhecimento é, muitas vezes, obstruído. A negação da realidade das perdas e de nossas limitações humanas (passagem do tempo e certeza da morte) seriam distorções importantes nesse terceiro tipo de perversão.

Esta demarcação precisa entre as experiências narcisistas na relação com o seio e a situação edípica não parece dar conta dos fenômenos clínicos e por isso tem sido ampliada. Se pensarmos que sempre que a criança vive uma frustração com o seio, este deixa de ser o objeto bom e o seu lugar é ocupado pelo objeto mau, esse objeto mau comparece como *um outro objeto*. Temos aí um terceiro. É a situação triangular precoce. A separação *self*-objeto que vai possibilitar o reconhecimento da criança de que o seio existe independentemente dela confirma também a existência do terceiro já pressentida na vivência da cisão bom-mau.

É nessa intercessão, em que predomina a relação com o seio, mas a presença do pai já se configura como uma interdição ou um perigo, que poderíamos localizar os transtornos perversos a que estou me referindo. O sentimento de desilusão da criança em relação aos pais leva ao sentimento de perda e desamparo e à crença de que seu universo é desprovido de sentido e ordenamento. Ocorre então a passagem da idealização à desvalorização. Nessas situações de negação da necessidade do empenho vamos encontrar tanto a idealização como a desvalorização: idealização das condições pessoais e desvalorização do objeto.

Na situação de desprezo pelo esforço ocorre também a negação das vicissitudes da condição humana e da precariedade de recursos que nos protejam de danos e perdas. Quero assinalar que é muito difícil delimitar os fenômenos que descrevo a um único quadro, já que se trata de uma reação patológica que emerge em diferentes situações, como a própria inveja.

Britton, no seu trabalho "A situação edípica e o medo do caos" (1997), chama a atenção para o fato de que as *realidades clínicas* se impõem independentemente das orientações teóricas; são as situações clínicas buscando teorizações, seja qual for o universo teórico onde emergem. Ele cita Janine Chasseguet-Smirgel e Lacan que tratam, com outras teorizações, dos mesmos fenômenos que ele verifica na sua clínica.

Também vou encontrar, bem descrito por Chasseguet-Smirgel, esse quadro que estou salientando. Essa psicanalista francesa pertence ao grupo de autores modernos que se interessam pela perversão como distorção da realidade e não só como desvio da sexualidade. Em seu livro *As duas árvores do jardim* (1988) ela descreve um tipo de perversão que expressa o desejo de volta ao útero materno, a uma vivência sem dificuldades, sem obstáculos, a uma situação paradisíaca. O *desejo primário*, segundo ela, é "descobrir um universo sem obstáculos, sem asperidades nem diferenças, totalmente liso, identificado a um ventre materno livre de seus conteúdos, um interior a que se pode ter acesso livremente". Ela aponta para um desejo mais fundamental e arcaico, que é retornar ao ventre materno e o coloca como mais antigo que o desejo descrito por Klein, de destruir o interior do corpo materno ou de se apropriar do pênis do pai, dos bebês e excrementos no interior da mãe. Em nível de pensamento, segundo ela, seria o reencontro com um "funcionamento mental sem entraves, com uma energia psíquica circulando livremente. O pai, o pênis e os bebês representam a realidade". Só a destruição deles pode levar à recuperação do funcionamento mental próprio ao princípio do prazer. O continente vazio, o útero, que é o interior da mãe, representa o prazer. Os conteúdos do interior da mãe representam a realidade e essa realidade precisa ser destruída para que se obtenha o prazer desejado. Só que o corpo da mãe é inaccessível – essa é a grande frustração!

Quando Chasseguet-Smirgel fala da volta ao útero, a um universo sem obstáculos, um ventre materno sem seus conteúdos, ela está falando da destruição da situação edípica, que não chega a se instalar; o apego à mãe, segundo ela, não é sexual, já que a identidade sexual ainda não foi estabelecida. A autora está dentro da concepção de narcisismo do Freud, na qual o que importa é afastar os perigos e garantir a onipotência; é a busca do prazer o objetivo sempre perseguido, o prazer a todo custo.

Se a realidade resulta das diferenças, e é constituída por uma passagem da homogeneidade à heterogeneidade, o caminho inverso representa, como a autora bem mostra, a luta do princípio do prazer contra o princípio da realidade. Se as diferenças são abolidas, bem e mal se equiparam; daí a facilidade do bom ser desvalorizado e do mal ser valorizado, o que é típico do pensar perverso.

Enquanto em Chasseguet-Smirgel temos uma regressão ao narcisismo em busca de uma gratificação perdida ou peremptória, em Klein (1991) o que a criança não suporta é admitir a necessidade do objeto. Em ambas as autoras está presente a ideia de um violento ataque à percepção da realidade. O recurso ao narcisismo está presente nos dois contextos teóricos, com a diferença de que em Klein (1991) existe o vínculo com o objeto; só que o objeto é desqualificado e transformado em uma continuação ou um acessório do *self*: o narcisismo é a defesa de que o *self* lança mão diante da constatação da dependência e uma tentativa de eludir essa verdade.

Também em Bion (1966) a perturbação na percepção da realidade da dependência da criança em relação à mãe da *rêverie* é responsável pelos distúrbios mentais. Meltzer (1987), ao esclarecer essas ideias de Bion, mostra que há uma aparente dificuldade adaptativa do bebê no seu longo período de dependência materna;

na verdade, essa dependência ao estar vinculada à vivência de um *objeto ausente* é extremamente produtiva, já que permite a internalização da mãe como objeto pensante e "não só como objeto de serviço". Essa internalização vai possibilitar a organização das vivências caóticas infantis. São os aspectos destrutivos internos, representados pelas mentiras que atacarão a verdade dessa dependência e dessa necessidade fundamental da relação amorosa com a mãe, os responsáveis pelo não desenvolvimento mental.

A criação do objeto idealizado

A inveja é responsável pela criação de um objeto onipotente, fortemente idealizado (o objeto invejado) que, ao ser reintrojetado, cria dentro do *self* um tipo de objeto interno com características muito peculiares e que leva também a comportamentos muito específicos. Falo de pacientes identificados com um objeto idealizado que tudo podem conseguir no dia a dia sem se empenharem; esses pacientes não suportam fazer esforço para pensar, para alcançar conhecimento ou para conseguir desenvolver qualquer atividade. Tudo tem de ser fácil, espontâneo. Acreditam que não deveriam passar pelas dificuldades de um grande empenho (como para emagrecer, por exemplo, no caso de obesos; para deixar drogas ou bebidas; ou para dominar um conhecimento novo ou uma nova tarefa. A própria adição a alimentos, bebidas ou drogas é a expressão da necessidade de sentir prazer sem qualquer limite e inclui a crença de que tem direito a tudo).

Um grande esforço, uma aplicação de si mesmo numa tarefa é inaceitável, porque tudo deveria ocorrer com facilidade, naturalidade e alegria. E se não conseguem dessa maneira se sentem lesados. Só que a desvantagem que sentem não é acompanhada de uma avaliação ponderada, de uma apreciação válida dos recursos de cada um; é apenas a afirmação de uma injustiça que é amparada em sentimentos muito hostis. Na verdade, estão impossibilitados de preservar a capacidade de reflexão e de percepção da realidade externa e das próprias condições pessoais.

Esses pacientes consideram as pessoas que são bem-sucedidas como pessoas privilegiadas, e sempre encontram justificativas para explicar que o outro foi ou está sendo beneficiado de alguma forma. Essa é uma maneira de desvalorizar a capacidade do outro e o trabalho imenso que cada tarefa bem realizada exige. Se o outro consegue é porque tem facilidades e não porque se empenha e assume as consequências de uma escolha. Não conseguem ver que se existe uma opção deve corresponder a ela uma energia que possibilitará levar adiante o projetado. No nível social, essas pessoas podem infringir princípios éticos, na medida em que fazem escolhas, mas não se sentem obrigados a lutar por elas.

É necessário muito esforço para enfrentar as cesuras, os rompimentos; para tolerar as frustrações, tolerar a não representação até que ela seja possível; para tolerar o sofrimento sem tentar se evadir para um narcisismo empobrecedor. É necessário esforço para agredir e se indignar sempre que isso se faça necessário como forma de preservar valores. É preciso força para suportar agressões, discordâncias, dúvidas; para suportar a atividade mental elaborativa e trabalhosa; para alcançar objetivos, para manter um espírito de luta; implica em confiar em si e nos objetos externos; inclui dar importância a si próprio e aos outros. Há muito esforço no trabalho de luto, na elaboração das perdas. Suportar o conflito edípico e desenvolver a capacidade de aprender da experiência emocional também exigem muito esforço.

Fazendo força e nos empenhando é que nos tornamos fortes. O esforçado é vigoroso, animado, confiante – é o próprio Ulisses da epopeia grega.

Para esses pacientes que idealizam uma vivência sem empenho vital, *o pensar* é uma tarefa difícil, pesada, para a qual eles estão despreparados. Para eles, o pensar fica equacionado a ceder ou enfraquecer, à perda de algo bom; não é para fortificar, para alcançar uma aquisição. Para eles, os conflitos não deveriam existir. Esses pacientes poderiam ser representados por outro herói grego: Aquiles.

Os dois poemas homéricos, *Ilíada* e *Odisseia*, são considerados, de certo modo, como antagônicos, no sentido do ideal que eles expressam. A *Ilíada* conta as glórias militares da guerra de Troia; o ideal, nesse canto, é a *fama*. A *Odisseia*, o *retorno*, narra a volta de Ulisses à sua terra. De um lado, a busca da glória eterna; de outro, a volta ao lar. O helenista Trajano Vieira (1999) mostra como Aquiles, que preferiu a glória longa e a vida breve, representa o ideal guerreiro; sua escolha foi viver a vida eterna no panteão dos heróis mortos pela pátria. Ulisses faz a opção inversa: glória breve e vida longa; escolhe envelhecer junto aos seus.

Ulisses representa a retomada de consciência, a reeducação em termos humanos. Lutando contra as intempéries e os diferentes obstáculos infringidos pelos deuses, desenvolve seus recursos práticos, sua inteligência e as mais variadas habilidades para poder sobreviver. "Curiosidade, versatilidade, mobilidade são alguns dos atributos desse herói avesso à melancolia, que irá simbolizar o pensamento especulativo no Ocidente" (Vieira, 1999). Enquanto vai amadurecendo sua personalidade, nesse difícil retorno, Ulisses vai tomando consciência de quanto os feitos heroicos da guerra nada mais são que idealizações. Sua *descida ao inferno* representa o encontro consigo próprio – é a demanda da posição depressiva, como nos mostra bem Rezende (1999). Esse percurso interno é tão penoso e difícil em cada um como a viagem do herói grego.

Escolher a glória, como Aquiles, é escolher a morte: ela representa a rejeição e a fuga dos sentimentos penosos de perda, ausência e fragilidade. A satisfação plena traz sempre um bem-estar que exclui a possibilidade de avanços. A gratificação não exige a mobilização de novos recursos. É a experiência da falta que nos leva a pensar, recordar, usar da experiência: "A experiência da falta não é um acidente de percurso, mas ela é constitutiva do ser humano" (Rezende, 1999). Aquiles, intitulado O Divino, só poderia realizar seus desejos de glória e imortalidade com a própria morte. No nível psíquico, é a morte da capacidade de pensar que ocorre sempre que a onipotência, a voracidade e a inveja nos afastam do contato com nossa realidade interna.

A dificuldade em suportar as frustrações leva ao ódio, ao esforço que é exigido para suportá-las. A mobilização que ocorre sempre que sentimos uma frustração pode nos levar a buscar soluções – é *o pensar*, como mostra Bion (1966). Ou a pessoa se empenha para suportar as frustrações e consegue alcançar novas soluções que se provarão enriquecedoras, ou ela deixa de fazer o esforço necessário. Estou falando que há uma incapacidade em fazer esforço por comprometimento ou falta de competência para lidar com as exigências da vida; trata-se, portanto, de um movimento inconsciente, ditado pela inveja.

A atuação invejosa acarreta dificuldades de contenção e de elaboração do pensamento e pode provocar distúrbios na atividade da função alfa de difícil reversibilidade. O bloqueio na construção da *barreira de contato* é uma das consequências. A barreira de contato, segundo Bion (1966), "delimita o ponto de contato e de separação entre os elementos conscientes e inconscientes, e dá origem à distinção entre eles. Da natureza da barreira de contato depende o intercâmbio de elementos do consciente para o inconsciente e vice-versa".

A possibilidade de fazer conexões mentais, de poder associar livremente, de se deixar levar pela imaginação está ligada à crença de que se pode sonhar sem medo de se perder nos sonhos; existe a crença de que não se vai enlouquecer, ou ser lançado no infinito sem limites, de onde não se pode voltar. Essa capacidade de sonhar e de criar um mundo interno rico e sempre em movimento é protegida pela barreira de contato; ela é a garantia de que o inconsciente não vai invadir todo o espaço mental. A proteção da barreira de contato permite o mundo das fantasias, dos sonhos e da criação imaginativa.

Quando alguém se esforça, está sonhando que vai conseguir alcançar seus objetivos; confia de que algo novo vai surgir, e luta para realizar seus sonhos. Na análise temos a experiência viva dessa confiança, presente no analista e no paciente. A confiança maior é a de ser capaz de suportar mudanças catastróficas, sempre muito penosas, mas também essenciais, sempre um passo à frente no processo de desenvolvimento. Quando não confio e não me empenho, o que está basicamente abalada é a capacidade de sonhar. A descrença em si próprio e na importância dos esforços a serem feitos é substituída pela certeza de que nada valioso se vai conseguir. Passa a existir, então, uma crença, a crença de que se sabe o que vai ocorrer; sabe do insucesso, sabe da desvantagem do empenho, sabe-se, enfim, tudo o que virá. Não se vive mais o sonho, vivem-se as certezas, senhor que se torna, agora, das "previsões". Nessa situação não existe a possibilidade de se defender da loucura porque ela já está instalada por meio do processo alucinatório de tudo saber, do presente e do futuro.

Por que o empenho é tão difícil?

A necessidade do esforço é prova da existência da fragilidade e dos limites. A fantasia de uma condição idealizada de poder e força e principalmente de um prazer ininterrupto, que nos protegeria dos sentimentos desagradáveis decorrentes de faltas e frustrações, sempre existe. Se essa criação fantástica predomina ou é muito forte, pode se transformar em uma maneira de se relacionar com o mundo. Nesses pacientes passa a não existir o desejo de desenvolver recursos para enfrentar as dificuldades. A tendência inata, que nos leva para a frente, é a busca permanente de conhecimento; essa tendência natural fica estancada e todos os aspectos que mobilizam vida e criatividade são desconsiderados ou tomam uma conotação negativa.

A realidade de nossa impotência é ao mesmo tempo aceita e negada, como já nos mostrava Freud (1927) no seu trabalho sobre o fetichismo. Na distorção infantil, a criança sabe que a mãe não tem pênis, mas cria teorias para negar isso e com astúcia concilia a sua crença com a realidade. Então ela sabe da verdade, mas faz de conta que não. As perversões seguem esse modelo; para fugir à culpa e à responsabilidade o perverso não reconhece o seu ódio e seus ataques e considera o que faz como natural. A negação de sua dependência em relação ao objeto é acompanhada da negação de sua dependência aos esquemas internos que o mantêm afastado da realidade.

Embora todas as experiências, desde o nascimento, sejam experiências de luta para sobreviver, para se desenvolver, para aprender, existe a negação dessa obviedade e a afirmação da possibilidade de viver descuidadamente. E a perversão consiste em ficar provando a superioridade desse esquema sobre o outro, do esquema da fragilidade e inércia sobre o do empenho que leva para a frente.

Quando Meltzer descreve a idealização das fezes da mãe pelo bebê, em que as nádegas e os seios do bebê e da mãe são confundidos um com o outro, e ambos são equacionados ao seio da mãe, ocorre então uma idealização do reto: "idealização do reto como fonte de alimento e uma identificação projetiva delirante com a mãe interna – o que apaga a diferenciação entre criança e adulto no que se refere às capacidades e prerrogativas" (1991, p. 112). Nas situações que estou descrevendo, a constatação da incapacidade natural da criança em relação aos pais também é negada; o paciente acredita que pode ter tudo o que ambiciona, pode ter todas as capacidades, direitos e facilidades.

A percepção do estrago interno decorrente dessa idealização fica afastada da consciência e só quando, na análise, tentamos ajudar o paciente a se aproximar desses aspectos nocivos ao seu desenvolvimento, é que o caráter violento desse objeto interno pode ser vislumbrado. São as identificações com figuras internas fictícias e fascinantes; identificações com a figura combinada ao mesmo tempo poderosa e ameaçadora. É também uma forma perversa de lidar com a dependência, sejam as dependências infantis presentes no adulto, sejam as dependências próprias da condição humana.

O que o ódio ao esforço traz, inevitavelmente, é a falta de firmeza, de decisão, de entusiasmo, de autoconfiança. Essas pessoas são queixosas, insatisfeitas e se sentem vítimas do infortúnio. Reclamam da vida, quase sempre de uma forma imprecisa, mas podem ter também uma queixa bem estruturada de um objeto ou de vários.

A criança que aceita ser criança tem alegria com o crescimento; cada aquisição sua é festejada por ela mesma e exibida aos pais e irmãos. Na sua satisfação consigo própria ela está invariavelmente expondo também sua satisfação com seus pais, os propiciadores de recursos e de amparo. Já a criança invejosa não quer aprender a se cuidar, não quer crescer e fica tiranizando os adultos, que devem supri-la em tudo. Essas crianças sentem o crescimento como um prejuízo, uma perda. O ter de se responsabilizar por si mesmas traz a angústia de não serem capazes, de se descobrirem sem os recursos necessários para se equipararem aos demais. Uma forma de se protegerem das frustrações que a percepção das desvantagens traz é o estancamento; passam a cobrar eficiência dos outros, principalmente dos pais, que elas precisam expor ao mundo como maus pais. Na análise essa situação é muito comum: o paciente não pode se desenvolver, não pode superar dificuldades porque isso seria uma prova do bom trabalho analítico. E o analista seria o único a se beneficiar disso!

No adulto, uma forma de fugir ao empenho é o excesso de compromissos; pessoas que têm sempre muitas atividades diferentes e vivem divididas, aceleradas entre as múltiplas tarefas. O não fazer discriminações, o não ter uma escolha precisa do que querem para si é uma forma de encobrir sua grande fragilidade e seu medo do confronto. O temor maior é de se empenharem ao máximo e não conseguirem os melhores resultados, aqueles resultados que os colocariam em destaque.

Outro exemplo é o do paciente que tem de dar solução a tantos problemas antes de chagar à análise que não consegue chegar na hora: "Não tem importância, são só cinco minutos". Considera-se muito sério, empenhado, mas foge do esforço necessário que é o de lidar com o que realmente importa: o sentir-se sufocado pela análise, para quem transfere as pressões e as exigências internas. A capacidade de desenvolver recursos para lidar com seus entraves internos passa a ser vivida como dificuldade para chegar à análise – então chegar na hora ou "só com cinco minutos de atraso" torna-se a solução mágica para suas dificuldades internas. E basta falar do problema, basta discorrer sobre isso e tudo estará solucionado: nada se perdeu, nada mais existe de importante com que se preocupar.

Outra reação comum é aquela que ocorre quando mostramos a dificuldade do paciente em se interessar e se empenhar no trabalho analítico, ao que ele reage dizendo que sua presença já é prova de interesse. Basta ter enfrentado o trânsito, estar aplicando tanto dinheiro na análise, chegar no horário todos os dias já são provas suficientes. Esses esforços são realmente feitos, mas servem mais para impedir do que para buscar a verdade interna na medida em que o cuidar é concreto e diz respeito apenas ao *setting* externo.

Situação clínica

O material que estou transcrevendo para ilustrar estas ideias é de uma colega, que permitiu, gentilmente, que eu o utilizasse.

A paciente é uma jovem estudante universitária; em virtude dos estudos mora fora de casa, em uma cidade próxima; retorna todos os fins de semana para a casa dos pais. Na sessão relatada ela traz uma fala queixosa, quase desesperada. Sente-se perdida, pedindo à analista que encontre uma solução para suas dificuldades que são inúmeras: está muito gorda e não consegue perder peso. O irmão e a mãe reclamam que ela passa o fim de semana em casa trabalhando no computador e não se preocupa com os gastos de papel e tinta. Ela alega que sai sempre triste de casa e não tem como se preocupar com as queixas que fazem dela; na verdade fica muito decepcionada com o fato deles não reconhecerem sua tristeza e desamparo.

Sempre traz o namorado para casa nos fins de semana e não entende por que eles reclamam ou porque se sentem constrangidos com o fato dele dormir em seu quarto. Ela precisa de mais dinheiro do pai (que não mora com a família) e ele *tem* de entender suas necessidades. A paciente vai fazendo suas queixas enquanto vai argumentando, muito chorosa, que não sabe o que fazer. Para cada acusação dos familiares ela reage afirmando que faz o máximo que pode e que são eles os intolerantes e incompreensivos.

Ela narra um sonho em que o namorado mostrava que a amava muito e a paparicava; era muito carinhoso, mas num momento seguinte não queria mais saber dela; era uma situação horrível.

A analista se sente desconcertada, sem saber o que dizer e seu desconforto dura toda a sessão. Inicialmente, comove-se com o choro e a tristeza da paciente, mas aos poucos vai ficando irritada e acaba tendo uma fala superegoica, em que cobra da paciente mais maturidade e responsabilidades. Em seguida, a analista percebe a inadequação de sua intervenção e se sente ainda mais impotente e constrangida.

A paciente termina a sessão triunfante: "Sabe, realmente mudou tudo de repente, como é possível? Eu pensei agora: minha mãe, meu pai, meu irmão são como são, têm coisas boas e têm coisas ruins; não são eles que têm de mudar, sou eu que tenho de aceitá-los como são, nos momentos bons, nos momentos ruins. Isso tudo veio na minha cabeça. Não foi ruim a sessão, foi boa". Com este *final* inesperado a analista ficou ainda mais angustiada.

Era esse o objetivo principal da paciente nessa sessão: tornar a analista incompetente e triunfar sobre ela. Ao provar sua independência em relação à analista e às outras pessoas de seu ambiente ela realiza seu triunfo narcísico.

O vínculo se reverte no final da sessão, quando a paciente tranquiliza a analista ao lhe dizer: "Não foi ruim a sessão, foi boa". É a paciente que *alimenta* a analista, tornada fraca e desamparada. Nesse trabalho de reversão a paciente fez bem a sua parte: inundou a analista com suas descargas de queixas e rancores, deixou também para ela o confronto com seus aspectos críticos e superegoicos. Ficar no relato queixoso das dificuldades transcritas é, na sua versão, o máximo que ela *pode* ou *deve* fazer.

Seu final de sessão registra a eficiência de suas manobras e a vantagem e utilidade de não ter de elaborar ou viver suas dificuldades. O confronto com sua realidade interna-externa que a situação analítica poderia propiciar foi anulado; a paciente criou uma situação típica, perversa, em que ficou protegida de examinar e enfrentar suas deformações. A distorção que ela faz no final da sessão é característica das soluções "astutas" denunciadas por Freud: "Eles têm coisas boas e ruins; não são eles que têm de mudar, sou eu que tenho de aceitá-los como são".

A analista foi prejudicada: não pôde fazer a parceria interna frutífera com seus conhecimentos psicanalíticos e não pôde instrumentar a identificação projetiva. A eficiência do ataque invejoso da paciente visava exatamente isso: impedir uma relação prazerosa e produtiva da analista com seus recursos psicanalíticos.

O final da sessão, com a negação e o triunfo da paciente sobre a analista, revela o aspecto sadomasoquista presente nas suas relações, tanto nas que ela relata na sessão como a relação com seus objetos internos; é o predomínio da negação e dos aspectos destrutivos e hostis da personalidade. A paciente acha mesmo que os outros devem cuidar do seu computador, de suas finanças e de seu conforto sexual e material. Ela se sente com todo o direito de não ser molestada, e de fato não é; permanece na sua onipotência e na sua infertilidade. Até mesmo a perda de peso não expressa uma preocupação com sua incapacidade de emagrecer, mas é, antes, uma queixa, como se ela fosse vítima da condição de estar gorda.

O sonho da paciente expressa bem sua maneira de se instalar no mundo: o outro é sempre o responsável pelo seu conforto ou desconforto. Na verdade, o namorado do sonho é a parte dela que ora se mobiliza para atender suas necessidades, ora se nega a assumir responsabilidades. Não ocorre à paciente que seu bem-estar depende dela mesma. Permanece, o mais das vezes, numa passividade hostil que encobre uma intensa atividade interior extremamente destrutiva, da qual ela é a mais importante vítima. Faz "vista grossa", na expressão de Steiner (1997), à sua realidade interior pobre e dependente, vivendo em uma situação circular sadomasoquista, em que, ao anular a analista, anula também sua possibilidade de desenvolvimento.

Essas situações de triunfo, superioridade e descaso para com o permanente esforço que a sobrevivência psíquica exige mostram a distorção típica das perversões; o desprezo ao crescimento, imperativo inexorável do instinto de vida e a valorização da permanência e da inércia próprias do instinto de morte.

Referências

Bion, W. R. (1966). *O aprender com a experiência*. Zahar.

Britton, R. (1997). A situação edípica e o medo do caos. *Revista Brasileira de Psicanálise, IV*(2).

Chasseguet-Smirgel, J. (1988). *As duas árvores do jardim*. Artes Médicas.

Freud, S. (1927). *O fetichismo* (Vol. 21). Imago.

Klein, M. (1991). *Inveja e gratidão*. Imago.

Meltzer, D. (1987). *Vida onírica: una revisión de la teoría y de la técnica psicoanalítica*. Tecnipublicaciones.

Meltzer, D. (1991). A masturbação anal e sua relação com a identificação projetiva. In E. Bott-Spillius. *Melanie Klein hoje* (Vol. I). Imago.

Rezende, A. M. (1999). *Ser e não ser sob o vértice de "O"*. Cabral.

Steiner, J. (1997). *Refúgios psíquicos*. Imago.

Vieira, T. (1999, 25 de abril). A identidade de Ulisses. *Folha de S.Paulo – Caderno Mais.*

16. Os afetos e os objetos internos da dupla analítica[1]

A condição básica para que o encontro analítico possa ser criativo está na possibilidade de exploração da diversidade e das dificuldades. Toda e qualquer fertilização só ocorre quando as qualidades masculino e feminino se conjugam; a disponibilidade para com o outro, o desejo de acolher e ser acolhido fazem parte dos processos de preservação da vida nos níveis biológico e psíquico. A negação da necessidade de outra mente para me ajudar a definir os contornos e minhas características é própria das relações perversas. O contínuo movimento de reformulação interna inclui o contato com o estranho, dentro e fora de nós. Se saudavelmente podemos nos colocar como incompletos, podemos nos enriquecer com o outro.

Pensamos sempre a relação analítica como uma relação de trabalho e pesquisa, visando a expansão do conhecimento e dos recursos internos da dupla. A vivência analítica parece que tem

---

1 Artigo publicado originalmente em 1999 na *Revista Brasileira de Psicanálise, 33*(2), 243-252.

de fazer, embora não de forma linear, o percurso do próprio desenvolvimento, quando alcançamos a genitalidade depois de viver os aspectos polimorfos da sexualidade infantil. É um percurso tão difícil e sofrido como a saga dos heróis mitológicos, marcada pela luta e empenho extraordinários para superar as difíceis provas que surgem no caminho; são as provas que exigem do herói. Ter de desenvolver astúcia, inteligência, criatividade, confiança em si próprio para no final alcançar o sucesso. As habilidades desenvolvidas são, nos dois modelos, as que nos tornarão capazes de enfrentar a condição adulta – desenvolvemos competência para dirigir melhor e com mais gratificação as nossas vidas.

Comentando o trabalho de uma colega, Elias Mallet da Rocha Barros (1998) faz duas perguntas que eu entendi como sendo gerais, e não específicas ao caso comentado:

> *Quais seriam os fatores que impedem o desenvolvimento criativo da dupla, seja analítica, seja qualquer outra dupla, incluindo o paciente consigo mesmo, de ser inovadora nas situações emocionais, de maneira a poder viver melhor? E, complementar a esta questão: quais seriam as condições que devem ser criadas pela situação analítica, para que o exame dessa situação se torne possível?*

Essas perguntas vinham de encontro a uma situação vivida com um paciente em que pareciam estar claros os bloqueios e obstruções ao nosso trabalho – só que no caso eram bloqueios e obstruções acontecendo comigo, analista, os que mais me interessavam. A partir deste vértice tentei ir ampliando minhas observações sobre a circulação dos afetos na dupla analítica.

Vou relatar, como me é possível, o trecho de sessão que refiro.

O paciente chega atrasado 18 minutos. Enquanto esperava, fui me irritando com ele, que frequentemente se atrasa. Fiquei pensando se isso não era um desrespeito e acabei me convencendo de que ele estava realmente desrespeitando a mim, ao nosso trabalho e a si próprio, quando não cuidava para estar aqui no horário.

O paciente começa falando que sua casa estivera uma bagunça este final de semana, com muitas pessoas e muito movimento, o que impedira de escrever o trabalho que precisava fazer; disse que tivera ótimas ideias, mas que desistira de escrever por causa da confusão na casa.

Pensei em mostrar que a bagunça poderia ser interna e não externa, mas me detive, pensando que o melhor era aguardar. Na verdade, eu estava brava com o paciente e sem vontade de dizer qualquer coisa; dizia para mim mesma que, como de costume, ele rejeitaria o que eu lhe mostrasse. Além disso, a falta de respeito se confirmava pelo fato dele nem tocar na questão do atraso.

Mas enquanto estávamos em silêncio e eu brigava internamente com o paciente fui me dando conta da minha irritação e de minha omissão. Percebi que eu era desrespeitosa para com ele, para comigo mesma e com meu trabalho. Se eu estava brigando com o paciente, ali calada, alguma coisa estava errada comigo. Consegui então me reorganizar internamente; voltei-me atenta a sua comunicação e vi que ele até me explicava o seu atraso quando falava da bagunça interna-externa. O que mostrei a ele foi: "As ideias são fáceis de você ter; você as vai juntando, amontoando na sua cabeça; o difícil é escrever ordenadamente, como também organizar o seu tempo para chegar aqui no seu horário. Você receia não ser capaz de pôr ordem nos seus pensamentos; essa bagunça interna você conhece e quando pensa que não pode superar isso, fica muito assustado".

Depois de um curto silêncio, ele disse: "É isso mesmo. A senhora resumiu exatamente o que eu estava sentindo. Eu tenho medo de não conseguir".

Refletindo sobre a situação ocorrida com meu paciente e tendo em mente as questões iniciais levantadas por Rocha Barros, vou tentar desenvolver considerações no sentido de identificar alguns dos fatores que me impediram inicialmente o acesso ao universo dos significados e outros fatores que depois me puderam encaminhar no sentido de ir buscá-los. Também tentarei examinar quais componentes da vivência edípica de meu paciente o fizeram trabalhar com espaço e tempo de maneira a exacerbar aspectos onipotentes nele e em mim mesma. Identifico então a confiança e a coragem como os sentimentos que propiciam o encontro, o protegem da catástrofe e definem a sua evolução.

Quando atribuo ao atraso do paciente o significado de desprezo (ou desrespeito, ou desconsideração), estou fazendo uma transformação em alucinose, configuração descrita por Bion (1965) em que a personalidade é dominada pela certeza de que tem capacidade de "satisfazer todas as suas necessidades a partir de suas próprias criações; é inteiramente independente de qualquer pessoa ou de qualquer coisa que não sejam seus produtos e portanto está além da rivalidade, inveja, avidez, mesquinharia, amor ou ódio". É quando dominam as certezas absolutas com relação ao que ocorre no ambiente e na mente do outro e a certeza quanto aos significados dos diferentes comportamentos. Ao garantir para mim mesma que o paciente estava me desrespeitando por chegar atrasado eu considerei isso como uma verdade inquestionável, como se atraso, fato concreto, só pudesse ter aqui essa explicação que eu estou atribuindo e nenhuma outra. A percepção do fato e o significado não se diferenciam. E como mostra Meltzer (1990), com muita clareza, "estas transformações em alucinose são mais evidentes em pessoas com disposição paranoide, que reúnem pobreza imaginativa com onisciência, e, portanto, não constroem hipóteses alternativas para construção de um juízo." Ficam na opinião, que contém rigidez de pensamento e a concretude típica das tabelas prontas, que para cada dado tem à frente o "significado" já conhecido.

O fato de o atraso passar a ser um dado concreto, indiscutível – o relógio me garante isso –, e o seu significado não precisar ser procurado, mostra que era minha cabeça que funcionava como máquina, fora dos sistemas que compõem a mente humana e o pensar. Continuei alucinando quando garantia a mim mesma que o paciente rejeitaria minhas propostas.

O contato com amor e ódio precisa ocorrer sempre, e é o que se espera na situação analítica; mas só o contato não basta; é necessário poder pensar, trabalhar intensamente esses sentimentos, alcançar sua representação mental, seu significado. Só então podemos tirar da vivência emocional toda riqueza que ela nos oferece como experiência de vida.

O paciente excluído no fim de semana e o analista excluído no atraso do paciente reagem, ambos, com a competição e a realidade próprias das transformações em alucinose. O paciente *sabe* que não escreveu o trabalho por causa da bagunça na sua casa, o analista *sabe* que o paciente o desconsidera. Ambos não podem suportar a ignorância e incompetência e negam a insatisfação consigo próprios por meio da alucinação. A explicação do analista o coloca em uma situação de superioridade em relação ao paciente; mas isso não é tudo: quando o analista atua na sessão com o *não falar*, ele triunfa sobre a própria psicanálise.

O desacordo dentro do psicanalista entre o método psicanalítico e a alucinose foi primeiramente vencido pela alucinação. O que reverteu o quadro foi a possibilidade de ficar atenta à minha própria insatisfação; houve então um retorno para dentro e foi ali, no interior de minhas fantasias e angústias, que a competição agora se instalou: ou eu ficava com a solução alucinada que garantia a minha superioridade ou aceitava a minha falha e buscava ajuda. Aconteceu a perda da onipotência; digo que aconteceu porque não acho que foi uma opção; aconteceu de eu ter naquele momento a condição de detectar o quanto a solução alucinada era uma perversão. A lembrança de outro tipo de gratificação deve ter ocorrido: lembrança das realizações em psicanálise que nos trazem o sentimento de convicção. Não tenho qualquer dúvida quanto às afirmações de Bion de que a possibilidade de sobreviver às mentiras, evasões e alucinações não só nos aproxima da verdade como nos torna mais fortes e enriquecidos internamente.

Ao mobilizar a irritação em mim, via identificação projetiva, o paciente estava criando as condições necessárias para que eu pudesse me aproximar do estado emocional que ele estava vivendo; ele conseguiu fazer circular as fortes ansiedades persecutórias, com ameaças de rejeição e incapacidade, de um para o outro. Ele me ajudou a buscar o que não tinha condições de alcançar; fez com que eu buscasse em mim a compreensão que se fazia necessária. Ao me oferecer o concreto do atraso a que reagi inicialmente com a violência própria da visão moral, o paciente me levou a fazer o seu percurso. Ao me sentir desprezada eu vivi a mesma perseguição que o impede de pensar, de discriminar o interno do externo; fiquei tão limitada quanto ele. A sua comunicação chegou antes dele; ela se fez presente pela sua ausência no horário da sessão.

Esse atraso não se caracteriza como uma obstrução à relação comigo e consigo próprio. Muitas vezes achei que sim, e até duvidei em algumas ocasiões se valeria a pena prosseguir. Mas ele tem me ajudado, corajosamente, a ir descobrindo que seu distanciamento é uma forma de aproximação. Ao me deixar isolada, ele me põe em contato com meus aspectos paranoides persecutórios, e o esforço que preciso fazer para aceitar e instrumentar minha hostilidade, sensação de desamparo e forte rejeição, me fortifica como analista e como ser humano. Ele está sempre me estimulando a repensar meus recursos e minha tarefa; me faz treinar e disciplinar minha paciência, tolerância e estimula em mim o desejo de ampliar conhecimentos.

Considero esse um aspecto muito importante do nosso trabalho. Ogden (1994), quando desenvolve o conceito de intersubjetividade, fala da aliança intersubjetiva inconsciente sempre contida nas identificações. E mostra o quão necessária é na vida e na análise, porque "os seres humanos têm uma necessidade tão profunda quanto a fome e a sede, de estabelecer construções intersubjetivas (inclusive identificações projetivas), a fim de encontrar uma saída para as intermináveis e fúteis andanças pelo seu próprio mundo de objetos interno". O trabalho de auto-observação que sempre ocorre no trabalho analítico é útil, válido e necessário porque está inserido na esfera da intersubjetividade e toca, sempre, nas próprias relações de objetos internos do analista, quer ele tenha consciência ou não.

Era o trabalho, ali na sessão, que estava em jogo. Ao colocar em mim, a partir da identificação projetiva, sua desorganização e sua limitação para um trabalho produtivo, ele me levou a saber um pouco mais de suas angústias do fim de semana. Mas seu trabalho ficou abortado, o meu corria risco também. Este vértice do exame da inveja mobilizadora das identificações projetivas é muito importante, mas se ficarmos só nele deixamos de considerar os aspectos criativos do paciente que, mais do que tentar me paralisar, conseguiu foi dar uma extraordinária colaboração no sentido de me fazer mobilizar recursos para preservar a análise e a analista em mim.

Ao escolher ser analista, assumo a responsabilidade de ser receptiva para com os aspectos projetados do paciente, mas essa receptividade não é definitiva, sempre presente e inalterada; como diz Liana Pinto Chaves (1998), não sou só eu que lhe ofereço essa disposição para o contato, "foi ele (o paciente) que me buscou ativamente, me constituiu como uma amiga; obteve a minha escuta que não é algo que automaticamente está presente lá". O paciente busca a continência ou dá oportunidade para que o analista o preencha com seus conteúdos, num movimento contínuo de trocas que exige disponibilidade de ambos. Todo trabalho corre risco quando o analista se torna uma pessoa singular, narcisicamente construída, com expectativas de gratificação. Analista e analisando se encontram para, corajosamente, viverem experiências emocionais intensas – a meu ver, isso é psicanálise.

Meu paciente valoriza o trabalho e tem se beneficiado da análise, mas falta e se atrasa muito e às vezes assume outro compromisso no nosso horário. O receio de vivenciar a análise como o acontecimento central de sua vida – o que equivale a admitir a importância fundamental da própria mente – sustenta sua ambivalência. Essa ambivalência, com o ódio à análise, vai ocorrer comigo também quando não consigo preservar a postura analítica e me coloco como *autoridade desafiada*. Paciente e analista hostilizando os pais criativos internos e precisando triunfar sobre eles. Essa perversão ocorrendo com a dupla se faz tão necessária neste momento quanto a necessidade de superá-la. A vida, com todos os seus riscos, acontece aqui; e só uma dupla viva pode transitar pelo amor e pelo ódio, e se modificar e crescer.

No evolver da experiência analítica as trocas vão ocorrendo e sendo vivenciadas, a meu ver, como no comércio de artes entre entendidos; nesse comércio, o lucro em dinheiro não importa e geralmente não existe. O valor da mercadoria, ou da obra de arte, é conhecido, e a troca em si é que é valiosa a ponto de vendedor e comprador se sentirem muito gratificados: um porque adquiriu de pessoa notória; o outro porque passou a alguém que merece e sabe da importância do que está adquirindo. O vendedor não sente que perdeu o objeto, mas que deu a ele valor maior. Quem adquiriu tem a satisfação de ter escolhido e passa a ser agora o depositário de um bem precioso, com todas as responsabilidades que isso acarreta.

As identificações projetivas estão sempre presentes em todas as situações de relacionamento, mas acredito que na relação analítica elas encontram sustentação no sentimento de confiança. E a confiança é de ambos, analista e analisando: o analista disponível também acredita ter condições de participar do jogo afetivo-emocional que envolve a dupla.

Identificações projetivas resultantes de algum conhecimento ou da preconcepção de objeto capaz de conter e elaborar as projeções de um aspecto da personalidade seriam diferentes das identificações impulsivas, verdadeiras descargas capazes de infringir grande dano ao objeto?

Desde Bion costumamos diferenciar as identificações projetivas em comunicativas e invasivas-destrutivas. Mas a questão que eu colocaria aqui é se, ao invés de olharmos essas identificações projetivas como descargas cuja finalidade é danificar o objeto, tentarmos identifcar se elas não teriam outro componente mobilizador: a idealização. Ao descarregar emoções intensas, o paciente pode estar acreditando numa capacidade ilimitada no analista de poder aguentar tudo. A idealização dos recursos do objeto tem a mesma dimensão e força de sua destrutividade interna, também idealizada, onipotente. Essa onipotência do objeto se sustenta na necessidade de acreditar que sempre existirão pais fortes, poderosos, capazes de nos proteger de qualquer sofrimento.

Todo trabalho vivenciado por mim e pelo paciente ocorria no interior do processo de elaboração da situação triangular. A bagunça interna expressa a configuração dos pais combinados (misturados, indiferenciados) tomando conta do espaço mental do paciente e esvaziando-o de seus recursos. A penetração invasiva para dentro de minha mente veio encontrar uma analista também confundida, em conflito com os pais persecutórios internos. Ao realizar a transformação em psicanálise consegui captar também os processos alucinatórios envolvendo tempo e espaço. A vivência edípica desvenda nossa inserção na realidade; ao descobrir as outras relações de objeto da mãe, a criança fica sabendo que existe um lugar que não é só seu; descobre também a continuidade do tempo, já que antes dela ocorreram relações das quais não participou e também descobre que tem pela frente um tempo a percorrer para vir a ser como o pai.

O manejo do tempo das sessões pelo paciente evidencia uma distorção que diz respeito à capacidade produtiva da dupla: restringir o tempo de nosso trabalho mostra que podemos fazer muito no pouco tempo que cada dia nos resta de sessão. A minha impaciência para esse tempo que ele nos tira é porque me sinto obrigada a dar conta de muito com pouca ajuda – tenho de prescindir de muitos dados, mas tenho de fazer um trabalho imenso. Essa é a sobrecarga em que ele vive. Se eu assumo com essas características estou sendo tão onipotente quanto ele. A verdade dos nossos limites é negada por ele e por mim.

Mas aí há um componente de confiança e esperança nestas transformações. Há crença no objeto bom interno e externo, possibilitando o interjogo projetivo-introjetivo. Mesmo quando a identificação projetiva maneja objetos idealizados, ela expressa presença de impurezas, no sentido de ter sempre elementos de amor e ódio.

Em análise, estamos sempre atentos aos fatores emocionais e psicodinâmicos que prejudicam ou impedem o paciente de se reconhecer, e a dupla analítica, de desenvolver um bom trabalho. Cuidamos de detectar os bloqueios e as reações que configuram o que costumamos chamar de *reação terapêutica negativa*. Agora, se considerarmos que tudo o que o paciente nos oferece, tudo que faz ou provoca é expressivo de sua maneira de ser, estaremos introduzindo um vértice de observação que não é apenas um complicador, mas dá uma guinada significativa em nossa maneira de aprender as relações interpessoais na análise e fora dela. Então, quando ficamos mais voltados para detectar os "impedimentos" do trabalho analítico e focamos só no paciente, ficamos parecidos com aqueles analisandos que querem nos "descobrir" sorrateiramente. Querem nossa opinião a respeito deles e desconfiam que nunca somos verdadeiros. Querem saber que pessoa é o analista, mas não ficam atentos ao que o analista é ali, se expondo todo tempo com eles. Então o que vale, o que é significativo, nunca é o que o analista diz, mas o que ele omite ou o que ele oculta.

Fazemos o mesmo quando procuramos descobrir os obstáculos que o paciente constrói na análise e não lembramos que esta pessoa só pode se apresentar aqui, hoje, exatamente como está, como é. O obstáculo criado pelo paciente me fala dele, já que é o mesmo que ele carrega e usa em todas as suas relações, até consigo próprio. Os impedimentos são a expressão de como funciona essa personalidade, e que ao comparecerem na análise mostram mais do que escondem do seu mundo interno. Se ficarmos preocupados com o que impede, deixamos de ver o que está sendo possibilitado. E aí o impedimento é nosso. Ou melhor: assim como os analisandos alucinam um analista que não existe, nós também alucinamos um paciente – o outro paciente que se esconde atrás deste. Esta atmosfera alucinada e alucinatória é mais frequente nas situações de análise do que gostaríamos de admitir.

As atuações e as identificações são formas expressivas que fazem parte de um processo de elaboração das experiências emocionais. Os impedimentos do paciente lhe são familiares; a aventura está no seu envolvimento com o analista. Ao mobilizar no analista reações intensas, o paciente está *cutucando a fera com vara curta*; sabe que pode ser devorado e precisa de muita coragem e confiança para viver a experiência. E só bons sentimentos podem sustentar essa aventura na luta contra as angústias persecutórias que ficam reverberando e fragilizando o *self* e são fontes de grande sofrimento.

Em nossos desenvolvimentos teóricos e na prática analítica estamos ainda engatinhando no sentido de incluir a mente do analista na compreensão da vivência da dupla – muitos achados virão, desde que não tenhamos medo de reconhecer nossas próprias obstruções internas, que aliás os pacientes conseguem facilmente mobilizar.

Segundo Steiner (1997), a confiança na existência dos bons objetos internos e externos, do casal harmonioso e criativo, é expressão da força dos instintos de vida e a fragilidade dos vínculos decorre da pressão frequente dos impulsos destrutivos.

A importância de detectar nossas necessidades defensivas, nossa dependência e vulnerabilidade, como mostra Steiner, é fundamental para proteger nossas próprias habilidades e nossos relacionamentos internos com bons objetos. Os transtornos ou "ressentimentos edípicos", como ele mostra, são responsáveis pelas situações de impasses analíticos; ele chama atenção para a capacidade do paciente se "rebelar contra a autoridade parental e atuar seu desejo de vingança tanto em fantasia quanto, de *modo mais moderado*, nos relacionamentos reais, especialmente na situação analítica" (grifos meus). Penso que os atrasos do paciente poderiam ser vistos também por esse prisma; ele se rebela contra a autoridade dos pais (horários das sessões) e mobiliza minha intolerância e prepotência. Enfim, o ódio mobilizando evasões e alucinações nas duas personalidades.

Certamente bons pais psicanalistas internos me ajudaram a sair desse caos; antes deles, outros pais foram acolhedores e acolhidos por mim; e se eu trabalho o meu próprio Édipo posso ajudar meu paciente a entrar em contato com as suas vivências triangulares e a suportar o sofrimento da descoberta de que os objetos que habitam os universos interno e externo são limitados, humanos.

17. A interpretação na prática clínica[1]

Interpretação em psicanálise, longe de ser um tema bem delimitado da teoria e da prática psicanalítica, é extremamente abrangente e difícil, a meu ver, de ser abordado isoladamente.

A interpretação é uma representação da experiência emocional. Uma questão que pode ser colocada é se podemos determinar o que é mais importante na vivência psicanalítica, se os afetos ou as representações. Desdobrando esse questionamento, poderíamos ter várias proposições ou talvez maneiras diferentes de fazer a mesma pergunta: a vivência emocional propicia desenvolvimento independente de merecer uma representação mental que organiza os dados da experiência? Os significados só são alcançados pela interpretação ou eles estão implícitos e o ocorrer da experiência é suficiente para preencher as lacunas do conhecimento? É o encontro dos elos de significação perdidos que permite o desenvolvimento mental ou é a possibilidade de vivenciar sentimentos reprimidos?

---

1 Comunicação oral, não publicada.

Desenvolver todos esses aspectos implicaria num trabalho amplo e complexo que esbarra nas minhas limitações pessoais e nos propósitos deste relato e da jornada. Embora meu enfoque seja bem restrito, está relacionado a essas questões. Tentarei desenvolver considerações sobre algumas das condições necessárias para que, por meio das interações dos sentimentos com o pensar, a relação analítica possa promover recursos integrativos.

Ao dar interpretação, o analista oferece ao paciente sua transformação da experiência emocional que está ocorrendo; ele fornece um elo que possibilita ao paciente articular os sentimentos com a atividade cognitiva. A interpretação pode promover o *insight* analítico, que por sua vez vai possibilitar a integração das partes cindidas da mente. Mas, a meu ver, a articulação entre processo ideativo e processo afetivo, na análise, não decorre exclusivamente da interpretação, mas da relação analítica como um todo.

Inicialmente, Freud considerava que os afetos eram perturbadores do processo de pensamento, as representações eram vistas por ele como mais importantes do que os afetos para a organização psíquica. Uma significativa mudança em suas ideias vai ocorrer quando Freud propõe a dualidade instintiva que acentua a importância dos impulsos, e ainda com a teoria da transferência, quando os afetos passam a ocupar um lugar proeminente.

Melanie Klein, centrando suas observações e suas teorias nas vicissitudes da angústia e na relação de objeto, traz a experiência emocional para um primeiro plano; é a qualidade da experiência emocional que se busca detectar na relação analítica. A relação com o paciente deixa de ser também uma relação de observação neutra para ser uma relação empática.

Para Bion, afetos e pensamentos estão conectados. São experiências de frustração e de gratificação que vão balizar a construção do aparelho para formar os pensamentos.

O aparelho psíquico tem como tarefa fundamental dar sentido ao que é experimentado de forma difusa e sem representação. Cabe ainda ao aparelho psíquico criar e promover articulações às representações, organizar as experiências, estabelecer continuidade, conter os impulsos, manter coesão interna e impedir a desorganização psíquica.

O ser humano tem uma predisposição inata para o conhecimento da verdade. O recém-nascido é dotado de recursos inatos para conhecer os fatos da vida que ele começa a viver, mas a maneira como esses recursos são usados e a interferência de fatores emocionais vão impedir uma aquisição tranquila e progressiva dos novos conhecimentos necessários. Porque é também inerente ao ser humano, desde o nascimento, o ter de recorrer às distorções para sobreviver mentalmente. O que são os mecanismos de defesa se não criações mentais fantásticas: a onipotência e a onisciência são falsos recursos; o objeto idealizado é uma falsidade e a identificação projetiva é uma fantasia onipotente, uma distorção da verdade. Mas são falsas noções necessárias para a sobrevivência de um aparelho psíquico frágil, permanentemente ameaçado de entrar em colapso em decorrência da atuação dos impulsos destrutivos internos e pelo excesso de solicitação e pressão externa.

As inverdades são defesas necessárias contra a intolerável vivência de desamparo e de fragilidade do ser; nos protegem da angústia, do terror inominável; nascemos criando inverdades que nos distanciam do conhecimento das realidades interna e externa. Só que no decorrer da vida vamos ter de nos libertar dessas falsificações pelo mesmo motivo: sobrevivência psíquica. Se prosseguirmos com uma mente onde predominam as falsidades, o colapso é inevitável.

Por outro lado, temos desde o nascer a capacidade de conhecer os aspectos da realidade externa e a possibilidade de interagir com o meio – a criança sabe da existência da mãe e sabe como provocar reações nela e fazê-la vir em seu socorro sempre que necessário. Mecanismos de defesa e ambiente são manipulados pela criança; o recém-nascido é dotado de recursos para se defender do desconforto interno e externo; é ainda capaz de suportar emoções e angústias.

Nascemos deturpando os fatos e necessitando da verdade para sobreviver; só que esse nascer e crescer não pertencem ao passado; são um acontecer constante da mente humana.

Melanie Klein mostra como só na posição depressiva (PD) é que as distorções vão sendo reconhecidas como tais. Se antes a posição esquizoparanoide (PS) era um fator de sobrevivência, agora o conhecimento da realidade externa e interna é vital. Curiosamente, a presença do instinto de morte e dos fatores desintegrativos da vivência esquizoparanoide é uma prova da força da vida; o interjogo PS – PD é a expressão da luta pela vida.

Para o bom funcionamento da mente é necessário reconhecer uma experiência sensório-emocional e saber no que ela consiste. Adquirir conhecimento é isso – saber no que consiste a experiência emocional que se está vivendo e poder comunicá-la, enquadrá-la dentro de uma linguagem. Encontrar meios de articular a vivência com uma linguagem é o caminho para o conhecimento. Portanto, em análise, ou fora dela, uma vivência emocional, por mais caótica que ela seja, expressa a busca, a procura do conhecimento; ao vivenciar os sentimentos, o analisando está se comunicando e expressando o desejo de saber de si. É uma particularidade do afeto poder ser sentido pelo outro e poder ser induzido em outras pessoas; e o paciente tenta provocar sentimentos no analista. Buscar a análise é buscar meios mais eficientes de comunicação intrapsíquica e com objetos externos. É também buscar as palavras que representam a experiência, a organizam e afirmam o seu significado; e o paciente tenta suprir a falha do seu aparelho psíquico emprestando o aparelho psíquico do analista para essa tarefa fundamental.

A primeira forma de comunicação é a identificação projetiva, de que a criança lança mão para expressar sentimentos e para fazer trocas com a mãe. Então, há uma contra-identificação-projetiva-realística quando se deixa penetrar pelo bebê, buscando dentro de si, nos seus próprios sentimentos, a compreensão para o que se passa com a criança. Intuir é identificar em si emoções, reconhecê-las, distingui-las das outras e dar-lhe nomes; é revolver e localizar internamente sentimentos conhecidos, muitas vezes penosos, e poder vivê-los novamente, mesmo que de maneira fugaz. E a interpretação, que é um momento criativo do analista, é também um momento depressivo. Analista e paciente juntos na dor-satisfação. Penso que muitas vezes o analista está escapando dessa dor quando não consegue oferecer ao paciente a interpretação adequada. Sentir o paciente é ser capaz de sentir a si mesmo, de ter prontidão e disponibilidade para vivenciar o seu próprio mundo interno. Ao representar a vivência emergente, o analista atribui significados e estabelece conexões que não eram conhecidos pelo paciente até então. A interpretação traz o novo e possibilita que uma nova organização mental se instale; consequentemente uma nova experiência emocional tende a ocorrer, e assim por diante. Penso que integrar não é apenas o encontro do sujeito com ele mesmo, mas a condição de instalação de um novo funcionamento mental que acontece a cada movimento integrativo interno. Há, portanto, um constante vir a ser que não se esgota com a análise.

E a interpretação, que evidencia o contato do analista com o mundo interno do paciente, permite ainda ao paciente constatar que o analista o acolheu dentro de si. Esse analista acolhedor se presta agora à identificação e à introjeção pelo paciente e vai se tornar, dentro dele, sua fonte de força, vitalidade e coesão.

Desenvolvem-se então as condições para o respeito e a responsabilidade, atributos da mente integrada: respeito pela verdade e o poder assumir a responsabilidade de ser a pessoa que surge na interpretação.

Outra decorrência importante do relacionamento é o esforço de adaptação do paciente a seu analista. O analista existe para o paciente de duas maneiras: ora ele é apenas uma criação da sua mente, resultado de projeções, introjeções e identificações projetivas; ora ele é outra pessoa com quem o paciente partilha sua intimidade e desenvolve um trabalho. Nesta última situação, principalmente, o paciente aprende a tolerar a falta de conhecimento do analista, sua pobreza intuitiva recorrente, sua pressa ou lentidão e ainda aspectos psicóticos do analista como intervenções oniscientes, intolerância, agressividade, rigidez e mesmo *acting*; esse é um prisma da vivência analítica muito enriquecedor para ambos; e quanto mais o paciente desenvolve recursos de adaptação e aceitação, mais ele pode nos ajudar a ser melhores analistas, como a criança ajuda a mãe a ser melhor mãe.

O momento psicótico, a meu ver, não é propício a interpretações – existe a necessidade de uma certa distância, por menor que ela seja, para que analista e analisando possam reunir os fragmentos da vivência psicótica e elaborá-los. Dizendo de outra maneira: a inveja intensa do paciente, por exemplo, levando a uma transformação em alucinose, só pode ser realizada quando o sentimento já não estiver existindo ou tenha decrescido; porque toda interpretação é restritiva e para suportar restrições é necessário tolerância; e é exatamente a intolerância que o está levando a alucinar. Então na vivência psicótica, o analista pode “participar” dela, “mergulhar” com seu paciente, ou aguardar que ela passe.

São também manifestações psicóticas as tentativas de destruir a mente do analista e sua própria, o que merece ser objeto de atenção permanente do analista. Bion, a meu ver, foi quem melhor e mais insistentemente nos preveniu para esses acontecimentos quando, entre outros aspectos, chama atenção para a recorrência do paciente à visão moral. Se a moral é a prova de existência do homem como homem, o uso distorcido dela leva à criação de uma falsa culpa, que manejada pela parte psicótica da personalidade pode atingir analista e analisando de maneira desastrosa.

Interpretamos a fantasia inconsciente. A questão de se devemos interpretar o conteúdo das fantasias inconscientes como a função da comunicação dizem respeito e são mobilizadas pela relação de objeto, vivenciada na sessão; o uso que o paciente faz da comunicação, o que ele quer que ela provoque é também uma fantasia.

O paciente tem dificuldade em aceitar, e muitas vezes medo de conviver com seu mundo subjetivo. Ao interpretar a fantasia inconsciente, o analista afirma sua aceitação e participa do universo mental do paciente. E é por essa "assimilação" do seu mundo interno que se desenvolvem também seus recursos adaptativos.

André Green (1979, p. 522) questiona a técnica kleiniana de interpretação das fantasias inconscientes. Ele entende que a verbalização das fantasias inconscientes é uma representação já pronta do analista; ele acha que elas não estão à disposição do aparelho psíquico do paciente e que o analista parte do pressuposto de que o paciente não tem condição de um trabalho psíquico elaborativo. Eu penso que a fantasia inconsciente é uma elaboração psíquica do paciente, anterior a qualquer análise, porque está vinculada às experiências mais precoces. E quando Green propõe uma técnica interpretativa que "não fale a ele (paciente) de fora, mesmo quando procura comunicar o que lhe é mais íntimo" (1979, p. 511), penso que a interpretação da fantasia inconsciente é o que chega mais perto disso.

Interpretação dos conteúdos da fantasia do inconsciente, interpretação da função da comunicação e o uso de modelos – penso que o trabalho analítico ainda segue esses caminhos, embora a experiência pessoal de cada um possibilite grandes variações.

Quando o analista se atém menos a normas técnicas ou a padrões interpretativos tradicionais; quando ele "conversa" mais com o paciente e "interpreta" menos, não se tratam, a meu ver, de alterações técnicas ou teóricas significativas, mas de consequências naturais de seu próprio desenvolvimento pessoal, que o tornam senhor de seu próprio estilo, condição prioritária para um bom trabalho analítico.

Por meio de dois pequenos fragmentos de sessão (pacientes diferentes), eu penso poder ilustrar alguns aspectos expostos.

A paciente chega com 11 minutos de atraso. Entra apressada, deita, aguarda um pouco e diz:

— O ônibus atrasou hoje.

Eu não digo nada. Depois de mais uns 3 minutos de silêncio, ela fala:

— Quando eu estava ontem com F. eu contava a ela das minhas atividades, dos vários lugares onde eu trabalho, de tudo que eu faço. Ela ficou impressionada, achando terrível. Não sei por que falei assim para ela; eu exagerei. Não é bem assim. Não é nada tão cansativo, tão insuportável. Só sei que precisei dar essa imagem a ela.

— Você fala da imagem que tem dentro de você de uma Suad tão voraz, que para você satisfazer aqui e pagar o que me paga, precisa de muito esforço, um enorme sacrifício.

— Acho que tem muito a ver, sim. Era algo assim mesmo que eu queria passar para ela. Mas eu não entendo, porque acho tão bom estar aqui! Quando me perguntam da análise, eu digo que gosto muito, que vai bem. Eu estou satisfeita. Não dá pra entender.

O que a paciente estava me transmitindo era a experiência emocional de ter duas analistas dentro dela; uma voraz e inteligente, e outra acolhedora. Talvez a ausência de intervenção minha logo no início facilitou a ela sentir-se aliviada de uma pressão interna, de uma exigência de sua chegada na hora e falar. O fato de não ter havido uma "cobrança" permitiu a ela questionar a analista que trazia dentro de si, a que descreveu para F.; a vivência do aqui-agora ("tão bom estar aqui") e a experiência imediatamente anterior (a chegada apressada) permitiu um conforto entre sentimentos antagônicos e entre as duas analistas (a interna e a externa). Não foi a minha intervenção que trouxe o questionamento e a percepção - eles já existiam. A minha transformação apenas facilitou a organização interna da vivência emocional integrativa.

Duas sessões antes desta eu comuniquei ao paciente o reajuste no preço das sessões. Desde minha comunicação ele se mantém em silêncio tenso. Nesta sessão (a terceira depois do reajuste) ele chega, coloca o cheque de pagamento do mês que está terminando na mesa e vai para o divã.

Digo que o vejo tendo muita dificuldade para estar aqui hoje. Ele concorda: "Estou". Digo também que é difícil para ele me falar o que está ocorrendo. Ele diz então: "Estou decepcionado! Perdi a confiança".

— Em mim...

— É... Você sabia o quanto é difícil este assunto pagamento para mim. Você fez isto num momento inadequado; você sabia que não era a hora de falar nisso. E depois você não fez nada para me ajudar.

Eu não devia ter reajustado o preço das sessões; eu devia saber que ele iria se sentir mal; eu devia saber que aquele não era o momento oportuno para comunicar o reajuste; eu devo saber qual é o momento oportuno; eu sabia que ele ia sofrer; eu não providenciei para que ele não sofresse.

Estão aí bem caracterizados: o ódio, a violência moral, a onipotência, a idealização e o recurso à casualidade. Penso que houve, no longo silêncio do paciente, a explosão interna de um ódio muito intenso; não conseguindo usar da identificação projetiva ocorreu, então, a projeção explosiva dentro do seu próprio espaço mental. E foi necessário um grande esforço (de ambos, analisando e analista) para aguardar até que houvesse uma possibilidade de articulação das emoções. Quando pudemos conversar já estávamos em outro momento.

É tão intensa a necessidade do paciente de se distanciar de seus sentimentos que precisa arrumar uma série causal eficiente para que se mantenha fora dele o móvel causador das emoções desprazerosas. Existe nele mesmo uma falha intolerável, causa de sua decepção: o não poder impedir a eclosão de sentimentos penosos e contraditórios. Por outro lado, acusando o analista ele mantém a idealização de si mesmo. Ao acreditar que eu sou a "causa", ele não tem outra opção a não ser a visão moral, já que está impossibilitado de conhecer o significado das ocorrências internas ao nível de pensamento. É o ódio à realidade interna e externa que impede o conhecimento.

A culpa sem sentido que ele tenta instalar dentro do objeto tem ainda a finalidade de manter-me sob controle e provocar em mim um estado de ânimo devastador, com todas as vantagens que isso traz para sua inveja. Esta "fidelidade" a si mesmo, à sua construção mental, que ele não questiona, é uma verdadeira idolatria, como se aquilo que sua mente forjou fosse um Deus a ser adorado.

Nenhuma generosidade para com o objeto e para consigo mesmo, e nenhum respeito às limitações humanas.

Eu me sentia diante de um acusador implacável que insistia em me provar que eu tenho recursos extraordinários, mas que deliberadamente me nego a usá-los. Mostrei a ele então o temor que ele tinha de me descobrir muito limitada, diferente dessa pessoa poderosa que ele dizia ser eu.

O paciente continua afirmando que eu "não devia falhar nunca", e assim me dá a oportunidade de mostrar a ele que sua experiência é bem diferente de suas "teorias", já que estamos aqui continuando nossa convivência "imperfeita".

Referências

Bion, W. R. (1972). *Volviendo a pensar*. Horme.

Bion, W. R. (1984). *Transformações*. Imago.

Green, A. (1979). Tradução – concepções sobre o afeto. *Revista Brasileira de Psicanálise, 13*(479).

Klein, M. (1967). Notas sobre algunos mecanismos esquizoides. In *Desarrollos en Psicoanalisis*. Horme.

Money-Kyrle, R. E. (1981). *Cognitive development in do I dare disturb the universe?* (p. 537). Caesura Press.

18. A psicanálise clínica como um processo de conhecimento[1]

Eu sou psicanalista, mas nem é da psicanálise que eu vou falar, e sim do meu trabalho clínico psicanalítico, e aqui já faço, então, outra restrição.

Pensei em dar alguns exemplos de situações clínicas para introduzir melhor o tema e escolhi dois relatos para ilustrar. Vejamos o primeiro.

O analisando chega atrasado. Ele vê minha porta aberta, vê que estou na sala, mas não se aproxima. Vai, como de costume, sentar-se na sala de espera e aguarda que eu o chame. Vou convidá-lo para entrar. Mostro a ele o que ocorrera: que ele esperou ser chamado e não entrou mesmo sabendo que estava atrasado, e que eu o aguardava. Aí ele diz: "Mas minha conduta está certa; eu não poderia fazer diferente. Se eu entrasse na sala, seria uma invasão".

Mostro que a invasão que ele teme, e que ele tem como certa, é a que ocorreria dentro dele: se entrasse seria invadido de muita

1 Comunicação oral, não publicada.

emoção; e que foi essa invasão, dentro dele, que tentou evitar. Eu penso em emoções do tipo insegurança, inibição, angústia, receio de ser rejeitado e não tolerar, ou coisas assim.

Ele discute comigo e diz que está certo, que não fica bem ir entrando numa sala etc.

Passo, então, a focalizar o outro aspecto da experiência: que ele se preocupava muito com o certo e o errado, portanto, com as *normas*, e que por essa razão ele não podia verificar, dentro dele, a experiência emocional que eu estava mostrando.

Ele também tentava obter de mim uma resposta *dele* por outra *minha*; para ele, a norma correta era: não devo entrar enquanto não for convidado; ele queria saber se eu tinha outra que seria: você deve entrar sem que eu o convide.

Eu estava enfocando o que, nessa situação, mobilizava sua conduta, para poder conversar não sobre as normas, ou sobre o certo e o errado, mas sobre a maneira de sentir, a vivência dele naquele momento. E, de fato, havia muitas coisas a ver: havia o temor do paciente em enfrentar uma situação nova, por exemplo. Já que era a primeira vez que ele se atrasava, esse era um elemento novo a ser considerado por ele e que não foi. Ele repetiu uma situação já mais bem conhecida – ir sentar na sala e esperar que eu o chame – e negou o elemento novo que alterava completamente a situação. Transformou uma situação diferente numa situação igual e conhecida; negou o desconhecido e não foi capaz de *discriminação*. A incapacidade de discriminação, nessa situação, estava a serviço do temor ao novo, ao desconhecido.

Outro aspecto que eu ressalto nessa experiência é a convicção do analisando de que pode invadir e perturbar o analista. Ele se acredita capaz de causar esse dano. E é o temor de ser então muito destrutivo que o leva a não poder entrar na sala. Vejam: há aí também um aspecto de onipotência, porque ele se sente poderoso na capacidade de causar um mal à analista – e a analista diante dele, nesta situação, fica sendo sentida por ele como muito frágil e indefesa. É como se ele dissesse: "Não posso entrar porque a senhora vai ficar perturbada comigo" – e isso para ele é um fato e não uma ideia. Então ele não precisa fazer a experiência – ele já sabe. Ele não precisa entrar para ver o que vai acontecer; ele já sabe. Essa é uma falsa concepção que precisa ser mostrada a ele: a de que só a experiência pode lhe oferecer os elementos para ele saber algo; sem viver a experiência ele não pode saber nada, nem sobre ele mesmo, nem sobre mim.

O analisando vivia o momento como uma situação de julgamento e de orientação diretiva. Também havia implícito o desejo de cura – ou de modificação de conduta. Na mente do paciente os elementos em jogo eram: 1) *Estou certo ou errado?* 2) *Qual a orientação que a senhora vai me dar?* 3) *Como devo mudar a conduta?*

Mas eu, com minhas intervenções, não estava respondendo a nada disso: eu mostrava o quadro mental do analisando que o levasse a agir, a pensar e a ter essas expectativas. Procuro lhe dar um conhecimento de si mesmo, eu lhe ofereço uma análise de sua maneira de ser no momento – é isso que o analista faz: não julga, não dirige, não pretende curar.

Antes de desenvolver essas questões, vou dar outro exemplo.

Outro analisando, durante muitos meses, me trazia como angústia fundamental a situação de sua firma comercial; durante anos ele viveu as oscilações da firma com grande desespero. As relações entre funcionários, cada necessidade de renovação do pessoal, os lucros, os prejuízos, empréstimos, tudo era trazido para a sessão e ele me perguntava sempre, depois de cada colocação: – O que eu devo fazer? E depois eu mostrava alguma coisa: – Mas a senhora não me disse o que eu devo fazer!

Levamos meses para que o analisando descobrisse o que eu tentava sempre mostrar a ele: que ele e a firma eram coisas distintas. Ele estava tão confuso com a firma que não havia como chegar até ele – *ele pessoa*. A partir da percepção de que ele era ali uma pessoa e que era dele que nós podíamos conversar, as coisas foram se clareando e ele pode descobrir que os fracassos da firma não significavam um fracasso pessoal *dele*; que se ele acabasse com a firma ou a dissolvesse, isso não queria dizer que ele estava falido como pessoa, porque era jovem e podia ainda tentar tantas coisas. Mas também ele podia ver que a situação confusa não era da firma, e sim da sua mente confusa, desorganizada, que o angustiava. E que também era ele que não conseguia encontrar satisfação consigo mesmo e precisava de uma *firma* arrebentada para justificar sua insatisfação pessoal.

Sempre que ele se sentia incapaz de tomar uma decisão ou quando a desconfiança e a má vontade tomavam conta dele, se queixava de seus funcionários ou sócios ou da situação econômica do país. Encontrava sempre fora dele as justificativas para sua insatisfação, que eram basicamente pessoais, com ele mesmo, porque ele desejava ser uma pessoa segura, tranquila, decidida e não podia ver que ele não era nada disso. Era insuportável se ver dessa maneira – então, a firma servia bem para justificar seus temores e sua insatisfação. E o pior é que tudo o que ele afirmava da firma podia e devia ser mesmo correto – o problema é que ele não fazia a separação necessária. Quando isto foi feito, o analisando sofreu muito porque se defrontou com suas principais limitações, mas também pôde ir se reorganizando lentamente e pôde se desenvolver, crescer emocionalmente.

Portanto, o que o analista pode oferecer ao analisando é uma apresentação dele a ele mesmo, nada mais do que isso. O que não quer dizer que os analisandos não estejam *sempre* esperando ou acreditando que o analista o está julgando ou acusando, ou corrigindo, ou mesmo oferecendo dicas para ele se modificar. Acham muitas vezes que o analista está com a expectativa de que *tem* de se modificar. Isso porque ele vem procurando geralmente uma *cura*. De fato, a psicanálise nasceu como uma técnica para curar pacientes.

Freud era médico e todo o seu pensamento ao descobrir a psicanálise estava imbuído do desejo de desenvolver um corpo científico e uma técnica que possibilitasse a cura dos pacientes neuróticos que o procuravam. Durante muitos anos e até nossos dias, para muitos psicanalistas, esse é o objetivo principal a ser perseguido no trabalho com os analisandos. Para um grande número de analistas atualmente, e eu me incluo aqui, já não se trata mais de procurar *curar* o analisando, mas de possibilitar a ele um conhecimento sobre si mesmo. Portanto, a psicanálise, vista por esse ângulo, não é uma terapia, não se enquadra entre as terapias. Esse enfoque implica fundamentalmente o seguinte: o trabalho analítico é uma experiência a dois em que o analista está todo voltado para entender a situação emocional do analisando e transmitir a ele esse entendimento que emerge ali, na vivência do momento. O que o analista tenta é ajudar o analisando a compreender como ele enfrenta os conflitos e como responde às situações externas.

Não implica, portanto, em julgamento, ou numa visão moral de certo e errado, bom ou mau etc. Não é uma situação pedagógica, também não implica em *aconselhamento* ou atitudes diretivas, faça isso ou aquilo, e não implica fundamentalmente numa tentativa de mudar o analisando, ou, num aspecto mais amplo, em *curá-lo*.

Eu falo de conhecer a si mesmo. Vejamos, então. Qual imagem uma pessoa faz de si mesma? É muito comum as pessoas pensarem que *são* aquilo que na verdade elas *gostariam* ou *deveriam* ser e não se dão conta *do que são de fato*. Outras acreditam ser muito mais limitadas do que são na realidade; mas, de modo geral, as pessoas fazem de si mesmas imagens idealizadas. Muitos aspectos de identidade de uma pessoa são desconhecidos por ela mesma; fazem parte de uma grande área de desconhecimento. As crenças individuais, os mitos pessoais fazem parte dessas áreas desconhecidas; desenvolvemos mitos a respeito de nós mesmos e vivemos em função deles sem, muitas vezes, nos dar conta de que criamos uma religião pessoal, com dogmas rígidos, e que ficamos submetidos. A análise é uma oportunidade para conhecer esses pontos de identidade.

A única possibilidade que uma pessoa tem de se modificar é por meio de seus próprios recursos, que ela deve *conhecer*, antes de tudo. Todo conhecimento traz consequências, o conhecimento é terrivelmente consequente. É impossível a imobilidade total ou a total negação dos efeitos internos que um conhecimento novo traz. No momento em que você passa a autoconhecer algo novo, você já não é o mesmo – mesmo que você queira negar esse conhecimento, a ação interna de negar já implica numa modificação, num processo dinâmico que passa a ocorrer. Se a condição agora é mais prazerosa ou menos prazerosa, mais conflitiva etc., não podemos nunca prever *antes*. O uso que o analisando pode fazer de um conhecimento que surge ali na relação com o analista é o que estamos verificando a cada momento. E por isso estamos sempre partindo de um zero. O que eu mostro não tem qualquer valor em si, mas tem um valor que será determinado, que vamos conhecer agora, a partir da reação do analisando.

Se eu observo, por exemplo, que o analisando está descontente comigo, eu mostro isso a ele e vejo o que acontecerá: ele pode reconhecer prontamente sua insatisfação e passamos a conversar, a pesquisar o porquê dela; mas ele também pode negar, pode não tomar conhecimento de minha proposição ou pode se surpreender com ela. A partir desse novo acontecimento, qualquer um deles, nós vamos trabalhar. Então, a cada passo estamos verificando, pesquisando a vivência do analisando ali, na relação presente. Esse é um trabalho difícil para ambos, e exige do analista muita disciplina e treino pessoal. A análise pessoal do analista, seus recursos pessoais são o seu instrumento de trabalho, que ele deve estar sempre melhorando, desenvolvendo. A regra mais importante a ser seguida é a de abolir *memória* e *desejo*. Temos de tentar, em análise, trabalhar sem memória e sem desejo. E o que é isso? *Sem memória* significa estar presente com o analisando ali e observando o que se passa *agora*, neste momento, e não deixar que o conhecimento das teorias ou o conhecimento do próprio analisando que já tivemos em outras situações interfiram na compreensão do que está ocorrendo. Se você fica apegado às teorias corre o risco de querer enquadrar o analisando nesta ou naquela teoria, e isso é muito perigoso. A função da teoria, para o verdadeiro cientista, não é essa; não se trata de reduzir as pessoas a um corpo de ideias já estabelecidas, mas em estar sempre pronto a tirar de sua própria experiência as conformações ou refutações das teorias existentes. A experiência viva é que põe a teoria à prova, e não o contrário. É ainda a experiência que permite ampliar o alcance das teorias.

Com a cabeça cheia de conhecimentos prévios, o analista não pode viver a experiência que está se desenvolvendo e participar dela; e isso é fundamental: o analista não é um observador passivo, ele participa totalmente da relação. E é de sua capacidade intuitiva, de sua sensibilidade e capacidade de observação que ele precisa lançar mão, e não de conhecimentos anteriores que só servem para obstruir e perturbar a compreensão da situação presente.

Por outro lado, o analista não pode estar imbuído do *desejo de curar*; se ele se empenha nisso, não terá condições para entender mais nada. É como a mãe com seu filho: se ela está muito empenhada em que o filho coma, por exemplo, ela começa insistindo na mamadeira, depois tenta a sopinha, depois o suco etc.; entra numa roda viva de atuações que visam exclusivamente obter o que ela tem em mente e que para ela é o mais importante: que ele coma. Nesse estado emocional ela não pode parar de observar a criança e tentar descobrir *porque ela não quer comer*, o que está acontecendo e se ela está necessitando de comida naquele momento. Se o analista quer diminuir a ansiedade do analisando ou quer tranquilizá-lo, por exemplo, passa a procurar o que lhe dizer para conseguir isso – na verdade, perde a oportunidade de verificar exatamente o que está provocando a ansiedade. Se o analista assume uma função curativa perde a oportunidade de oferecer ao analisando a possibilidade de ampliar seus horizontes.

Outro risco que o analista corre ao ter *desejos* em relação ao paciente é de exatamente assumir uma postura crítica e normativa e assim se transformar na parte superegoica do analisando. O analista que se empenha muito para que o analisando *fale* precisa verificar se não é ele, analista, que não está suportando o silêncio e daí precisa quase exigir que o outro fale. É difícil, mas necessário, que suportemos o silêncio, assim como a angústia, as exigências, a desconfiança e assim por diante.

Muitas vezes, é a arrogância do analisando que cria situações de verdadeiros impasses durante o trabalho; a necessidade de destruir nossas versões e de fazer prevalecer seu ponto de vista é muito comum. Aliada a esse aspecto vem também a inveja, com toda sua destrutividade, a fazer em frangalhos nossas proposições. Esses aspectos são muito importantes e configuram a emergência da personalidade psicótica, sempre presente e escondida pela parte não psicótica da personalidade. Poder detectar esses aspectos e ajudar nossos analisandos a conhecê-los é nossa função; se ele tem ou não condições de conviver com esse conhecimento é o que temos de verificar; é o que se vai descobrir.

É preciso muita paciência, tolerância e sensibilidade para esperar que o conhecimento emerja ou para poder tolerar não termos condições de alcançar conhecimento algum em algumas situações. A análise é um trabalho lento, longo, minucioso, que exige de ambos os membros da dupla, analista e analisando, paciência e capacidade de suportar frustrações.

19. Os jovens e os vínculos sociais[1]

Na clínica, temos a oportunidade de conhecer as angústias dos adolescentes e muitas vezes eles nos ajudam a examinar com cuidado as questões sociais atuais como um todo. Os adolescentes nos possibilitam olhar o mundo em que vivemos de maneira muito especial; ninguém melhor que eles para nos apontarem nossas contradições, distorções e questionamentos. Se quisermos compreender as questões sociais ou as mudanças rápidas do mundo em que vivemos, prestemos atenção nos adolescentes, com respeito e coragem.

Um atendimento recente me chamou especialmente a atenção: "Não gosto desta cidade, não gosto da faculdade, não gosto dos colegas". Quem me diz isto é uma bonita jovem, bem-cuidada, sorridente. Ela me foi encaminhada pela mãe que, por telefone, disse estar muito preocupada com essa filha, que repete todos os dias essa mesma fala para os familiares. São de outra cidade e a filha veio, há um ano, para estudar em uma excelente faculdade, das

[1] Comunicação oral, não publicada.

melhores do país, onde entrou com facilidade. Na mesma ocasião foi aprovada em todas as faculdades em que prestou vestibular; e sempre na mesma carreira ou na mesma profissão de ambos os pais. Na entrevista, pergunto à jovem por que não desiste e volta para casa; ela me responde prontamente: "Porque isso é tudo o que meus pais querem; eles não vão aguentar". Continuamos nossa conversa e ela concorda em fazer análise. Combinamos horários. No dia seguinte a mãe me telefona e diz que ela não quer fazer análise e que disse à mãe que deveria dar a ela o dinheiro que me pagaria, já que ela saberia gastar de maneira muito melhor – compraria roupas e joias lindas!

Ao pensar essa situação me ocorreram duas versões quase opostas. É o que vou relatar.

Na luta para construir sua autonomia, os jovens frequentemente questionam os valores vigentes. São observadores perspicazes e críticos severos. O adolescente aponta o que não quer, justifica suas críticas e arrisca enfrentar. Nossa jovem, intelectualmente brilhante, não faz isso exatamente quando diz que não gosta, quando diz que o que faz é pelos pais, e quando valoriza o que ela sabe que não tem um verdadeiro valor (as joias não são realmente importantes para quem sabe que é necessário muito esforço, capacidade, competência e perseverança para chegar onde está).

Ela está fazendo um enfrentamento diferente. Ela se diferencia quando diz *não gosto* para aquilo que todos valorizam: a faculdade, para onde vão jovens de todo o mundo e a cidade que encanta quem a conhece. Para a paciente, o gostar e o não gostar têm a ver com o *ser* e o *não ser*; se não gosta ela se mantém diferenciada, única. Se gosta, como os outros, ela se dissolve. Ela está buscando uma definição pessoal que acredita poder conquistar dessa maneira.

Com os adolescentes vivemos sempre muitas contradições: os pais querem que os filhos os repitam e ao mesmo tempo querem os filhos mais livres, mais criativos e mais felizes. O filho quer preservar suas raízes e ao mesmo tempo quer superá-las; quer expandir seus horizontes e ao mesmo tempo teme se perder. Essa é a angústia sempre presente: querem ser autônomos e ao mesmo tempo têm medo de trair sua própria essência.

Quando a jovem diz que gosta de não gostar ou, que não gosta ou não quer gostar, temos uma questão séria e nova nos desafiando. Esse é um problema diretamente relacionado às pulsões? Ou ao contrário, essa é a questão mais ampla que estou querendo detectar?

Sabemos que as pulsões representam um impacto constante, que busca expressão ou satisfação. Cabe ao aparato psíquico dar conta dessa tarefa. "O aparelho psíquico não é só formado a partir da pulsão, mas se forma para dar conta do caos advindo da vida pulsional" (Freud, 1915). Eu diria que esse caos está comparecendo aqui no nosso caso como indiscriminação; essa jovem não está discriminando o que realmente a assusta, o que é realmente importante.

Meltzer (1994, p. 52) fala que os *borderline*, os psicóticos e os psicopatas têm um defeito fundamental na não diferenciação entre o bom e o mau, sendo "incapazes de fazer a diferenciação ou fazendo-a de maneira rígida, ligada a critérios descritivos que escarnecem do próprio propósito da operação" ou, diz ele, ainda, "os mantêm em uma relação completamente invertida, um em relação ao outro. Não acredito que estamos diante de um quadro tão grave, embora muito sério e necessitando ser compreendido".

Quando ela afirma que não gosta do que está tendo, na verdade está mostrando que não quer entrar em contato com o novo: "O conflito a respeito do objeto *presente* é mais significativo do que toda a série de ansiedades a respeito do objeto ausente" (Meltzer, 1994, p. 53). Então não é a presença ou ausência do familiar ali com ela o mais importante, mas as situações novas e as mobilizações internas que o novo traz. Meltzer (1994, p. 52) diz, ainda, que é "a intimidade apaixonada com outro ser humano" o aspecto mais assustador e subjacente em todas as situações psicopatológicas. Eu diria que o encontro com ela mesma é o que mais assusta, porque é um encontro com o adolescente de hoje em confronto com a sociedade.

Para não se envolver com o diferente, pessoas ou situações, ela se comporta como a criancinha barulhenta, que grita e obriga os pais a estarem sempre por perto, cuidando dela. O seu aspecto consumista é coerente com esse padrão infantil de indiscriminação. Ela criou seu esquema próprio de independência e ao mesmo tempo de domínio e não quer correr riscos. Enquanto mantém os pais inseguros, angustiados, perdidos, ela os está controlando eficientemente. Quando não aceita ajuda, ela está negando que possa haver algo mais importante do que ela mesma. Ela não quer conhecer os significados de seu desconforto, por isso rejeita a análise. Ela não acredita que ganha na valorização e ressignificação de seus vínculos. Ela não acredita que vai se enriquecer ao ampliar seu universo de conhecimento e de relacionamento.

Quando ela não pode se vincular a tudo que hoje faz parte de sua vida está se impedindo de usufruir daquilo que é seu; prefere ficar reclamando do que *não tem* e não usufrui do *que tem*. O que perde fica sendo falsamente valorizado como quando ficamos lamentando a perda da condição infantil quando essa condição já não tem mais sentido. O ganho em crescimento, em experiência, em ampliação de recursos é negado.

Por outro lado, quando ela mostra extraordinária competência intelectual, ela está expondo que tem recursos para pensar, que não é ingênua, tola. Sabe o que quer e como conseguir. A dependência seria então real e necessária?

Ela se nega a fazer novos vínculos – essa é a questão central. Onde deveriam existir vínculos de amor e interesse aparecem o ódio e o desprezo. O desejo de saber é substituído pela hipocrisia ou pela indiferença ou pelo fingimento.

Quando ela foge dos novos vínculos, com a cidade, com a faculdade, com os novos colegas, com a análise, ela foge de assumir novas responsabilidades. Qualquer vínculo implica na necessidade de cuidar, de preservar. Vincular-se inclui preocupação, possibilidade de perda e de sofrimento. Ela não acredita que consegue fazer esse esforço ou ela não acredita que vale a pena?

Um aspecto fundamental a ser considerado é o ataque invejoso ao núcleo familiar. Sendo a filha incapaz, que dá trabalho, que causa muitas angústias, ela está afirmando a incompetência dos pais, que não conseguiram criar uma filha forte, valente. Se ela se coloca saudável, com muito sucesso na vida, ela acredita que são os pais que comparecem como bons pais – o sucesso é deles, a competência é deles. Então a inveja tem de ser levada em conta em muitas situações de impasse. Mas a questão que eu coloco é se essa oposição não é mais ampla, e abarcando todo seu ambiente social. A consequência mais importante é a impossibilidade de usufruir do que está a sua disposição, do que é seu. Quem não é capaz de usufruir não tem condição de construir – ela deixa de construir seu futuro; de fazer projetos que a estimulem a viver bem. E essa é uma das questões que me preocupa nos jovens de hoje.

Sua postura expressa desprezo e resistência em fazer e cuidar de novos vínculos, resistência em assumir responsabilidades e indefinição dos valores. Ela mostra bem a violência, principalmente a violência nas relações; o total desinteresse pelas angústias dos pais é uma expressão clara de violência.

Mas eu gostaria de examinar esse caso também por um outro vértice que, se considerado, amplia nossa possibilidade de nos apropriar dos fenômenos sociais atuais.

Essa jovem realmente não acredita que dá conta ou está lançando um protesto muito mais sério? Quando ela, aparentemente, quer se acomodar ao padrão infantil, ela não estaria lançando um desafio importante? Ela não estaria dizendo que tudo o que valorizamos é questionável? Ou dizendo que ela é contraditória tanto quanto tudo que construímos é contraditório, ou pior, é sem sentido? Ela não está questionando ou enfrentando diretamente os pais ao usar dos valores deles? Essa não seria uma maneira nova de protestar ou de apontar falhas?

Vejamos então: será que hoje o jovem se interessa por joias? Será que os jovens saudáveis se sentem responsáveis pelo bem-estar dos pais? Não é estranho uma jovem expor suas fragilidades tão explicitamente, sem qualquer receio de ser vista como uma menina doente ou muito incompetente? Ela não estaria fazendo um percurso oposto ao que se espera do adolescente que está sempre precisando provar sua independência e sua capacidade de se virar sozinho?

E poderíamos chamar isso de infantilidade ou irresponsabilidade? Essa jovem está trazendo uma questão que não é incomum hoje e que é diferente do que ocorria nas décadas anteriores: o que predominava antes era o desejo do jovem sair de casa; hoje nem sempre é assim – eles preferem ficar em casa durante a faculdade e até depois dela. Esticam a adolescência até os 30 ou 40 anos!

Estaria faltando, hoje, um encantamento maior com a vida, com os projetos futuros? Só o encantamento dá sentido a nossas tarefas, nos dá força interior, mantém nossa energia. Como diz o Rouanet (1990), "estamos perdendo ao mesmo tempo a memória, o vínculo com o passado e a capacidade de sonhar o futuro".

Estamos dominados pelo aqui-agora da percepção imediata, do usufruir imediato. Curiosamente não vejo hoje um desejo de *construir* como via antes; hoje o que comparece é o desejo de *usufruir*. As gerações anteriores lutavam pela construção de seus sonhos; sabiam que era lenta, demorada, difícil, dolorosa e que implica sempre em muita dedicação. Parece que hoje essa noção de construir está abalada – queremos tudo rápido e fácil como com o toque do *mouse*: é só clicar e o mundo está ali, a sua disposição! Não tem de desenvolver a imaginação, criar o futuro, ir atrás dele. O novo está aí: todo dia é novo e chega até nós sem que tenhamos de fazer esforço.

Estou então trazendo a necessidade de pensar o contexto social atual: há um severo comprometimento quando a jovem não se acredita capaz de construir seu futuro ou ela está apontando, mesmo sem perceber claramente, as falhas de nossa sociedade, tudo o que está recebendo e que não concorda em partilhar?

Se resistimos aos vínculos fortes é porque não queremos nos comprometer, e isso só ocorre quando não valorizamos o que nos é oferecido. O desejo de usufruir, de partilhar, de colaborar só acontece quando vejo algo bom e significativo a ser feito. A diferenciação entre o bom e mau não estaria sendo, hoje, o nosso grande problema? A indiscriminação que estou apontando no caso da jovem não é nossa, quando submetidos aos valores atuais tão contraditórios?

Aparentemente, a postura da minha jovem é de imobilidade; ela não cria novos valores, ela não se responsabiliza pelo mundo no qual está inserida, não faz qualquer proposta nova.

Quando ela diz que não pode decepcionar os pais, ela já está definindo seu percurso, sua vida. Agradar os pais é seu projeto de vida? É assim que ela define sua escolha, que ela dá sentido à sua vida?

A questão mais importante é saber se realmente ela quer ser como eles. Ela está falsamente atribuindo interesse ao que era valorizado pela mãe e avó (joias e roupas) ou pelos pais (a profissão) ou ela está mostrando que os valores deles são inúteis ou ridículos? O que parece é que não há um confronto aberto de gerações, não há rebeldia, não há oposição. Portanto não há desejo de transformação, não há propostas de mudanças. *Ou essa é uma maneira nova de protestar?*

No meu tempo, o jovem participava da vida política, se interessava vivamente pelo futuro do país, haja vista as "Diretas já". Hoje eles não questionam, não participam. Fora os brincos e as tatuagens, que são formas de se apropriarem de seus corpos e de se sentirem donos de si, eles não se importam com o social de maneira mais ampla, mais comprometida. É passividade ou uma inoperância provocativa, no sentido de dizer: o que vocês nos deixaram é isto – ausência de opção, de verdadeiros valores; não temos estímulo para lutar, para transformar – o que vocês nos deixaram é este desinteresse pelo outro, pelos valores humanos!

Onde está o desejo de mudar, de dar a sua contribuição para mudar o mundo? O adolescente perdeu esse sonho? Sem inovar, sem usar de sua força e de seus sonhos, sua liberdade, seus próprios valores conquistados, não se inova e, implicitamente, se ataca a tradição: manter falsamente as tradições é expressão de violência.

Ao se paralisar e paralisar os pais, ela está mostrando a inutilidade, o não valor de tudo que é seu e de sua família. Seu enquadre negativo ao social, essa forma de vinculação, é um ataque e não uma adesão aos valores paternos. Ela está desprezando o que recebe, e esse é o seu protesto, aparentemente passivo.

Referências

Freud, S. (1969). O inconsciente. In A. Strachey, & A. Tyson. *Edição standard brasileira das obras psicológicas completas de Sigmund Freud*. Imago. (Trabalho original publicado em 1915)

Meltzer, D. (1994). *A apreensão do belo*. Imago.

Rouanet, S. P. (1990). *O Édipo e o anjo*. Tempo brasileiro.

20. Narciso, o semideus[1]

O indivíduo leva realmente uma existência dúplice: uma para servir suas próprias finalidades e a outra como um elo numa corrente, que serve contra sua vontade, ou pelo menos involuntariamente... Ele é o vínculo mortal de uma substância (possivelmente) imortal – como herdeiro de uma propriedade inalienável, o único dono temporário de um patrimônio que lhe sobrevive.

(Freud, *Sobre o narcisismo: uma introdução*)

O artigo apresenta a figura de Narciso, um ser mortal, mas descendente de deuses e aspirando à divindade, como modelo da condição ambígua do ser humano.

A dualidade psíquica, que pode ser abordada de diversos ângulos, é aqui focalizada do vértice da onipotência-omnisciência *versus* impotência-desconhecimento. São denominadas de dimensão

[1] Artigo publicado originalmente em 1993 na *Revista Brasileira de Psicanálise, 27*(3), 443-452.

divina e dimensão humana as duas modalidades de experiência emocional. A vertente mítico-religiosa lança mão da onipotência e da idealização para nos proteger de nos defrontarmos com nossas limitações e assim ameaça o contato e a percepção da realidade interna. O conflito entre essas duas modalidades de experiência psíquica se configura como uma condição trágica, no sentido que nunca encontraremos solução que exclua o sofrimento.

Introdução

A exaltação do objeto que ocorre na idealização nada mais é do que a projeção de nossa onipotência e de nossos desejos. Portanto, é de uma matriz inconsciente primitiva que nasce a ideia do objeto perfeito.

O presente trabalho é destinado a examinar como pode ser construída a ideia do objeto perfeito e a que necessidades internas ela atende. Diante disso, pretendo retomar a questão da dualidade psíquica por meio dos vértices que aqui denominei dimensão divina e dimensão humana.

Reorganizei alguns conceitos teóricos e apresento observações clínicas, tendo em vista o estudo de alguns dos múltiplos aspectos da ambiguidade do ser humano.

Na epígrafe citada, Freud está se referindo ao biológico, em que o ser humano, portador do germoplasma, perpetua a espécie, ao mesmo tempo que é o senhor da sua individualidade e considera sua sexualidade como finalidade própria na busca pelo prazer. São inúmeros os vértices pelos quais costuma-se pensar a dualidade da condição humana: essência-existência, transcendência-imanência, sagrado-profano, perenidade-efemeridade, instinto de vida e instinto de morte, entre outros.

A referência a Narciso como semideus é intencional e não corresponde à do universo hesiódico. Para Hesíodo, semideuses são os heróis, a raça intermediária dos heróis.

Ao tratar Narciso como semideus, estou me referindo à sua conhecida descendência de divindades e também à sua condição efêmera e mortal. A mitológica figura de Narciso aparece aqui como modelo por compartilhar da condição híbrida e ambígua do ser humano, condição que nos faz voltados para nossa exaltação e também nos solicita uma transcendência. Transcendência esta, no meu entender, só realizada com e por meio do outro, em dimensão efêmera e mortal.

Condenado a não sentir necessidades e a se realizar sozinho, Narciso ficou preso a uma imagem fixa e isolada de si mesmo; deixou-se seduzir por sua própria beleza e ficou satisfeito com o que via. Narciso carregava contra si a parte divina – pagou com a vida a negação de sua metade humana dependente, imperfeita e mortal.

O inconsciente e a simetria

Freud descreve o sistema inconsciente como tendo características específicas ou leis próprias: "Para resumir: isenção de contradição mútua, processo primário (modalidade de catexias), temporalidade e substituição da realidade externa pela realidade psíquica – tais são as características que esperamos encontrar nos processos pertencentes ao Sistema do Inconsciente" (Freud, 1915/1969, p. 214).

Matte Blanco (1975) partindo de conceitos matemáticos (teoria dos conjuntos), diz que é a lógica simétrica que está na base das características do inconsciente de Freud, assim como a lógica assimétrica rege o pensar inconsciente. O que importa então não é algo estar inconsciente ou se tornar consciente, mas a lógica que está regendo o processo, se é a assimétrica, própria do pensamento científico, ou a simétrica. Ao estabelecer relações simétricas, estamos pensando segundo as leis próprias do sistema inconsciente, em que aspectos diferentes são tratados como se fossem iguais e o reverso de uma relação não é tomado como reverso, mas é considerado como idêntico a ela; no sistema inconsciente de tempo e espaço, o todo e suas partes ficam embaralhadas. Quando predomina a simetria não há discriminação e processos homogeneizadores eliminam diferenças e contradições, o que acarreta séria perturbação na percepção dos fatos.

Mesmo quanto aos sentimentos; quando falamos de sentimentos profundos ou intensos isso significa que saímos de zonas demarcadas (finitas) para experiências emocionais de magnitudes infinitas; em que desaparecem os parâmetros – são as vivências sem nome.

Freud não introduziu o conceito de infinito, mas, segundo Matte Blanco, está implícito nas características do inconsciente. Este vértice é interessante porque nos ajuda a compreender como emergem os valores e sentimentos extremos. Conceitos como perfeição, absoluto, eterno são criações mentais fortes e recorrentes; mesmo quando racionalmente nós as questionamos, acabam sendo muito atuantes.

Em trabalho relativamente recente, o psicanalista Rodney Bomford (1990) faz a comparação entre as cinco características do inconsciente de Freud e os atributos do Deus do teísmo filosófico cristão usando a lógica simétrica de Matte Blanco. Assim ele constrói uma escala em que a ausência de tempo no inconsciente corresponde à eternidade de Deus, a ausência de espaço no inconsciente corresponde à infinitude ou à ubiquidade de Deus, a não contradição corresponde à infalibilidade de Deus, o deslocamento e a condensação correspondem à indivisibilidade divina e a equivalência entre a realidade interna a externa correspondem à onipotência. Bomford pretende mostrar que filósofos, teístas e místicos se dirigem a Deus tanto consciente como inconscientemente. E, ainda, que a religião e a psicanálise manejam conceitos com a mesma lógica (simétrica e assimétrica).

Segundo ele, pela lógica simétrica o inconsciente de uma pessoa não se distingue do inconsciente de outra; então diríamos que há um inconsciente último de que todos participamos; quanto maior o grau de simetria ou de homogeneização, maior a tendência para crer nesse inconsciente universal; que seria então o inconsciente de Deus. Por outro lado, cada indivíduo tem sua concepção pessoal de Deus e essa concepção que tem as suas características é discriminativa, assimétrica.

O questionamento de Bomford é se o equilíbrio entre o consciente e o inconsciente, alcançado nas religiões, tem paralelo com os objetivos práticos da psicanálise. Na minha leitura deste autor o que ressalta é como a ideia de Deus é inerente ao ser humano, faz parte do universo mental inconsciente que, por sua vez, é resultado das inúmeras experiências existenciais. Graças às características do inconsciente, tal como delineadas por Freud já em 1900, nascemos equipados para assumir a condição divina de autossuficiência, poder, onisciência.

Onipotência e idealização

A fascinante temática do ser humano em conexão com o sagrado, mítico e religioso está ao nosso dispor em publicações de incrível amplitude. Pensadores de todos os tempos apresentam pesquisas universalmente consideradas como instrumental de grande valia. Ao tratar do assunto aqui estou usando o referencial psicanalítico, isto é, estou falando sobre como experienciamos essa dimensão, como a inerência dessa condição que eu chamo de divina se faz presente e necessária para ordenar o caos interno. As fantasias onipotentes em todos os seus matizes desnudam o nosso desamparo, que não parece ser diferente daquele de nossos ancestrais primitivos que viviam aterrorizados diante da grandiosidade e dos mistérios do cosmo.

Na onipotência e na idealização, o *self* e o objeto são, respectivamente, exaltados. Inicialmente, a idealização fora considerada por Melanie Klein apenas como uma defesa contra as ansiedades persecutórias e depressivas, mas em *Inveja e gratidão* (1957/1991) ela já nos mostra que a idealização é também uma defesa contra a inveja, e mais, "o anseio universal pelo estado pré-natal é uma expressão da necessidade premente de idealização". A volta ao útero, que representa o desejo de volta a uma condição de indiferenciação, é uma aspiração da dimensão religiosa da natureza humana, que busca a comunhão com o todo. O que tentamos superar quando buscamos a dissolução na totalidade são nossas limitações e nossa impotência.

A *necessidade premente de idealização* que se configura também como uma necessidade intrínseca às relações de objetos torna-se a questão central da análise.

Leopoldo Bleger (1991), ao discutir a visão de Klein sobre o final da análise, chama atenção para "a oposição entre o tipo de relação induzida pela angústia e a agressividade e aquela que é induzida por uma situação em que o ódio e o amor podem se alternar; o objeto induzido pela agressividade é o objeto idealizado". A oposição não é entre o objeto bom e o objeto mau e a reformulação, ao final da análise, diz respeito ao objeto idealizado. Há menor distância entre o objeto bom e o objeto mau do que entre o objeto bom e o objeto idealizado.

A idealização, na medida em que também corresponde ao processo simétrico de anulação de limites e discriminações, talvez possa esclarecer muitas questões polêmicas em psicanálise. Destaco duas delas: o aspecto econômico e o aspecto constitucional. Berger, no texto citado, fala da necessidade de se reformular o que tem sido aceito como constitucional e Willy Baranger (Baranger & Baranger, 1969) nos mostra que estes conceitos (econômico e constitucional) são limites que usamos quando não temos uma explicação dinâmica para o fenômeno.

A inveja, por exemplo, quando é excessiva, dizemos que decorre de fatores constitucionais. Mas se pesquisarmos as características do objeto que está sendo invejado – se é o objeto bom ou o objeto idealizado – talvez possamos explicar esse aumento da inveja sem recorrer ao constitucional. A inveja do objeto bom é tolerável porque ele é sempre passível de assimilação e também é sempre valorizado e digno de admiração. Já com o objeto idealizado é diferente, porque ele é essencialmente não assimilável, distante, inacessível e exerce mais fascínio do que admiração. Então é o objeto perfeito que desperta uma maior inveja e afasta a possibilidade de gratificação. Nesse sentido, a idealização alcança seus objetivos: na busca do objeto perfeito e da gratificação perfeita e permanente, estamos sujeitos à frustração e à intensificação da inveja.

A idealização torna o objeto onipotentemente capaz e o *self* infinitamente pequeno, e quando a idealização é uma manifestação narcísica, o objeto idealizado representa então as aspirações do ego.

Ainda, se inveja e narcisismo são as duas faces de uma moeda como nos mostra Segal (1983), encontramos que na inveja ocorre a idealização do objeto externo, que tem tudo o que desejo no momento, e no narcisismo ocorre a idealização do objeto interno, quando eu tenho em mim tudo que necessito. Dito de outra maneira: ou endeusamos a nós mesmos ou endeusamos o outro. Além do deicídio, outra solução eficiente na explosão invejosa.

Idealização e onipotência, instrumentos da dimensão religiosa da mente, são recursos pelos quais buscamos a transcendência para escapar às paixões, aos conflitos, ao sofrimento, sentidos como ameaça; no entanto, são exatamente essas vivências permanentemente renovadas e em evolução que marcam nosso desenvolvimento e a realização de nossa essência humana.

A dinâmica da ambiguidade

Considero o material clínico comentado a seguir como oportuno e adequado para desenvolver e esclarecer as proposições que estou trazendo.

Na primeira sessão depois das férias, o paciente chega muito tenso e conta emocionado que acontecera um fato surpreendente com ele, "exatamente quando eu menos esperava. Eu estava com medo de suas férias, com medo de não me aguentar". Esse paciente tem a compulsão de buscar determinada relação sexual.

É um comportamento que ele repudia e lhe traz muito sofrimento; foi o motivo central de sua busca de análise.

Ele conta então que, quando nas férias sentiu-se impelido a repetir essa atuação, deteve-se pensando: "Mas porque eu tenho que fazer isso? Tenho de enfrentar essa coisa ruim dentro de mim!". Com esse espírito de resistência, de luta, com extraordinário esforço, conseguiu conter-se. "Nunca me ocorreu isso antes. Que coisa mais surpreendente. Na verdade, estou descobrindo que eu posso comigo, que eu posso escolher". Sua emoção não era de quem se sentia triunfante ou de quem ingenuamente trazia para a mamãe uma boa nota de comportamento, mas a forte emoção de uma espera ansiosa para compartilhar a experiência surpreendente e assustadora de uma grande descoberta, a descoberta de si mesmo, de seus recursos inalienáveis. A sessão seguinte confirmou-me essa versão. Mas nesta sessão ainda falamos de sua fantasia de ter um pai-capeta dentro de si que o comandava e o dominava sadicamente. De sua luta, como a dos heróis mitológicos, que enfrentavam os monstros na busca do sentido da vida. O ter se enfrentado "sozinho" trouxe a ele o desvendamento de que não era a analista, mas ele próprio o senhor da sua mente. Muitas vezes reclamou da minha falta de empenho em ajudá-lo.

Fazendo a opção, o paciente escapou de uma organização tirânica interna. Enfrentar é reagir ao aspecto conservador da mente, que atrai para a paralisação e impede os movimentos de vida. Ao romper nossa imobilidade, assumimos também nossa existência no tempo, que não se detém e não volta.

Na sessão seguinte me contou que acordou muito angustiado com o sonho que tivera à noite; um sonho nítido, terrível, em que ele se via em uma grande sala com muitos jovens. Havia entre eles um homem que seria o líder do grupo. Daí chegam algumas autoridades que começam a falar e pedem a eles que não se assustem. Eles pegam o líder e o levam embora afirmando que nada aconteceria com ele, mas era um tanto estranho porque o clima era desagradável. E aí: "eu olhei num lugar mais distante um pouco e vi três homens enforcados. Nisso apareceu também uma pessoa que seria o carrasco, e ele estava trazendo o líder, empurrou-o assim e de repente ele já estava enforcado, morto, todo azul. E veio a polícia e aí tinha um jovem, de chapéu grande, que me fez ameaças. Acordei muito mal".

O paciente relaciona o sonho com a sessão da véspera; as reformulações que estava fazendo, essa descoberta do quanto odiava o pai, e todas as suas queixas da família a quem sempre responsabilizara por seus sofrimentos, tudo isso o estava deixando muito triste, amargurado por nunca ter podido antes ver de maneira diferente. "É engraçado", diz ele, "mas nestas férias uma tia veio me visitar e eu, pela primeira vez, me interessei muito em saber como meus pais se conheceram, como foi o namoro e o casamento deles". Ele fala de seu interesse em saber de mim, agora não mais como quem o abandonou, mas da analista que tem vida própria da qual ele está naturalmente excluído e não agressivamente rejeitado.

Neste ponto ele volta ao sonho e faz uma associação com os problemas que está enfrentando com seus alunos; ele é professor e na instituição onde trabalha atualmente foi oferecido um sistema de créditos que beneficia muito os estudantes; mas os alunos só têm direito aos créditos se um professor assume a responsabilidade de coordenar cursos extraordinários. Ele já experimentara se responsabilizar por alguns alunos desta maneira, mas tinha ficado claro que os alunos não têm condição de levar a cabo os trabalhos assumidos, já que nas épocas de férias ou exames eles abandonam tudo, e ele, o professor, é quem fica sobrecarregado inutilmente. Ele decidira não assumir mais esse tipo de compromisso, mas estava sendo pressionado pelos alunos. Uma aluna tinha até brigado feio, gritado com ele. Por outro lado, quando aluno, o paciente se beneficiou muito com a colaboração espontânea de seus professores e agora pensava na obrigação de retribuir. Mas estava decidido a não ceder porque via agora que: "Esse tipo de compromisso eu não dou conta".

O sonho continuava a elaboração de suas angústias frente às opções e responsabilidades. Vários aspectos do sonho pareciam mostrar as oscilações entre as vivências mítico-religiosas e as experiências vivas do relacionamento interpessoal. A necessidade de se colocar como um elo da corrente – ele recebeu ajuda dos seus mestres e agora ajuda os jovens, os que estão vindo – o coloca na posição de um intermediário anônimo em um processo que começou antes dele e vai continuar – é sua dimensão humana e efêmera. Mas é uma situação dupla, porque também expressa o seu desejo de se perpetuar nos discípulos, o que trai a ambição da imortalidade – dimensão divina. Esses dois aspectos também aparecem na figura do líder que está sendo questionado; a ideia estranguladora, que sempre liderou sua mente foi a de se acreditar um salvador, um ser poderoso capaz de tudo oferecer (conhecimentos, gratificações) – o pai supremo. O jovem que grita com ele querendo obrigá-lo a continuar na condição idealizada é ao mesmo tempo seu próprio carrasco. A imagem endeusada de si mesmo, muitas vezes projetada na analista, aparece na imagem símbolo do Calvário (os três enforcados) que também traz à tona o conflito edípico, com sua potencialidade de vida e morte. A grande sala-útero onde sempre se sentiu como filho privilegiado, mas onde também paira a ameaça de morte na competição entre o pai e irmãos, são aspectos que mereciam análise mais detalhada, mas que nos afastaria do meu tema central.

Depois de conversar sobre todos esses aspectos, ele fala de uma imagem que surgiu em sua mente: "Estou vendo minhas irmãs pequenas, de uniforme, saia azul, blusa branca, elas estão indo para o colégio interno. Lembro bem dessa cena, eu criança, olhando minhas irmãs indo embora". A imagem é de si mesmo sozinho, desamparado, irremediavelmente só, mesmo com várias pessoas, tantas ligações afetivas fortes: pais, irmãos, alunos, analista.

Esta sensação de que algo muito importante está indo embora de dentro dele tem o peso de uma aquisição. Seu namoro e casamento com a análise está possibilitando o nascimento doloroso de outra criança, nem santa, nem capeta, que precisa conviver em um mundo-sala com os outros, tão desamparados quanto ele.

O colégio interno (mente religiosa) onde ele estava inserido, com a conotação de morte ("*saia azul*"); o "*morto azul*"; a autoridade que informa que ele não precisa se assustar, são elementos que parecem apontar para a vivência de estar sendo arrancado do paraíso, mas de que outras perspectivas se abrem. Está entregue a si mesmo, sem a proteção envolvente da análise salvadora; já não pode se confundir comigo. Mesmo que a análise o ajude, a analista só atua efetivamente na medida em que o paciente a pode conter e transformar em recursos próprios. Ele agora está só, na sua dimensão limitada e pesada, mas é senhor de si, é livre.

A compulsão sexual que o fez procurar a análise se mostra agora como a necessidade desesperadora de se fundir com o outro pelo temor de não ser capaz de suportar o desamparo e a solidão. É um recurso da dimensão divina que torna onipotente possível para ele o se dissolver no objeto – a identificação projetiva concretizada – uma defesa para fugir da descoberta de suas limitações e de sua especificidade.

O encontro com sua individualidade, ao menos no momento, torna impossível a volta ao Nirvana, que afinal já não tem tantos atrativos depois que experimentou a liberdade, o risco, o desafio.

Essa é a nossa tragédia – graças às características do nosso inconsciente, somos levados à idealização, um recurso próprio da mente e uma necessidade intrínseca às relações de objeto. A idealização nos introduz na ordem do divino: nascemos deuses, mas temos de nos humanizar, aceitar nossa fragilidade e efemeridade. A humanidade em nós é uma conquista diária na nossa luta contra as ciladas do inconsciente, o mesmo inconsciente que nos ajuda a enfrentar as dificuldades do existir. Continuamos sempre a desejar a perfeição e a plenitude com anulações de dúvidas, tensões, angústias e insatisfações; mas também não abrimos mão da nossa singularidade, que está sempre se manifestando e nos impondo opções que dão a cada existência a sua marca inconfundível.

A tragicidade não implica em ter de mitificar o mundo, matar os deuses: não se trata de nos esvaziarmos de toda sacralidade. Isso é impossível. É preciso ser humano para conceber o divino; é preciso ter a experiência do divino para viver plenamente a humanidade; são as duas dimensões se completando e esclarecendo nossa realidade psíquica. Reconhecermo-nos como portadores dessa dualidade é nos colocar em nosso devido lugar, eternos peregrinos em busca da felicidade.

Referências

Baranger, W., & Baranger, M. (1969). Probl*emas del campo psicanalítico* (p. 15-50). Kagerman.

Bleger, L. (1991). Klein e o processo analítico. *Revista Brasileira de Psicanálise*, *25*(4), 721-32.

Bomford, R. (1990). The attributes of God and the characteristics of the inconscious. *Rev. Psycho. Anal.*, *17*, 485.

Freud, S. (1969). O inconsciente. In A. Strachey, & A. Tyson. *Edição standard brasileira das obras psicológicas completas de Sigmund Freud*. Imago. (Trabalho original publicado em 1915)

Klein, M. (1991). *Inveja e gratidão*. Imago. (Trabalho original publicado em 1957)

Matte Blanco, I. (1975). *The inconscious as infinite sets*. Duckworth.

Segal, H. (1983). *Uma abordagem kleiniana à prática clínica*. Imago.

Parte III

Apresentações em congressos

21. Da capacidade de ouvir e aprender[1]

Como psicanalistas, temos nos detido pouco na questão do aprendizado, como se este fosse um tema da educação. Na verdade, é um tema psicanalítico por excelência porque o aprender tem tudo a ver com a condição humana, com as experiências de vida. Sempre citamos Bion (1991): "aprender com a experiência". É nesse aprender na vida, no dia a dia, a cada experiência nova, que desenvolvemos nossos recursos e nos realizamos como este ser único que cada um é.

Não somos educadores, mas estamos o tempo todo ajudando o paciente a ver e conhecer mais, principalmente a *nomear*. Estimulamos sim o aprendizado, quando se trata de aprender sobre si mesmo. Ajudamos as pessoas a verem como vivem subjugadas por si mesmas. Existe sim a pressão social, esta tendência forte de nos uniformizar, de nos fazer acreditar que é fundamentalmente necessário o que não é necessário; basta observar hoje como são os

---

1 Comunicação oral, não publicada.

casamentos, o desespero de estar na moda, fazer as viagens que os outros fazem, e assim por diante.

Na *Revista Brasileira de Psicanálise*, Cristopher Bollas (2015), psicanalista inglês, fala de horizontalismo, quando não mais identificamos as prioridades, mas todas as ideias e questionamentos são considerados igualmente válidos. A tendência à homogeneização, à redução das diferenças, tende a produzir um mundo de seres comuns, segundo ele. Enquanto a existência individual, própria, única, vai desaparecendo, outra maneira de existir está surgindo, os normopatas, pessoas que são um objeto no meio de outros objetos, e o nosso tempo seria intitulado, então, de a Era da Desorientação. Sua preocupação é com a capacidade de reflexão cada vez menos operante nas pessoas que, portanto, ficam mais sujeitas à pulsão de morte coletiva que impede as mudanças necessárias.

Nós, analistas, andamos na contramão dessa tendência homogeneizante: nossa tarefa é ajudar o paciente a se libertar da pressão externa, identificar as pressões internas e se desenvolver. Ajudamos o paciente a desenvolver sua capacidade de reflexão para ser quem é, mas principalmente a se abrir para vir a ser outro, mais criativo, mais livre e mais feliz.

E o pensar a si mesmo inclui, sim, pensar o outro. Se aprendo com os livros ou nas minhas vivências pessoais, nunca estou sozinho – tem sempre outro ou muitos outros presentes. Se eu me disponho a aprender, estou sempre me dispondo a usufruir do outro; e estou valorizando o outro e a mim mesmo. Estou segura de que posso aproveitar, de que tenho recursos para aproveitar e acredito que esses outros têm o que me oferecer.

Então, quando posso receber e aprender, estou me valorizando em primeiro lugar. Quando não posso, estou me desvalorizando: não é o outro que desvalorizo, mas deprecio meus recursos de humildade, coragem, capacidade de tolerância à frustração, e capacidade de aguentar não ser o mais importante. Se eu recebo com satisfação, estou valorizando o outro (que me oferece), sinto-me valorizado pelo outro (já que ele me oferece seu pensamento) e valorizo a mim mesmo, pois confio que posso fazer frutificar o que recebo. Sinto-me uma terra fértil, pronta a receber a semeadura e a fazê-la crescer.

Estamos sempre interessados no que tem valor, no que é importante ou significativo. Quando me oponho fortemente a algo novo é porque me sinto ameaçado. A inveja é uma grande ameaça, que não vem de fora, mas de dentro de nós. É bem conhecida e sempre pronta a atuar nas relações, principalmente quando a competitividade comparece. O narcisista não identifica sua inveja, embora a perceba no outro com facilidade; ele, o narcisista, é principalmente prejudicado na capacidade de pensar e de usufruir da própria experiência.

A *competição* sadia, alegre e descontraída não só é saudável como necessária em todo grupamento humano. Se o outro me estimula a pensar diferente e a me propor a trabalhar com sua ideia diferente, ele está estimulando minha criatividade, meu desenvolvimento e, portanto, também o grupo a que pertenço.

Se a pessoa que me ouve está esperando ver como atacar ou destruir minha proposta, ela está temendo sentir inveja! Quantas vezes vemos pessoas prontas a se oporem a alguma ideia nova, mesmo antes de conhecê-la bem! É evidente que não se sentem com recursos para apreciar e usufruir de algo que vem de fora, do outro. O invejoso não confia em seus próprios recursos para transformar e enriquecer o que recebe; ele já destrói o bom antes de aceitá-lo, antes de conhecê-lo, antes de usufruir dele.

Nos processos educativos ou de ensino em geral, esses aspetos estão comparecendo hoje de maneira muito estranha. Temos sempre o aluno que aproveita, e o aluno que não consegue aproveitar, e isso independe da condição intelectual, ou de limitações no aprendizado. Falo de posturas e não de recursos intelectuais. O aluno que, em vez de acompanhar a aula, fica com canivete ameaçando os colegas na sala de aula, ou fica preso ao celular durante a aula, está mostrando o quê? Que é independente e forte. Por que precisa se provar assim? O que ele está expondo é um forte sentimento de desvalia como ser humano; ele teme ser desconsiderado, como colega ou como aluno; precisa desses recursos para ter vez, para marcar seu lugar. Ele se sente sempre muito ameaçado e vive em estado de competição, ele pensa que é com os outros, quando na verdade é com essa imagem fantasiosa, exigente, que faz de si e dos outros.

E o professor que não reage ao aluno, que o teme e se sujeita ao aceitar comportamentos violentos e desrespeitosos, está se desvalorizando e desconsiderando os valores humanos, já que estabelecer limites, definir com precisão cada situação e defender a condição de aprendizado é sua tarefa, intransferível e extremamente valiosa. Antes, como alunos, íamos para a escola curiosos e com certo temor de não dar conta de nossas tarefas. Hoje é o professor que chega temeroso diante de seus alunos, com medo de ser agredido, desrespeitado ou tratado com desdém. É comum, hoje, o aluno querer provar que sabe, que não precisa do professor. Essa competição é das mais tristes, porque inútil e falsa, já que precisamos do outro sempre, seja como mestre, como estímulo, como provocador ou como desafiador.

Estamos nos defrontando com reversões de valores perigosas e cada vez mais difundidas. A internet, esta construção magnífica de nosso tempo, tem também contribuído muito para este individualismo excessivo que estamos acompanhando com preocupação. É comum, hoje, jovens ridicularizarem o aprendizado com os mestres porque podem aprender na internet! E a internet realmente é uma riqueza. Mas ela é impessoal, e parece que esse fica sendo seu atrativo maior para os jovens que temem os contatos humanos. Os que temem o vínculo na verdade temem a necessidade do outro, a importância do outro; ficam felizes na internet, onde eles fazem como querem, o que querem e quando querem. Acabam se acreditando autossuficientes, verdadeiros super-homens, isolados, independentes e superiores a tudo e a todos. Na sociedade, onde o individualismo e a competição predominam, há um acirramento da inveja: o outro não é um referencial que me acrescenta, mas uma ameaça ao meu sucesso.

Mas na verdade o que nos assusta? Entrar em contato com nosso mundo interno. Tememos sentir nossos sentimentos! Não acreditamos poder tolerar as falhas, ter de esperar, ter de viver frustrações. E, no entanto, esse é o caminho, não só para o aprendizado em geral mas, principalmente, para aprender sobre nós mesmos! É no convívio com o outro que vou saber de minhas limitações e de meus recursos. É no convívio com o outro que vou saber quem sou. Vou também desenvolver minha autonomia e poder ser mais livre.

O aluno forte é aquele que atenta a todas as normas, presta muita atenção nas aulas e procura aprender. Ele sabe que precisa ser forte para conseguir isso: precisa admitir que não sabe e que precisa ser humilde para receber do outro o que lhe está sendo oferecido. Aceitar que não sabe, que precisa aprender, que precisa do outro, da generosidade do outro, é ser gente.

Logo, temos de questionar algumas posturas: é forte quem precisa estar sempre provando sua competência? É fraco quem está sempre acreditando que precisa aprender? É fraco quem faz análise?

Força ou fraqueza têm a ver com a aceitação dos limites pessoais, que na verdade me definem, e me fazem único. Quando eu coloquei a questão da análise, se é fraco quem faz análise, é claro que essa é uma provocação que costumamos ouvir, mas que não temos dúvidas de que é falsa. Sabemos que precisamos ser muito fortes para fazer análise, para nos defrontar com nossos aspectos indesejáveis, com nossas culpas, com nossa fragilidade humana. Fazer análise é aprender sobre si mesmo, aprendizado dos mais significativos, que torna quem o consegue um privilegiado.

Quem pode ser quem é tranquilamente sabe o que quer e caminha. Na maioria das vezes as pessoas têm competência para avaliar os outros, para reconhecer e discriminar quem é sério e merece confiança. Quem vive precisando provar que é competente ou que é superior está acreditando que o outro nada percebe, nada discrimina; na verdade, acaba expondo sua depreciação geral das pessoas e se expondo como uma pessoa muito ameaçada. E isso acaba sendo visível para todos.

Também na maioria das vezes os outros são muito menos exigentes do que nós mesmos. Então quem nos oprime, na verdade, é nosso superego exigente e arrogante. E precisamos estar sempre atentos para não nos deixar levar pela inveja, que não é algo a ser eliminado, mas a ser administrado, na medida em que estamos sujeitos a ela sempre, a essa expressão forte da pulsão de morte, que não só faz parte de nós como também é necessária para conseguirmos nos renovar, reconstruir e crescer.

Estou me detendo aqui no sentimento de inveja porque considero que ela facilmente emerge nas relações pessoais. Quantas vezes, na análise, vemos pacientes que não podem aproveitar e se desenvolver por inveja – hoje, do trabalho do analista, mas desde sempre por inveja dos pais, a quem precisam continuar acusando de incompetentes. Reconhecer o empenho dos pais, seu valor, mesmo os mais limitados, é difícil porque obriga a identificar a inveja.

A inveja é a expressão direta da pulsão destrutiva e quando ela comparece nas relações sociais é porque estamos mergulhados na posição narcisista-esquizoparanoide. Emergir para respirar a culpa depressiva está mais difícil hoje porque não estamos preparados para sofrer. Hoje existe uma expectativa, presente em quase todas as culturas, de que devemos ser felizes e eliminar o sofrimento, o desprazer, as frustrações. Ou seja, é ficar no plano do prazer. Sair do prazer para a realidade, já nos mostrou o mestre, é nossa mais importante tarefa, sempre. E isso não implica necessariamente em sofrimento, ao contrário, implica em desenvolvimento.

A realidade não é só desprazer; quantas vezes nos surpreendemos satisfatoriamente com os outros, com nós mesmos, com o externo em geral. Só que é mais fácil ficar atentos ao que falta. Nossos pacientes estão sempre se queixando do que falta. As queixas que ouvimos são na maioria pertinentes, mas não é isto que me surpreende e sim o fato de as pessoas ficarem só nas queixas. Tudo de bom que têm e que podem partilhar com satisfação parece que fica em segundo plano, quando não, engavetados. Sempre que ouço queixas exageradas desconfio logo; é comum o paciente estar desviando suas queixas de si próprio, ou de sua insatisfação consigo próprio fazendo queixas dos outros. Ou se queixando antes que os outros o façam! Isto implica em um referencial, nada claro, de perfeição; o desejo de perfeição em vez de ter sido abolido com o progresso civilizatório parece que está aí, cada vez mais forte.

Este viés, muito frequente no momento, é o que mais me surpreende e não só no consultório. Fazemos um rosário de queixas em qualquer situação como se isso fosse um mérito: saber apontar as falhas e saber criticar parecem ser expressões de competência. Sem dúvida: ser um bom observador, estar atento ao que se passa ao seu redor é precioso, mas temos de estar atentos às exigências irracionais. Quando o individualismo predomina, estamos correndo esse risco.

Aceitar nossas limitações e a dos outros é aceitar a condição humana. E isso não é fácil; mas é fundamental para que a vida seja mais prazerosa.

Referências

Bion, W. R. (1991). *O aprender com a experiência*. Imago. (Trabalho original publicado em 1962)

Bollas, C. (2015). Psicanálise na era da desorientação: do retorno do oprimido. *Revista Brasileira de Psicanálise*, *49*(1), 47-66.

22. Da face demoníaca à face libertadora: reflexões sobre o humor e a verdade em psicanálise[1]

Primeiro vamos falar do Charles Chaplin, o maior artista cinematográfico, considerado um gênio, o pai do cinema. Ele fazia comédia; usava do humor para dizer o quê? A VERDADE.

Carlitos, o andarilho vagabundo, mas com maneiras refinadas de um cavalheiro, era cômico já na aparência – fraque preto esgarçado, calças e sapatos desgastados e muito maiores que seu número, chapéu-coco ou cartola, bengala de bambu. E um pequeno bigode.

Usava o humor para detectar, expor e questionar aspectos humanos ou a própria condição humana. Chaplin lida principalmente com sentimentos e os expõe com mímica, sem palavras. Isso nos seus primeiros filmes, do cinema mudo.

Ele é livre e expressa o tempo todo sua liberdade, ou nossa face libertadora, como fala o título da mesa. Ele vai revelando a verdade da condição humana: quando traz seu cão, em *Vida de cachorro*,

---

[1] Comunicação oral, não publicada.

mostra a voracidade, a necessidade de ganhar, de ser esperto, de não ser esquecido. Em outro filme fala da sedução – um dos piores movimentos internos nossos, de quem seduz e de quem é seduzido. Quem seduz é violento, penetra na cabeça do outro e aí instala o que quer; é o controlador perigoso porque sua manobra fica encoberta pelas mentiras. O seduzido também é violento, porque fica aguardando alguém para se responsabilizar por seus desejos vorazes, até mesmo sádicos. Quando alguém reclama de ter sido seduzido quer se sentir vítima, porém não é vítima do outro, mas de si mesmo!

Traz também a necessidade de sonhar e o perigo do sonhar. Ele mostra que ficamos desejando ser jovens, desenvoltos e desejamos viver num mundo cheio de alegrias, e ficamos decepcionados quando nos descobrimos rodeados por cobranças, com mandado de prisão até porque não cumprimos nossas tarefas; estamos sempre nos sentindo cobrados e dificilmente saímos desta postura ingênua, infantil, irresponsável.

Na comédia de Carlitos, as ameaças sempre vêm de fora; para nós, psicanalistas, as ameaças vêm principalmente de dentro. Sabemos (ele também sabia e mostra bem) que o tolo, sempre vítima, não existe. Ele, o vagabundo, é muito esperto e está sempre se protegendo ao enganar os outros: ele é o faxineiro explorado, maltratado, mas também não faz direito a faxina, ao contrário, joga a sujeira embaixo do tapete e assim por diante. Mas o que é central em sua filosofia é a importância do outro em nossas vidas. Atacamos, fugimos, aprendemos, nos desenvolvemos, graças ao outro – o outro real ou o outro que temos dentro de nós! E a quem enganamos? Ao outro de fora ou a nós mesmos? Essa é nossa questão, a questão da psicanálise. O outro me assusta, me incomoda, mas é ele que me define, ou me possibilita me definir, descobrir quem sou, meus recursos, minhas limitações.

Carlitos está sempre dentro da realidade, mas que ele traz com muito exagero – aí está seu humor, no exagero e na ironia. O cão, que ele chama de Vira-lata Puro-sangue, tem o mais baixo e o mais alto valor, como no ser humano: temos os melhores e os piores sentimentos! Ele vai apontando nossas verdades com humor e nós vamos rindo, mais de suas safadezas do que de suas incompetências. Nos seus filmes o vagabundo está sempre se defendendo quando ele é o responsável – no sentido de que é ele que mobiliza a violência dos outros. Com seu jeito aparentemente ingênuo, ele faz as pessoas mostrarem sua voracidade, sua violência, sua intolerância. O bom humorista é exatamente aquele que expõe as verdades do ser humano, as verdades que tentamos sempre esconder, como quem não quer nada.

A questão é: se eu vejo o outro, tenho também de me ver. É esse o aspecto provocador do maior comediante de todos os tempos; ele coloca a questão sempre: de quem vocês estão rindo? E a resposta que nunca vem explícita, mas que todos conhecemos é: rimos de nós mesmos! De nossos desejos de enganar, de tirar vantagem, de machucar ou até matar o outro, de usar o outro, de ter o que existe de melhor sem ter de fazer esforço, e assim por diante. Uma das cenas mais interessantes, a meu ver, é quando o xerife o liberta porque sabe que ele não é um criminoso e quer que ele saia do país para não voltar para a cadeia. O xerife o deixa na fronteira com o México, como se dissesse: vai viver sua vida tranquilo, sem prisão ou perseguição. Só que isso dura um instante, porque assim que se vê livre, no México, numa terra nova, dá de cara com homens brigando, atirando, matando, competindo. Descobre que esse é o México, ou, este é o mundo, esse é o universo do ser humano! Não temos para onde fugir.

Vemos então como somos e não somos livres. Essa é nossa verdade – nunca vamos nos libertar de nossa condição humana, tão contraditória. Não somos deuses nem demônios, mas temos esses dois aspectos permanentemente em briga dentro de nós e precisando administrá-los. Essa é nossa tarefa como psicanalistas e como gente.

Enquanto analistas, não estamos atrás do divã condenando a violência ou o ódio do paciente ou sua inveja. Apenas apontamos para ele ver o que sempre viu, mas não aguenta ou acha que não aguenta ver. O paciente que nos ouve como se nós o estivéssemos acusando mostra que é um acusador permanente de si mesmo! Um infeliz. O criminoso acusa o outro por sua infelicidade quando na verdade sua infelicidade está na sua própria intolerância ou incompetência. Outro dia, assisti a uma reportagem em que a mulher matou o marido e tranquilamente explicava porque o matou: ele era muito violento e a humilhava, fazendo-a praticamente viver ou ter de conviver com sua amante. O que ela não sabe é que vinha, desde sempre, praticando um crime contra si própria, já que não se acreditava com recursos para sair da situação; ela não acreditou, nunca, na sua capacidade de construir sua vida de uma maneira melhor.

E por que não desenvolvemos a face libertadora, como está no título?

Porque se libertar, ser quem eu sou, é muito difícil, implica em responsabilidade. O que mais nos assusta é a responsabilidade! Ser livre é ser responsável por nossas escolhas, por nossas limitações, por nossos bons e maus sentimentos. Essa é a grande tarefa e que muitos nunca chegam a se dar conta. Se prestarmos atenção, vamos ver como vivemos reclamando, todos nós! Atualmente, reclamar é o normal. Por quê? Penso que porque vivemos numa cultura em que os padrões estabelecidos não são exigentes exatamente, mas flácidos, móveis e sem definição precisa. Parece que sou eu que escolho tudo o que quero ser. Escolho estudar ou usar drogas, ser bandido ou cidadão trabalhador, honesto... É isso mesmo? Podemos discutir isso.

O outro aspecto, que também é proposto, é a face demoníaca do humor, e que eu estou entendendo como o humor que desqualifica, que ataca, que pretende ferir, e que também tem a ver com a verdade. Quem usa o humor ferinamente está acreditando numa verdade que quer ressaltar. Penso que quando usamos o humor para atacar, geralmente conseguimos atingir nosso objetivo. Mas expomos muito claramente nossa violência! Quando fazemos humor com o intuito de desvalorizar o outro, além de violentos somos também covardes, de certa maneira.

Então, somos livres para nos assumir, com nossos recursos e nossas limitações, mas perceber que estou a todo momento me assumindo é assustador. Se conseguimos, se consigo ver que na verdade faço o que quero, o que escolhi, isso me acalma extraordinariamente. E principalmente me mobiliza, passo a ampliar meus recursos, aqueles que tenho, só os que tenho. Não precisamos, nunca, mais do que temos! Precisamos é saber usufruir: do que é nosso, do que a natureza nos deu e que podemos e devemos tentar ampliar, sempre. Porque isso é da vida. Isso é a vida.

23. Depressão: da solidão dolorosa ao encontro responsável[1]

No seu livro *Por que a psicanálise?*, a psicanalista francesa Elizabeth Roudinesco (2000) fala que na sociedade atual o sofrimento psíquico se manifesta sob a forma de depressão. Vamos tentar entender, do vértice psicanalítico, o porquê desse sofrimento psíquico atual, ou de que depressão se trata.

Se identificarmos a sociedade em que vivemos como aquela na qual as pessoas têm vergonha de não ser como lhe é proposto, e em que as pessoas estão sempre aflitas para corresponder a uma expectativa externa, então estamos diante de uma sociedade na qual a *subjetividade* está danificada. Isso quer dizer que as pessoas não buscam dentro de si o que desejam; não conseguem identificar os dramas íntimos que os inquietam. Os conflitos internos são substituídos pelos conflitos externos, sem qualquer reflexão de como nossas vivências internas estão participando do nosso sofrimento.

Se vivemos evitando as paixões, fugindo de nosso inconsciente, é porque estamos preocupados em retirar os conflitos de dentro de

[1] Comunicação oral, não publicada.

nós. Estamos eliminando assim o que temos de mais significativo: nossa própria maneira de ser, o que nos torna diferentes, únicos e, principalmente, a capacidade de pensar. Essa é, mais precisamente, a característica de nossa sociedade atual.

O que tem me chamado a atenção é o fato de não sermos, hoje, preparados para o sofrimento. Se compararmos com o que acontecia antes, aqui mesmo no mundo ocidental, vamos ver que ocorreram mudanças significativas em nome do progresso, da civilização. Como exemplo, cito a questão da mulher: ela nascia e era preparada para sofrer, submetida ao pai, ao clã, ao marido, à vivência doméstica etc. Hoje parece que não nascemos preparados para o sofrimento, de tal maneira que quando ele aparece, nos sentimos vítimas e nos revoltamos. Haja vista as crianças de nosso mesmo grupo social: elas reclamam por qualquer coisa e os adultos correm para atendê-las. O ruim, o difícil, o doloroso não devia ocorrer nunca. Isso implica em uma noção do ser humano, uma noção de nós mesmos, muito deformada. O sofrimento faz parte da vida e nunca será eliminado. Além disso, é o exercício da vida, com todas as dificuldades que ela traz, que permite o desenvolvimento e a construção de uma personalidade forte.

Nestes meus comentários, seguindo o pensamento dos autores kleinianos, eu sustento que temos dois tipos de depressão: que isola e que aproxima; a depressão que ocorre como defesa contra a integração e a depressão que é inerente à integração; que me faz vítima queixosa e sempre insatisfeita e que decorre da preocupação séria e responsável para com os outros. Daí o título destes comentários: do sofrimento da solidão para o sofrimento do encontro, do encontro responsável.

Desde o trabalho de Freud "Luto e melancolia" (1917/1976), a psicanálise mudou de maneira significativa. Melanie Klein, que desenvolveu a teoria das relações de objeto, parte desse trabalho, em que Freud fala da elaboração do luto, que consiste na instalação, dentro de nós, no nosso mundo interno, da pessoa querida perdida. Eles, os kleinianos, nos mostram que só quando enfrentamos a realidade da perda é que o luto pode ser elaborado. Freud fala da perda de uma pessoa real, mas nós podemos ver isso em relação a qualquer perda. Estamos sempre sofrendo perdas; como estamos sempre tomando decisões, sempre aceitamos perder alguma coisa.

A depressão que comparece como o mal do nosso tempo com tendência ao isolamento, ao individualismo, à falta de interesse e de participação, em que predomina a apatia, é a má depressão, a depressão persecutória, que leva cada dia mais pessoas aos consultórios psiquiátricos. Aparentemente, essa depressão decorre das exigências externas, quando na verdade a pressão da sociedade moderna faz emergir um tipo de patologia que tem muito a ver com nossas características humanas, ou melhor, com a existência em cada um de nós de aspectos de vida e de aspectos destrutivos que nos são inerentes. A culpa pela destrutividade interna, decorrente do instinto de morte, nunca vai deixar de existir e vai nos perseguir sempre.

A depressão é uma entidade antiga que hoje comparece como "enfraquecimento da personalidade" ou como "fadiga". O deprimido foge dos conflitos e dos confrontos; não se localiza, não pensa o mundo ao seu redor, não participa. Vive encolhido, sofrido, ameaçado. Não é agressivo; não agride as pessoas, não se frustra com elas e também não conta com elas. Está convicto de que não depende do outro, não depende de ninguém e ninguém tem nada de bom para lhe oferecer. Também não tem inveja, ciúmes ou expectativas, já que o outro não é importante. Não tem queixas senão dele mesmo. Na verdade, qualquer solicitação externa é vivida como pressão ou como exigência, o que o amargura muito e o torna vítima; é como se dissesse: vocês não veem que eu não tenho nada, não sou capaz de nada! O deprimido vive isolado no seu sofrimento, na sua impiedosa hostilidade a si mesmo: está sempre precisando provar que é incapaz, que não tem valor, que nada merece. Garante que ninguém deve esperar nada dele. E de fato ele não tem progresso em sua vida social, profissional nem afetiva. Todos os seus recursos são negados por ele mesmo e para qualquer solicitação ele afirma que não devem contar com ele. Também não corre o risco de sofrer perdas porque não tem mais nada a perder.

Essa postura ou esse distanciamento estão a serviço de quê? A conclusão imediata é bem clara: ele não quer assumir compromissos, não quer responsabilidades. Mas atrás dessa atitude evidente de fuga temos de perguntar do que ele está realmente fugindo e não percebe. Ele foge do encontro consigo próprio. O deprimido foge de saber quem é, de conhecer seus recursos e suas limitações, de ver qual é seu tamanho e qual é sua responsabilidade. Quantas vezes eles comparecem em nossos consultórios com queixas bem específicas que chegam a nos convencer, do marido, da esposa, do pai, do chefe etc. E muitas vezes descobrimos que essas queixas encobrem, na verdade, a queixa maior, que é de si mesmos, de não serem capazes, seja do que for. E quase sempre não podem ver que seus próprios recursos são nocivos. O não querer saber é decorrente de uma crença: a de que não aguentam. Vivem fugindo de uma catástrofe eminente e acabam, sem perceber, naufragados em uma catástrofe permanente. Essas pessoas isoladas, ameaçadas, escondidas, sofridas e desprotegidas vivem se protegendo de exigências massacrantes; o que não sabem é que essas exigências não existem; ou melhor, não veem de fora as exigências massacrantes, elas estão todas dentro da pessoa mesma. É o *superego implacável* do melancólico, montado pelos próprios aspectos destrutivos internos que fazem esse estrago. Na melancolia, o que existe é uma *idealização da destrutividade interna*, sentida como extremamente perigosa.

E quando é projetada fora, nos outros, não o deixa viver bem, porque a pessoa se sente cobrada o tempo todo. Quanto mais exigente e insatisfeito consigo mesmo, mais o deprimido vai se sentir exigido e se encolhe; não usa seus recursos, não sabe do que é capaz, e não se sente integrado, inteiro. É o que nós chamamos de depressão persecutória, decorrente também de uma culpa persecutória. Os aspectos narcisistas predominam, mas não são muito visíveis porque quem vive perseguido pela culpa parece ser muito frágil e dependente. Ao contrário, ele é muito forte nos aspectos destrutivos internos, que impedem a integração e a construção harmoniosa de si mesmo. Restaurar o objeto amado, restaurar nossa percepção do outro, e, principalmente, de nós mesmos, identificar nossos sonhos é o caminho para nossa salvação, não no sentido religioso, mas no sentido desse encontro consigo mesmo, e do encontro do conforto interno.

Falando de depressão, estamos falando de pessoas ameaçadas, que estão sempre temendo ser prejudicadas de alguma forma. Na verdade, elas já sofreram um dia, quando não puderam ser ou ter tudo o que almejavam. Acham, agora, que precisam se isolar dos outros para se proteger. O deprimido vive só, sem se dar conta de que o outro pode ser sua salvação.

O que quero dizer com isso: sempre, só podemos nos salvar se encontrarmos o outro e pudermos usufruir dele. Quando aceitamos o outro como diferente, separado, sem precisar ser uma cópia perfeita nossa, quando não precisamos que o outro pense e esteja sempre de acordo comigo, vamos nos enriquecer com ele, e com o que ele nos oferece. A separação, a noção de que sou separado do outro, é uma experiência da maior significação na nossa vida, embora não nos demos conta. Isso quer dizer que estamos, o tempo todo, tentando nos misturar com a pessoa significativa com quem nos relacionamos. Reconhecer e aceitar que somos pessoas separadas, mentes diferentes, com ideias, projetos, desejos diferentes, costuma ser vivido o mais das vezes como muito frustrante. É a capacidade de lidar com essa frustração o grande diferencial: podemos conviver bem com essa separação entre eu e o outro, ou podemos ficar desolados, feridos, nos sentindo rejeitados. Essa insatisfação decorre de um engano fundamental: se o outro sempre pensa como eu, quer o que eu quero etc., então nada de novo vai ocorrer; não acontecem acréscimos, experiências novas, ampliações, nada.

Uma paciente minha se queixava do marido por não a ter escolhido como parceira nos negócios e ter colocado o cunhado no seu lugar, como seu braço direito. Não se conformava que ele não pensasse como ela e não a valorizasse como ela esperava. Com o decorrer do trabalho, vimos que seu lugar de esposa era muito mais importante. Ser parceira do marido para decidir os negócios implicava em se submeter às cobranças, às exigências e às pressões insuportáveis que o marido fazia no trabalho. E esta não era uma tarefa fácil, embora qualquer funcionário de confiança pudesse dar conta. Mas ser esposa, companheira, companhia compreensiva, afetuosa e amiga era mais importante e insubstituível. Ela descobriu que não foi preterida, mas a escolhida.

Só que o encontro do outro, como outro, vai, com certeza, trazer novos sofrimentos. Esse é nosso destino; sofremos quando ficamos narcisicamente sós e quando nos damos conta de nossa dependência. Se a descoberta madura do outro separado e da minha dependência dele deixar de ser uma ferida narcísica, vai ocorrer um avanço, mas trará, também, novas responsabilidades. A responsabilidade agora é de ser você mesmo, com suas qualidades, seus limites, suas imperfeições. É responder por suas escolhas, identificar seus erros, seus ataques, sua competição invejosa, sua preguiça, seu comodismo, seu uso do outro ou desrespeito pelo outro, enfim, suas falhas que incomodam e que preferíamos não ter e não ver. Nós nunca vamos ser curados dos sentimentos de inveja, competição, ciúmes, raiva, do desejo de vingança, ódio ao esforço, comodismo; eles existem hoje e existirão sempre. O que precisamos é aceitá-los, aprender a identificá-los e administrá-los o melhor possível.

A capacidade de fantasiar, que é uma atividade primária nuclear, influencia nossa percepção do mundo, mas também colabora para o nosso contato com a realidade; ela modifica nossa percepção, mas também é modificada por nossas descobertas. Estamos buscando o outro, na fantasia, desde o nascimento. O seio que alimenta vai ser desejado e imaginado de acordo com nossas fantasias e ele será todo poderoso, salvador ou perigoso, dependendo de minha satisfação e de minhas frustrações.

Quando vencemos nosso pesar, nossa raiva do outro, nosso desejo de vingança, não é o outro que ganha; somos nós que restauramos a segurança, a harmonia interna e a paz. Superar o ódio ao outro é diminuir o ódio dentro de nós. Perdoar, relevar, é ter bons sentimentos dentro de nós. O grande engano consiste em acreditar que quando odiamos e não perdoamos é o outro que fica danificado e se relevamos as faltas dos outros são eles que ganham. Esse é o grande erro: se perdoo, se relevo, estou diminuindo o ódio dentro de mim e reforçando o bom sentimento, que tanto me faz falta. Esse ganho é meu. É como na situação invejosa: o invejoso danifica o outro, diminui seu valor, desfaz dos recursos do outro – esse é o mecanismo da inveja: atacar no outro aquilo que ele tem de bom e que eu aprecio, mas não tenho – só que esse é um ataque à própria percepção, um ataque à realidade dos fatos e, portanto, só traz prejuízo ao invejoso; é ele que fica prejudicado nos seus recursos de examinar a realidade, de refletir, de relacionar. Além disso, a inveja corrói por dentro aquele que a sente.

O que é claramente perceptível na depressão patológica é a falta de confiança em si mesmo e a falta de discriminação. Vivemos sob a pressão de um excesso de estímulos a que somos submetidos permanentemente e que gera um caos interno, e uma dificuldade enorme de discriminação. E se não entendemos bem o que acontece é porque estamos sem parâmetros confiáveis. Antes contávamos com a preservação das relações pessoais, com a história familiar, com os valores grupais e familiares ou mesmo valores pessoais conquistados. Hoje o desprezo pela história é marcante: imperam o imediatismo, a busca do novo e a necessidade de adequação aos padrões externos; só que os padrões externos são muito voláteis e não se apoiam em nada claro e significativo, a não ser no brilho fugaz, imediato. Não nos conformamos e ficamos inseguros quando não preenchemos os ideais impostos por essa sociedade, numa "dependência viciada do mundo", como diz Roudinesco (2000).

Outro aspecto de nossa atualidade, muito marcante, são as profecias catastróficas que estão incrementando uma culpa persecutória insuportável. Vejam as tragédias climáticas atuais, elas estão aí para aumentar a crença em nossa onipotência, além de acirrarem nossas culpas. Parece que o homem tem um poder maléfico tamanho que a sorte do planeta só depende dele. Não existem os processos naturais de desgaste, de evolução, de renovação natural da natureza: o homem é o grande responsável e tem de antecipar, promover iniciativas, solucionar esse problema. É enlouquecedor. Mas isso só é possível porque se apoia nas nossas culpas persecutórias, antigas e atuais.

O homem está fadado a ser livre. É da nossa natureza a busca do novo, da expansão, de busca do lugar onde ainda não estivemos. A análise é isso: estamos ambos, analista e paciente, sempre procurando alcançar o lugar novo que está para ser encontrado. Não fosse assim, o homem ainda estaria nas cavernas e não chegando a Júpiter. Nada nos segura porque a expansão, a necessidade de explorar, é inerente ao mental. O deprimido para; por isso ele é doente, ou está doente. E sua maior doença é a de estar sempre querendo de volta aquela situação infantil em que ele era o centro das atenções e dos cuidados da mãe, em que a mãe não era senão um prolongamento de si mesmo. Perdemos essa condição; temos de caminhar para frente, sempre, e não paramos nunca. Desde que fomos agraciados com o *desejo* ficamos marcados para sempre: nosso destino é a renovação permanente.

O desejo que nos fez humanos é o responsável pela nossa vitalidade e também por nossa condição mortal: somos os únicos animais viventes mortais. Todos os animais são imortais na medida em que eles existem para preservar a espécie, enquanto em nós o desejo nos faz únicos e mortais. Perdemos a imortalidade, perdemos o parentesco com os deuses e com a perfeição. Ganhamos a condição humana, com suas vantagens e desvantagens. E não adianta reclamar, porque ao fazer avaliações já estamos usando o que é nosso, o que nos diferencia – a capacidade de pensar. O que interessa agora é descobrir qual o melhor proveito que podemos tirar dessa condição, da condição humana de ter uma mente. E de fazer escolhas.

E no caso da depressão, podemos ver que saímos de um tipo de sofrimento para outro. Só saímos da posição narcisista quando reconhecemos a importância do outro; e o encontro com o outro trará também sofrimento, só que muito mais tolerável e produtivo. Estou falando do sofrimento da posição depressiva (PD), que, como mostra Klein (1940/1996), é um avanço no processo de desenvolvimento e de exploração de todos os recursos, internos e externos. E é na PD que vamos aprender a suportar nossas frustrações graças ao recurso de modificação dos desejos, que poderão então ser simbolizados e sublimados. O que seria de nós não fosse a capacidade de simbolizar e sublimar: o menino pobre não tem o carro fantástico da vitrine; ele faz suas corridas e suas competições com os toquinhos de madeira e se diverte com suas vitórias, seus malabarismos, sua criatividade. Simbolizamos e sublimamos todo tempo.

Embora o deprimido queira acabar com o desejo, este, felizmente, não morre. A capacidade de nos manter desejantes, sempre, é da vida, e a capacidade de gratificar os desejos de diferentes formas também.

A depressão saudável é aquela que nos traz aqui hoje, a todos nós: a mim que falo e a vocês que estão se dispondo a ouvir. É a depressão que reconhece que o outro tem o que me oferecer, e me ajuda a oferecer também o que tenho de bom; é a *depressão-preocupação* que me leva a estar sempre atento, me faz inquieto e não me permite acomodação. É o sentimento de incompletude e a necessidade de estar sempre me cuidando e cuidando dos outros que me faz inquieto, responsável. E sofrido. Mas também animados, querendo ampliar nosso conhecimento e melhorar nossas habilidades. Não é isso que estamos fazendo aqui agora?

Estamos todos acompanhando, preocupados, o que ocorre aqui e em todos os cantos do mundo; estamos sempre curiosos e atentos; a tranquilidade dura pouco. Na análise é também assim, o paciente pensa que vem para ser tranquilizado, para ouvir que não deve se preocupar, que tudo vai dar certo etc. E não é nada disso: estamos sempre mostrando como ele é e o que o prejudica, e fatalmente criando uma inquietação saudável, porque agora ele estará atento o tempo todo e equipado com conhecimentos que não tinha antes, de si mesmo e dos outros. O que perdemos em tranquilidade ganhamos em mobilidade; é a vida com todos seus encantos e dores que passa a ser vivida.

Acompanha isso, fatalmente, o sentimento de responsabilidade, de preocupação, que não permite mais o isolamento e a negação da necessidade de participação e de esforço permanente. E tudo isso implica em conviver com o sofrimento: diante de nossa impotência, sofrimento diante de nossa finitude, diante de todas as mudanças internas e externas inexoráveis.

Uma realidade que não se pode desconsiderar e que é sempre dolorosa é a da passagem do tempo. É inevitável algumas vezes ficarmos lamentando o tempo perdido, na ilusão de que poderíamos ter sido diferentes e poderíamos ter feito muito mais e melhor. Cada vez mais eu me convenço de que esse é um lamento pretensioso e arrogante, na medida em que, sempre, só podemos ser o que somos. Isso também deprime, mas esta depressão pode ser a outra, a boa depressão que amplia meus bons sentimentos e meus recursos, e me faz mais inteiro hoje.

A questão do tempo, da vivência do tempo, é de fundamental importância; o deprimido doente não faz discriminações entre o que foi e o que é hoje, entre passado e presente. Daí também ele não poder ter expectativas para o futuro. A falta de perspectivas é que leva ao culto do corpo, tão comum hoje, como ideal de felicidade. É a felicidade alcançada como realização física e não nos sentimentos, na subjetividade, no desenvolvimento dos recursos psíquicos.

Já o deprimido integrado, que pode viver seu momento de conhecimento e de responsabilidade, tem perfeita noção do tempo que está vivendo e tem projetos para o futuro; sabe que tem de construir melhores condições para si e para os outros e se empenha nisso.

Retornando então à questão inicial sobre a nossa sociedade deprimida, qual é a nossa noção de futuro? Estamos empenhados em sonhos e realizações no futuro ou apenas curtindo o momento? Ouvi de um profissional da nossa área a observação atônita de que os jovens de seu grupo só se preocupam com o próximo fim de semana, com a balada da sexta-feira. O desprezo pelos sonhos e realizações futuras é sinal de perigo; será significativo de que uma depressão doentia está se encaminhando?

Espero estar enganada.

Referências

Freud, S. (1976). Luto e melancolia. In *Edição Standard Brasileira das Obras Psicológicas Completas de Sigmund Freud* (Vol. XIV). Imago. (Trabalho original publicado em 1917)

Klein, M. (1996). O luto e suas relações com os estados maníacos depressivos. In *Obras completas de Melanie Klein* (Vol. I, pp. 385-412). Imago. (Trabalho original publicado em 1940)

Roudinesco, E. (2000). *Por que a psicanálise?* (V. Ribeiro Trad.). Zahar.

24. Psicanálise: o que ela é e o que ela não é[1]

Qual é a visão que se tem da psicanálise, ou do tratamento psicanalítico? A maneira como a psicanálise é apresentada ou como se referem a ela, de modo geral, não abre muitas perspectivas para uma busca ou para criar uma curiosidade que leve a pessoa a pesquisar mais ou a querer saber mais ou detalhes sobre ela. Aquilo que se comenta sobre a psicanálise tende a fazer a pessoa comum a se afastar, e não a se aproximar. As formas desorientadoras são várias: fala-se do preço caro da análise, do tempo excessivamente longo, submissão ao analista, de dependência, do aspecto antirreligioso etc.

É interessante como ela provoca as mais diferentes fantasias: para alguns, ela é salvadora; para outros, ameaçadora, perigosa; alguns a veem com uma auréola mística (o analista é o todo-poderoso que sabe tudo, que só de olhar já sabe da pessoa, de suas qualidades, defeitos, do que está pensando etc.). Há os que temem a psicanálise porque a consideram acusadora, aquela que

[1] Comunicação oral, não publicada.

condena; para outros, ela tudo perdoa; existe também a psicanálise pornográfica, a que liberta as pessoas de todas as proibições; enfim, há muitas vertentes porque realmente ela tem uma força e uma abrangência extraordinária, mas, principalmente, porque ela mobiliza nossas fantasias.

Mas é um fato que a psicanálise surgiu como um terremoto, um abalo sísmico tremendo, que não só sacudiu a sociedade, os costumes, como também a cada um de nós internamente. Essas expressões são de Jacques Derrida (2001), que não é um psicanalista, mas um filósofo. Fazemos como se nada de especial, de crucial, tivesse ocorrido no século XIX, e ocorreu sim: a revolução da psicanálise. E ele diz ainda: "Não são as teses freudianas que contam mais, mas antes a maneira como Freud nos ajudou a pôr em questão um grande número de coisas referentes à lei, ao direito, à religião, à autoridade patriarcal etc.". Realmente a psicanálise é uma força criativa de reflexão, de questionamentos. E isso nós fazemos diariamente, ali no consultório, no encontro entre duas pessoas: questionamos, não confiamos no óbvio, no mais evidente e tentamos saber mais, buscamos esclarecimentos às vezes difíceis de alcançar e que exigem paciência e muito trabalho. Paciência e muito trabalho de ambos, analista e analisando.

Em 1900 (1976a), Freud publicou "A interpretação dos sonhos". Esse é um marco, não só para a psicologia, como também para todas as ciências humanas. Freud trouxe para o centro dos estudos sobre a mentalidade humana os processos de simbolização, o que provocou uma virada na filosofia; descobriu-se que o ser humano se diferencia dos animais não pela inteligência, captação sensorial, memória ou capacidade associativa, mas pela capacidade de criar símbolos. É o poder da fala, é a linguagem. Desde então, passamos a considerar o processo mental como um processo simbólico. Isso foi uma verdadeira revolução no conhecimento. Possibilita a compreensão dos sintomas, dos sonhos, das atividades artísticas e dos jogos infantis, agora vistos como expressões simbólicas de conflitos ou vivências internas importantes. A possibilidade de compreender o universo mental ampliou-se enormemente. A inserção da psicanálise dentro de todas as áreas do conhecimento tornou-se inevitável.

O que é a psicanálise, então? É uma teoria sobre a estrutura e funcionamento da mente, é um método terapêutico, é um campo de pesquisas.

Como um contexto de contribuições para as ciências humanas e para as artes ela já tem, inquestionavelmente, um lugar bem definido, hoje. No campo científico a psicanálise começa a ser aceita e reconhecida, principalmente na biologia, na área das neurociências. E não só aceita, mas comprovada nos seus pressupostos. Por exemplo: hoje as neurociências estão descobrindo que existem dois impulsos fundamentais presentes nos neurônios: repulsa e aceitação, recompensa e punição. Freud (1920/1976c) localizou esse conflito, ele que apontou a existência de forças opostas se debatendo dentro de nós (vida e morte) e hoje os cientistas estão vendo isso nas células.

Antes de falar da psicanálise prática, que é o meu campo de atividade e de todos estes psicanalistas que aqui estão promovendo este encontro, e que é também a psicanálise pesquisa, vamos ver, rapidamente, como a psicanálise nasceu e o que a caracteriza.

Freud era um cientista, médico, trabalhava em laboratório. E era um clínico também. Começou a trabalhar com as pacientes histéricas, que apresentavam sintomas orgânicos graves como cegueiras, paralisias, incapacidades de locomoção e de fala, além de muitos outros sintomas que não tinham causa orgânica. E ele conversava com essas pacientes. Uma delas deu o nome ao que eles faziam de *cura pela palavra, ou cura pela fala.*

Essas doentes não percebiam as conexões entre o que imaginavam com o que conheciam, com o que iam recordando e com o que estava acontecendo agora ali com o médico. Assim ocorreu a descoberta do *inconsciente,* que embora já vislumbrado desde muito, não tinha ainda sido captado em todas as suas funções e seu alcance. Esse foi o grande marco. Sempre se acreditou na consciência, e que nós sabemos bem sobre nós mesmos; Freud (1917/1976b) então nos mostra que *não somos senhores em nossa própria casa.* Isso quer dizer que nós somos o que percebemos de nós mesmos e somos também diferentes do que percebemos. É por isso que os pacientes chegam falando que não entendem por que perdem o sono, porque precisam repetir tantas vezes uma mesma ação, porque não se lembram ou não se esquecem, porque perdem o ânimo, porque ficam agitados, porque implicam com pessoas ou situações etc. Quantas vezes nos vemos perdidos em angústias, confusões, sofrimento; isso mostra que sabemos menos de nós mesmos do que podemos perceber. Hoje sabemos que existe uma parte de nós que é inconsciente e é com essa parte que nós, psicanalistas, vamos lidar.

A descoberta da sexualidade infantil foi um outro abalo; antes se acreditava que as crianças eram destituídas de sexualidade; ele nos mostrou que a sexualidade é um componente normal da vida desde seu início. E que também desde sempre cria conflitos e muito sofrimento.

Outra colocação de Freud (1920/1976c) fundamental é a da existência, em nós, de duas pulsões básicas, as pulsões de vida e de morte. Temos uma tendência natural a preservar a vida, ao mesmo tempo que temos uma destrutividade interna. E mais: Freud revelou o Édipo em todos nós. O Édipo é a constatação de que somos, todos, em desejo, assassinos. Vocês já devem ter ouvido sobre isso. A resolução do conflito edípico, que consiste na aceitação de que há uma relação entre os pais da qual eu estou excluído, aponta o ciúme como uma reação natural e necessária que me leva a buscar outras formas de relacionamento. Mas a vivência edípica traz embutida o desejo de aniquilar o progenitor do mesmo sexo. Vamos resolver isso quando aceitamos procurar outras formas de relacionamento. Isso significa que a psicanálise nos esclareceu sobre os processos de socialização mais que qualquer outra disciplina.

Logo, a psicanálise foi e continua sendo um terremoto ao pôr em questão um grande número de ideias. Freud chamou o mundo para a responsabilidade, diz Derrida. E nós, na clínica, continuamos a chamar as pessoas para a responsabilidade de "se salvar" de sua prisão pessoal, da sua condição de ser vítima de si mesmo. O que nos define ou nos caracteriza não são nossas respostas, e sim nossa maneira de formular as questões, de identificar os problemas, de ir além do aparente. Estamos sempre chamando atenção para o mundo interno, incentivando as pessoas a ter mais carinho por sua condição humana.

Nossa maneira de ver o paciente tem sempre esse vértice: queremos saber o que o inquieta, o que ele quer, como lida com as situações, como se questiona, ou como questiona o mundo ao seu redor. Como enfrenta as dificuldades e quais são seus recursos. O que está vivo, disponível dentro dele e o que está morto ou morrendo dentro dele, em termos de recursos, sonhos, projetos, sentimentos.

A cisão é um corte, faz aquilo que está ligado se separar, ou se distanciar. Esse é um processo mental muito importante. As diferentes cisões, que sempre ocorrem ao nível mental, cortam vínculos importantes e muitas vezes isso nos ajuda muito, como no caso de precisarmos esquecer situações desagradáveis para viver melhor; mas pode trazer muitos problemas quando, por exemplo, agimos sem usar nossos conhecimentos, nossa experiência. O que devia ser preservado, ou que tinha um sentido claro para a pessoa, com o corte, com a cisão, fica totalmente estranho. Muitas atividades mentais se tornam, então, inoperantes. Como consequência, vamos ter ações automáticas, sem sentido, sintomas orgânicos, queda de energia, depressões, e muitos outros sintomas. Temos de buscar as causas e tentar vincular o que ficou disperso e inoperante. Esta é nossa tarefa, buscar os significados. No mundo atual, cortes significativos estão ocorrendo e não sabemos no que vai dar, quando, por exemplo, cortamos o vínculo com nossa história familiar, com nossas tradições, com nosso grupo social e passamos a seguir os padrões culturais da maioria, e que muitas vezes, no nosso mundo globalizado, não têm nada a ver com nossa cultura. Então há a necessidade de estar permanentemente atentos e avaliando cada situação. Mas isso é muito difícil e às vezes causa problemas muito sérios.

Não visamos a cura; o sentido de cura não faz parte do nosso trabalho. Nosso trabalho consiste em ajudar o paciente a desenvolver recursos novos ou recompor os recursos danificados. Não tentamos livrar o paciente do sofrimento, mas ajudá-lo a desenvolver recursos para suportar o sofrimento que nos é inerente.

Então, estou dizendo é que a psicanálise é principalmente uma maneira de olhar, de interrogar, de tentar conhecer mais de perto as questões pessoais e as questões sociais. Somos basicamente pesquisadores, questionadores. A psicanálise investiga, relaciona, busca os significados dos fatos ou das reações que não estão claras, porque é da natureza de nossa mente fazer cortes, obstruir, negar qualquer coisa que possa trazer sofrimento.

Atualmente, os psicanalistas estão sendo convocados a pensar nas questões sociais, não porque alguém nos cobra, mas porque essas questões entram no consultório. As transformações da família, as questões dos limites, a busca de identidade, o rompimento com nossa história familiar, nossos valores grupais, nossas tradições, são questões de suma importância que nos desafiam diretamente. Estamos vivendo um período de muita permissividade, de explosões de liberdade que estão deixando todos perplexos. Se no nível social essas questões são urgentes, no nível pessoal elas são mais urgentes ainda. Estamos numa encruzilhada entre o individualismo exacerbado e a busca do relacionamento. A condição humana é complexa porque vivemos divididos entre a onipotência e a impotência, entre o medo do desamparo e a negação de nossas necessidades básicas, como a necessidade do outro.

É muito comum sermos cobrados no sentido de tornar nosso trabalho mais rápido e acessível. Eu acho muito significativo e curioso porque nunca deixamos de tentar isso, embora discretamente. Estou cada vez mais convencida de que só vamos continuar na atividade psicanalítica se continuarmos corajosamente como sempre fomos, aqueles que trafegam na contramão, no sentido em que caminhamos, hoje, numa velocidade e com objetivos diferentes da cultura globalizada, na qual tudo tem de ser rápido, fácil e superficial; e em que se busca igualar as pessoas. Nós fazemos o contrário: ajudamos a pessoa a ser quem ela é.

O intelectual palestino Edward Said (2006) fala da necessidade de *recepção* e *resistência*, sendo que *recepção* significa uma leitura sensível, atenta e inteligente do outro, ou dos fatos, e que *resistência* é sempre necessária, no sentido de resistir ao que a própria leitura inteligente mostre necessário. E eu penso que devemos resistir às pressões de tentar facilitar o que é difícil. Ou resistir a considerar que os padrões atuais, todos eles, sejam humanamente válidos. Para nós, o mais importante é descobrir quem somos, cada um, na sua individualidade, na sua peculiaridade, e não como devemos ser para ficar iguais, para eliminar as diferenças.

Ao tentar dizer o que somos, e deixar mais claro o que fazemos, partimos de uma concepção básica: o conceito de fantasia inconsciente. A fantasia inconsciente permite que cada um seja único, se realize de acordo consigo mesmo, mas também é a fantasia o nosso calvário, a fonte de nossas dúvidas, de nossas inquietações, de nossos sofrimentos.

O que é a fantasia inconsciente? É a expressão mental do instinto e, portanto, existe desde sempre; a vida mental do bebê é dominada pelas fantasias inconscientes. Expressamos nossos desejos e nossas defesas por meio das fantasias. Nelas estamos sempre buscando o outro, principalmente tentamos sempre retornar à situação infantil em que éramos o centro do mundo para a mãe, centro de suas atenções e cuidados. Nunca nos conformamos com a perda desse lugar privilegiado. E nossa vida mental vai depender do equilíbrio entre esses desejos e a realidade. A capacidade de suportar a frustração desse desejo é que possibilita a adaptação à realidade. É a capacidade de pensar que vamos desenvolvendo nesse interjogo entre a fantasia e a realidade.

Então, se o paciente tenta reinstalar a ordem anterior, aquela antiga, de ser o centro do mundo da mãe, nós queremos sempre trazê-lo para o presente, para quem ele é agora. Demora para o paciente descobrir que não só é bom, mas absolutamente necessário se inserir na realidade. E tanto a realidade externa como a realidade interna precisam ser discriminadas e aceitas.

Faz análise quem tem curiosidade, quem busca o mistério, o novo, o desconhecido. Quem aguenta as pressões internas e externas como desafios a serem enfrentados e não como ameaças; quem desconfia de significados ocultos, quem tem a noção, mesmo vaga, da fragilidade humana. A intimidade consigo próprio é algo sempre buscado e sempre temido; devo me arriscar a me perder e a me achar, todo tempo. E é o outro, sempre tão assustador, que vai me possibilitar esse encontro comigo mesmo – nunca vou me encontrar sozinho; é sempre por meio do outro que eu encontro o sentido de mim mesmo, minha identidade. O individualismo tão impregnado no mundo moderno é uma forma de alienação, de perda; o individualismo não é uma proteção ou uma boa maneira de garantir sua força, ao contrário, é uma forma ilusória em que ocorre o encolhimento e a pobreza interior.

Então nós não estamos dando respostas, e sim fazendo sempre novas perguntas: por exemplo, se descobrimos, ali, juntos, que o paciente é muito egoísta e lida em todas as situações sempre visando seu próprio interesse, o que temos de ver em seguida é *o porquê disto*, ou *porque ele precisa ser assim*, e não *como deixar de ser assim*.

Se ele precisa ser sempre tão egoísta é porque algo o ameaça, ou porque ele tem uma visão deformada das pessoas e situações ou porque não confia em si mesmo, enfim, são muitas as questões a serem examinadas. Outro exemplo: tem pacientes que se afirmam não competidores e acreditam que não sentem inveja, nem ciúmes, nem necessidade de se destacar, etc. Infalivelmente, aqui na sessão eles estarão muitas vezes competindo conosco, de maneira muito gentil e tranquila, mas competindo sempre, e tendo ciúmes, e precisando ter razão etc. e não percebem. E nós vamos então mostrando.

Em outras situações, o que fazemos é ajudar o paciente a ver como ele vive a concretude das situações e não alcança o verdadeiro significado de suas buscas: será que o paciente precisa mesmo do emprego, do ganho, do conforto físico, da "qualidade de vida" que ele tanto valoriza? Quantas vezes ele chega lá e não fica bem. Por quê? Vamos tentar ajudá-lo a saber o que é realmente importante para ele: não será o ter de agradar ao pai (que às vezes nem está mais vivo), ou atender às expectativas externas e poder assim se sentir valorizado, e se valorizar; ou superar suas limitações para se sentir bem com seus próprios aspectos exigentes?

A experiência do consultório é única: ao ser atendido com atenção, cuidado, respeito pelo analista, o paciente introjeta essa condição ou vai aprender a fazer isso e vai poder se ver, se ouvir, se pesquisar com atenção, curiosidade e respeito que não tinha antes, porque não teve essa experiência ainda muito clara. Então estamos respondendo a uma questão de nosso tempo, em que as pessoas não têm com quem conversar, ter intimidade, partilhar seus pensamentos e sofrimentos – é assim que estou ligada ao meu tempo e à minha origem, à origem da psicanálise, na qual os pressupostos básicos foram construídos lá atrás e o que vai surgindo de novo exige sempre minha reflexão e minha adaptação, sem perder minhas características e sem sair de meu campo e de meus referenciais teóricos. Maria Inês Carneiro diz bem: "Ser analista deixa de ser um *status* e se dinamiza e revigora, numa tarefa incessante". Não confundir com instância acadêmica, porque nunca vamos perder nossa identidade e o fardo de pensar. Somos formados e não só informados. A formação psicanalítica tem como requisito básico a análise do candidato a análise, que precisa ser feita em, no mínimo, cinco anos. Formamos *mentes psicanalíticas* e não *profissionais psicanalistas.*

Trabalhamos dentro da pessoa, para que ela possa ir descobrindo o que é importante para ela, seus vínculos significativos que ela muitas vezes não identifica. Hoje, mais do que nunca, estamos oferecendo um contorno que a família atual perdeu. Enquanto a nova família busca alternativas, perdida como está, nós oferecemos uma possibilidade importante que, se não tem a ver com família, tem a ver com continência, que é algo indispensável para qualquer ser humano. Oferecemos um lugar, um horário, uma postura bem definida na qual fica claro que não somos amigos, não somos conselheiros, orientadores, não somos pai ou mãe ou namorado: somos analistas. E fazemos questão da presença, do encontro humano, que é quando são mobilizados os sentimentos mais profundos, e vividas as emoções mais significativas.

A clínica é o lugar das inquietações e não nos permite acomodação nem certezas. Cada paciente é novo, cada sessão com o paciente é uma nova sessão. Trabalhar sem memória e sem desejo, o grande ensinamento de Bion (1970/2006), diferencia nosso trabalho de todos os outros. Além disso, estamos a cada momento revendo, cada analista revê sua própria análise pessoal, o que torna nossa tarefa especialmente difícil.

E não tem nada a ver com gênero, ser analista homem ou mulher. Todos somos capazes de exercer funções masculinas e femininas; são funções psíquicas de força, decisão, obrigações, delimitações e acolhimento.

Estamos, sempre, lutando contra uma força disruptiva que existe dentro de nós, e que podemos chamar de instinto de morte, em oposição ao instinto de vida. Ou podemos nomear de sentimentos opostos de amor e ódio. Temos, sempre, cada um de nós um embate pulsional. A cultura está sempre atribuindo uma ou outra configuração às nossas lutas e nossas expectativas, mas eu vejo sempre como uma batalha interna pela sobrevivência da vida, dos bons sentimentos, e pela contenção da morte de aspectos nossos internos fundamentais.

A única coisa realmente efetiva é a necessidade de viver: estamos fadados ao crescimento, a ser livres, ao desenvolvimento, às mudanças, à criatividade, à expansão. Estes objetivos nos são impostos na concepção, antes mesmo de nascer. Outro objetivo que também é a nossa marca é caminhar para a morte. A luta pela sobrevivência é então terrível, permanente. E a morte que nos ameaça mais de perto e a cada instante é a morte dos nossos recursos internos: será que eu vou ter coragem? Será que eu vou me lembrar? Será que eu vou aguentar? Para cada passo que damos, essas ameaças estão sempre presentes: é a ameaça de morte interna, de recursos e de bons sentimentos. Então não é o fato de que vamos morrer um dia que nos amedronta, e sim o fato de poder morrer, dentro de nós, a força necessária para enfrentar cada situação. Se prestarmos atenção, vamos ver que a pessoa desesperada é sempre alguém que não está contando com sua vitalidade interna, que não está confiante em seus recursos – podemos dizer que matou a confiança em si mesmo. E isso tem mais a ver com as fantasias do que com a realidade. Fantasiamos todo o tempo, e nossas fantasias tanto nos perturbam a percepção da realidade interna como a percepção da realidade externa. Mas é também a fantasia que nos nutre de sonhos, de projetos, de possibilidades; é a fantasia, representando nossos desejos, que nos impulsiona.

O processo natural, desejável, é o de estar sempre tentando chegar a algum lugar onde ainda não estivemos. Só que muitas vezes o que fazemos é o contrário: queremos que nada mude, ficamos lutando pela paralisação, resistindo ao diferente. E isso ocorre muitas vezes sem perceber. Quantas pessoas sofrem com as mudanças no seu corpo, que são inevitáveis desde sempre; desde o nascimento nosso corpo está se modificando e, no entanto, o adulto não o tolera; não suportamos as mudanças nas relações, como ocorrem entre pais e filhos, já que os filhos crescem e mudam mesmo, e nossa autoridade também; não suportamos as mudanças que a vinda de um filho traz, não suportamos a velhice. Não suportamos perdas porque não suportamos nossos limites. Gostaríamos de ser deuses, eternos e eternamente jovens! Só que o que mais dificulta ou infelicita é que não aproveitamos as coisas novas, que sempre existem.

Às vezes eu me encanto, outras vezes me entristeço, mas estou sempre tentando observar, no dia a dia mesmo e mais como leiga ou curiosa, as mudanças rápidas e às vezes violentas que estão ocorrendo na nossa sociedade e que a gente não para muito para pensar.

O cientista social Anthony Giddens (2002) nos lembra que antes nos apoiávamos nas tradições de nosso grupo, nos costumes e íamos vivendo sem muita reflexão ou questionamentos. Hoje os questionamentos estão pululando o tempo todo. Somos surpreendidos a cada passo com situações novas surpreendentes que exigem reflexão.

Por exemplo, em várias situações, em diferentes grupamentos encontrei uma mesma atitude de surpresa diante das respostas de jovens no seu primeiro emprego; os jovens estão nos assustando muito num aspecto: não aceitam ser corrigidos, questionados, criticados e na maioria das vezes reagem com muita arrogância. Para pessoas mais idosas, até bem mais jovens que eu, essa postura causa muita surpresa, porque difere totalmente da que tínhamos quando jovens e precisávamos trabalhar; como disse uma amiga, a gente pagava para trabalhar, para aprender. Hoje parece que está diferente e a diferença está exatamente aí: parece que o jovem não precisa aprender, ele *já sabe*! Aliás, ele sabe mais do que o mais velho; ele é mais atualizado, está mais por dentro etc.

Hoje, como nunca, lutamos pela democracia, e realmente ela existe hoje mais do que antes: democratização das emoções, democracia nas relações pessoais, nas diferentes escolhas de vida. Agora, até que ponto isso não está trazendo deformações? Atitudes como essas que implicam em "não tenho nada para aprender" ou "ninguém tem nada para me ensinar", o que querem dizer? O jovem realmente sabe muito das tecnologias modernas, isso nem se discute. Mas isso é tudo?

A importância dos vínculos, das relações interpessoais é fundamental; nos permitem desenvolver e refletir questões éticas, políticas, e nos inserem na cultura e na sociedade. Ao estarmos inseridos, naturalmente fazemos escolhas e assumimos responsabilidades. A atitude desses jovens, que estão se inserindo de maneira tão diferente, precisa então ser entendida: é resultado de quê? O que realmente mudou? Não é um fato isolado; está dentro de um contexto muito maior de transformações que ainda não está claro. É completamente diferente das gerações anteriores. Por exemplo: conversando com uma senhora no supermercado antes do Natal, fiquei encantada: ela estava preparando uma ceia para 35 pessoas, com a maior da satisfação e segurança; eu fiquei perguntando o que ela ia fazer, e ela foi me contando, tranquila, e comprando tudo o que ainda faltava! Eu estaria enlouquecida nessas alturas; ela estava feliz, feliz com seus recursos, com sua capacidade, que não era só a de cozinhar, mas, principalmente, a de congregar, de reunir tanta gente, a sua gente! Fica claro que a experiência dessa senhora é valiosa e usufruída por ela e pelos seus familiares. Ela os congrega. Parece que o jovem é diferente, ele quer mais é se livrar dos seus, como expressão de liberdade e autossuficiência.

Não sabemos onde isso vai dar. Eu só sei que estou aqui hoje, ajudando a congregar também, com esta minha especialidade; e eu confesso, como idosa que sou, que isso muito me alegra.

Referências

Bion, W. (2006). *Atenção e interpretação* (2a ed., P. C. Sandler Trad.). Imago. (Trabalho original publicado em 1970)

Derrida, J. (2001). *Estados-da-alma da psicanálise: o impossível para além da soberana crueldade* (A. R. Nogueira, & I. K. Marin Trad.). Escuta.

Freud, S. (1976a). A interpretação dos sonhos. In *Edição Standard brasileira das obras psicológicas completas de Sigmund Freud* (Vols. IV e V). Imago. (Trabalho original publicado em 1900)

Freud, S. (1976b). Uma dificuldade no caminho da psicanálise. In *Edição Standard brasileira das obras psicológicas completas de Sigmund Freud* (Vol. XVII, p. 178). Imago. (Trabalho original publicado em 1917)

Freud, S. (1976c). Além do princípio de prazer. In *Edição Standard brasileira das obras psicológicas completas de Sigmund Freud* (Vol. XVIII). Imago. (Trabalho original publicado em 1920)

Giddens, A. (2002). *Modernidade e identidade*. Zahar.

Said, E. W. (2006). *Humanismo e crítica democrática*. (R. Eichenberg Trad.). Companhia das Letras.

25. Força e/ou significado[1]

Nos seus estudos epistemológicos da psicanálise de Freud, como ele faz questão de delimitar, Monzani nos diz:

> *Toda problemática que atravessa a leitura de Freud, ou melhor, todo o trabalho que tenta dar coerência ao discurso freudiano esbarra na tentativa de conciliar um* discurso do sentido *que coabita com um* discurso energético . . . *ou se explica por* conexões de sentido *ou por* conexões de força, *mas ambas são inconciliáveis. (1989, pp. 69-78, grifos meus)*

Se por um lado, diz ele, não podemos dizer que Freud disse sempre a mesma coisa, também não se pode afirmar que ele em algum momento abandonou tudo que vinha propondo para repensar a teoria sob outras perspectivas; ocorreram muitas oscilações, mas nunca uma mudança radical. Segundo Monzani (1989, pp. 69-78), Freud manteve suas ideias básicas e as superou inúmeras vezes.

[1] Comunicação oral apresentada em Ribeirão Preto.

Greenberg e Mitchell veem as duas vertentes teóricas de Freud de maneira diferente:

> *se o modelo pulsional é um modelo na acepção da palavra, deve conter uma teoria do significado. . . . Os próprios princípios que Freud criou para serem explicativos no sentido mecanicista também fornecem um ímpeto interpretativo; sua teoria de mecanismo é uma teoria de significado. (1994, pp. 15-19)*

Para estes autores, então, a teoria da pulsão é também uma teoria de significado. Para alguns, as duas teorias são inconciliáveis; para outros, não; Greenberg as considera complementares. A hipótese energética de Freud, nunca abandonada por ele, considera que a tensão instintual é o motor do comportamento; há um processo de excitação, um excesso de estímulos que precisa ser removido para que se alcance o prazer (Assoum, 1993/1996). O equilíbrio (princípio de constância) é o objetivo a ser alcançado. Também se manteve em sua obra a ideia da distribuição de energia dentro do aparelho psíquico. "O que interessa a Freud é o destino dos afetos, seus trajetos, deslocamentos que só podem ser pensados como uma quantidade que circula entre as representações" (Monzani, 1989, pp. 69-78).

Por outro lado, todos os autores são unânimes em considerar que não foram suas tendências positivistas ou seu entusiasmo com as ciências naturais que levaram Freud a se apegar ao aspecto energético: foram a clínica ou suas experiências com seus pacientes que o levaram por esse caminho. Mesmo porque o seu conceito de energia não é o mesmo que o das correntes científicas de sua época em que o energitismo era uma verdadeira doutrina, uma visão de mundo energitista. Para Freud, a energia psíquica não é um princípio ativo especial, mas o efeito de um processo psíquico; a energia dá a dimensão econômica, que com as dimensões dinâmicas e tópicas caracterizam os processos inconscientes, diz Assoun (1983, pp. 207-211).

Um autor atual de grande envergadura, André Green (2005, pp. 51-83), mantém a importância do conceito de energia; ele considera que o movimento, que implica em força, é a propriedade mais importante do psiquismo. Temos sempre a expectativa de uma direção, de um sentido, já que a força não é cega. O movimento tem direção e sentido, e são as representações que levam a força a se deslocar. Força e sentido são mediados pela representação que consegue a união de ambas. Green fala da pulsão atuando na relação intersubjetiva, por exemplo: na relação da criança com a mãe, a excitação que surge na criança tende a se exteriorizar para alcançar a mente da mãe, obrigando-a a atender seu estado de desamparo. A pulsão é pensada então não como uma força bruta emergindo da soma, mas como o resultado de um trabalho.

Todos os comentadores de Freud que consultei são unânimes em afirmar que o modelo energético nunca foi abandonado por Freud; no entanto, foi ele próprio quem criou as condições para a mudança. O texto "A interpretação dos sonhos" (1900/1976) marca o momento em que a busca do significado se coloca fortemente. Quando Freud fala de *equivalência simbólica*, ou de *identidade de percepção* e *identidade de pensamento*, ele está falando de equivalências entre *representações mentais*, portanto, de equivalências qualitativas e não mais equivalências de cargas ou de energia.

Freud também abriu um novo caminho quando postulou os dois instintos, de vida e de morte, mas não explorou essa proposta em todo seu alcance, como todos sabemos. Ao colocar o instinto de morte como tendência à repetição ou à destruição, ele criou um obstáculo à metapsicologia, já que uma *tendência* não pode ser submetida à carga ou descarga, mostram os autores.

Baranger e Baranger (1969, pp. 15-50) ainda acrescentam que o conceito de *imagem mental*, também necessária no enfoque energético, como receptora das cargas de energia, não se sustenta porque não se entende como uma carga se transforma em imagem. E mais: "o mundo do imaginário não é constituído de 'imagens' no sentido corrente da palavra, o mundo imaginário é o mundo de fantasias mais ou menos revestidas de qualidades sensoriais".

Quando trazemos então a concepção kleiniana de fantasia inconsciente como representação mental do instinto, estamos dispensando o enfoque energético, já que as fantasias podem ser geradas de maneira defensiva ou criativa, e a questão da quantidade de energia se perde. Se nos instalamos dentro do universo teórico das relações objetais, já não se fala de *conservação de energia*, mas de *representação mental* e da importância dos vínculos na construção dos significados.

Outra questão importante da teoria econômica diz respeito ao investimento narcísico. A questão do narcisismo é fundamental na divergência entre os dois enfoques teóricos: freudiano e das relações de objeto. Turillazzi Manfredi (1998, p. 173) diz textualmente: "O que em Klein se contrapõe a Freud não é a teoria das pulsões, mas a do narcisismo primário".

Na teoria econômica, o investir no objeto diminui o investimento narcísico e vice-versa – é a questão da quantidade de investimento, da mudança ou deslocamento de carga. Já na teoria kleiniana, o narcisismo é uma resposta defensiva diante da frustração em relação ao objeto. A necessidade de dispensar o objeto ou de negar sua fundamental importância leva ao narcisismo. Também para os kleinianos não se trata de regressão – os mecanismos de defesa que operam no movimento narcísico são os de cisão e de negação; consequentemente, em vez de narcisismo primário, é do narcisismo secundário que sempre se trata. A solução narcísica é, para os kleinianos, o resultado da relação com o objeto e tem seu sentido ligado diretamente às vicissitudes dessa relação: expectativas, decepções, mobilizações da inveja, ódio.

Também a angústia: se em Freud o que se espera é a diminuição ao mínimo da angústia, em Klein o que importa é a transformação de sua qualidade. Enquanto em Freud se busca o equilíbrio (nem estímulos em excesso nem descarga total da energia), em Klein busca-se o desenvolvimento psíquico, e a angústia é seu motor.

Temos então um problema em aberto a ser resolvido na nossa leitura psicanalítica: ou ficamos com o enfoque energético ou com o das relações objetais. Para lidar com o impasse, a sugestão é do próprio Freud: temos de conviver sempre com a experiência e respeitá-la, e, se necessário, mudar diante dela. É próprio de nossa ciência que os questionamentos, as grandes dúvidas e descobertas, as correções significativas sejam promovidas pela clínica e se apoiem na clínica. Mesmo hoje, felizmente, vemos surgir textos psicanalíticos importantes que retomam esse vértice e insistem na prioridade da observação clínica sobre as especulações e debates teóricos.

A teoria das relações objetais de Klein é um exemplo: nasceu da observação clínica e abriu novos caminhos; ao fazer a opção pelo significado e ao dispensar o discurso energético, os kleinianos estiveram, e estão, sempre, se apoiando na clínica.

Eu fico também com minha experiência, principalmente porque não tenho condições para nenhum voo teórico além do casamento entre a experiência dos mestres e minhas observações pessoais. Quero então apresentar uma pequena vinheta clínica que me possibilitará expor melhor minha maneira de trabalhar com as relações de objeto e com a busca dos significados.

O paciente chega muito irritado falando dos transtornos criados por sua esposa, que não consegue ou não se importa em assumir suas tarefas, ou as tarefas que ele lhe passava na pequena firma da família: ela deveria fazer todos os pagamentos, controlar as contas bancárias, pagar os carnês, ir à prefeitura, resolver problemas da casa, organizar os recibos, cuidar dos prazos etc. No entanto, ela se mostrava displicente e totalmente desorganizada; acabava pagando as contas com multa e não atendia às prioridades. Com muita raiva, ele decidiu contratar um rapaz competente e de muita confiança que deu uma boa ordem nas contas, aprendendo logo o ritmo de seus negócios. E ele continuava reclamando e dizendo que não dava para viver assim, ela incapaz e incompetente e ele tendo de tomar todas as iniciativas. "Isto não é um casamento. Nós não estamos casados!"

E, no entanto, eu percebia, nesta sessão, que ele tinha encontrado uma solução para um problema que repetidamente era trazido; ao contratar o rapaz para ajudá-lo, tinha descoberto em si mesmo uma capacidade que não acreditava ter: pensar nas situações e buscar soluções diferentes. Mas continuava reclamando, sem poder usufruir de seus recursos e de seu empenho. E era só da esposa que ele se queixava? Não era essa a maneira de se queixar da analista? Ou de proteger a analista de suas queixas?

Tentando usar o vértice econômico, posso dizer que estaria havendo um forte investimento na esposa que, em vez de gratificá-lo, está funcionando como objeto frustrador. Ele só pode aceitá-la se ela corresponder às suas expectativas; a ameaça interna é de ter de retirar todo o investimento libidinal com que a investiu, o que significa romper com ela. Na verdade, ele investe em si mesmo, na necessidade de ter as pressões internas aliviadas com a colaboração essencial dela. O que está sofrendo desinvestimento, ou, o que não pode ser catexia, é a função de percepção da realidade (das reais condições da esposa e da análise). Como o investimento na esposa tem um caráter alucinatório, que não pode ser satisfeito na realidade, a sua insatisfação deve permanecer.

A autogratificação é o móvel de sua conduta; a esposa (assim como a analista) só existe como complemento no sentido de garantir e providenciar a satisfação de suas necessidades e a diminuição das tensões internas. O desejo disfarçado e frustrado na sua relação com a esposa pode ser visto como o desejo de se proteger do caos interno por meio do controle das situações externas, como pagamentos, documentos em ordem etc. O que não pode ser conscientizada é a criação alucinada de uma esposa-complemento, que deveria protegê-lo da angústia de se sentir totalmente desorganizado mentalmente. A percepção da realidade da esposa e da sua própria o faria se defrontar com suas limitações e também com sua intolerância, prepotência e, evidentemente, com seu narcisismo. Se recorrermos ao conceito de contracarga, podemos pensar que a resistência à percepção da verdadeira condição da esposa, assim como a impossibilidade de se dar conta de sua necessidade de controle, é de igual intensidade à resistência ao trabalho analítico. Estaríamos assinalando também a questão da intensidade da carga e do deslocamento de cargas no aparelho psíquico.

Podemos dizer, então, que a incapacidade de suportar a tensão interna o leva a uma percepção deformada da realidade externa e interna em decorrência de um ego frágil, que não está investindo nas funções primordiais de discriminação e captação da realidade; também temos uma pressão excessiva do id e um superego exigente, formulações teóricas que envolvem aspectos econômicos e estruturais.

Ao usar o vértice das relações objetais, não vou me deter nas questões relacionadas com a busca de gratificação a partir da diminuição de tensões, mas tentar observar como ele lida com os objetos internos e externos, e onde tenta encontrar o bom objeto para fazer frente aos riscos trazidos pela presença angustiante dos aspectos destrutivos do mau objeto interno. Quando o paciente pode trazer para a sessão sua raiva, ele expande sentimentos e emoções; traz seus conteúdos mentais nos seus significados e não na sua quantidade tão somente. Existe também uma confiança e uma intimidade para com o objeto-analista que permite isso.

O não poder usufruir de seus próprios recursos, de sua própria experiência; o ter de usar da esposa como complemento para satisfazer suas necessidades; o não poder admitir sua total impotência diante das limitações dela e suas próprias; o ter sempre se voltado para o que *não recebia dela* e tendo, portanto, uma grande incapacidade para valorizar aquilo que recebe, esses aspectos mostram como realmente ele *não está casado*! Internamente. O que me parece mais importante são os aspectos de sua personalidade dispersos, perdidos, que não estão podendo se articular para que ele possa se desenvolver inteiro e com mais objetividade, satisfação e segurança.

Não integra suas capacidades, não as mobiliza, não conhece a esposa, não explora o que ela pode lhe oferecer, não usufrui do que a análise pode lhe dar. Vive, portanto, lesado por sua incapacidade de integrar ou reconhecer sua inveja, seus aspectos competitivos, sua intolerância. Lesado por sua descrença em si mesmo quando não se acredita capaz de tolerar a dor que essas percepções trazem. Se ele as admitir, terá de lidar com o luto de aspectos perdidos, seus e do objeto.

Então a questão que fica é como ele está se relacionando com o outro e com os "outros" dentro dele. Se nos detivermos nesse aspecto, podemos dispensar os conceitos de carga, descarga, equilíbrio de energia, distribuição de energia etc. Visto por esse vértice não necessitamos mais do econômico na medida de que o que importa não são as quantidades de emoções mais a qualidade das emoções, dos afetos e das defesas envolvidas. O que muda é o enfoque na qualidade do sentimento, na capacidade ou não de tolerar a percepção dos limites e da culpa, e a responsabilidade pelos ataques feitos ao objeto externo e aos objetos internos.

O que estou buscando é o significado da emoção: a raiva decorre só da frustração de seus desejos (não conseguir da esposa o que deseja ou não conseguir da análise os poderes que quer ter) e da percepção de sua impotência? Ou a raiva esconde a tristeza de ter de admitir as limitações da esposa? De qualquer maneira, sua raiva tem a ver com suas expectativas para com a analista, com a esposa ou com os objetos do passado e é sempre relacional.

O jovem competente que ele descobre para substituir a esposa é o objeto interno competente que não podia aparecer, não podia ser descoberto por ele. Por quê? Esse é o objeto de nossa investigação; a partir dessas constatações temos de formular nossas hipóteses: ele briga com a esposa-analista e cobra dela competência por que é sua maneira de preservar vínculos? Será que para ele qualquer relação implica sempre um que domina e outro que se mantém submisso? Ou se protege de provocar a inveja da analista-mulher diante da riqueza de seus recursos? Ou será que ele tem a crença de que a mulher só encontra gratificação na relação sadomasoquista?

A relação narcísica com a esposa e as exigências para com ela representam sua incompetência ao lidar com o caos ou a desorganização interna. A raiva que aparece hoje na sessão já não tem a mesma qualidade das outras, quando só tinha queixas. Hoje a raiva encobre o temor ou a possibilidade dolorosa de descobrir que o jovem contratado é, na verdade, a expressão da necessidade de ajuda, da necessidade do outro; não de um complemento, mas de outra pessoa mesmo. A repetição é apenas aparente; o conteúdo incomodativo, hoje, tem outra qualidade.

Na relação com os objetos, vivemos frustrações e gratificações que vão mudando à medida em que as vivências vão ocorrendo e, com elas, as reformulações internas. E isso escapa, a meu ver, ao econômico, já que não são as descargas de tensões ou busca de equilíbrio que acontecem, mas o encontro de novos significados para essas vivências. De nada adianta falar de uma raiva excessiva; o que importa é saber se ele se sente ameaçado (aspecto persecutório) ou se tem dificuldade de lidar com a competição (inveja) ou não suporta a dependência, ou não acredita poder enfrentar as mudanças catastróficas.

Os instintos se mesclam e se entrelaçam. A maneira ou a qualidade dos entrelaçamentos entre as forças de vida e de morte é o que importa – quanto mais agressão, mais destruição; quanto mais amor, mais integração. Não há condição de um se transformar no outro porque não são forças: se o amor tende à integração e a morte, ao rompimento das ligações, o que tende a ocorrer sempre é a tendência do amor neutralizar a morte por meio do desviar, ligar, fusionar, distribuir, expandir.

É comum falar de descarga de tensão ou descarga de agressividade quando se assiste a um filme ou se participa de competições. Na verdade, esses envolvimentos estão expressando o que se passa no mundo interno da pessoa e a vivência oferece saídas possíveis ou soluções para os conflitos. Ao ver um filme em que ocorrem ataques violentos (mesmo sendo em linguagem infantil), por exemplo, a criança não está descarregando, mas tendo a oportunidade de lidar com sua própria violência de várias maneiras: ou se dando conta de que não só ela é assim, ou de que ela pode ser contida pelos objetos, ou que os estragos não são tão grandes como teme e assim por diante. Por isso a violência é o ingrediente indispensável das histórias infantis, porque possibilita lidar com a destrutividade interna, fonte principal de angústias.

A identificação projetiva (IP) muitas vezes é apontada como um processo de descarga, mas a evacuação que ocorre quando da IP não tem a ver com o processo de descarga tão somente: sendo um processo defensivo, ele visa o livrar-se de algo intolerável a partir de projetá-lo (descarregá-lo) dentro de um objeto. Só que a descarga não é o mais importante, mas o destino do projetado e a necessidade de continuar em contato com ele por meio do controle do objeto que recebeu a projeção. No caso das identificações projetivas comunicativas, isso é mais específico ainda na medida em que o descarregar (expulsar, projetar) tem a função importante de luta pela sobrevivência psíquica, já que representa uma busca de compreensão e acolhimento. A identificação projetiva é uma forma de preservar ou de não perder aspectos próprios pelo recurso de colocá-los em outra mente.

O aspecto quantitativo na teoria kleiniana só comparece no momento do nascimento, quando ocorre um desequilíbrio ou uma ruptura do equilíbrio entre vida e morte; a invasão intensa, acompanhada de angústia, obriga o ego a projetar para fora, o que cria o seio. Iniciam-se os movimentos de projeção e introjeção. Uma versão próxima desta me foi apresentada pelo colega Carlos Vieira, de Brasília, em comunicação pessoal: "Será que no início as projeções não ocorrem sem direção objetal? Antes de projetarmos dentro de um objeto, será que a experiência vivida se espatifa, se reduz a fragmentos dispersos, irrepresentáveis e que a mente funciona somente no econômico?".

Para muitos, atualmente, os conceitos de carga, descarga e constância podem ser dispensados, mas se continua a recorrer aos *fatores quantitativos*. Quantas vezes lemos trabalhos elaborados sob o vértice das relações objetais que terminam com dúvidas (às vezes, com afirmações) sobre questões quantitativas, acompanhadas ou não pelo aspecto constitucional: inveja ou instinto de morte constitucionalmente intensos, hipersensibilidade, intolerância excessiva, incapacidade inata de tolerar as frustrações etc.

Baranger e Baranger (1969, pp. 15-50) são taxativos: recorremos ao quantitativo quando não temos a explicação dinâmica. Isto significa que só recorremos ao econômico-quantitativo nas situações limítrofes, quando o que conhecemos é insuficiente. E sendo ou não a explicação quantitativa uma expressão metafórica, diz ele, devemos aceitar que estamos diante de uma pobreza teórica, diante da necessidade de continuarmos trabalhando com os poucos recursos que temos até que novas descobertas ocorram.

Referências

Assoum, P. L. (1983). *Introdução à epistemologia freudiana* (pp. 207-211). Imago.

Assoum, P. L. (1996). *Metapsicologia freudiana: uma introdução* (D. D. Estrada Trad.; M. Comaru Rev.). Zahar. (Trabalho original publicado em 1993)

Baranger, W., & Baranger, M. (1969). *Problemas del campo psicanalítico* (pp. 15-50). Kargieman.

Freud, S. (1976). A interpretação dos sonhos. In *Edição Standard Brasileira das obras psicológicas completas de Sigmund Freud* (Vols. IV e V). Imago. (Trabalho original publicado em 1900)

Green, A. (2005). O intrapsíquico e o intersubjetivo: pulsões e/ou relações de objeto. *Revista de Psicanálise da Sociedade Psicanalítca de Porto Alegre, 12*(1), 51-83.

Greenberg, J. R., & Mitchell, M. S. A. (1994). *Relações objetais na teoria psicanalítica* (pp. 15-19). Artes Médicas.

Manfredi, S. T. (1998). *As certezas perdidas da psicanálise clínica* (p. 173). Imago.

Monzani, L. R. (1989). *Freud, o movimento de um pensamento* (pp. 69-78). Editora da Unicamp.

26. Geração e gênero na situação analítica[1]

É impossível para mim abordar as questões de gênero ou das gerações em psicanálise sem fazer depoimento. Só que, a bem da verdade, na minha idade, qualquer assunto toma uma conotação histórica. Se isso é bom ou ruim não sei, nem este é o momento de esclarecer isso.

Em toda a minha formação psicanalítica, a questão do gênero jamais se destacou como tema especial capaz de mobilizar um congresso como este. Eu entrei para o Instituto de Psicanálise em 1971. Os movimentos feministas estavam em efervescência nos Estados Unidos, iniciados em 1968. Porém, dentro da psicanálise, como nos lembra Janine Chasseguet-Smirgel (1999, pp. 14-19), estas questões estavam paradas depois das controvérsias iniciais às teorias de Freud sobre a sexualidade feminina. Eu estava começando minha formação exatamente neste intervalo e na sociedade essas questões nunca foram discutidas além de Édipo e do desenvolvimento sexual

[1] Artigo publicado originalmente em 2004 na *Revista Brasileira de Psicoterapia*, 6(2), 213-219.

em Freud, seguidos pelas contribuições de Klein e as diferenças de enfoque entre ambos – como divergências teóricas naturais. O único destaque significativo da questão de gênero ocorreu na escolha do primeiro caso de supervisão, quando, diziam, deveríamos tomar um paciente de sexo diferente do candidato-analista, para facilitar a transferência! Esta proposta ou sugestão nunca mais foi feita aos candidatos que vieram depois de mim. Sempre achei isto extremamente significativo, apontando para uma evolução na perspectiva teórico-clínica de nosso grupo psicanalítico.

Atualmente, entre nós, as questões de gênero e geração vêm sendo pensadas pelos analistas mais jovens, o que atesta a influência das mudanças externas, sociais, sobre a psicanálise. Vejo sempre como extremamente valiosas as pesquisas que ampliam os questionamentos e trazem novas aquisições. A reformulação ou confirmação das teorias depende deste permanente movimento de pesquisa e confronto. A preocupação que fica é quanto à seleção das informações que recebemos. O discurso modernizante e de vanguarda traz realmente informações importantes? Acrescentam conhecimentos valiosos à nossa tarefa psicanalítica específica?

O que eu assinalaria de mais significativo na minha experiência com gerações, envelhecimento, passagem do tempo, é a indicação de análise aos idosos. Tenho visto como muito importante o benefício que pessoas mais idosas têm obtido com a análise. Diferentemente da ideia que alguns tinham, de que a análise na velhice seria uma fonte de sofrimento e remordimentos pelas limitações vividas e pela incapacidade de corrigir o passado, tenho visto que é muito útil ao paciente poder conhecer, com a análise, o quanto existe de ilusão e falsas noções acumuladas em toda uma vida. O que ocorre, na maioria das vezes, é uma extrema exigência ou uma cobrança de ser ou ter sido um outro, e não aquele que é ou foi capaz de ser. A perda das idealizações e o reconhecimento dos limites possibilitam agora, a este idoso em análise, a construção de um presente melhor. E novas pessoas podem surgir, com recursos inesperados, muitas vezes, verdadeiros modelos de bem-viver. O enriquecimento interior é possível em qualquer idade; a mente não envelhece e está em permanente expansão. O corpo sofre o envelhecimento, o cérebro vai se deteriorando e trazendo limitações.

O caminhar para a velhice, assistindo às mudanças físicas e às transformações externas, é muito conflitivo e penoso quando não somos mais capazes de aprender e de conviver com o novo, ou melhor, quando a morte psíquica antecede à morte física. Conflitos geracionais ocorrem quando não mais conseguimos conviver com a criança dentro de nós, uma criança que precisamos preservar curiosa, ávida de conhecimentos e com capacidade para sentir gratificações. Já o conceito de gênero introduz parâmetros novos para o psicanalista pensar a sexualidade. Como fica o biológico, ou o anatômico em confronto com as representações mentais ou as fantasias inconscientes sobre o corpo e sobre a sexualidade?

O que chama minha atenção não é como o social e o cultural interferem na temática do gênero, mas como o conceito de gênero, na sua conjunção com o sexual ou mesmo na sua distinção do sexual, amplia a compreensão psicanalítica, principalmente a compreensão da vivência da dupla analítica.

Internamente, a capacidade de contenção de nossas angústias só pode se instalar e se fortificar pela introjeção da contenção materna; o bebê precisa da mãe-continente para que sua própria mente-continente se instale e se organize. Essa mãe-continente-feminina-passiva que acolhe as angústias do bebê e a mãe-masculina-ativa estão prontas a atuar junto à criança e a oferecer a ela a interpretação-ação necessária naquele momento, é o protótipo da situação analítica. É também o modelo da construção do mundo interno em que o casamento harmonioso dos aspectos masculino e feminino precisa acontecer.

Estamos diante de uma vivência em que o analista reage às projeções do paciente vivendo a contenção e a atuação, isto é, a função mental que se faz necessária a cada passo. Os atributos masculino e feminino são permanentemente vividos por cada um de nós porque são funções mentais próprias do ser humano.

A afirmação de Groddeck (1984, p. 190) de que no ser humano homem há uma mulher e na mulher se encontra um homem, que é a afirmação da bissexualidade psíquica, legado de Freud que por si só redime todas as suas vacilações sobre a sexualidade feminina, é para mim a concepção básica e central no nosso trabalho.

O fato de não me preocupar fundamental e permanentemente com o fato de estar com um homem ou uma mulher no divã, mas sim de estar atenta a como funciona esta mente, tem sido muito produtivo para mim. Fico atenta à capacidade do paciente ter uma mente ativa ou passiva, penetrante ou acolhedora a cada momento. E como acredito que meu analisando está sempre ligado à representação mental de si mesmo, de seu corpo, esta dimensão nunca se perde, está implícita. Seu corpo é inexorável, mas sua mente é livre, e ao perceber sua condição mental ele ou ela se realizará mais plenamente como homem ou mulher, que se realizará na sua individualidade. A intimidade consigo próprio é, antes de tudo, a intimidade com seus sentimentos, emoções, impulsos e fantasias.

Não são as diferenças anatômicas que determinam as distinções entre os indivíduos, mas sim fatores de afirmação da personalidade. Procurar esmiuçar ou precisar o que caracteriza masculino e feminino não significa necessariamente que podemos definir as pessoas pelo gênero. E este é um aspecto magnífico na psicanálise quando ela, com todas as suas divergências, claudicâncias e perplexidades nunca se deixou seduzir pelas categorias universalizantes e totalizadoras, como as categorias homem-mulher. E se isso chegava a ocorrer em alguns momentos de dúvidas e incertezas teóricas, nunca aconteceu na prática. As mulheres sempre tiveram prestígio dentro da psicanálise, principalmente junto ao seu criador, que quanto mais tentava se aproximar teoricamente das questões do feminino, mais expunha, sem nenhum constrangimento, sua perplexidade e também seu apreço pelas mulheres, sempre respeitadas e muito valorizadas por ele.

A proposta inicial de Klein de um conhecimento inato das diferenças sexuais, conhecimento do pênis e da vagina pela criança, sempre me pareceu muito pertinente. Mas ultimamente tenho tido menos necessidade de recorrer a estas concepções que afirmam a força do biológico – a prática de tantos anos tem me feito pensar que a distinção entre os sexos, a feminilidade e a masculinidade, a aceitação das diferenças, se impõe pela própria experiência emocional, da vivência de nossos recursos internos ou da falta deles. A relação com o outro confirma as diferenças intrínsecas, confirma nossa limitação e incompletude e a necessidade de complementação. Conflitos sexuais ocorrem principalmente quando há rejeição ou negação de um dos dois aspectos internos; é o interjogo entre o feminino e o masculino dentro de nós que possibilita a construção de uma subjetividade forte e consistente.

Parece claro, hoje, que a ideia de feminilidade sempre esteve ligada às vicissitudes da condição humana de sermos imperfeitos e finitos. O feminino sempre arcou com nossos aspectos indesejáveis, enquanto o masculino realiza nossos ideais onipotentes de completude e poder. As mulheres sempre representaram o que é temido e desconhecido em cada um, o "estranho" que sempre habita dentro de nós e que projetamos fora.

A dimensão humana que inclui os dois gêneros exclui, categoricamente, a definição do feminino como falta e inscreve a mulher como diferente. Na visão psicanalítica, não há mais o diferente desvalorizado e assustador, mas o diferente próximo, inseparável, desejável e absolutamente necessário, já que é complementar, ou mais precisamente, intrínseco.

É o conceito de *complementaridade* que agora se impõe. Complementaridade na vida e na situação analítica; e relação analítica como uma relação sexual psíquica em que o importante são as oscilações das funções, funções mentais, masculino e feminino, continente e contido num movimento constante de busca de novos significados para as experiências pessoais.

Felizmente, a psicanálise caminha na contramão! Sempre trabalhamos com os aspectos diferentes dentro de cada um de nós e com as diferenças dentro de um mesmo gênero. Pesquisamos como funciona a mente do nosso parceiro analítico, portanto, como ele é, pessoa única, inconfundível, irredutível. Esta é a nossa marca; mesmo quando a mulher era definida na relação com o homem como quem era regida pelo sentido da falta, nunca ficamos à mercê das faltas. Estamos sempre atentos à construção e afirmação da identidade que ocorre em função das representações mentais do corpo, não do próprio corpo, das representações mentais de faltas, não da falta do pênis, das vivências internas de força, segurança, completude e não da potência física. Portanto, sempre o nível simbólico e não o empírico; não o aspecto sensorial, mas o psíquico.

Para mim, as questões todas, sejam elas as agressões à mulher, ou às minorias de qualquer tipo, me levam a pensar na agressão mesma, o que a desencadeia, porque ela tende a exorbitar o que ela realmente expressa ou o que ela esconde.

Se o tema é a função maternal, ou a capacidade de acolhimento, também me detenho para examinar o que a possibilita e o que a impede. E mais, estou atenta, em homens e mulheres, nas condições de preservar ou destruir recursos internos, na capacidade de discriminar, de ligar ou cortar vínculos, de tolerar ou não tolerar as diferenças, o outro, as frustrações. Estou sempre atenta em homens e mulheres para conhecer como toureiam a inveja, a voracidade e o desejo de ser Deus.

Sem dúvida, o movimento feminista, além de ser uma grande contribuição social, necessária e justa, tem levado os homens a uma reavaliação importante do seu papel social. Os homens estão reavaliando o conceito de paternidade, a identificação com o trabalho, com a violência e com o poder; estão reformulando a representação do homem na sociedade atual. Se mulheres sempre foram desrespeitadas na sua condição de sujeito, também os homens o foram na obrigação de serem fortes, dominadores, enfim, cumpridores dos ideais fálicos.

"Resistir ao gênero para se tornar sujeito", frase de Ana Maria Fernandez (1996/2000, p. 135) me parece importante, merecendo reflexão. Não temos de resistir ao gênero para ser sujeitos da história, ou, pelo menos, sujeitos de nossa própria história pessoal? Não temos de resistir ao gênero para defender nossa individualidade, resistir ao gênero para não nos iludir com a sedução, por exemplo, de que o valor social da mulher está na maternidade, ou na sensibilidade, ou na capacidade intuitiva?

Pessoalmente, não consigo, nas mais diferentes situações, defender minha posição me apoiando na condição de mulher. É como pessoa, certa ou errada, competente ou incapaz, adequada ou inadequada, justa ou injusta que estou sempre me expondo. Cobro de mim mesma uma coerência, que nem sempre consigo, mas como ser pensante e responsável.

Quando Béla Grunberger (1964/1999, p. 112) diz que a mulher investe seus laços amorosos no tempo, ou que a mulher sonha a eternidade por meio dos filhos, acho essa colocação muito bonita, mas não consigo ver isto senão como um aspecto feminino presente em homens e mulheres. Homens e mulheres sonharam um dia para que pudéssemos estar aqui hoje, sonharam em dias melhores como nós todos aqui hoje sonhamos em dias melhores para nossos filhos e netos. Mas:

- se a representação da diferença sexual deixou de ser construída como uma oposição binária hierarquizada em que a superioridade do homem era pacificamente aceita;
- se a complementariedade é um fato e, portanto, também a incompletude e a dependência;
- se há relações continente-conteúdo, feminilidade-masculinidade;
- se receptividade nada tem a ver com submissão ou passividade e representa uma condição mental necessária, principalmente ao analista;
- se não existe subjetividade específica para homens e mulheres;
- se tanto as mulheres como os homens são vítimas e prisioneiros de padrões sociais violentos, massacrantes.

Então o que permanece, a meu ver, de mais importante a ser pensado, e não só pelos psicanalistas, é: como expandir nossa condição de sujeito homem ou mulher num universo dominado pela perversão dos valores humanos?

Como preservar a nossa crença na força do irracional e ao mesmo tempo preservar a ordem racional de respeito ao humano numa sociedade sujeita à barbárie dos valores econômico-capitalista-globalizantes?

Como tornar clara e instrumentalizar a grande verdade de que o desejo de potência, de força é, na realidade, desejo de domínio do próprio sadismo, sadismo que faz estragos nas relações internas e nas relações externas, em homens e mulheres?

Referências

Chasseguet-Smirgel, J. (1999). *La sexualidad femenina* (pp. 14-19). Biblioteca Nuova.

Fernandez, A. M. (2000). Autonomias y de-construcciones de poder. In I. Meler, & D. Tajer (Comps.). *Psicoanalisis y Genero. Debates en el foro* (p. 135). Lugar Editorial. (Trabalho original publicado em 1996)

Groddeck, G. (1984). *O livro d'Isso* (p. 190). Perspectiva.

Grunberger, B. (1999). Jalones para el estudio del narcisismo en la sexualidad feminina. In Chasseguet-Smirgel, J. *La sexualidad femenina* (p. 112). Biblioteca Nuova. (Trabalho original publicado em 1964)

27. História: construções e emoções[1]

Precisamos da história e precisamos da instituição. São as instituições que dão sentido aos acontecimentos, que darão sentido a outros acontecimentos e outras experiências que formarão uma sequência ou uma história que definirá um futuro. E mais: a instituição e a história darão sentido a mim, darão sentido ao meu trabalho, a minhas buscas, à minha necessidade de passar aos outros a minha experiência. Então só voltamos à história para poder ir em frente, para marcar novos percursos, para melhor definir novos percursos. A instituição expressa um percurso, constrói uma história e projeta um futuro.

O grupo nos obriga a nos renovar sempre; estamos sempre inquietos e preocupados em melhorar. Somos trabalhadores, pesquisadores e difusores de um saber, de um conhecimento que diz respeito a todos nós, senhores de uma mente em renovação contínua.

---

1 Palestra apresentada em Uberlândia, 2015.

Revendo meus trabalhos antigos encontrei um que falava das contestações à psicanálise, outro da necessidade da instituição psicanalítica como ponto de apoio, outro da nossa dificuldade de inserção nas universidades e outras questões. E agora, depois de 16 ou 20 anos, mudou? Acho que sim; mudou bastante.

Agora temos outros problemas; se antes éramos tão atacados, rejeitados, hoje já não é bem assim. A internet, o cinema, as novelas, os romances divulgaram muito a psicanálise. As pessoas sabem que ela representa um recurso para lidarem com suas dificuldades emocionais. Só que muitas vezes essas pessoas chegam até nós com uma postura muito curiosa – elas vêm nos dizendo como devemos trabalhar: "Para mim, uma sessão só é o suficiente" ou "Quero só uma pequena orientação de como devo agir em tal situação". Enfim, as pessoas nos buscam para se livrarem de suas dúvidas, de seu mal-estar, e só. Não vêm para descobrirem o porquê de suas dúvidas ou mal-estar, mas para removê-los!

Qual ciência é capaz de remover nossas dificuldades? E por que vivemos buscando isso se essa é nossa marca, a marca do ser humano: um ser incompleto, impotente e sonhador?

É claro que devemos ter maior força ou maior poder sobre nós mesmos: poder de reprimir o ódio, de conter a violência, tolerar as frustrações, preservar os bons sentimentos. Na situação analítica vai se construindo uma relação carregada de emoções. E como analistas, precisamos ter competência para oferecer um bom trabalho a esse parceiro, mesmo quando já estamos fazendo um grande trabalho sobre nós mesmos, dentro de nós.

Estou falando de poder – mas qual? É importante lembrar que não construímos um núcleo de psicanalistas para nos impor a um grupo. É a psicanálise que se impõe a nós, que nos mobiliza, nos congrega. O poder da psicanálise lhe é intrínseco e se reforça a cada sessão preciosa, forte, significativa que um psicanalista vive na sua sala.

E o interessante são estes paradoxos que não faltam na nossa atividade, por exemplo: a psicanálise combate o desejo de poder, esse desejo comum de nos impor ao outro, de querer controlar, de querer as coisas que nos interessam e do nosso jeito. No entanto, ela mesma, a psicanálise, é muito poderosa. Tanto que não precisa de nós para se impor como uma ciência forte, coerente. Ou precisa? Ela precisa, sim, e esse é outro paradoxo. A psicanálise precisa muito, de nós, os psicanalistas, para se desenvolver, crescer e se reformular todo tempo.

É bem isso: passamos a vida precisando nos libertar da escravidão em que vivemos, já que vivemos submetidos a nossos esquemas internos rígidos, absurdos às vezes, e que vamos mantendo sem pensar. A psicanálise nos faz pensar! Ela nos ajuda a ver o quanto projetamos nos outros nossas exigências, nossas intolerâncias, nossa violência. Se vivemos ameaçados é porque criamos um mundo terrível ao nosso redor.

Gosto muito da frase de uma filósofa, Regina Shöpke, sobre a psicanálise, em que ela diz: "Sua função não é apaziguar o espírito, mas ajudá-lo a enfrentar seus temores e sua escravidão". Estamos sempre ameaçados pelos aspectos destrutivos internos e nos cuidando para não ficar escravizados a eles. Pulsão de vida e pulsão de morte, as duas forças propulsoras internas sempre em conflito, não nos deixam ficar parados, passivos, indiferentes. E é por isso que a psicanálise está sempre evoluindo e se expandindo.

A verdade é sempre a questão central em nossas vidas e difícil de suportar, muitas vezes. A estrutura infantil, que sempre nos acompanha, nos dá muito trabalho, já que faz emergir facilmente a voracidade, a onipotência, a intolerância, o descontrole. A verdade de nossa incompletude e de nossa violência não nos deixa descansar; precisamos de força e de poder interno para preservar nossos valores. Então vocês podem ter a certeza de que são um grupo forte, na medida em que merecem a confiança de seu grupo social. E a tal ponto que hoje estamos aqui, felizes de retomar nossa história, vendo que valeu a pena todos os esforços feitos e, mais, que temos gente confiante, forte e empenhada dando continuidade aos nossos sonhos.

E, para não perder o hábito, um conselho: nunca esperem unanimidade – todos concordando, igualmente dispostos, confiantes e empenhados. Isso não existe e é bom que não exista: o diferente é o grande elemento mobilizador sempre. O diferente nos obriga a pensar mais, a pesquisar mais, a experimentar mais e a reformular. E isso é sempre muito bom.

Uma sociedade viva e produtiva estará, permanentemente, lidando com as discordâncias, com conflitos, com propostas inovadoras. Dá trabalho, mas é necessário. O risco está na estagnação, que ocorre quando está tudo muito bem equilibrado, muito estável. Na natureza, e em todos os nossos agrupamentos humanos, a mobilidade é fundamental. A energia mobilizadora, sempre necessária para que um grupo se desenvolva, costuma comparecer quando surge algo diferente, até aparentemente ameaçador. Não tenhamos medo das mudanças, a psicanálise é forte porque tolera e, principalmente, provoca mudanças.

28. O analista trabalhando[1]

Quando um aluno colega me convidou para falar sobre o analista trabalhando, eu fiquei um pouco apreensiva. Fui rever meus escritos e comecei a me tranquilizar; afinal, eu sempre falei do meu trabalho, como penso meu trabalho, como faço meu trabalho.

Encontrei um texto meu sobre Charles Chaplin, o Carlitos, onde dou minha versão da proposta do Charles Chaplin: ele usava o humor para expor e questionar os aspectos humanos ou a própria condição humana.[2] Muito livre, ele expressava todo tempo a nossa verdade: nossa voracidade, nossa necessidade de ganhar, de ser esperto, de não ser esquecido, de ter vez! Fala também da sedução, essa nossa tendência sempre muito presente de seduzirmos o outro ou de nos deixar seduzir. Carlitos também é um sonhador, como todos nós somos. Nos filmes ele está sempre sofrendo alguma ameaça dos outros contra ele, e por isso tem de ser muito esperto para se proteger. Em um dos filmes ele tem um cachorro

---

1 Comunicação oral apresentada em Araraquara, 2015.

2 Capítulo 22 deste livro: "Da face demoníaca à face libertadora: reflexões sobre o humor e a verdade em psicanálise".

que ele chama de Vira-lata Puro-sangue – logo o mais alto e o mais baixo valor, e eu digo: não é como o ser humano? Nós não temos os mais valiosos sentimentos e os piores sentimentos? Rimos do Carlitos todo o tempo porque entendemos bem o que ele nos mostra, que nos é muito familiar. Vivemos nos defendendo da violência dos outros e não percebemos, como o Carlitos, que mobilizamos a violência dos outros. Aparentemente ingênuo, ele na verdade é muito experto e obriga o outro a deixar comparecer sua intolerância, violência, descontrole. Sempre trazendo as questões de forma magnífica; por isso é considerado um gênio. E ele está sempre perguntando: "De quem vocês estão rindo?". E a resposta, que nunca damos, é: "De nós mesmos!".

Nós não temos os desejos de enganar, tirar vantagem, machucar o outro, usar o outro, até matar o outro, ter o que existe de melhor sem fazer esforço e assim por diante? Em um dos filmes, o xerife liberta o Carlitos da prisão e o deixa na fronteira do México, certo de que o Carlitos não era um criminoso e que ele precisava ir para longe, para viver melhor, mais tranquilo. Só que quando ele chega no México, logo de entrada nessa terra nova ele se vê de cara com homens brigando, atirando, matando, competindo. Descobre então que esse é o México, ou esse é o mundo, esse é o universo do ser humano! Não temos para onde fugir!

Então nós nunca seremos livres de nossa condição humana; não somos deuses nem demônios, mas temos esses dois aspectos permanentemente em briga dentro de nós e precisamos administrar isso todo o tempo. E essa é nossa tarefa como analistas, ajudar nossos pacientes a administrar todos esses aspectos contraditórios internos.

Mas o que chama mais a atenção nesses filmes, como na vida, é que a personagem, ou qualquer pessoa, está sempre rodeada por outras pessoas. Estamos sempre vivendo em relação. Até quando sozinhos, tudo o que pensamos inclui outro ou vários outros. O ser humano tem necessidade do outro, principalmente para não enlouquecer. Escrevi um trabalho que intitulei: "Da necessidade do outro", no qual começo falando da identificação projetiva (IP), que é um movimento defensivo em que eu coloco no outro o que estou pensando ou sentindo, e o faço sem perceber. E como o outro tem um aspecto meu que coloquei nele, não posso perdê-lo de vista. Daí não tenho mais liberdade, estou aprisionada. Por exemplo: se eu fico assustada em ter de ficar aqui com vocês o dia todo, começo a me preocupar com a exigência de vocês, com as cobranças, com as críticas de todos. Se eu fico muito ameaçada pela exigência de vocês eu não durmo, me agito o tempo todo. Sou capaz até de desistir. Então fiz a IP, coloquei em vocês minha exigência e só fico pensando nisso, angustiada. Mas também vou cuidar de escrever, de estudar, de ver o que vou apresentar. Então vocês, que eu amo e odeio, que me estimulam e assustam, me são absolutamente necessários. Sem vocês fico no meu canto e não saio do lugar! Logo, preciso do outro para me perceber, me aceitar, me avaliar, me desenvolver!

Precisamos fazer a IP! Não suportamos viver sem fazer isso! Aliás, o outro, de quem preciso tanto, todo o tempo, me é necessário para isso, por isso! Para eu usá-lo para colocar nele aquilo que eu não dou conta *de perceber, de aceitar, de aguentar em mim mesmo!* A estrutura infantil, que sempre nos acompanha, nos dá muito trabalho, já que faz emergir facilmente a voracidade, a onipotência, a intolerância, o descontrole. A verdade de nossa incompletude e de nossa violência não nos deixa descansar e precisamos de força interna para preservar nossos valores. E é muito difícil, mas absolutamente necessário, vivenciar a solidão, solidão no sentido de que temos de estar sozinhos no trabalho interno de abandonar nossos esquemas primitivos para nos adaptar socialmente.

Então, no dia a dia vivemos frustrações e gratificações, e elas vão mudando também, o tempo todo: reformulamos nossa opinião, nossa maneira de trabalhar, de estudar, de escolher nosso lazer, de escolher nossas companhias etc. Estamos buscando novos significados para nossa vida. E se estamos mudando e buscando coisas melhores para melhor viver é porque queremos viver bem, ou simplesmente *queremos viver*. E para viver bem, precisamos nos libertar da escravidão em que vivemos, já que vivemos submetidos aos esquemas internos rígidos, absurdos às vezes e que vamos mantendo sem pensar. A psicanálise nos faz pensar. Ela nos ajuda a ver o quanto projetamos nos outros nossas exigências, nossa intolerância, nossa violência. Se vivemos ameaçados é porque criamos um mundo terrível ao nosso redor.

Gosto muito de uma frase da filósofa Regina Shöpke sobre a psicanálise: "Sua função não é apaziguar o espírito, mas ajudá-lo a enfrentar seus temores e sua escravidão". Estamos sempre ameaçados pelos aspectos destrutivos internos e nos cuidando para não ficar escravizados a eles. Pulsão de vida e pulsão de morte, as duas forças propulsoras internas sempre em conflito não nos deixam ficar parados, passivos, indiferentes. E é por isso que a psicanálise está sempre evoluindo e se expandindo.

Em psicanálise, estamos sempre nos colocando em questão; descobrimos a nós mesmos em cada tarefa, em cada gesto. Nossas instituições não formam profissionais psicanalistas, mas mentes psicanalíticas, sempre pressionadas a pensar nossa inserção no mundo e em nossas tarefas. Somos sempre herdeiros e continuadores e é a instituição que nos localiza.

Estamos sempre nos construindo e contribuindo para a preservação de nosso trabalho, para a preservação da psicanálise. As instituições existem para que a experiência emocional compartilhada possibilite o desenvolvimento pessoal, grupal e da psicanálise como ciência.

O que caracteriza a psicanálise é que sua máquina geradora de conhecimento e de expansão reside no encontro de duas mentes, sempre: a do analista e do analisando. E sabemos também que, qualquer um de nós, ao enfrentar uma situação difícil, o melhor caminho é nos aproximar de nós mesmos, de nossas experiências pessoais e grupais, é usar nossa experiência emocional.

Gosto da afirmação de Baranger, que diz que a autêntica missão de um psicanalista ou de um grupo analítico é

> *promover concretamente determinadas transformações da civilização em diversos planos: ético, pedagógico, ideológico etc. A aceitação desta missão implica uma intensa valorização da análise, não só nos seus aspetos de conhecimento psicológico ou de técnica, para melhorar os conflitos psíquicos, mas também como forma de conseguir mudanças profundas na existência dos seres humanos. Implica a convicção de que, apesar de suas limitações atuais, tanto teóricas como técnicas, a análise é chamada a ter desenvolvimento fecundo insuspeito que justificam considerá-la uma atividade privilegiada. (Baranger & Baranger, 1961-1962)*

E eu repito sempre: temos um trabalho, uma atividade privilegiada.

A busca do conhecimento é própria do ser humano, é da nossa natureza, e começa ao nascer, quando vamos descobrindo nosso corpo, nossa existência separada da mãe, do pai, e prossegue por toda a vida. A vivência emocional experimentada vai fornecendo o conhecimento. Vamos conhecendo a nós mesmos e ao grupo a que pertencemos. E quanto mais e melhor sabemos de nós, mais livres somos: descubro minhas características, sei do que sou capaz, no que sou diferente dos outros e a que grupo desejo pertencer. Então, como mostra Bion (1962/1991), não só os sentimentos de amor e de ódio nos vinculam ao outro, o conhecimento é também um vínculo básico: queremos conhecer, ser conhecidos e reconhecidos pelos outros. É o vínculo do conhecimento que liga as experiências emocionais ao pensamento. E o pensar é nossa atividade básica ou nosso diferencial.

Como o tema deste encontro é sobre o analista trabalhando, fui rever meus trabalhos antigos, até para ver se mudei muito. Encontrei um que falava das contestações à psicanálise, outro da necessidade da instituição psicanalítica como ponto de apoio, outro, da nossa dificuldade de inserção nas universidades e outras questões. E agora, depois de uns 30 a 40 anos, mudou? Acho que sim; mudou bastante.

Agora temos outros problemas; se antes éramos tão atacados, rejeitados, hoje já não é bem assim. A internet, o cinema, as novelas, os romances divulgaram muito a psicanálise. As pessoas sabem que ela representa um recurso para lidar com suas dificuldades emocionais. Só que muitas vezes essas pessoas chegam até nós com uma postura muito curiosa – elas chegam nos dizendo como devemos trabalhar: “Para mim, uma sessão só é o suficiente” ou “Quero só uma pequena orientação de como devo agir em tal situação”. Enfim, as pessoas nos buscam para se livrarem de suas dúvidas, de seu mal-estar, e só. Não vêm para descobrirem o porquê de suas dúvidas ou mal-estar, mas para removê-los!

Qual ciência é capaz de remover nossas dificuldades? E porque vivemos buscando isso se essa é nossa marca, a marca do ser humano: um ser incompleto, impotente e sonhador?

Sonhamos muito, temos de sonhar. Éramos selvagens, saímos das cavernas e caminhamos tanto que estamos hoje chegando a Júpiter. E isso porque somos sonhadores incorrigíveis. Esse é nosso destino, essa é nossa sorte. Estamos sempre nos arriscando a viver uma situação nova e temos coragem para isso. A busca do conhecimento é nossa marca e também o sonhar, o fantasiar. Pensar, sonhar, desejar.

Ouvimos dizer todo tempo que a violência atual é terrível. Atual? Acho que ela sempre existiu. Tanto assim que ela é um ingrediente indispensável nas estórias infantis. Os monstros terríveis, as brigas, lutas, estão sempre presentes. Por quê? Porque ajuda a criança a lidar com sua própria agressividade, de várias maneiras: ela se dá conta de que não é só ela que é violenta, brava, ela descobre que os outros também são e que os outros sabem se defender dela; ela descobre que por mais violenta que ela seja, não faz tanto estrago como imagina (o pai não morre, o amigo não morre nem fica aleijado, e assim por diante). Os filmes, as estórias ajudam a criança a se tranquilizar com seu mundo interno, cheio de amor e ódio.

É isso, amor e ódio, pulsão de vida e pulsão de morte. Essas são as duas forças presentes, atuantes todo o tempo dentro de nós e absolutamente necessárias, ambas. A pulsão de vida é uma força integradora – ela nos ajuda a buscar caminhos novos, ou caminhos mais tranquilos de vida, a ser menos exigentes conosco mesmo, a acreditar mais nos outros, a aceitar que não podemos viver sozinhos e que o outro também sabe disso e que daí podermos usufruir juntos, construir juntos, abrir caminhos. Principalmente os bons sentimentos de amor nos tornam mais capazes de suportar frustrações. Então, não deu certo o que eu queria, vamos ver por que, ou vamos mudar, abrir para novas experiências. A pulsão de vida nos leva para a frente.

E a pulsão de morte? É importante lembrar que nossas tendências destrutivas não estão aí só para atrapalhar, mas também para nos ajudar. Quer um exemplo: você não tem de abandonar o corpo infantil, as brincadeiras de criança, as crenças da infância para poder crescer, aprender o novo e se desenvolver? Não temos de saber nos defender da violência externa, seja ela de que tipo for? Então a preservação e a progressão precisam da força interna disruptiva, aquela que elimina algo para que o novo tenha um lugar. E isso de eliminar é tão importante que se manifesta por meio de uma pulsão, de uma força inata.

Eu não quero ser subversiva, mas nós não precisamos muitas vezes protestar? O protesto é também um assinalamento para que os absurdos sejam removidos. Quem protesta acredita que vai ser ouvido, que o outro pode acolhê-lo, que o outro é accessível, portanto, tem bons sentimentos para com o outro. Quem aceita tudo e não pode falar não está acreditando nisso, e, ao contrário, está desvalorizando o outro! E mais, não está entusiasmado pela vida.

Ao trazer essas questões para a análise, o paciente traz a si mesmo, mostra sua raiva, suas queixas, suas desconfianças, portanto, sentimentos e emoções que só podiam comparecer aqui. A confiança na análise permite a intimidade consigo próprio, que é algo muito difícil. Quero dizer que nós todos temos esse receio de ver e principalmente de expor o que temos dentro de nós. Vir para a análise é um esforço para aceitar as próprias limitações e um desejo de desenvolver recursos com mais objetividade, satisfação e segurança. Quando se percebe que a análise é um meio de se conhecer e que o analista está ali a seu dispor para ajudá-lo e não para julgá-lo, as coisas mudam. Mas as mais importantes mudanças ocorreram quando o paciente descobre que nem ele nem o analista têm poder para impedir o sofrimento psíquico! E ter de admitir nossas limitações é sempre muito sofrido.

É a negação do outro o mais significativo obstáculo para o desenvolvimento. Não temos condição de nos conhecer ou de conhecer nossas características ou nossos recursos sem a presença de uma outra mente que me limita e me define com minhas características pessoais e minhas potencialidades. Só o outro pode me ajudar a saber de que sou capaz, o que suporto, o que me agrada ou desagrada, me ajuda a fazer escolhas externas e a melhorar meus recursos internos. Mas são os conflitos entre nossos próprios sentimentos, que o outro me ajuda a conhecer, que vão constituir a essência da realidade psíquica.

Klein nos mostra os sentimentos que podem prejudicar o desenvolvimento do trabalho analítico, e a inveja do paciente é o mais importante; temos de estar atentos para ajudar o paciente a perceber seus ataques e usufruir da análise e dos seus próprios sentimentos de gratidão. E ajudar o paciente a ter maior força ou maior poder sobre seus sentimentos agressivos ou destrutivos; a reprimir o ódio, a conter a violência, a tolerar as frustrações a preservar os bons sentimentos. Precisamos ter competência para oferecer um bom trabalho a esse parceiro mesmo quando já temos um grande trabalho sendo feito sobre nós mesmos, dentro de nós.

Quando estamos falando da psicanálise, estamos falando de algo forte, poderoso. A psicanálise se impõe a nós, nos mobiliza, nos congrega. O poder da psicanálise lhe é intrínseca e se reforça a cada sessão preciosa, forte, significativa, que um psicanalista vive na sua sala. E o interessante é que a psicanálise combate o desejo de poder, de querer se impor aos outros, de querer controlar, de ter as coisas sempre do nosso jeito; no entanto, ela é muito poderosa. Só que ela precisa de nós, psicanalistas, para se desenvolver, crescer e se reformular.

Vamos ver bem isso: ao aceitar a análise, o paciente mostra que está buscando compreensão e acolhimento. Mesmo os pacientes que dizem ter vindo porque a mãe ou o pai exigiram, ou o marido, ou o médico, na verdade vieram pela necessidade de serem compreendidos, de terem um lugar só seu, onde podem expor sua intimidade, às vezes tão assustadora para eles. Então, repetindo: o outro é fundamental para mim. É no outro que projeto, ponho minhas vivências internas à mostra, descubro o mundo dos sentimentos e descubro a mim mesmo. Não precisa ser o analista, qualquer outro, até aquele que nem existe de fato; basta existir na minha cabeça! E a maioria das vezes nós estamos brigando com o outro da própria cabeça. Quantas vezes ouvimos as pessoas dizerem assim: "Nossa, eu achava que você era tão brava!". Eu? Tive de me acostumar muito cedo com essa questão.

Outro aspecto que podemos considerar sobre a IP é que ela é um mecanismo de defesa. Isso quer dizer que nós estamos nos defendendo sempre, já que usamos dela sempre. Nós nos defendemos de quem, de quê? De nós mesmos, de nossos impulsos, de nossos desejos proibidos, de nossa voracidade, de nossa violência. As pulsões que descrevi, de vida e de morte, se expressam muitas vezes a partir de fantasias; então as fantasias são expressões mentais dos instintos e elas são defensivas. Mas também podem ser muito criativas, principalmente porque nos levam a agir, a procurar, a atender nossas curiosidades, nos levam a buscar o novo, portanto elas impulsionam o crescimento. Toda criança é curiosa, faz perguntas, mexe em coisas para saber o que é, o que está escondido. É absolutamente necessário que ela seja assim. A criança quieta, que não está interessada em nada, nós sabemos, pode ser autista. A psicanálise nos ajuda a entender o que é humano e a nos aceitar humanos. Sabemos que isso parece óbvio, mas não é. Temos um pensamento onipotente, acreditamos ser oniscientes muitas vezes, ou nos cobramos onisciência, idealizamos muito, temos inveja, caímos em competição facilmente, somos assustados, somos vaidosos, e tanta coisa mais que não gostamos, mas acontece.

Como psicoterapeutas, vamos ajudar o paciente a descobrir o que é importante para ele; não precisamos dizer o que é importante ou o que deve ser importante; vamos descobrir juntos o significado de cada coisa para essa pessoa. A clínica é o lugar da inquietação; estamos fazendo sempre novas perguntas e não prontos a dar respostas. Procuramos ajudá-lo a ver o que o ameaça, porque ameaça. Se o paciente é egoísta, nós não dizemos que ele não deve ser mais, vamos ajudá-lo a ver porque é assim, não para deixar de ser. Mas o curioso é que se ele descobre como vive ameaçado, vai deixar de se sentir tão ameaçado e não poderá mais ser ou não precisará mais ser tão egoísta.

Bion (1970/2006) nos mostra que, quando há o predomínio do instinto de vida, temos respeito por nós mesmos, e sabemos então que a verdade é fundamental para a vida. A investigação psicanalítica é a busca da verdade. A importância da psicanálise é, portanto, indiscutível, embora muitíssimas vezes completamente desconhecida ou desconsiderada. Mas o pior é quando ela é desfigurada.

Mas esse é outro tema, para outro momento.

Referências

Baranger, M., & Baranger, W. (1961-1962). La situación analítica como campo dinámico. *Revista Uruguaya de Psicoanálisis*, *4*(1), 3-54.

Bion, W. R. (1991). *O aprender com a experiência*. Imago. (Trabalho original publicado em 1962)

Bion, W. (2006). *Atenção e interpretação* (2a ed., P. C. Sandler Trad.). Imago. (Trabalho original publicado em 1970)

29. O ato psicanalítico como realização de um sonho[1]

Uma criança me perguntou outro dia: "O que é ser gente?". Pergunta difícil, pensei na hora. Conversando com ela, descobri que não era tão difícil assim. Disse a ela: "Você não está curiosa, você não quer saber coisas, você não está procurando um jeito de saber o que não sabe? Então, isso é ser gente. E mais, você não procurou alguém em quem confiou que poderia explicar isso a você? Você fica curiosa, atenta, interessada e confia que pode ser ajudada! Isso é ser gente". Em seguida, disse a ela: "Se você me dissesse que quer ser astronauta e ir um dia a Marte, eu diria que isso também é ser gente".

O que não disse a ela e que só me ocorreu depois, durante os muitos dias em que continuei com a pergunta, e procurando respostas, foi que *nossos sonhos são o que melhor nos definem*. Se as pulsões, que não sabemos onde residem exatamente (entre o biológico e o psíquico?) se manifestam pelas fantasias, então as fantasias são o que temos de mais autêntico. Sonhos são fantasias. Se temos um corpo pulsional, se temos um cérebro que é mobilizado

1 Comunicação oral apresentada no Congresso Brasileiro de Psicanálise de 2015.

por nossas pulsões, se as pulsões se expressam em fantasias, logo, ser gente é sonhar! O que mais nos perturba não são as dificuldades do viver, mas as decepções que sentimos quando as coisas não ocorrem como sonhamos.

As pulsões de vida nos levam a abrir caminhos, as pulsões de morte nos interditam. Ambas são fundamentais para o exercício do viver. A pulsão de morte, que se manifesta principalmente como compulsão à repetição, na verdade nos mobiliza muito na medida em que nos obriga a revisar, a reformular, a destruir o que não serve mais por algo útil e necessário. A capacidade de construir e a necessidade de destruir estão sempre presentes, e daí podermos contar com essas pulsões que se complementam e nos movimentam todo o tempo.

Minha paciente chega contando que falou muito da análise em casa para a família reunida, que a elogiavam por ter mudado, por estar mais amadurecida. De fato, ela tem caminhado muito, mas eu notei um certo jogo sedutor comigo; ela queria me agradar. Querendo me fazer importante, o risco é não perceber a importância dela mesma, de sua capacidade de se expor e de usufruir do que recebe. Deixa de perceber também que a análise realiza nosso maior sonho, que é ser nós mesmos, sem armaduras protetoras. Ao identificar seus recursos, ela pode usá-los, se orgulhar deles, e pode se livrar das crenças onipotentes como a de que tem de ser perfeita, ou agradar sempre aos outros.

A referência à armadura me foi sugerida pelo livro de Robert Fisher *O cavaleiro preso na armadura: uma fábula para quem busca a Trilha da Verdade.*

Encontrei nesse texto colocações muito significativas e bastante válidas para nós, psicanalistas; por exemplo: "*Você coloca uma armadura invisível entre você e seus sentimentos verdadeiros*". Na análise, como o cavaleiro preso na armadura, partimos em busca de nós mesmos, de nossos verdadeiros desejos, de nossos reais valores, e para isso temos de nos desfazer da armadura que carregamos todo tempo e da qual nem mesmo nos apercebemos. Vestimos armaduras porque somos medrosos, porque queremos nos proteger do sofrimento. As armaduras servem como proteção a um interior frágil, que pode estar existindo ou não. Muitas vezes a análise ajuda o paciente a descobrir que seu mundo interno não é tão frágil como ele pensa.

Ao descobrir todo seu engano por ter se considerado um grande guerreiro e por viver dentro da armadura, separado de todos, o cavaleiro ficou muito triste. A tristeza que sentiu foi profunda e a armadura não o protegeu de sentir a tristeza, ele chorou muito. Mas suas lágrimas romperam o aço da armadura de seu rosto; então ele ficou livre da armadura de seu rosto! As lágrimas e a tristeza o libertaram! Isso significa que não podemos nunca nos proteger do sofrimento – não, pois é ele que nos possibilita novos conhecimentos, novas experiências e, portanto, desenvolvimento. "Lágrimas de sentimentos reais me libertarão da armadura", descobre o cavaleiro.

Ficamos presos atrás de barreiras criadas por nós mesmos, e depois não conseguimos mais sair. "Esta é um tipo de cruzada que requer mais coragem do que todas as outras batalhas", diz Merlim, o mago, ao cavaleiro. Acho que nós podemos dizer o mesmo da psicanálise: ela é uma cruzada que exige muita coragem. A análise exige coragem para nos expor. Quando o analisando busca a análise, ou a trilha da verdade, não sabe bem o que é isso nem o quanto custa essa escolha.

"Uma pessoa não pode fugir e aprender ao mesmo tempo. Ela precisa permanecer algum tempo no mesmo lugar". Essa colocação de Merlin é bem adequada para a análise: você só pode se beneficiar dela se permanecer, mesmo quando ela assusta, ou traz desconforto. A análise não pode ser curta, rápida: temos de permanecer nela por um tempo para aprender a suportar as descobertas, o novo. Outra fala do sábio que nós entendemos bem: "Quando você se livrar da armadura, você sentirá também a dor dos outros". E mais: "Quem sabe você sempre tenha considerado a verdade um insulto". Nós, psicanalistas, conhecemos bem isso, o paciente e nós mesmos quando pacientes, nos considerando, às vezes, insultados, injustiçados, incompreendidos pelo analista quando ele nos mostra verdades que não queremos ver!

Toda a narrativa é sobre desfazer a armadura que cobria todo o corpo do cavalheiro, e na análise sabemos que ajudamos o paciente a se livrar da armadura invisível que colocou entre ele e seus sentimentos, entre quem ele é e quem *acha que tem de ser*.

Temos de nos aceitar: "Aprender a aceitar em vez de ter expectativas", diz Merlim. Ao conseguir fazer isso, nossos desapontamentos diminuem. E mais: "Quando com alguém, mostramos apenas a melhor imagem de nós mesmos. Precisamos ficar sozinhos para deixar a armadura cair". A análise nos deixa sozinhos de alguma maneira, da maneira como um ser humano pode ser sozinho, já que está sempre acompanhado por muitos objetos internos.

"O que vou ganhar quando atingir o topo do Caminho da Verdade?", pergunta o cavaleiro. E Merlim responde: "O que vai perder! Você ganha ao perder a armadura". Essa é a questão central: como ajudar nossos pacientes a acreditarem que vão ganhar ao perder essa visão exigente e opressora de si mesmos? Ao perder as idealizações e ao encontrar o ser humano que são? Esse encontro é uma decepção ou a realização de um sonho, uma libertação?

"Agora o universo lhe pertencia para experimentar e desfrutar". Será que nos damos conta disso, que temos nossa vida para desfrutá-la? Quantas vezes a vida é vista como um fardo quando ela é um prêmio do qual precisamos saber usufruir.

É comum o nosso paciente ficar lamentando ter perdido tanto tempo e não ter feito a análise antes; essa questão, muito recorrente, também é tratada por Merlim, que diz ao cavaleiro: "Você não desperdiçou a sua vida; você precisava dela até aqui, precisou deste tempo para aprender o que está aprendendo." Não fazemos análise antes da hora, mesmo quando estamos já frequentando o psicanalista; cada um de nós começa a sua análise no seu tempo.

Diz o escritor: daquele momento em diante não mais culparia ninguém ou qualquer coisa fora dele por seus erros e infortúnios. O reconhecimento de que ele era a causa e não o efeito lhe deu um novo sentimento de poder. Agora não tinha mais medo!

Seria magnífico se nós pudéssemos desfazer de nossas armaduras uma vez por todas; nosso problema é que criamos outras e outras, mais frágeis, e embora tenhamos aprendido a nos desfazer delas, nossa luta com nossas defesas e nossas angústias não acaba nunca. Essa é a vida, esse é o ser humano.

Então o nosso grande sonho de poder ser felizes inclui a aceitação da dor e do sofrimento, mas também a capacidade de usufruir do amor, do amor pela vida que nos renova e nos reformula todo tempo.

Acabei de ler em uma reportagem que o idoso pode viver mais se fizer exercícios físicos regularmente – só fazemos exercícios físicos se sentirmos disposição, vontade de nos movimentar, de nos sentir bem com nosso corpo. Só faremos exercício físico se amarmos nosso corpo de hoje, como o de ontem. Só fazemos exercício físico se mantivermos o amor pela vida.

E se me permitem, vou aproveitar de minha experiência de vida, já bastante longa, para repetir a vocês que somos privilegiados: nós analistas somos privilegiados, já que a passagem do tempo está sempre melhorando nossa tarefa. Esse nosso exercício, que não é físico, nos capacita mais para a vida e para o trabalho;

aprendemos todos os dias e estamos sempre reformulando nosso conhecimento enquanto trabalhamos.

Gostaria de dizer o mesmo quanto ao ser humano que somos como velhos, mas aí não tenho certeza; não sei se os velhos são sempre gente boa ou não! E nem isto é importante neste momento. Mas garanto a vocês que a experiência no trabalho nos enriquece, já que cada dia, cada nova jornada de trabalho, acrescenta questionamentos e dúvidas que nos afastam mais e mais da pretensão, ou do peso de ser muito competentes. A mais importante das vitórias em nossa batalha pela vida é poder nos aceitar com nossos recursos e com nossas limitações.

Penso que os *desejos*, que nos fizeram humanos, são a nossa definição e ao mesmo tempo nossa armadura. Graças ao desejo abrimos caminhos, construímos projetos, lutamos pela vida afora. Então, quanto mais pudermos sonhar, desejar, mais humanos seremos. Se a capacidade de criar símbolos, de substituir, de transferir, são recursos humanos magníficos, eles só podem existir se formos capazes de desejar, de sonhar. Mas como desejar, como sonhar sem correr o risco de extrapolar, de escapar de nossa realidade possível?

O tema desta mesa fala da realização de sonhos e da análise poder ser uma realização de sonhos. E eu acho que também temos de ver pelo outro lado, a análise desfazendo sonhos: o sonho de ser o maior, o mais competente, de ser lembrado por todos, de precisar ser a realização dos sonhos dos pais! Ao contrário, temos de ajudar nossos pais a verem que eles não são responsáveis pelas características negativas do filho, e que o filho é outra pessoa, sempre única.

Por que temos sonhos impossíveis? A literatura, e mesmo a história nos mostram como pessoas magníficas estão muitas vezes desejando, sonhando, lutando por conquistas, descobertas, ou mesmo superações que parecem absurdas e que muitas vezes se comprovam de grande importância para toda a humanidade. Nada é mais humano do que sonhar. Os sonhos fizeram o homem sair da caverna, e agora nos fazem chegar a Júpiter!

E no final, o escritor nos diz do cavaleiro: "Agora o universo lhe pertencia para experimentar e desfrutar. No topo da montanha, respirando profundamente, uma sensação de bem-estar percorreu seu ser. Ele foi ficando atordoado com o encantamento de ver, ouvir e sentir o universo que o circundava". Antes ele temia o desconhecido, agora não tinha mais medo: assumia plena responsabilidade por sua vida, já que se descobria como sendo a causa e não o efeito dos desejos dos outros. E quanto mais chorava, mais suas lágrimas iam derretendo a armadura até ele se ver livre dela. As lágrimas o salvaram: "Quase morri pelas lágrimas que deixei de chorar", diz o cavaleiro.

A psicanálise nos livra das armaduras ao fazer emergir nossas reais tristezas, limitações e recursos; e nos ajuda a ser nós mesmos e a desfrutar de nós mesmos e de tudo que nos rodeia.

Costumamos dizer que isso não é fácil, que fazer análise não é fácil, mas eu sempre pergunto aos meus pacientes se é fácil viver com seus sintomas, com suas queixas, com seus rancores, com seus medos. Somos vítimas? De quem? Penso que devemos nos perguntar isso sempre e ajudar nossos pacientes a se perguntarem também.

Referência

Fisher, R. (2007). *O cavaleiro preso na armadura: uma fábula para quem busca a Trilha da Verdade*. Record.

30. Os jovens e a tradição: inovação[1]

Os adolescentes e os jovens adultos são os que vivem mais intensamente a luta entre a tradição e a inovação. É impossível não desejar inovar, assim como é impossível desconsiderar ou não cuidar do conhecido e do vivido. Na clínica, temos de examinar com cuidado essas questões porque pode não ser apenas uma problemática do cliente-adolescente. Temos de estar atentos às questões sociais ou às mudanças rápidas do mundo em que vivemos.

Um atendimento recente me chamou especialmente a atenção: "Não gosto desta cidade, não gosto da faculdade, não gosto dos colegas."[2] Quem me diz isso é uma bonita jovem, bem-cuidada, sorridente. Ela me foi encaminhada pela mãe que, por telefone, disse estar muito preocupada com essa filha, que repete todos os dias essa mesma fala para os familiares. São de outra cidade e a filha veio, há um ano, para estudar em uma excelente faculdade, das

---

1 Comunicação oral apresentada no Congresso Latino-americano de Psicanálise (FEPAL), 2012.

2 Este caso já foi apresentado no Capítulo 19 deste livro "Os jovens e os vínculos sociais". O presente capítulo é uma reelaboração do texto anterior.

melhores do país, onde entrou com facilidade. Na mesma ocasião foi aprovada em todas as faculdades em que prestou vestibular; e sempre na mesma carreira ou na mesma profissão de ambos os pais. Na entrevista, pergunto à jovem por que não desiste e volta para casa; ela me responde prontamente: "Porque isso é tudo o que meus pais querem; eles não vão aguentar". Continuamos nossa conversa e ela concorda em fazer análise. Combinamos horários. No dia seguinte a mãe me telefona e diz que ela não quer fazer análise e que disse à mãe que deveria dar a ela o dinheiro que me pagaria, já que ela saberia gastar de maneira muito melhor – compraria roupas e joias lindas!

Esse caso ou esse acontecimento me mobilizou fortemente. E ao pensar sobre ele me ocorreram duas versões quase opostas. É o que vou relatar.

Na luta para construir sua autonomia, os jovens frequentemente questionam os valores vigentes. São observadores perspicazes e críticos severos. O adolescente aponta o que não quer, justifica suas críticas e arrisca enfrentar. Nossa jovem, intelectualmente brilhante, não faz isso exatamente quando diz que não gosta, quando diz que o que faz é pelos pais, e quando valoriza o que ela sabe que não tem um verdadeiro valor (as joias não são realmente importantes para quem sabe que é necessário muito esforço, capacidade, competência e perseverança para chegar onde está).

Ela está fazendo um enfrentamento diferente. Ela se diferencia quando diz *não gosto* para quilo que todos valorizam: a faculdade, para onde vão jovens de todo o mundo e a cidade que encanta quem a conhece. Para a paciente, o gostar e o não gostar têm a ver com o *ser* e o *não ser*; se não gosta ela se mantém diferenciada, única. Se gosta, como os outros, ela se dissolve. Ela está buscando uma definição pessoal que acredita poder conquistar dessa maneira.

Com os adolescentes vivemos sempre muitas contradições: os pais querem que os filhos os repitam e ao mesmo tempo querem os filhos mais livres, mais criativos e mais felizes. O filho quer preservar suas raízes e ao mesmo tempo quer superá-las; quer expandir seus horizontes e ao mesmo tempo teme se perder. Essa é a angústia sempre presente: querem ser autônomos e ao mesmo tempo têm medo de trair sua própria essência.

Quando a jovem diz que gosta de não gostar ou, que não gosta ou não quer gostar, temos uma questão séria e nova nos desafiando. Esse é um problema diretamente relacionado às pulsões?

Sabemos que as pulsões representam um impacto constante, que busca expressão ou satisfação. Cabe ao aparato psíquico dar conta desta tarefa: "O aparelho psíquico não é só formado a partir da pulsão, mas se forma para dar conta do caos advindo da vida pulsional" (Freud, 1915/1976). Eu diria que esse caos está comparecendo aqui no nosso caso como indiscriminação entre o que deve permanecer e o que precisa mudar. Ou, dito de outra maneira, ela não está discriminando o que realmente a assusta, o que é realmente importante.

Meltzer (1994) fala que os *borderline*, os psicóticos e os psicopatas têm um defeito fundamental na não diferenciação entre o bom e o mau, sendo "incapazes de fazer a diferenciação ou fazendo-a de maneira rígida, ligada a critérios descritivos que escarnecem do próprio propósito da operação" ou, diz ele, ainda, "os mantém em uma relação completamente invertida, um em relação ao outro".

Fica repetindo para os pais que está insatisfeita e obriga a mãe a permanecer com ela durante semanas; a mãe teve de deixar seu trabalho e todas as suas responsabilidades para acompanhar a filha neste início de ano, e não é uma situação nova (é o segundo ano de faculdade da jovem). Quando ela afirma que não gosta do que está tendo, na verdade está mostrando que não quer entrar em contato com o novo: "O conflito a respeito do objeto *presente* é mais significativo do que toda a série de ansiedades a respeito do objeto ausente" (Meltzer, 1994). Então não é a presença ou ausência do familiar ali com ela o mais importante, mas as situações novas e as mobilizações internas que o novo traz. Meltzer diz, ainda, que é "a intimidade apaixonada com outro ser humano" o aspecto mais assustador e subjacente em todas as situações psicopatológicas.

Para não se envolver com o diferente, pessoas ou situações, ela se comporta como a criancinha barulhenta, que grita e obriga os pais a estarem sempre por perto, cuidando dela. O seu aspecto consumista é coerente com este padrão infantil de indiscriminação. Ela criou seu esquema próprio de independência e ao mesmo tempo de domínio e não quer correr riscos. Enquanto mantém os pais inseguros, angustiados, perdidos, ela os está controlando eficientemente. Quando não aceita ajuda, ela está negando que possa haver algo mais importante do que ela mesma. Ela não quer conhecer os significados de seu desconforto, por isto rejeita a análise. Ela não acredita que ganha na valorização e ressignificação de seus vínculos. Ela não acredita que vai se enriquecer ao ampliar seu universo de conhecimento e de relacionamento.

Quando ela não pode se vincular a tudo que hoje faz parte de sua vida está se impedindo de usufruir daquilo que é seu; prefere ficar reclamando do que *não tem* e não usufrui do *que tem*. O que perde fica sendo falsamente valorizado como quando ficamos lamentando a perda da condição infantil quando essa condição já não tem mais sentido. O ganho em crescimento, em experiência, em ampliação de recursos é negado.

Por outro lado, quando ela mostra extraordinária competência intelectual está expondo que tem recursos para pensar, que não é ingênua, tola. Sabe o que quer e como conseguir. Estaríamos então diante de um *splitting* violento? A dependência seria então real e necessária para que ela mantenha sua integração psíquica? Os pais estão sendo os depositários das suas condições internas de contenção e tolerância?

Ela se nega a fazer novos vínculos – esta é a questão central. Por que ela foge? Ou, porque transforma os vínculos positivos de amor, ódio e desejo de saber (*Love, Hate, Knowledge* – L, H, K) em vínculos negativos? Onde deveria existir um vínculo de amor e interesse aparece o ódio e o desprezo. O desejo de saber é substituído pela hipocrisia ou pela indiferença ou pelo fingimento.

A necessidade de inovação é absolutamente natural e necessária sempre; mas nunca vamos inovar sem enfrentar as incertezas, as dificuldades, as angústias do imprevisível. É impossível eliminar as contradições do mundo em que vivemos. Devemos conhecê-las e quanto melhor conhecemos, melhor lidamos com as dificuldades que elas provocam. Nossa jovem tem de tolerar a cesura ou a ruptura de um padrão de relacionamento para dar continuidade à sua vida. Ter de lidar com as contradições é tarefa permanente, já que cada passo à frente implica em um rompimento.

Quando ela foge dos novos vínculos, com a cidade, com a faculdade, com os novos colegas, ela foge de assumir novas responsabilidades. Qualquer vínculo implica na necessidade de cuidar, de preservar. Vincular-se inclui preocupação, possibilidade de perda e de sofrimento. Ela não acredita que consegue fazer esse esforço ou ela narcisicamente ataca os vínculos?

Um aspecto fundamental a ser considerado é o ataque invejoso ao núcleo familiar. Sendo a filha incapaz, que dá trabalho, que causa muitas angústias, ela está afirmando a incompetência dos pais, que não conseguiram criar uma filha forte, valente. Se ela se coloca saudável, com muito sucesso na vida, ela acredita que são os pais que comparecem como bons pais – o sucesso é deles, a competência é deles. Então a inveja tem de ser levada em conta em muitas situações de impasse, em que a inovação não pode ocorrer. A consequência mais importante é a impossibilidade de usufruir do que está a sua disposição, do que é seu. Quem não é capaz de usufruir não tem condição de construir – ela deixa de construir seu futuro; de fazer projetos que a estimulem a viver bem.

Sua postura expressa desprezo e resistência em fazer e cuidar de novos vínculos, resistência em assumir responsabilidades e, ainda, indefinição dos valores. Ela mostra bem a violência, principalmente a violência nas relações; o total desinteresse pelas angústias dos pais é uma expressão clara de violência.

Esse foi o primeiro vértice, bem clínico, da situação.

O outro vértice, se considerado, amplia nossa possibilidade de nos apropriar ou de nos aproximar mais dos fenômenos sociais atuais.

Essa jovem realmente não acredita que dá conta ou ela está lançando um protesto muito mais sério? Quando ela, aparentemente, quer se acomodar ao padrão infantil, ela não estaria lançando um desafio importante? Ela não estaria dizendo que tudo o que valorizamos é questionável? Ou dizendo que ela é contraditória tanto quanto tudo que construímos é contraditório, ou pior, é sem sentido? Ela não está questionando ou enfrentando diretamente os pais ao usar dos valores deles? Essa não seria uma maneira nova de protestar ou de apontar falhas?

Vejamos então: será que hoje o jovem se interessa por joias? Será que os jovens saudáveis se sentem responsáveis pelo bem-estar dos pais? Não é estranho uma jovem expor suas fragilidades tão explicitamente, sem qualquer receio de ser vista como uma menina doente ou muito incompetente? Ela não estaria fazendo um percurso oposto ao que se espera do adolescente, que está sempre precisando provar sua independência e sua capacidade de se virar sozinho?

E poderíamos chamar isso de infantilidade ou irresponsabilidade? Essa jovem está trazendo uma questão que não é incomum hoje e que é diferente do que ocorria nas décadas anteriores: o que predominava antes era o desejo do jovem sair de casa; hoje nem sempre é assim – eles preferem ficar em casa durante a faculdade e até depois dela. Esticam a adolescência até os 30 ou 40 anos!

Estaria faltando, hoje, um encantamento maior com a vida, com os projetos futuros? Só o encantamento dá sentido a nossas tarefas, nos dá força interior, mantém nossa energia. Como diz o Rouanet (1990), *estamos perdendo ao mesmo tempo a memória, o vínculo com o passado e a capacidade de sonhar* o futuro. Estamos dominados pelo aqui-agora da percepção imediata, do usufruir imediato. Curiosamente não vejo hoje um desejo de *construir* como via antes; hoje o que comparece é o desejo de *usufruir*. As gerações anteriores lutavam pela construção de seus sonhos; sabiam que era lenta, demorada, difícil, dolorosa e que implica sempre em muita dedicação. Parece que hoje essa noção de construir está abalada – queremos tudo rápido e fácil como com o toque do *mouse*: é só clicar e o mundo está ali, a sua disposição! Não tem de desenvolver a imaginação, criar o futuro, ir atrás dele. O novo está aí: todo dia é novo e chega até nós sem que tenhamos de fazer esforço.

Estou então trazendo a necessidade de pensar o contexto social atual: há um severo comprometimento quando a jovem não se acredita capaz de construir seu futuro ou ela está apontando, mesmo sem perceber claramente, as falhas de nossa sociedade, tudo o que está recebendo e que não concorda em partilhar?

Se resistimos aos vínculos fortes é porque não queremos nos comprometer, e isso só ocorre quando não valorizamos o que nos é oferecido. O desejo de usufruir, de partilhar, de colaborar só acontece quando vejo algo bom e significativo a ser feito. A diferenciação entre o bom e mau não estaria sendo, hoje, o nosso grande problema? A indiscriminação que estou apontando no caso da jovem não é nossa, quando submetidos aos valores atuais tão contraditórios?

Ela tem uma tradição ou um acervo pessoal a ser levado em conta; mas isso não implica, necessariamente, em não poder inovar; ao contrário, só inovamos a partir do já conhecido ou do estabelecido. Ela não está inovando, ela está se opondo à inovação. Aparentemente, sua postura é de imobilidade; ela não cria novos valores, não se responsabiliza pelo mundo no qual está inserida, não faz qualquer proposta nova.

Quando ela diz que não pode decepcionar os pais, ela já está definindo seu percurso, sua vida. Agradar os pais é seu projeto de vida? É assim que ela define sua escolha, que ela dá sentido à sua vida?

A questão mais importante é saber se realmente ela quer ser como eles. Ela está falsamente atribuindo interesse ao que era valorizado pela mãe e avó (joias e roupas), ou pelos pais (a profissão) ou ela está mostrando que os valores deles são inúteis ou ridículos? O que parece é que não há um confronto aberto de gerações, não há rebeldia, não há oposição. Portanto, não há desejo de transformação, não há propostas de mudanças. *Ou esta é uma maneira nova de protestar?*

No meu tempo, o jovem participava da vida política, se interessava vivamente pelo futuro do país, haja vista as “Diretas já”. Hoje eles não questionam, não participam. Fora os brincos e as tatuagens, que são formas de se apropriarem de seus corpos e de se sentirem donos de si, eles não se importam com o social de maneira mais ampla, mais comprometida. É passividade ou uma inoperância provocativa, no sentido de dizer: o que vocês nos deixaram é isso – ausência de opção, de verdadeiros valores; não temos estímulo para lutar, para transformar – o que vocês nos deixaram é esse desinteresse pelo outro, pelos valores humanos!

Onde está o desejo de mudar, de dar a sua contribuição para mudar o mundo? O adolescente perdeu esse sonho? Sem inovar, sem usar de sua força e de seus sonhos, sua liberdade, seus próprios valores conquistados, não se inova e, implicitamente, se ataca a tradição: manter falsamente as tradições é expressão de violência.

Ao se paralisar e paralisar os pais, ela está mostrando a inutilidade, o não valor de tudo que é seu e de sua família. Seu enquadre negativo ao social é um ataque e não uma adesão aos valores paternos. Ela está desprezando o que tem, o que recebe, e esse é o seu protesto, aparentemente passivo.

Referências

Freud, S. (1976). O inconsciente. In *Edição Standard das obras psicológicas completas de Sigmund Freud* (Vol. XIV). Imago. (Trabalho original publicado em 1915)

Meltzer, D. (1994). *A apreensão do belo*. Imago.

Rouanet, S. P. (1990). *O Édipo e o anjo*. Tempo Brasileiro.

Parte IV
Comentários de filmes

31. *Avatar*[1]

Nesse filme temos a tecnologia cinematográfica explorada ao extremo. E não só a tecnologia, também a fantasia, a criatividade, a imaginação. Este filme me despertou muita curiosidade porque ele trouxe uma grande mobilização: um dos filmes mais vistos e premiados até hoje. E fui vê-lo para saber o que o torna tão atraente. Por isso pensei em trazê-lo hoje para o debate. Então está bem claro que só vou falar de alguns aspectos do filme, do seu conteúdo, e não sobre técnica de cinema. É uma visão psicanalítica, em que tentarei examinar o que o cineasta quis nos dizer com esta representação tão esmerada tecnicamente.

RDA é uma organização, uma firma poderosa que tudo controla; é o "consórcio", como eles a denominam. Eles estão em Pandora, que fica em um satélite como a lua. Mas é um satélite de outro planeta, Polifemo, que pertence a outra constelação, a da estrela Alfa Centauri A. E lá existe um metal, unobtaniun, um metal que tem um valor extraordinário, maior que o do ouro. Esse metal é

---

1 Cameron, J. (Diretor). (2009). *Avatar* [Filme]. 20th Century Fox.

um supercondutor vital para a Terra. É um recurso necessário e o único conhecido. Nesse planeta os homens não podem circular livremente porque a atmosfera acarreta problemas respiratórios. Em Pandora os humanos não podem respirar sem aparelhos.

Os cientistas, extremamente competentes e superequipados, descobriram o minério em Pandora e querem explorá-lo – o minério flutua e faz grandes quantidades de terra, como montanhas, flutuarem. Eles também dominaram a técnica de criação de avatares, que são seres metamorfoseados, transformados ou transportados de um corpo para outro. Portanto, são cientistas de última linha, curiosos, ambiciosos, inovadores, inquietos.

Em Pandora vive um povo indígena, os Na' vi, próximo dos humanos, humanoides, como são identificados, e que chegam a ter três metros de altura e têm cauda; eles têm uma linguagem própria e vivem em comunidades como as nossas. A cultura deles é baseada na conexão espiritual entre todas as criaturas. E eles festejam sua comunidade com relatos, danças e artesanato. E são muito inteligentes. Buscam viver conectados, tendo uma rede sensível que liga a todos, a Eywa, a "mãe natureza". Eles acreditam no equilíbrio de todo o sistema: plantas, animais, seres humanos.

Um aspecto interessante dos filmes de ficção é que, por mais que criemos seres de outros planetas ou de outros universos, não conseguimos dar a eles senão nossas características humanas: todos os humanoides têm as mesmas características físicas (cabeça, olhos, ouvidos), pensam e sentem como nós – amam, odeiam, têm ciúme, desconfianças; até seus valores são iguais aos nossos. Além disso, sempre vemos os povos primitivos como as tribos primitivas de nossa civilização passada e presente: muito apegados à natureza, com muitas crenças e rituais. Uma das hipóteses que podemos levantar é a de que o cineasta esteja querendo nos fazer imaginar como o ser humano poderá vir a ser um dia, na medida em que nossa ciência nos informa que existe uma tendência a mudanças físicas; o corpo humano poderá sofrer mudanças que não estão exatamente previstas e esse corpo alongado, essas orelhas etc. podem ser uma alusão a como um dia talvez sejamos fisicamente. Parece que no filme eles reuniram no aborígene, a cauda, que já tivemos, com os três metros de altura que podemos vir a ter. Outra possibilidade é que o cineasta esteja fazendo uma brincadeira diante do inusitado ou desconhecido, como se dissesse: "Olha, vamos ficar assim!".

Temos no filme o confronto entre dois universos sociais completamente diferentes que se encontram e se opõem. De um lado, o grupo dos humanos, o nosso grupo, que no filme são, na sua maioria, cientistas e soldados mercenários; e, do outro lado, os alienígenas.

A criação de avatares, essa duplicação ou metamorfose que parece meio absurda, ficção mesmo, nós nem estranhamos; na verdade, já faz parte de nosso cotidiano na medida em que mudamos nossa cor de pele, de cabelo, trocamos órgãos e acreditamos na reencarnação. Os psicotrópicos e as drogas tentam também mudar nosso mundo interno, tentam nos modelar por dentro. Vivemos buscando essas metamorfoses e por isso não a estranhamos no filme. Fazem parte de nossas fantasias.

A ideia central do filme está aí: o nosso herói é os dois ao mesmo tempo – é um ser humano e é também um indígena (quando ele entra naquele caixão e eles ligam as máquinas ele passa a ser o indígena, quando acorda, volta a ser o humano).

De certa maneira, todos nós somos assim: temos esses dois aspectos. Somos muito inteligentes, racionais, cientistas, sempre fazendo novas descobertas, sempre curiosos e ampliando conhecimentos. Por outro lado, somos muitas vezes emocionalmente frágeis, inseguros, cheios de crenças, de temores irracionais, acreditando em sorte, destino, outro mundo, reencarnação, poderes e determinações sobrenaturais. Esses dois aspectos existem em todos nós, só que em uns prepondera o aspecto racional e em outros, o místico ou religioso. A conexão de que aqueles indígenas falam, e que eles fazem concretamente com os animais, de certa forma nós também o fazemos com objetos ou mesmo pessoas: amuletos, objetos que "dão sorte" etc.

Então, a meu ver, o filme fala desses dois mundos internos de cada um. É claro que o roteiro e a história são criações dos cineastas e não têm a ver com a vida como ela é, mas trazem uma mensagem e nos obrigam a rever valores. Bons filmes são sempre instigantes, vão além da diversão porque nos fazem pensar. Esse filme fala da natureza humana, de nossas características e dos desafios que nossa própria natureza está sempre nos trazendo, já que nunca vamos nos livrar dessa criatividade que nos mobiliza para a frente e de nossos aspectos emocionais que preservam a criança dentro de nós.

Outro aspecto que o filme mostra e que é um problema atual nosso é a relação com as tradições, com a história. O que no filme aparece como *primitivo*, é, na verdade, central: a nossa relação com o passado. No filme, a força dos nativos está no vínculo com suas raízes. Eles falam de uma riqueza que não está no solo, mas em toda parte, nos sentimentos, nas tradições, no respeito aos líderes corajosos, aos valores grupais. Os nativos querem preservar tudo isso. E a questão também aqui entre nós, hoje, é importante: nos tempos atuais a nova geração não está voltada à preservação da história, das tradições, à preservação das coisas do passado e, ao contrário, querem suprimir o passado para ficarem só no presente, no nosso individualismo, no salve-se quem puder. E ligado a esse aspecto: os nativos não têm casa, não têm cidade; eles têm o santuário, o local onde se reúnem para decidir tudo. E nós hoje, temos a mesma noção de cidade, família, casa, como tínhamos antes?

Trata-se de uma evolução ou ao contrário, de um retrocesso? Quando falamos de aldeia global, estamos falando de conquistas importantes no campo das comunicações, mas ela está sendo enriquecedora ou não? As comunicações não facilitaram a intimidade, o que é uma pena.

A ideia de um mineral especial, flutuante, é uma criação imaginária. A ficção científica se liberta da ciência ou aproveita as interrogações da ciência para criar fantasias. Esse é um aspecto interessante na medida em que esse é o percurso comum da ciência e dos cientistas que partem sempre de algo que não existe, mas pode ser imaginado – o *impossível imaginável*. A ficção científica é isso, algo irracional, mas que vale a pena ser pensado e que, muitas vezes, vai possibilitar descobertas. Então o filme traz *um outro mundo* que não tem muito de *outro*, de certa maneira tem tudo do nosso mundo.

O jovem, um militar acidentado que tem as pernas imobilizadas e anda em cadeira de rodas, vai fazer o que lhe é proposto com a esperança de ganhar pernas novas. Isso mudaria sua vida. Como militar, ele cumpre ordens; é eficiente e valorizado. Mas ocorreu uma reviravolta na cabeça dele. É o imprevisível, que faz parte do humano, e que ficamos esperando que aconteça no filme. Mas é irreal.

O final é muito interessante e é tudo o que queremos durante o filme: que aquele povo não seja dizimado e que os militares e cientistas sejam expulsos. E o final, com eles dominados e embarcando para voltar ou indo embora é uma coisa muito bonita e triste ao mesmo tempo. E eu repito, irreal.

Com exceção desse final, que é muito surpreendente e fantasioso, essa história não tem nada de novo. É uma versão do que ocorreu e ainda ocorre no nosso universo: como foi a conquista da América Latina pelos espanhóis e portugueses? E como foi a conquista da África pelos europeus? Nada diferente do que estamos vendo no filme. Sempre o grupo dos mais desenvolvidos e o grupo dos selvagens. No filme, o final é diferente do que tem acontecido, já que os nativos levam a melhor. E aqui podemos fazer a pergunta: o que o cineasta quis dizer com isto? Será que ele está nos propondo questionar se realmente nós, os grandes descobridores, somos mesmo vitoriosos? O nosso avanço tecnológico está possibilitando uma sociedade mais justa e igualitária? O que significam os grandes avanços de nossa cultura? Podemos depois pensar e discutir a questão do que é progresso, do que é desenvolvimento.

Os invasores querem destruir os obstáculos para chegar a uma grande conquista, a um avanço tecnológico extraordinário. As máquinas de destruição são fantásticas e os soldados estão prontos a obedecer e vencer. Eles estão em busca do novo. E, como os jovens de hoje, não se interessam pelo passado, pelas tradições, por nada de velharias. Nem estão interessados em saber que gente é essa. Eles veem essas figuras diferentes apenas como obstáculo para suas conquistas. Nada merece ser preservado senão seus interesses; querem garantir o bem-estar imediato. Nada de projeções futuras, nada de projetos longos, nada que os prenda. Penso que o filme questiona também esse aspecto tão atual de nossa cultura que vira as costas ao relacionamento, ao partilhar, à intimidade, ao respeito mútuo. São o narcisismo e o individualismo preponderando, como se pudesse haver desenvolvimento sem contar com o outro, com o diferente.

A transformação do herói fica, então, sendo o modelo central da mensagem do filme: de um rapaz medíocre, um soldado corajoso e obediente, ele se transforma em um ser pensante, uma pessoa que observa a sua própria experiência e passa a refletir a partir dela. E toma decisões, e faz escolhas. Ele não segue o grupo, ele não pensa só em si, ele descobre outros valores.

Então vejamos: todo ser humano é dotado de aspectos extremamente paradoxais, contraditórios. Temos inteligência, curiosidade, criatividade e ao mesmo tempo somos limitados e mortais. Mas o que é mais significativo é o fato de termos duas tendências fortes que nos mobilizam todo tempo: a que nos faz avançar, nos faz ir em busca dos outros, nos faz partilhar e crescer juntos, e a outra que tende a romper, a desligar, a destruir. É o que chamamos de pulsão de vida e pulsão de morte. Nossos aspectos destrutivos comparecem aí na figura do militar violento que só quer tirar os humanoides desse terreno que os cientistas querem explorar e têm de vencer a todo custo.

Vivemos com a sensação de que podemos tudo, que temos tempo para tudo e que vamos conseguir tudo o que sonhamos. E se não pensarmos assim vamos ficar paralisados – é a morte em vida. Logo, temos de acreditar em nossos sonhos para prosseguir no dia a dia. É isso que temos de fazer o tempo todo: conciliar os dois aspectos contraditórios dentro de nós, o que acomoda e o que nos mobiliza, e também o que congrega e o que desagrega. Temos de identificar e nos acautelar com nossos inimigos internos: o ódio, a inveja, os ciúmes, a voracidade, as ambições desmedidas. O interessante disso tudo é que muitas vezes são os aspectos destrutivos que mobilizam nossa criatividade e nos lançam para a frente.

A questão do filme é que não deveria haver vencedores e vencidos, e sim uma permanente tentativa de conciliação – tanto dentro de nós como nos dois grupos do filme. Assim como em nossas lutas internas, temos de perceber que a derrota é sempre nossa e as lutas internas podem nos levar a um novo começo. Nossos aspectos emocionais têm de ser conciliados com nosso bom senso.

Esta é a mensagem do filme: temos de ficar de olho bem aberto, como o herói no final, porque nada terminou, tudo está sempre acontecendo e vai haver retorno. Os cientistas não vão parar de fazer descobertas e a própria natureza não vai nos deixar em paz: ela está o tempo todo evoluindo, seguindo seu percurso, seu envelhecimento, suas transformações e não vai nos consultar! Temos de abrir o olho para sobreviver às desavenças internas e externas. Nossas disputas, nossas guerras, nossas manobras políticas não fazem sentido diante da grandiosidade do universo e dos obstáculos naturais que sempre temos de vencer.

E como o jovem paralítico, precisamos usar a cabeça para poder ter pernas, para criar soluções e vencer os obstáculos que teremos, sempre, pela frente.

Quando ele acorda, de olhos bem arregalados, no final, podemos pensar que ele está se dando conta de uma briga na qual ele faz parte dos dois lados envolvidos. Ele é do grupo invasor e do grupo dos habitantes de Pandora – então será que a questão é competir, um expulsar o outro? Será que os dois lados não deveriam dialogar, se entender? Será que nossa questão, sempre, não é vencer o predador, o miliciano violento e nunca expulsar o cientista que existe dentro de nós? Temos de ajudar o cientista, sempre, porque ele nunca vai parar de inventar, criar, ampliar recursos. Se prestarmos atenção, vamos ver que são as dificuldades que mobilizam os homens desde sempre; as dificuldades sempre foram os estímulos que fizeram o homem chegar até aqui e são as dificuldades que enfrentamos hoje que nos despertaram para as questões de sustentabilidade, ecologia etc.

Esta é nossa questão sempre: o emocional-afetivo, o irracional, tem de conviver com o lado científico, pesquisador, arrojado. E tanto pode que isso acontece sempre, essa briga existe dentro de cada um de nós o tempo todo – assim é a vida, esse é o ser humano.

32. *Beleza americana*[1]

Destaco quatro pilares de sustentação na construção de meus comentários do filme:

- A rosa vermelha, Beleza Americana, e os *slogans*.
- A importância da marginalidade.
- A negação.
- O Édipo e o conflito geracional.

A Beleza Americana – os slogans

A rosa vermelha, intitulada de Beleza Americana, criada nos Estados Unidos, tem uma linda aparência, é fácil de ser cultivada e decora com especial encanto o jardim e a casa. Ela não tem espinhos, mas também não tem perfume, o maravilhoso perfume das rosas. O que importa é sua aparência, e não sua vitalidade. Então

---

1 Mendes, S. (Diretor). (1999). *American Beauty* [Filme]. Dreamworks.

o tema da aparência é mostrado desde o início – é o assunto principal do filme, e representa o sério problema das sociedades, que, como esta, não cultivam a verdade, mas a aparência de verdade. Essa questão fica bem clara e resumida na passagem em que, perguntado se ele não se preocupava com o fato de sua esposa o estar traindo, ele (Lester) responde: "Nosso casamento é um comercial, é apenas para mostrar que somos normais, mas não somos".

Não diria que essa é a sociedade americana, mas é como o cineasta retrata uma parcela da sociedade americana de nossos dias.

Os *slogans* ou clichês ou chavões são frases feitas, ditados populares usados no cotidiano. Exatamente como aparecem no filme, têm uma força expressiva muito grande, na medida em que não só expõem, mas até constroem uma mentalidade – eles são o comando, direcionam e determinam formas de vida. Quando você atribui realidade aos *slogans*, basta repeti-los, não precisa provar nada, não precisa argumentar, não precisa pensar. As diferentes situações não são diferenciadas, as diferentes pessoas ou motivações não precisam ser destacadas ou reconhecidas; o *slogan* é o referencial poderoso que tudo define e tudo determina. É um mito coletivo inquestionável e por isso tão perigoso: todos o aceitam e você tem de se submeter a ele para não cair em descrédito. O *slogan* é a imposição de uma aparência, sem qualquer questionamento; é também a imposição de uma homogeneidade – todos têm de ser iguais e responder e corresponder ao padrão vigente imposto pelo *slogan*. No filme aparecem vários desses *slogans*, que são expressivos porque descrevem, com precisão e clareza, cada personagem, ou cada aspecto da mentalidade desse grupo social, que tem características próprias, baseadas no individualismo, no sucesso econômico ou na aparência de sucesso social.

"Nada na vida é pior do que ser comum."

"Para ter sucesso é preciso projetar uma imagem de sucesso todo o tempo."

"Não conte com ninguém, a não ser com você mesmo."

"Viver centrado em si mesmo."

"Recuso-me a ser uma vítima."

Uma das colocações sérias do filme é a do personagem bem-sucedido economicamente que gosta de atirar porque "atirar nos faz sentir poderosos", numa alusão clara de que o sentimento de poder é vivido no sentido concreto, e não no sentido subjetivo de quem tem poder sobre sua vontade, suas escolhas. São pessoas de vida interior muito pobre, sem questionamentos, e que se agarram aos padrões impostos pelo grupo sem nenhuma capacidade de crítica. O corretor de imóveis é um personagem típico dessa sociedade, ele não é alguém que produz riqueza, mas enriquece a partir da riqueza alheia, já que é só um intermediário. Faz parte do mundo das aparências, porque ele não tem riquezas, os outros é que têm.

É diferente do rapaz, a figura mais fascinante do filme, porque contraditório, porque paradoxal: escravizado pelo pai e absolutamente livre para decidir sua vida e fazer suas escolhas. Ele não se deixa levar pelas aparências: ele distingue bem a beleza, a firmeza e a seriedade da jovem por quem se apaixona; vai atrás dela e consegue conquistá-la sem nenhum alarde, apenas com sua sinceridade e determinação. Ele é a única personagem do filme que vive em contato com a beleza do mundo, e ao mesmo tempo aceita suas fragilidades: ele entende o pai, ele aceita e ama a mãe. Ele não precisa provar nada a ninguém, ele não precisa das aparências, está em contato direto com a beleza do mundo, com a força vital, que ele enxerga tanto na dança do saco plástico como na expressão da morte. Ele sabia onde estava a verdade, e não precisava provar nada a ninguém.

Já a mãe do rapaz, pessoa francamente doente, a louca do filme, é quem vive o drama da verdade, mas que é louca porque não pode fazer nada, nem mesmo denunciar a verdade, que ela pressente, mas não tem como expressar, a não ser com sua aparência tensa, angustiada, sem movimento, sem comunicação; mas ela denuncia a bagunça, a desordem, "as coisas fora do lugar". Nesse grupo, louco é aquele que vive à parte dos padrões aceitos, são sadios os que estão enquadrados. O próprio rapaz é considerado louco porque foge aos padrões do seu grupo. Ele é independente, e isso incomoda.

A marginalidade

Lester, quando sai do contexto falso em que sempre viveu, começa a descobrir tudo o que não pode perceber antes, em toda sua vida; quando pergunta à esposa qual o valor do sofá, dos objetos, fala do quanto esses objetos não significavam nada de realmente importante, e que o importante são os sonhos, os sentimentos, os vínculos! Mas ele agora já tinha passado para a marginalidade; não estava mais dentro do contexto. A maneira como ele sai do emprego mostra um rompimento importante e sem volta.

De uma certa maneira, só depois de morto ele descobriu a vida; reparem que sua cara morta é muito expressiva, de quem está ligado, atento, até feliz. De que morte o filme está falando? Eu penso que é uma metáfora do cineasta: agora Lester não tinha mais a cara de alguém enfadado, sem interesse, sem vontade, a cara de um tolo. Agora ele descobriu a liberdade, descobriu a beleza da vida, o que ela pode significar. Quem morreu foi a pessoa empobrecida, quadrada, massificada, que deu lugar a outro, ligado aos sentimentos, aos reais valores humanos.

A vantagem do cinema ou das artes em geral é esta liberdade de jogar com a realidade, com as fantasias, com os sonhos.

O cineasta é um dos principais atores deste filme. Ele está representado pelo jovem com a máquina filmadora, que vai filmando tudo que o mobiliza. Ele não pertence ao cenário, à história; ele está de fora e, por estar de fora das falsidades, enquanto filma, não precisa representar o que os outros esperam dele; por estar à margem, ele pode perceber o que ocorre e denunciar as mentiras. Essa condição do marginal, no sentido de estar à margem, é que lhe dá a possibilidade de enxergar e denunciar as falsidades dos grupos.

E são vários os marginais do filme: o *rapaz*, drogado e traficante; a *garota*, que é marginal por natureza, já que todo adolescente o é por estar ainda à margem da sociedade produtiva (a loira está tão impregnada aos padrões do grupo que ela não se enquadra nessa categoria; ela não era contestadora como a filha de Lester, mas uma falsa adulta; ela é a representante perfeita da Beleza Americana.); o *próprio Lester* depois que deixa o emprego, e principalmente o *cineasta* que produziu este filme. E ele é de fato alguém de fora na medida em que ele trabalha na Inglaterra e é de origem portuguesa (Sam Mendes).

Só alguém de fora pode ver com essa clareza e estranhar, como nós, cada aspecto do filme. Em qualquer situação, quem participa do drama não tem essa possibilidade. Por outro lado, fica claro no filme que sociedades como essa, em que os padrões são rígidos e cruéis, propiciam o surgimento dos marginais, no bom e no mau sentido, na medida em que a marginalidade é a saída possível. O jovem não teve outra possibilidade senão a de acrescentar à sua condição de adolescente esta outra de traficante, já que não podia contar com um pai compreensivo ou, no mínimo, capaz de respeitar as características do filho.

Este estar ou permanecer de fora ou a necessidade de um distanciamento no tempo ou no espaço permite uma visão mais completa e adequada em qualquer situação. Você precisa de um ângulo favorável para poder *ver*. Não vou entrar em detalhes, mas penso que isso se estende também ao nosso próprio trabalho, em que o envolvimento ou o não envolvimento trazem perspectivas diferentes de visão. Enquanto emergido na identificação projetiva (IP), identificado com os aspectos que o paciente coloca em você, não há condição de ajudá-lo; você precisa sair dessa situação para oferecer ao paciente uma nova versão dele mesmo. A diferenciação *self*-objeto é a condição da objetividade no nosso trabalho e em qualquer outra situação.

A negação

Este é o complemento à mentira dos *slogans*. A negação não é consciente; ela é uma defesa e como tal existe como expressão de angústias persecutórias. É o não poder ver, é o fugir de se defrontar com a verdade sobre si mesmo ou sobre os outros.

"Não menospreze nunca o poder da negação". O jovem usa essa frase como resposta a Lester, quando este estranha o fato de o pai do rapaz não questionar de onde sai o dinheiro para as aquisições do moço, que estão espalhadas pelo seu quarto. Se o pai descobre que o filho é outra pessoa, e não aquela que ele acha que tem de ser, sabe que não vai aguentar e que será muito violento com o filho; por outro lado deverá questionar também que pai ele tem sido. E o filme é uma denúncia da vantagem da mentira e das negações da verdade, já que ela, a verdade, traz inevitavelmente muito sofrimento.

O filme é, portanto, a denúncia dos mecanismos perversos que permeiam toda a sociedade descrita. O que é a perversão senão uma reversão de valores. Uma sociedade que prega a liberdade, direitos iguais para todos, liberdade de expressão etc. No entanto, congela as pessoas dentro de padrões que destroem a individualidade, ou a impedem de se desenvolver. O jovem seria uma vítima perfeita desse enquadramento forçado se não tivesse, silenciosamente, se rebelado e traçado seu próprio caminho.

O Édipo

Uma outra expressão de perversão é trazida, no filme, na questão da atração sexual do pai pela amiga da filha. Há uma reversão aí muito interessante, na medida em que o choque de gerações comumente é vivido pela criança quando ela nega ser ainda pequena e precisa se acreditar podendo ocupar o lugar do pai (ou da mãe). A criança nega a realidade de sua pequenez, nega que tem de esperar e tolerar o crescimento, com tudo o que ele tem de dores, aprendizado e gratificações; ela precisa afirmar que já tem todos os recursos do adulto. No caso aqui, é o contrário: é o pai que nega a sua condição de mais velho e vai fazer musculação acreditando que ela lhe devolverá a juventude; assume uma postura infantil, no sentido de negar suas responsabilidades de pai e chefe de família e age como adolescente, se escondendo atrás das portas para ouvir as jovens etc.

Já a filha, que é irritante, agressiva, questionadora, está no seu perfeito papel, dentro do processo de desenvolvimento. Ela percebe os pais doentes e denuncia o tempo todo. Ela pede para o rapaz matar o seu pai, o pai que a frustra, que não atende a seus desejos edípicos (embora ele estivesse fazendo isso ao se apaixonar pela amiga, na verdade, ao viver de forma deslocada os desejos sexuais pela filha). Ela pede ao seu namorado para matar o seu pai, mas ao escolher o rapaz, ao se entregar a ele, ela e ele já mataram o pai! De fato, o jovem a ajudou a matar o pai da infância, que agora foi substituído por outro homem, pelo homem da sua idade e com quem ela vai construir o seu futuro. Esse é o desenlace normal do conflito edípico e que vai ser recuperado também por Lester, seu pai, quando ele desiste de ter a relação sexual com a amiga e passa a se interessar pela filha e pergunta se ela está feliz, momentos antes de ser assassinado. Ele morre quando recupera a sanidade – ou morre para viver a vida como ela é, com frustrações, responsabilidades e alegrias.

A homossexualidade também se enquadra entre as perversões apontadas pelo filme, mas também no sentido da falsidade ou da não liberdade de ser, cada um, o que é. O casal de vizinhos homossexuais só incomoda o militar, que os hostiliza abertamente, porque esse é o seu problema, escondido sob a insuspeita postura de durão e defensor dos valores viris do grupo e da nação. Atrás do homem forte e superior, como é muito comum, está uma pessoa doente, violenta, dominadora. E esse personagem nos dá a chance de ver como funciona, nas mais comuns relações de dia a dia, a identificação projetiva: o que ele vê na relação de seu filho com Lester é o que ele próprio sente: atração sexual. O que ele repele nos vizinhos homossexuais é o que ele repele em si mesmo. O que ele necessita mais intensamente é esconder, dos outros e de si mesmo, a sua homossexualidade. E quando fica evidente, fica conhecido o que deveria ficar oculto, o crime acontece, como se, ao matar aquele que sabe do seu segredo, matasse também a verdade tão penosa de ser vivida. Como na máfia, mata-se aquele que sabe demais. O perigo está na descoberta da verdade.

A violência é o resultado do desvendamento da verdade. Outra solução é o sofrimento. É o que vai acontecer com a esposa. Em poucas imagens nós já ficamos sabendo que ela terá de enfrentar seus próprios sentimentos, e o sofrimento.

Durante a narrativa, a esposa de Lester é a expressão mais evidente da submissão aos padrões convencionais. Ela é uma pessoa artificial, totalmente enquadrada (ela e a loira sensual) e internamente pobre. Esforçada, trabalhadora, zelosa, sempre enfeitando a casa com flores, cuidando da aparência, da mesa do jantar nos mínimos detalhes, com música ambiente sofisticada, com normas bem estabelecidas para tudo, ela é o protótipo da chata. Vive atrás do sucesso profissional, só se encanta com os bem-sucedidos, e fica cobrando da filha e do marido que correspondam às suas normas, que não são suas, mas do grupo a que ela está totalmente submetida.

Quando tenta falar com a filha, quando tenta um diálogo num momento difícil, não consegue e acaba repetindo refrões como "Não conte com ninguém a não ser com você mesma", exatamente quando ela poderia ajudar a filha a contar com ela ou quando ela mesma poderia contar com a filha como uma importante interlocutora. O encontro amoroso com o marido ou com a filha não acontece. E, no entanto, o afeto existe, aparece no final quando ela se desespera ao descobrir o marido morto. E a pergunta que fica é: Por que ela não podia gostar, viver o sentimento de proximidade com a filha e o marido? O que a transformava nessa máquina eficiente, controlando tudo e todos e tentando atender os padrões do grupo a todo custo?

A incapacidade de olhar para dentro, de encontrar seus próprios valores, a tornavam uma escrava dos padrões grupais, introjetados e transformados em uma verdadeira religião. Se observarmos melhor, todos os padrões seguidos por ela são verdadeiros dogmas religiosos, que não existem para serem contestados, mas para serem seguidos. (É a mesma questão do *slogan* que é tomado como dogma).

O que ela precisava evitar a todo custo era exatamente a mudança catastrófica, em que algo novo, ao ser percebido, provoca uma tempestade avassaladora, obrigando-a a refazer e a buscar uma nova ordem para tudo. A dor da mudança catastrófica era evitada a todo custo; só a morte pode trazê-la. Como ela vai enfrentar é uma incógnita. Aliás, todo o filme caminha para essa incógnita: como vai acontecer agora, ou o que pode acontecer quando as coisas começam a ficar mais claras? Quais mudanças são possíveis quando a verdade aparece?

O filme termina aí, quando tudo tem de ser reconsiderado. Ou ser novamente negado.

33. *Chocolate*[1]

A resposta, meu amigo, está soprando no vento.
A resposta está soprando no vento.
Bob Dylan

O vento é um dos elementos importantes do filme

O dicionário mitológico nos fala que o vento é sinônimo de sopro, por conseguinte, de espírito, do influxo espiritual de origem celeste. Ao mesmo tempo que o vento penetra, rompe, ele também purifica. O vento traz a luz, afasta as trevas. O vento é, portanto, prenúncio de mudanças.

Ao nomear o forte vento que inicia o filme como *vento norte*, o narrador nos coloca imediata e diretamente dentro de uma concepção de espaço e de direção.

---

1 Hallström, L. (Diretor). (2000). *Chocolat* [Filme]. Miramax, David Brown Productions.

O vento norte tem duas versões opostas: na Bíblia ele aparece como o vento devastador, aquele que traz o mal; já para os gregos, os ventos boreais traziam a sabedoria. Mas em ambos ele é o ponto de partida para uma revelação. O eixo leste-oeste representa o espaço das manifestações do humano: nascimento, vida e morte. O eixo norte-sul simboliza as regiões transcendentais, as regiões invisíveis, onde ocorre o imponderável; são as forças que irrompem para mudar (Auster = vento sul; Bóreas = vento norte; Zéfiro = vento oeste e Euro = vento leste).

O filme começa com o vento norte trazendo para a pequena cidade duas aparentemente frágeis mulheres. Ele traz um elemento transformador, revolucionário para aquela comunidade, e que uma vez instalado, mudará a cidade para sempre. Por outro lado, as duas mulheres ao serem arrastadas, digamos assim, pelo vento norte para essa cidade, também nunca mais serão as mesmas. E o filme é o desenrolar da interação entre esses dois elementos tão diferentes, contrastantes e necessitados de mudanças, de reformulação: as duas mulheres de um lado e a cidade de outro. Também inclui um terceiro elemento, trazido pelo vento (alusão ao barco a vela), que são os hippies ou ciganos. Vamos assistir então a todo um processo de revelações que já vem proposto ou já está insinuado com o vento norte.

O vento forte assinala que teremos confrontos. O confronto evidente é entre a cidade e a mulher; entre a tradição e a renovação. Mas outros confrontos vão sendo delineados e se configurarão como muito mais importantes.

Dá até para pensarmos que o conde representaria a ponderação, o equilíbrio, a responsabilidade, o aspecto apolíneo, enquanto Vianne representaria o aspecto dionisíaco, o lado do prazer – no confessionário, uma das viúvas fala que o chocolate provocava *uma tortura de prazer*. Mas como apolínios e dionisíacos eles eram muito mambembes, claudicantes mesmo, na medida em que o conde não era muito racional, e às vezes parecia até pouco inteligente e a Vianne não era capaz nem de oferecer prazer a si mesma, na medida em que não se permitia ter um companheiro.

Os conflitos são, então, e antes de tudo, os conflitos internos de cada um e o filme vai entrelaçar bem os dois níveis, o interno e o externo. Cada uma dessas unidades (conde ou cidade, Vianne, hippie) ou personagens se debate entre aprisionamento e liberdade, estagnação e crescimento.

A pergunta que o padre está fazendo quando as portas da igreja se escancaram, forçadas pelo vento é: onde está a verdade? É a verdade de cada um que será descoberta no filme.

A narradora começa com: "Era uma vez uma cidadezinha no interior da França cujos habitantes se acreditavam em tranquilidade". Não há menção à época neste primeiro momento e talvez não precisasse nunca, embora alguns elementos de época fossem necessários para evitar confusões (1957). Só que o filme não se desenrola em uma época, mas em um espaço. Em que espaço, no externo ou no interno? Em ambos. O espaço da cidade, externo, vai ser o continente para a expressão das angústias internas dos personagens. Mesmo a briga entre o conde e a estranha, ou entre a jovem mulher e o marido, ou entre o cigano e a cidade, escondem conflitos internos que só vão poder ser expressos e vividos quando a situação externa possibilita.

A luta do conde era, em primeiro lugar, uma briga consigo mesmo, com seus aspectos rígidos, prepotentes e intolerantes de um lado e o desejo de ser mais solto, de poder se entregar aos prazeres mais naturais da vida, como a comida ou a sexualidade. Quando ele se sente ameaçado na sua função, na sua autoridade e na sua respeitabilidade, ele tem de se tornar violento contra a estrangeira que o ameaçaria e toda a cidade. Essa é a expressão do temor infantil, do bebê diante da mãe, que ele acredita ser extremamente poderosa e perigosa. O estrangeiro se presta bem a isso: todas as ameaças são projetadas nele, nesse objeto externo que, quanto mais desconhecido, mais perigoso fica. O conde teme que Vianne o desmoralize e, no entanto, ele se sente ameaçado de humilhação, de desconsideração por suas próprias limitações pessoais; o fato de ter sido abandonado pela mulher significa, para ele, incompetência ou impotência.

A Vianne, por outro lado, era uma prisioneira da mãe-índia; na sua identificação com a mãe andarilha, que ela carregava concretamente na urna funerária, e nos usos e costumes (ser andarilha, usar o chocolate como um alucinógeno), ela vivia o conflito entre a necessidade de repetir a mãe ou se libertar dela para fazer sua própria vida. Cada um dos personagens vive seus próprios conflitos que projetam para fora: a jovem esposa lutava para se livrar do marido, sem recursos internos para isso; o velho apaixonado não podia ser verdadeiro nos seus sentimentos porque era inseguro, e não porque fosse oprimido pela cidade, e assim por diante. Estava faltando o vento norte, o sopro da renovação, para cada um deles e para todos. E começam a se delinear as catástrofes. Catástrofes são necessárias e sempre muito dolorosas, mas inevitáveis quando uma estrutura doente precisa ser desfeita para que outra, mais saudável, se instale.

Com a Vianne encontramos o tema da relação mãe-filha muito bem colocado: o que a ligava à mãe tão fortemente? Era o amor à mãe que a fazia identificada à índia-andarilha? Parece que não. Era a mãe odiada que não a deixava parar, se enraizar; essa mãe a escravizava e representava uma carga pesada que Vianne tinha de carregar.

Amamos e odiamos nossos pais, filhos, amigos, colegas, enfim, sempre alimentamos os sentimentos mais variados em relação ao outro, mas com o predomínio de um desses sentimentos de cada vez. E odiamos os pais não só pelas frustrações que eles nos causam no dia a dia, mas principalmente porque eles são a prova de nossas limitações; a maior ferida narcísica é a existência dos pais antes de nós e sua possibilidade de sobrevivência independente de nós. Também odiamos os pais que não nos fizeram deuses, todo-poderosos! É esse aspecto do humano, necessitando sempre ser elaborado, a questão central: não nos agrada ser dependentes, reconhecer a importância do outro, seja para nossa sobrevivência física, seja a psíquica. Esse aspecto nosso em que aparece o desejo de não dever nada a ninguém está bem expressado na fala do cigano (ou *hippie*) quando ele diz que *não quer ter de fazer ou ser o que os outros querem*. Ele escolhe ser um andarilho, acreditando que isto o faz livre. Aparentemente, sim, dos outros, mas não de si mesmo, na medida em que ele volta para ficar com Vianne – e com o "chocolate quente", alusão à vida em família, que ele está buscando agora. E deverá pagar o preço de sua escolha, vivendo com os outros. Nós somos sempre irremediavelmente dependentes de nós mesmos, de nossas necessidades, de nossos sentimentos e de nossas limitações.

Quando Vianne pergunta a Roux se era tão difícil ser como os outros querem, ela está fazendo a pergunta a si mesma, na medida em que ela era o exemplo vivo da oposição e do enfrentamento, que apareciam voltados para fora; na verdade, ela vivia as oposições dentro dela.

Vianne precisava repetir a própria mãe – preservar seus valores, sua tradição, sua liberdade. Mas o que nós preservamos de nossos pais? São condutas específicas, objetos concretos, costumes específicos como roupas, comidas, rituais? Penso que isso não é o mais importante; preservamos o sentimento tranquilo de satisfação, de pertinência, de reconhecimento; o orgulho pelos que nos são caros e o sentimento de responsabilidade para com os valores pessoais, internos, que moldam nossa maneira de ser e de nos relacionar com o mundo. Na cidade, tudo estava predeterminado, cada um tinha seu lugar bem definido e viviam de acordo com ele. Só que essa era a prisão da cidade, como ser andarilha, para Vianne, era sua prisão.

Por mais que Vianne quisesse preservar o lado andarilho da mãe, ela já não conseguia mais; esse era o lado destrutivo da mãe, que impedia os vínculos, e que ela, como filha, também odiava, mas não podia admitir.

O lado bom e amado da mãe a tornava forte, próxima e amável; ela tinha um especial apego à justiça e à liberdade; pregava o respeito humano e a confraternização com os mais fracos e oprimidos. Ela era extraordinária no captar os sentimentos das pessoas e cheia de afeto e consideração. Sua arma era o cacau, um alucinógeno para os índios maias e que ela usava inteligentemente como se fosse um alucinógeno também, só que agora com um outro caráter: ela oferecia às pessoas um outro prisma para verem a realidade, tirando-as da cristalização, dos esquemas rígidos em que viviam.

Então ela precisou matar a mãe andarilha, jogar suas cinzas para serem levadas pelo vento norte, e assim se libertar. Todos nós temos de matar os pais opressores dentro de nós para sermos nós mesmos; isso é ser adulto. Os pais opressores ou o superego opressor são uma criação nossa e existem dentro de nós, não importa como são nossos verdadeiros pais; e é com eles que temos de nos relacionar.

O adulto é aquele que, descobrindo isso, faz suas próprias escolhas sem medo de ser quem é e assume a responsabilidade para com seus valores. Ser adulto não é ser autossuficiente, como Vianne pretendia; ao contrário, ser adulto é ser ligado, reconhecer suas necessidades e dependência; é ser disponível para viver suas escolhas e partilhar com os outros. Poder se enraizar não implica em escravização – é poder pertencer, responsavelmente, sem ficar se queixando dos outros pelas dificuldades que aparecem.

Aqui podemos fazer um outro parêntese no sentido de tentar diferenciar o nômade do andarilho. Povos nômades não são povos sem raízes; ao contrário, eles seguem todo o padrão cultural da região onde circulam: os índios nômades sabem muito bem como respeitar e preservar a natureza por onde andam e são recebidos como iguais pelos povos sedentários da região. Os nômades do deserto também têm as mesmas raízes, a mesma religião, os mesmos costumes dos lugares por onde passam – e eles são bem recebidos por todos. O nômade preserva a cultura, ele não é um estranho, ou estrangeiro; já o andarilho não se preocupa em preservar nada além de sua própria vida, sua liberdade. Quando Roux diz: "Não é fácil ser diferente", o que a gente pode entender é: "Não é fácil não ter raízes". E não é mesmo, porque nos enraizamos sempre dentro do contexto em que vivemos; isso é da natureza humana. Estamos sempre reproduzindo os primeiros movimentos que vão construindo nossa identidade. Estamos sempre nos identificando com pessoas ou propostas que fazem sentido para nós – isso é estar vivo.

No discurso final do padre, ele fala que bondade é aceitar, criar, incluir – e isso é válido não só no nível social no sentido de aceitar os outros e incluir os diferentes, mas é principalmente válido no sentido de incluir todos os nossos aspectos pessoais, os bons e os maus. O que é desenvolvimento e saúde mental senão a capacidade de integrar dentro de nós todos os nossos aspectos pessoais, os desejados e os indesejáveis – enquanto ficarmos projetando a cobiça nos outros, ou a inveja, ou a intolerância, nunca vamos reconhecê-las em nós mesmos e não vamos poder lidar com elas. Se integramos e reconhecemos tudo que a gente não gosta, mas *tem*, aí poderemos agir e viver mais saudavelmente.

Vianne usava a diferença como um triunfo; essa era sua defesa. Ela era realmente diferente, mas a sua postura arrogante e provocativa (sapatos vermelhos, não ir à igreja) e a necessidade de se colocar como alguém superior, aumentava os obstáculos entre ela e a cidade. Como andarilha, e para justificar seus valores pessoais, ela precisava provar que não precisava de ninguém. Esse foi seu engano. Precisamos do outro até para avaliarmos o quão bons nós somos. Quando ela possibilita a aproximação do menino com sua avó, ela possibilita muita satisfação aos dois e a ela própria; poder descobrir e exercitar esses recursos de aproximar as pessoas, destruir barreiras, tornar os outros mais felizes e seguros a tornavam muito feliz. Mas o conde também se sentia feliz zelando pela cidade e a protegendo a seu modo. Cada um desenvolvendo seus recursos e descobrindo formas de gratificação na vivência com os demais.

E um modificando o outro, sempre. Na psicanálise houve um momento, bem no início, em que se achava que o analista deveria se cuidar para não ser influenciado pelo paciente; você tinha de olhar o paciente de longe. Não durou muito essa versão; logo se descobriu que você fatalmente participa com seu paciente de uma relação da qual saem ambos modificados; e é a permanente observação de como isso acontece a nossa tarefa mais importante, no consultório e na vida.

O filme começa com o vento assustador e termina com a tranquilidade do canguru saltando e indo embora, já não mais doente, nem com a perna quebrada, podendo seguir seu caminho livremente, percorrer o seu próprio espaço (o canguru com a perna quebrada é a imagem criada pela filha e que representava ela mesma, a menina presa, amarrada pela mãe a um esquema de vida que ela não suportava). Agora o espaço já está organizado, não existe mais o caos – até então as energias estavam completamente caóticas; este é o tema da organização do espaço e da adequação de cada um dentro do espaço externo por meio da organização e estabilidade do mundo interno. Chegou o vento sul; chegou o novo sentido, a nova direção.

Foram dois os momentos catastróficos marcantes: a quebra da urna funerária e o descontrole do conde na vitrine de chocolates. As mudanças vinham se preparando e esses são os momentos de eclosão. Veja que não se trata da luta entre o bem e o mal – todos são relativamente bons, bem-intencionados; o *mal* é o desorganizado, o caótico e ele é fruto do medo e da ignorância. É fruto, portanto, de nossas limitações humanas.

Penso que essa é a mensagem fundamental do filme que nos convida a pensar as diferenças e a incluir o desconhecido como alguma coisa a ser conhecida e não a ser rejeitada.

34. *Crepúsculo*[1]

Este filme, como o livro, ou os livros desta série, fizeram grande sucesso. Jovens, crianças, velhos, enfim, pessoas de todas as idades leram esses massudos livros e viram os filmes com enorme interesse.

É uma história envolvendo vampiros. O interesse pelos vampiros não é novo; há muitos outros filmes e livros com esse tema. E isso há séculos. Não sei quem escreveu a primeira versão do conde Drácula, nem quando, mas sei que é muito antiga essa ideia do vampiro. Nas primeiras versões, o vampiro passava o dia dentro do caixão e só podia sair à noite porque a luz do dia era uma ameaça para ele. Neste filme é diferente: não só eles circulam de dia como usufruem do conforto moderno e das atividades normais dos homens. Está havendo uma evolução ou uma readaptação dessa ideia do vampiro. Até a imortalidade dos vampiros está sendo questionada. O que se mantém é a característica de poderem transformar seres humanos em vampiros ao sugarem seu sangue.

---

[1] Hardwicke, C. (Diretora). (2008). *Twilight* [Filme]. Summit Entertainment, Temple Hill.

Por que esse interesse pelo vampiro? Ou, por que esse tema nos mobiliza tanto? Já vou adiantando que não vou comentar o filme, exatamente, mas vou usá-lo para falar das características humanas, dos sonhos e fantasias de todos nós. Minha primeira reação foi achar que o filme e os livros estavam chamando atenção *não* pelo fato de ter vampiros como personagens, mas pelos aspectos românticos do filme e a eterna luta entre mocinhos e bandidos. Existem de fato os dois temas, romance e vampiro, mas penso que a receita de sucesso está em um aspecto muito atual e inquietante de nossa cultura, que é a excessiva sensorialidade e a fuga da subjetividade.

Vejamos em primeiro lugar a figura do vampiro. Quais são as características do vampiro? Ele é imortal, esta é a mais importante. Ele não precisa lutar as nossas lutas para sobreviver: aparece e desaparece de onde está quando quer; sabe o que acontece em qualquer lugar, não tem dilemas, não tem um corpo como o nosso, que tanto trabalho nos dá; é forte, veloz, não envelhece, não tem de se cuidar para não se ferir, ou adoecer, ou morrer. Tem a pele fria, não come, não bebe; não se expõe ao sol; pode prever o futuro e pode ler as mentes dos humanos. Também não tem vínculos significativos: ele é só, não precisa de ninguém e ninguém precisa dele, nem conta com ele. Por outro lado, ele tem tudo o que quer, é dominador, controlador, e só pensa em si. Neste filme, como em outros filmes mais antigos, os vampiros vivem em uma comunidade e eles brigam e disputam entre si como nós. E isso mostra como é difícil pensar em um ser diferente do que nós somos. Mesmo nesses filmes sobre o mundo futuro e sobre outros planetas, os personagens não são nada diferentes de nós, tanto nos sentimentos como nas competições e nos objetivos.

Voltando às características do vampiro: ele não sente frustração, culpa, responsabilidade. Ele não tem de lutar como nós para ter o que quer. Ele não tem objetivos para serem valorizados ou para se sentir gratificado quando consegue realizá-los ou tristeza quando não consegue. Portanto, o vampiro não tem sentimentos como nós.

Também não tem projetos. Tudo para ele já está estabelecido. Ele não tem porque lutar, com que sonhar. Ele não tem de se *realizar* como nós, os humanos.

O ser humano é *livre e indeterminado*, nas palavras do psicanalista Hélio Pellegrino. Nascemos livres e indeterminados. Temos de nos construir, lutar para sobreviver. A única coisa determinada para nós é a morte. Sabemos que vamos morrer; esse é nosso destino e vivemos lutando com o tempo e contra o tempo.

O vampiro não tem essa preocupação, não tem essa briga, ele sabe que é eterno. E não tem de se determinar, se definir, se realizar. Ele está pronto!

Será que o vampiro se localiza entre Deus e o homem? Não, o vampiro se localiza entre o animal e o homem. Algumas de suas características podem nos confundir, como a eternidade do vampiro que parece igual à da divindade. Na verdade, o vampiro é eterno como os animais que são imortais, na medida em que eles vivem para preservar a espécie e não para se realizarem.

O vampiro não vive a luta entre amor e ódio, entre vida e morte, entre força e fragilidade, entre potência e impotência. Ele não sofre. Já o homem luta para preservar vínculos porque vive em função dos vínculos com pessoas, com o trabalho, com o grupo social a que pertence; vivemos vinculados com nossos projetos e sonhos. O vampiro não tem o que preservar.

O vampiro também não tem história. Ele já teve uma família, um grupo social a que pertencia, como todos nós, mas isso já ocorreu há muito tempo e não tem mais sentido para ele; o vampiro do filme tem cento e poucos anos, mas outros têm já duzentos ou mil anos, isso não importa mais, nem o que ocorreu antes com eles.

Esse desvinculamento é, sem dúvida, o mais importante a ser considerado nessa criação fantástica da mente humana.

Então agora podemos pensar como a mente humana criou o vampiro. Vamos pensar no bebê, no recém-nascido que nasce chorando, reclamando e necessitando urgentemente de cuidados, de proteção e de alimento. Quando desesperado, o bebê acredita que está sendo atacado, e que querem matá-lo. Segundo a psicanalista Melanie Klein, a existência do outro é sentida imediatamente, seja quando a criança se sente mal, seja quando se sente bem, alimentada, com conforto. Se ela se sente bem, o outro é bom e a está protegendo, caso se sinta mal, o outro a está matando. Então, na menor falta a criança odeia sua necessidade do outro e gostaria de não precisar do seio para alimentá-la; gostaria de ser o seio, de bastar a si mesma. A alimentação e a relação com o seio nutridor é nosso primeiro contato com o mundo, com a vida. A oralidade do vampiro tem a ver com essa nossa primeira fase de vida, em que sugamos com prazer ou mordemos com raiva o seio que frustra.

Tanto o vampiro como o lobisomem expressam muitos de nossos desejos. Ao nascer, somos de uma impotência total, o ser humano mais fraco do que os outros animais, e essa impotência é assustadora. O jeito de nos livrar desse sentimento insuportável de impotência é nos imaginar poderosos, onipotentes, capazes de conseguir tudo, com muita força, poderes absolutos. Não é assim o super-homem? Ele pode voar, tem uma força ilimitada, vê tudo, percebe tudo a distância etc. Esse desejo de poder nasce conosco, nas nossas fantasias. Então o que são as fantasias senão a expressão de nossos impulsos: se queremos ser fortes e autossuficientes nos imaginamos assim; se estamos com ódio e queremos eliminar o inimigo, nós o matamos em nossa mente. Vivemos amor e ódio todo tempo, na realidade e em fantasia. A fantasia é a expressão mental de uma força interna, de uma energia que vem de dentro e que comparece na mente como algo bom ou como algo ruim.

O mundo para o recém-nascido é o seio: se o seio está presente, ele se sente amado; se o seio está ausente ele se sente abandonado. É esse sentimento de abandono que mais nos assusta porque estamos então ameaçados de morte. A grande ameaça é sempre a morte, por isso o que mais desejamos é nos livrar dessa ameaça. Mas como? Acreditando que podemos ser eternos, como o vampiro! E não é só. Com ódio do seio e da fome, a criança sonha em não precisar de alimento. Sonha também não precisar de ninguém, em não sofrer com as faltas, em não depender de nada, em não ter de se cuidar para não se machucar, para não sentir qualquer dor física ou psíquica. O vampiro é assim! Então o vampiro é a expressão de nossos desejos.

A jovem encantada com Edward vê nele o namorado perfeito: o jovem apaixonado que está sempre presente para protegê-la de qualquer perigo, que a leva aos lugares fantásticos como num sonho maravilhoso e que quer só estar com ela e só pensa nela. Todos gostaríamos de ser amados assim.

Criamos o vampiro com esses dons: podemos dizer que ele é *afortunado*: é eterno, tem muitos poderes, se transforma com facilidade; não perde em suas disputas, aparece e desaparece quando quer, lê a mente dos outros e, portanto, sabe o que o outro pensa e se antecipa aos fatos; também não precisa lutar para sobreviver, não fica doente, não envelhece. Tem tudo traçado e é completo.

Esse ser com esses recursos é o sonho do bebê, ou dos bebês de qualquer idade. E das jovens sonhadoras também.

Mas podemos dizer também que o vampiro é um *infeliz*; ele não tem objetivos, não tem de se esforçar para nada, não tem projetos, não depende de ninguém e não espera nada de ninguém. Os outros não têm nada para lhe oferecer, a não ser seu sangue, que se ele suga, e então perde a pessoa, porque ela morre. Não tem vínculos, não tem o que realizar, está pronto para sempre. Podemos dizer, então, que ele é um *condenado*. A cara triste do nosso vampiro diz isso. Tem todos esses poderes, mas não tem escolhas. Tem vida própria e não tem vida nenhuma. Tem muita força, mas é extremamente frágil, determinado. Diferente de nós, que nascemos indeterminados e vivemos nos buscando.

Nós desfrutamos de recursos que o vampiro não tem: o prazer da comida, o prazer de sonhar, de fazer projetos, o prazer dos vínculos, dos relacionamentos, o prazer de estar sempre nos descobrindo, sempre criando, sempre nos superando. Nascemos indeterminados, estamos o tempo todo tentando nos encontrar. Essa é a vida. Esse é o encanto da vida.

Só que estes vampiros do filme trazem umas novidades; vocês viram como ele ficou assustado quando viu a moça, por quê? Porque ela o tocou de forma inesperada, desconhecida, de uma forma nova. Ela mobilizou seus sentimentos; esse é o perigo que qualquer vampiro corre: ter sentimentos. Isso não faz parte de suas vidas, de sua natureza. Quando ela o tocou, criou um sério problema para ele, porque sua natureza de vampiro ficou alterada. Ela fez se instalarem nele aspectos completamente abandonados, antigos, de quando ele era gente. Ela fez reaparecer nele a vida, uma vida com que ele não tinha mais contato. No filme, o drama não é da jovem; o drama é do vampiro. O cheiro da jovem, que eles mencionam, é o cheiro humano, de vida, de um ser vivo. Não é só ele, o Edward, que é diferente nesse filme, os outros, do seu grupo, também: não sugam os humanos, vivem bem com as pessoas e até ajudam os outros. O chefe deles é médico e atua na comunidade. Mesmo os lobisomens, do outro filme, também estão diferentes; eles protegem a comunidade. E curiosamente o vampiro não é feliz; apesar de todos os seus poderes eles não são felizes. E também não se sentem superiores! Eles parecem reprimidos, contidos, ameaçados. Só os vampiros do outro grupo é que não são assim, são muito violentos e representam uma ameaça para todos.

Vejam: existe então o grupo que é só instinto e outro grupo em que se pensa, discrimina, escolhe. O grupo do Edward é o segundo grupo, daí a preocupação deles em protegerem os humanos, porque eles escolheram a contenção. O Edward e o seu grupo estão em outro nível: eles reprimem, se contêm, fazem grande esforço para não matarem as pessoas etc. Logo, estão mais próximos dos homens do que os outros.

Neste filme, os vampiros viram heróis e os lobisomens querem proteger os humanos. Também querem retornar à condição humana ou estão muito preocupados com os humanos. O que é isso? Essa é uma questão que eu penso estar relacionada ao mundo atual, ao mundo em que estamos vivendo. É uma metáfora sobre nossa cultura, em que temos realmente muitos vampiros e lobisomens que precisamos identificar, dentro e fora de nós.

A renúncia instintiva sempre nos deixa orgulhosos, satisfeitos: quando não comemos tudo o que temos vontade, quando não brigamos, não roubamos, não matamos. Esses vampiros também, como nós, tentam superar a sensorialidade e a impulsividade (vão à escola para aprender). Estão lutando para integrar os nossos dois aspectos básicos: o sensorial e o espiritual ou intelectual. E o filme chama nossa atenção para o perigo do domínio sensorial, da necessidade de satisfação imediata de nossos impulsos e desejos. Como os animais, os vampiros violentos do filme repetem padrões conhecidos sem pensar, sem avaliar o que estão fazendo. E sem ter nenhuma consideração pelo outro.

No filme, é o vampiro que se questiona – o filme parece querer que nós também nos questionemos sobre nossas vidas, nossos valores. O filme inverte a situação. Na verdade, esses problemas são muito humanos, nós é que não queremos perceber. Se prestarmos atenção a muitos jovens de hoje, vemos que eles tentam, arrogantemente, eliminar seus vínculos familiares; não se interessam pela tradição da família a que pertencem e desprezam mesmo toda sua história. Eles ficam felizes de pertencer à sua tribo, ao seu grupo do momento. E não têm projetos! Desprezam os projetos futuros, viram as costas para isso. Fazem exatamente como os vampiros: sem passado, sem futuro, só interessa o presente!

O vampiro nos é familiar, principalmente para as crianças que estão ainda elaborando suas defesas e lutando muito com suas fantasias agressivas; as crianças estão muito perto ainda daquela fase, a oral, em que éramos só boca e sucção, em que éramos vampiros. Estão mais próximos do mundo da força física, do poder físico, da necessidade de gratificação imediata. Eles ainda estão elaborando os processos de construção de valores significativos em que a subjetividade, os recursos pessoais internos, os vínculos e a força moral é que importam.

Então o filme traz esse confronto como uma metáfora para festejarmos a vida. A ideia do vampiro é uma forma de valorização da vida, do humano. O filme mostra isso: quem ama ou odeia, quem tem de passar pelo sofrimento, suportar o sofrimento físico ou psíquico, está vivo. O filme mostra como os vínculos são importantes, como os sentimentos são importantes, como a morte é um perigo constante, não a morte física, mas a morte das coisas boas dentro de nós. O grande perigo é a morte dos bons sentimentos, e isso o filme mostra bem, principalmente quando apresenta o grupo dos vampiros assassinos. O Edward tinha perdido os sentimentos, eles estavam mortos dentro dele, e reaparecem ao vê-la.

A jovem que sabe o que quer, que sabe de seu sentimento de amor, que escolhe ficar com ele, é absolutamente humana. Ela valoriza o ser humano sendo como ela é e coloca o questionamento para todos nós: quais são nossos reais valores e o que dá sentido à vida? Vejam: vivemos cuidando de nós mesmos e de nossas relações, mas estamos sempre tentados pelos poderes do vampiro, pelo narcisismo, que nos faz desconsiderar o outro e nos faz pensar unicamente em nós mesmos. Vivemos tentados pelo desejo de ser eternos e de não ter de enfrentar dificuldades, principalmente de não precisar de ninguém; tentados pelo desejo de não ter de reprimir nossos impulsos. Chegamos muitas vezes a acreditar que isso é bom.

Os vínculos trazem sofrimento; é a necessidade do outro o que mais nos frustra. E no filme isso está muito claro: não só ela necessita dele ou de outro homem para amar, como ele necessita dela e não pode mais viver longe ou desligado dela. O vampiro nele se enfraqueceu quando o humano voltou a comparecer. O humano é a preocupação com ela, o sentimento de falta, o desejo de estar junto, de usufruir da companhia dela. Mas é principalmente a necessidade de se controlar, de se conter, de ter de pensar para agir, que o aproxima do humano.

O filme mostra a força do humano, e não o contrário. Aliás, todas as nossas criações mentais são próprias de nossa natureza; o bom é poder usufruir o máximo de nossa natureza, até para sonhar com o que não existe.

A jovem está totalmente disponível para viver seus sentimentos, já ele, o vampiro, não sabe o que fazer com eles. Todos os seres humanos do filme vivem dramas, sofrimentos, mas sabem que é assim, e suportam a vida. Os conflitos maiores são os dos vampiros que não sabem nem o que fazer com seus poderes.

Vejo o filme como uma lição de vida. Só podemos criar personagens que expressam nossos desejos e expõem nossos aspectos agressivos e destrutivos internos; somos bons e maus, capazes de agregar e de desagregar, capazes de construir e de destruir. Mas principalmente capazes de ter consciência de nossos atos e de poder escolher.

Observem e verão que o mundo é assim, sempre foi assim, um mundo de seres humanos, de lutadores incansáveis, valentes, heroicos, apaixonados e muitas vezes desesperados. Vivemos lutando com esses dois aspectos internos que nos são inerentes: amor e ódio. E até os personagens que inventamos têm essas características, e nem podia ser diferente!

35. *Dogville*[1]

Uma característica marcante da construção da narrativa é a recorrência ao exagero e às configurações extremadas, embora o desenvolvimento seja linear, sem dificuldades de ser acompanhado. Por exemplo: o filme nos apresenta duas comunidades opostas, de um lado Dogville, uma comunidade inexpressiva, pacata e escondida, e do outro, os mafiosos, com sua exibição de poder, de força e de determinação. A docilidade da jovem é tão exagerada como o castigo que a sociedade lhe impõe: coleira, correntes, roda pesada para arrastar. São todos aspectos simbólicos bem escolhidos que chocam e que marcam. O filme fala, basicamente, da marginalidade, do que precisa ficar à margem, sejam grupos, sentimentos ou conhecimento.

Outro aspecto significativo é o cenário teatral. Essa particularidade de apresentação, a forma de expor o tema, já nos remete ao conteúdo: o mundo interno das pessoas. As paredes não existem,

---

1 Von Trier, L. (Diretor). (2003). *Dogville* [Filme]. Lions Gate Home Entertainment.

a vegetação não existe, até o cão, o Moisés, não existe, a não ser nos latidos ouvidos ao longe, ou então no final, quando ele aparece para significar a mensagem do filme: os aspectos internos assustadores.

Veja bem, a cidade tem o nome de cão, o cão é a personagem que abre o cenário (embora não apareça, só é mencionado), e ela, Grace, mostra, no final, que entende bem o cão, o único sobrevivente, e justifica a fúria dele para com ela (na verdade, representando a fúria da cidade contra ela – *eu lhe roubei o osso*, diz ela ao cão, ou, roubei a tranquilidade da cidade, ou, o alimento que a mantinha viva como a ilusão de que todos eram tranquilos e pacatos).

Então, se não existem paredes, jardins e objetos bem definidos, mas um vazio onde a trama se desenrola, isso significa que o mundo interno não é tão particular assim, e nem tão protegido; são vivências comuns a todos nós que serão expostas nesse cenário tão estranho e ao mesmo tempo tão facilmente identificado e de fácil circulação.

Tom é um jovem ambicioso e pretende ser um grande pesquisador das características humanas, sonha em ser um grande escritor. Enquanto isso não ocorre, ele quer fazer o *rearmamento moral* de sua comunidade; ele é o *minerador de almas*. E parte de uma proposta, que é a de desenvolver ou compreender a capacidade humana de *aceitação*. A comunidade, ao resistir em aceitar a jovem, intuitivamente está sabendo que não é ela que será testada durante as duas semanas, mas sim eles, que se revelarão para si próprios e para os outros.

Então, o cão foi o primeiro a entrar em contato com ela e não latiu! A questão já está proposta: o cão latia quando havia alguma pessoa estranha por perto, ou um lobo; mas não latiu, só rosnou quando ela apareceu, o que significa que ela não era uma estranha; de certo modo ela era muito conhecida, como são muito conhecidos os nossos sentimentos, embora não tenhamos sempre contato direto com eles ou não nos damos conta da sua existência.

E a narrativa vai se desenvolvendo com os moradores de Dogville manipulando Grace o tempo todo; aparentemente ela não tem escolha, eles fazem o que querem dela.

Eles vão apresentando mudanças nas atitudes para com a moça e nós vamos nos convencendo de que Grace não é a responsável pelas mudanças; cada um reage a ela do jeito que é; aspectos diferentes de cada um vão aparecendo, maneiras de ser e de agir que nem mesmo eles suspeitavam ter. As exigências para com ela, suas cobranças, não têm o significado de se proteger dos perigos externos, dos gângsters que viviam mandando mensagens ou prometendo recompensas; não é o externo que os tornam mais desconfiados, mais duros, mais exploradores, ou mais cruéis. O fato de a polícia estar atrás dela e ela não poder fugir era um pretexto para eles endurecerem, ou irem expondo sua própria crueldade, já que quanto mais indefesa, mais eles podiam abusar dela impunemente.

O título do sexto capítulo é: "Dogville mostra os dentes!". Passam a ser tão cruéis que ela precisa fugir. Mas não consegue. E eles se tornam piores ainda; a prendem com coleira, como se ela fosse um animal perigoso, e a maltratam mais e mais. Onde está o perigo? Essa é a pergunta que paira o todo o tempo.

Os gângsters são convocados para que a comunidade se livre dela e para ganharem a recompensa em dinheiro.

Ela foi, na verdade, um grande mal para a cidade porque permitiu que as pessoas se revelassem com todas as suas mazelas. Ela tomará conhecimento disso e vai assumir seu papel. Vamos ver como.

Essa sua postura diante da vida é o que o pai afirma ser *arrogante*. Ele mostra, no diálogo com ela, como é absurdo ela pretender provar que as pessoas não têm recursos para aprender ou para se desenvolver. Ele mostra como ela, ao não julgar as pessoas, está na verdade com pena delas, como se elas só merecessem piedade. "Até os cães podem superar sua natureza; nós os ensinamos e eles aprendem. Todos têm de responder pelos seus atos, e você não deixa isso ocorrer, você não lhes dá chance. Você os perdoa sempre e se coloca como a única que aguenta tudo. Esta é tua arrogância".

O pai, o gângster, faz um jogo aberto: aquele que ele julga perigoso ou que o contraria, ele elimina. Ele expõe o tempo todo sua voracidade, sua pretensão e seus objetivos. As pessoas sabem o que ele quer, e a que ele veio. Ela não faz um jogo aberto: colocando-se como vulnerável e generosa, ela os deixa ser tudo e não impõe limites. Ora, o limite é absolutamente necessário sempre. Então vejamos:

A criança precisa de limites – os pais sabem disso, os educadores também. Sem os limites a criança fica totalmente perdida, sem qualquer noção da realidade externa e das suas próprias condições. Isso aparece bem no filme quando o menino insiste em ser castigado por ela; só assim ele poderá saber o que é certo e errado e só assim ele aprende a se conter e não precisa carregar uma culpa imensa que ele nem sabe direito porque sente. Mas se ninguém reage, ele fica sem parâmetros, perdido. Vocês se lembram daquela criança que se vestiu de Batman e se jogou do alto da janela – não encontrou o limite físico (janela) e não encontrou o limite psíquico (o conhecimento). E as crianças que carregam armas até nas escolas, que ferem e matam outras crianças sem qualquer noção do que ocorre; elas não lidam com os limites.

Também as leis, é para isso que elas existem.

Se existem a lei e os defensores das leis, é porque sentimos necessidade das restrições. Poderíamos dizer que a lei é uma criação que bloqueia a natureza dos homens. A voracidade, o desejo de poder e de controle, a vontade de não ter restrições na satisfação dos nossos desejos, o buscar a satisfação a todo custo, todas essas características fazem parte de nós.

Mas ao tentar nos conter no nível pessoal, o fazemos na certeza de que a capacidade de se conter traz sempre uma gratificação maior do que quando extrapolamos. Um exemplo simples disso todos nós conhecemos, é quanto à alimentação – comer é bom, mas resistir à comida traz, sem dúvida, uma satisfação muito maior. Não ficamos muito satisfeitos conosco quando comemos muito, tudo que temos vontade, mas sim quando somos capazes de não comer demais.

Então, o pai diz a ela (em outras palavras): você não julga, deixa o outro sem parâmetros e, pior, você considera o outro totalmente incapaz de reagir, de aprender, de melhorar. Se você não oferece resistência é porque não acredita que o outro vá aguentar. Na verdade, o outro está sendo totalmente desprezado por você. E mais, você é a única capaz de aguentar tudo e só você aprende, só você suporta frustrações, essa é a grande pretensão, a grande arrogância.

Quando você não mostra ao outro que ele não está correto, você está dizendo que ele é um incompetente; estamos desconsiderando o outro; é como se disséssemos "não adianta, esse não tem jeito". Isso é desprezo, é desconsideração; é a pior das violências.

Se ela, com sua experiência, seus conhecimentos e sua inteligência tivesse ensinado essa gente a pensar, tudo poderia ter sido diferente. E como ela faria isso? Simplesmente contestando! Ela nunca contestou nada; sempre se submeteu como se fosse totalmente generosa, boa, gentil. E isso é falso porque generosidade é oferecer, não submissão ou serviços, mas recursos para o outro refletir, aprender. A verdadeira colaboração possibilita o desenvolvimento interno, a capacidade de pensar do próximo. Quando você corrige uma criança, você mostra a ela que errou e mostra as consequências. É assim que a criança desenvolve a percepção de si, do outro, do mundo que a rodeia.

A necessidade fundamental que temos do outro é exatamente para isso: aprender de nós mesmos. O outro não está para ser explorado, ou para me explorar, mas para me definir, para me oferecer com clareza a minha própria dimensão.

Se você não faz isso, não se oferece como obstáculo para a voracidade do outro, para a crueldade do outro, você está sendo igualmente cruel. Está negando a ele uma oportunidade de crescer, de aprender, de experimentar o novo e de se reformular. Enquanto esteve com a comunidade, sofrendo as pressões todas, Grace foi, para com eles, mais cruel que os gângsters que os mataram a tiros: ela colaborou para matarem, dentro deles, o senso crítico, a generosidade, o respeito pelo outro, o sentimento de humanidade em cada uma daquelas pessoas.

Psicanaliticamente, podemos dizer, segundo Bion (1967/1988), que Grace não aprendia com a experiência emocional, que ela não prestava atenção a ninguém, que ela alucinava. Alucinar, para Bion, é isso: você cria algumas ideias, constrói uma imagem do outro e passa a acreditar que isso que você criou, ou isso que você acha é a realidade, é a verdade. Grace não tentou conhecer os recursos dos moradores, ela partiu de uma ideia já concebida deles. E com sua alucinação levava os outros à loucura.

E se formos continuar na visão psicanalítica, podemos dizer que ela vivia um grande drama edípico; ou melhor, que ela não vivia ou nunca viveu o Édipo, mas sempre fugiu dessa vivência quando, ao invés de disputar o pai com a mãe, ela já tinha certeza de que a mãe perderia o pai para ela, de que a mãe seria derrotada por ela. Ela transfere essa *mãe indefesa e incompetente* para todas as pessoas ao seu redor. Para nunca se defrontar com seus limites, para nunca se ver como é na realidade, uma criança em desenvolvimento, ela garante que é uma supermulher, imbatível.

Estamos vendo então que o vértice da sexualidade ou da repressão da sexualidade continua como em Freud, só que com outras características, agora ampliadas pelas descobertas pós-Freud como as de Klein e Bion, ela não reprime a sexualidade, mas o conhecimento ou o reconhecimento da verdade. Ela nega seus próprios limites e nega os recursos dos outros ou seu desconhecimento sobre os recursos dos outros. Assumindo uma postura onipotente, ela própria não se vê como é, mas se considera a dona da verdade, sem limites, portanto. É próprio da condição humana ter de estar sempre atentos para saber o que se passa, qual a verdade do momento, já que o que nós achamos são sempre hipóteses para serem verificadas e não verdades para serem afirmadas.

Em um momento, Tom sugere que ela mostre, na reunião da comunidade, os defeitos das pessoas; sugere que ela exponha o que achava deles. E isso foi pior, porque ela de novo se colocou arrogantemente como alguém que avalia e julga, mas como alguém de fora; como o intelectual ou o cientista que faz avaliações e expõe seus resultados. Ela ali o fez arrogantemente! Não era esse o caminho, porque falar *depois* é fácil e, no caso, foi inoportuno. O importante é mostrar na vivência, quando está acontecendo e você está ali participando. É construir junto a experiência. Como na análise.

Na análise temos duas pessoas vivendo uma experiência e aprendendo juntos o que está ocorrendo, os sentimentos, os temores, as fantasias que estão sendo mobilizadas, aqui, agora. Não é mais como Freud fazia bem no começo, em que ele contava para o paciente como ele era e porque foi ficando doente, e ele próprio ficava de fora como um observador cuidadoso para não se comprometer. Estamos mais instrumentados hoje para trabalharmos com a contratransferência e com a identificação projetiva, o que significa que as emoções do analista também são importantes, ali na sessão, para chegar ao conhecimento da experiência emocional que está sendo vivida.

No filme, temos alguns questionamentos sobre a história das religiões, que aqui não nos interessa entrar, mas nos alertam para características humanas importantes. O cão se chama Moisés, as frutas da região são maçãs etc. parece que o diretor está falando da generosidade que encobre uma grande violência, ou do grande empreendedor que não pode ser contrariado. A história, a exemplo da Bíblia, mostra como atitudes pacíficas podem estar encobrindo muita violência. *Porque a violência é do ser humano.* Não se trata de eliminá-la, mas de administrá-la. Como eu li em algum lugar: a violência é um legado da natureza ao ser humano, mas não é o único, já que a natureza nos legou a capacidade de acolhimento, de tolerância, de participação e tantos outros recursos.

Relacionado a isso, o filme nos apresenta no final alguns *flashs* chocantes: são pessoas miseráveis, extremamente pobres, abandonadas, marginalizadas. E as perguntas que podemos nos colocar são: elas não se ajudam ou não são ajudadas? Quando não oferecem oposição e aceitam uma situação tão terrível, quem ou o que os está massacrando? São eles que não confiam em si ou somos nós que não confiamos neles ou os desprezamos? De quem eles são vítimas? Existiria uma destrutividade interna muito grande sendo alimentada pela destrutividade externa? A falta de vitalidade nesses quadros expõe a violência externa ou interna? Ou ambas?

Numa reportagem de jornal recente, estudiosos das questões sociais falavam da tendência atual a uma insensibilidade diante da violência que é absorvida passivamente e, no lugar de despertar indignação, gera apatia. Essa é uma questão séria, porque a indignação está a serviço do instinto de vida e se orienta a oferecer resistência às ameaças destrutivas contra a vida, como diz Eduardo

Montagne. Quando você nega sua revolta e seu temor da violência que ocorre ao seu redor e se torna indiferente, o que estará acontecendo? Estaríamos fugindo de viver o ódio, de sentir o ódio? Mas se não se vive a experiência do ódio também não se vive a experiência do amor, de confiança, de esperança. Será que o medo de ter sentimentos intensos não estaria levando as pessoas a matá-los dentro de si para não serem experimentados?

Só que assim já estamos exercendo uma grande e terrível violência, na medida em que estamos matando dentro de nós o que temos de mais precioso, que é a nossa capacidade de sonhar, de criar, de participar.

O mais chocante no filme é, a meu ver, o símbolo: o cachorro feroz. Ele dá nome à cidade, ele é o único sobrevivente. Temos todos um Moisés dentro de nós? No filme o cão não morre e fica a questão: Grace deixou Dogville? Ou Dogville deixou Grace? Ou dito de outra maneira: nós deixamos o cão feroz? Ou ele nos deixa? Proponho conversamos sobre isso.

Referência

Bion, W. (1988). *Estudos psicanalíticos revisados: second thoughts* (W. M. M. Dantas Trad.). Imago (Trabalho original publicado em 1967)

36. *Efeito borboleta*[1]

O filme é, de imediato, desconcertante: muita violência, muitas versões, muitas contradições. Parece que o diretor quis nos confundir, nos deixar atônitos. Mas passado o impacto, vamos ver que o filme é de uma realidade chocante. Não precisa ser psicanalista para identificar aspectos nossos, de cada um, nos diferentes momentos e em cada episódio.

Não concordo com a sinopse do filme, segundo a qual Evan luta para esquecer fatos de sua vida, da infância e decide fazer uma regressão: volta a seu corpo de criança tentando alterar seu próprio passado. Essas situações até aparecem no filme: ele se submetendo à hipnose, ele criança etc. Mas essas são cenas, que, como todas as outras, representam fragmentos que foram remontados para a composição das narrativas; e tanto não representam fatos vividos que elas mudam de sentido em cada remontagem das situações. Penso que não é por aí. Não são os fatos que importam, mas os

---

1 Bress, E., & Gruber, J. M. (Diretores). (2004). *The Butterfly Effect* [Filme]. BenderSpink, FilmEngine, Katalyst Films.

sentimentos vividos. E são muitos os sentimentos: a cada mudança dos sentimentos ocorre uma mudança no episódio narrado. Evan não quer mudar o passado, ele quer se conhecer, se entender.

O recurso usado no filme – falta de memória ou falhas de memória – expressa uma busca, a busca do Evan para se conhecer. Não é nem para saber quem ele foi, mas para saber quem ele é. Colocar como recordações ou memórias é extremamente engenhoso porque nos lembra nossa busca para lembrar dos sonhos. O filme fala de sonhos e desejos, sonhos diurnos e noturnos. Os sonhos são sempre fenômenos magníficos, um recurso de nossas mentes humanas para viver tudo: medos, desejos, aspectos nossos contraditórios, possibilidades, impossibilidades, castigos, realizações, enfim, tudo que faz parte de nosso universo mental e que na maioria das vezes preferiríamos que não existissem. Geralmente esquecemos os sonhos ou partes deles. E basta um leve sinal, como o movimento das asas da borboleta, para sair da realidade e ir para esse outro universo, dos sonhos, dos desejos. É esta a linguagem do filme, a linguagem dos sonhos – na apresentação do filme, o movimento das asas da borboleta acompanha o tremor das letras – a virada da realidade para a imaginação é rápida, às vezes imperceptível, como um bater de asas. Então, estamos sempre à mercê de deixar nos levar pelo inconsciente, onde convivem contradições, não existe a noção de tempo ou da sequência temporal correta, não existe lógica, realidade externa e interna se sobrepõem ou se substituem em inversões desconcertantes, onde, portanto, os maiores absurdos podem ocorrer.

É nos últimos momentos do filme que vamos compreender o significado de toda a sequência narrativa: as diferentes situações e cenários do filme são expressões das fantasias e dos desejos do menino, do adolescente ou do jovem solitário, criado sozinho pela mãe, sem pai, ou tendo um pai louco a quem nunca conheceu.

O que é um pai louco para um menino? Pode bem ser o que aparece no filme: um homem que precisa ser amarrado e vigiado porque é muito violento; e ele, filho, é a vítima deste pai e é a figura mais odiada e visada pelo pai. O que isso quer dizer? Na vivência edípica, desde muito pequeno o menino quer a mãe só para si, portanto ele é o rival do pai. E a criança acredita que o pai pode não o perdoar por isso. Vejam o encontro dele com o pai – não é como nas prisões, quando o prisioneiro recebe visitas, como vemos nos filmes? O preso vem amarrado, escoltado, senta-se de um lado da mesa e as visitas, do outro lado; as outras pessoas saem da sala e acompanham tudo por um visor. *Não é assim que o doente mental é tratado!* Esse é o pai que ele tem na sua fantasia, e esse é o seu encontro fantasiado com ele, quando faz acusações violentas ao pai, ou diz a ele o que sempre desejou dizer. E a violência do pai contra ele não é senão a sua própria violência projetada no pai, no pai odiado que o abandonou! Essa é sua profunda queixa dele.

As vivências, em todas as situações, são, no seu âmago, de todos os jovens. Ora são valentes, heroicos, ora são vítimas. Ora são bandidos, ora mocinhos. Em algumas situações ele é agressivo, provocador, como com o pai de Kayleigh, um pedófilo que explora os filhos e as outras crianças. Essa é uma criação de sua mente muito significativa na medida em que o Édipo está aí de novo presente: o pai, um bêbado, quer a filha para si – um pai degenerado, perigoso, que ele enfrenta com coragem. Na verdade, está salvando sua amada do mais importante de seus rivais: o pai dela.

Mas em todo o filme, ou em todas as idades, ele está salvando sua amada, sua companheira de vida. Uma das situações mais perspicazes é quando tenta salvá-la da prostituição. Assim como todo rapaz sonha salvar a jovem linda e desamparada da prostituição, ou de ser explorada por outros homens, assim também toda jovem, de alguma maneira, sonha ser prostituta, e ser salva pelo grande amor de sua vida. Não é nada incomum os jovens sonharem que o amado morre de paixão, por eles; no filme, a Kayleigh morre por sua causa, e o irmão enciumado vem para matá-lo.

Esse aspecto do filme é da fantasia de todos os povos, de todas as épocas: há sempre uma linda donzela indefesa que precisa ser salva por um príncipe valente e apaixonado. Assim também são definidas as características masculinas e femininas nas diferentes culturas. Está mudando em nosso tempo? Vale a pergunta.

Ele enfrenta as atitudes violentas e antissociais do irmão de Kayleigh, que representa sua parte violenta e antissocial. Por outro lado, Lenny, assustado e passivo, é o representante de seus próprios aspectos frágeis. No sonho noturno é assim: os diferentes personagens representam, na maioria das vezes, aspectos nossos, ou o outro lado de nós mesmos. As mesmas situações são imaginadas cada vez de uma maneira diferente, dependendo do momento ou da emoção, dos sentimentos de Evan. Os sentimentos geram defesas, então: quando satisfeito, seguro de si, ele é um brilhante estudante, com um futuro promissor; quando infeliz, ele é um desorientado, tão louco como o pai, e solitário. Então, ora ele é uma criança assustada e submissa, ora ele é corajoso, decidido, um herói, como quando enfrenta o pai de Kayleigh ou os bandidos na prisão. O que ele mais teme é sua própria violência, que aparece muitas vezes nos amigos, nos adultos, mas que são projeções de si. Só que quando são assim instrumentados na fantasia ficam sob controle, e podem não ser exteriorizados. É assim que ocorre com artistas ou mesmo com profissionais que podem descarregar sua violência de outras maneiras que não diretamente atacando ou matando.

Tem uma frase que é fundamental: "Os sonhos não parecem sonhos". Essa é a questão crucial. Precisamos sonhar e viver os sonhos, mas precisamos acordar e saber que sonhamos. Essa é a diferença entre a pessoa sadia e a pessoa doente, e esse é um dos aspectos mais significativos a serem pesquisados pelo psicólogo quando avalia seu paciente. Tentamos verificar, sempre, entre outras coisas, se a pessoa sabe diferenciar sua fantasia da realidade, quando aquilo que ela acha é uma ideia que lhe ocorre ou se acredita em tudo que pensa. O paciente tem algum questionamento sobre o que pensa das pessoas e das situações, ou não? Sempre fazemos transformações dos fatos, mas a pessoa normal tem mais facilidade de perceber que transformou. A pessoa mais comprometida não tem essa facilidade; ela acredita que seu pensamento é a verdade e não precisa da observação, de melhor reflexão para ter certezas; ela sabe o que o outro pensa, o que o outro espera, o que está tramando etc. São as identificações projetivas, defesas importantes em algumas situações, mecanismos deformadores perigosos quando em excesso. Estas são transformações em alucinose que precisamos detectar sempre que fazemos nossas avaliações, já que perturbam toda a visão da realidade.

Voltando ao nosso herói; sua violência e seu ódio aparecem nas suas falas agressivas quando criança (com o próprio pai, ou com o pai da menina), no ataque ao irmão de Kayleigh e na prisão. Aliás, lembram que ele entra e sai da prisão como só nos sonhos, ou só na imaginação? Por outro lado, ele é também um romântico, que oferece um jantar maravilhoso, uma noite de sonhos para sua amada.

E a cada momento surge alguma frase, ou alguma observação no meio da história que nos adverte de que nada disso existe: "Os sonhos não parecem sonhos", ou quando a prostituta diz a ele: "Tem um furo nesta história". Nesse diálogo, a prostituta tenta mostrar a ele a realidade; o que na verdade é o debate entre a verdade e a fantasia dentro dele mesmo que está ocorrendo. Outra frase: "Quando você estiver desesperado, refugie-se na sua mente". É o companheiro de cela que diz isso, portanto um prisioneiro, como ele, Evan, é um prisioneiro de suas lembranças e fantasias.

Se prestarmos atenção, vamos perceber que as situações descritas têm, todas, um componente de exagero que decorre de sua conotação fantástica. Por exemplo, o que de pior poderia acontecer quando estourasse a bomba da caixa do correio? Não seria aparecerem uma jovem mãe e seu bebê e serem vítimas inocentes de um crime hediondo? É o máximo da tragédia e o máximo do heroísmo. Mas também é o máximo do castigo perder as duas mãos e antebraço. Não poderia ser mais trágico.

O final traz a chave de toda a narração: ele está atrás de um filme; é um filme doméstico que parece que a mãe filmou, e é o primeiro encontro dele com Kayleigh; foi quando ele, com 7 anos a conheceu; aí aparece o tremor, mostrando que ele tenta lembrar o que ocorreu: ele está se dirigindo a ela dizendo, com aquela voz violenta, brava de criança que imita o adulto: "Nunca mais apareça na minha vida, nunca mais chegue perto de mim, eu a odeio". Essa é a chave – nos sonhos costumamos apresentar as coisas para nós mesmos de maneira bem diferente do que ela é. São as distorções dos sonhos, que muitas vezes nos mostram o contrário, exatamente o contrário do que sentimos e queremos. O contrário aí significa: nunca mais vou esquecê-la, você permanecerá para sempre na minha vida. Nunca mais vou perdê-la. E assim aconteceu. Ela será sempre a sua companheira, em todos os momentos de sua vida; ela crescerá com ele; ela partilhará de todos os seus projetos, de todos os bons e maus momentos. Claro, na sua fantasia.

E enquanto escreve desesperado, que precisa salvar Kayleigh: "Preciso salvá-la", ele está dizendo para si mesmo que precisa salvá-la dentro dele, precisa conservá-la dentro dele como até aqui. Conservá-la viva é conservar o bom sentimento, o apęgo à vida; é preservar os sonhos, os desejos que não podem morrer. Ela sempre o ajudou a viver; sonhar com ela é ter força para continuar vivendo, enfrentando os desafios e principalmente a solidão. Salvá-la é se salvar. Salvar sua mente do desespero, da loucura. Vocês se lembram, ele sempre volta para buscá-la, sempre volta para ela. Ela é seu sentimento bom que precisa ser preservado a todo custo. A frase escrita na folha de caderno, que depois ele coloca no túmulo dela – Vou voltar para te buscar – é o que ele fará sempre, voltar para ela é voltar à vida.

Quando ele vê a jovem na multidão, Kayleigh, ou acha que pode ser ela, a moça de seus sonhos, ele está tentando se localizar, se encontrar. Todo o filme é esta busca de sua origem, de seus valores, de seus recursos, de sua identidade. Não são memórias de fatos, de acontecimentos, mas memórias em sentimentos – na expressão de Melanie Klein. Os fatos são fugidios, mas os sentimentos são vividos, fortes, e se impõem mesmo quando preferiríamos esquecer.

O filme incomoda exatamente por isto: é tão absurdo quanto verdadeiro. É verdadeiro na expressão de nossos desejos, de nossos medos e de nossas verdadeiras características. Ele procurava a si próprio todo o tempo, tentava se entender e se proteger do desespero. Ele é verdadeiro na pesquisa de si mesmo, na capacidade de viver seus melhores e seus piores sentimentos. O saudável, nesse rapaz, é que ele não negava a si mesmo seus aspectos indesejáveis, e é por isso que ele podia se superar. Essa busca de si mesmo o fez ser psicólogo, e, provavelmente, um bom psicólogo, capaz de conviver e de entender o que há de pior e de melhor no ser humano.

37. *Na natureza selvagem*[1]

"Não que ame menos o homem, mas amo mais a natureza" – esse é o tema que o jovem nos apresenta logo no início do filme, que vai então se desenvolver como a narrativa de uma história de vida.

O jovem inteligente, decidido, com ideias próprias e muita ousadia, quer construir agora sua vida de maneira totalmente independente. Ele está convencido de que foi sempre destratado e desconsiderado pelos pais, e que agora não precisa mais deles. Nem da irmã que o ama muito e se preocupa com seus projetos; parece que ela intui que ele não dará continuidade aos estudos.

De fato, ele quer fugir de todos, nascer de novo, com vida própria e até um novo nome. Quer ser livre, não quer mais nada dos pais, nem o dinheiro nem mesmo a identidade civil.

Sente-se forte, decidido a escolher e a se assumir; quer viver com o mínimo de recursos, em contato com a natureza, longe das pessoas e principalmente dos compromissos sociais de qualquer

---

1 Penn, S. (Diretor). (2007). *Into the Wild* [Filme]. Paramount Vantage, Art Linson Productions, Into the Wild, River Road Entertainment.

tipo. Coloca como objetivo ir para o Alasca, longe da civilização, das pessoas, junto à natureza. Seu sonho é ser o super andarilho.

Em todo seu percurso vemos que ele tem uma enorme capacidade de se vincular às pessoas, que confiam nele e querem muito sua companhia. O velho até quer adotá-lo como filho! Mas ele gentilmente dispensa as pessoas e continua seu percurso para chegar ao topo do mundo. A liberdade e a beleza natural o fascinavam.

Estava convencido de que não era nas relações humanas que estava a felicidade, mas na integração com a natureza. E vai seguindo na sua busca, cada vez mais distante da civilização, sozinho.

Mas a neve e depois o rio o encurralam no velho ônibus; não tendo como sair de onde estava e faminto, acaba se envenenando com as plantas da região. Aguarda a morte dentro do ônibus abandonado, aprisionado pela natureza. Mas não antes de rever sua vida e concluir que sempre esteve enganado, porque *a felicidade só é verdadeira quando compartilhada* (frase que escreve em seu diário antes de morrer).

Então vejamos: ele se sentia profundamente lesado pelos pais que viviam brigando, que o enganaram, porque não eram casados e não mereciam nenhuma consideração dos filhos "bastardos", como ele se dizia.

Ele passou sua vida precisando se provar superior aos pais, em todos os aspectos. Em nenhum momento ele conseguiu ver os pais como pessoas sofridas, envolvidas por suas dificuldades. Uma questão central do complexo de Édipo é o desejo de eliminar o pai para ocupar o seu lugar. Então, ao transformar o pai, ou os pais, em pessoas que não merecem sua consideração, que podem ser descartados, ele está matando ambos dentro dele. Um filho pode sair de casa, viajar, morar longe e manter um bom vínculo com a família; pode manter contato, fazê-los saber de sua vida e se interessar pelos que ficaram. Não precisa eliminar a família de sua vida. Ele fez isso porque precisava matar os pais, ou a importância deles. Ele fez outra parceria, criou vínculo com a natureza ou com a natureza idealizada, a natureza mãe, acolhedora, provedora, magnífica, perfeita. Substituta dos pais, a natureza representava, para ele, os pais ideais: tudo fornece e nada cobra, nada exige, não limita e está toda disponível, sempre, para ser usufruída.

Antes de prosseguir eu faço aqui um parêntese – falando da natureza, estamos falando de algo distante que nada tem a ver conosco? Ou por acaso nós fazemos parte da natureza? Claro que fazemos. Herdamos da natureza nossas características fundamentais. Somos violentos, intolerantes, vivemos atacando fora o que não conseguimos suportar, e nos maltratamos muito quando não conseguimos ser a pessoa que desejamos, com os sonhados recursos e as sonhadas realizações. Mas somos também amorosos, sentimos a importância dos outros e nos ligamos facilmente às pessoas, temos vontade de viver bem, de superar obstáculos, de realizar nossos sonhos.

Então temos a violência como um legado da natureza e temos o impulso à vida e à construção de vínculos como o outro legado importante da natureza. Ele não temia a natureza e eu penso que de fato nós não devemos temê-la; ela não é nossa inimiga nem nossa amiga – ela é. O importante é respeitá-la. Nunca vamos odiar as tormentas ou acreditar que elas existem para nos castigar; só alguma visão religiosa pode ver assim. A natureza existe independente de nós; nós, por outro lado, somos parte da natureza. Não escolhemos ser como somos; a natureza nos fez, como aos outros animais e também foi ela que nos possibilitou desenvolver as condições que nos diferenciam dos animais. A natureza humana, além da capacidade de pensar, tem aspectos muito especiais como os sentimentos, o conhecimento da morte, e a necessidade fundamental do outro, sempre. Nossas características humanas indesejáveis não existem para nos desagradar, mas para serem levadas em conta e principalmente serem administradas.

Nosso jovem era cheio de recursos, capaz de usufruir das pessoas e de ser usufruído por elas. Mas sua arrogância o fazia voltar as costas para as pessoas boas que gostavam dele; precisava provar para ele mesmo que não precisava de ninguém! Precisava contrariar sua natureza, ele que se dizia fascinado pela natureza!

O que ele não sabia era exatamente como usufruir de si mesmo, de sua capacidade de se vincular, de amar e de aprender com as vivências emocionais.

O que é ir para o Alasca? Para ele, era ir para longe dos familiares e da civilização de modo geral, mas na verdade era para fugir de si mesmo, das vivências internas que sempre comparecem quando nos relacionamos. Ele queria fugir do sofrimento, das vivências de amor e ódio, das decepções, das expectativas e das frustrações que as relações sempre trazem.

Quando o nosso herói quer ir para o Alasca, ele está apenas supervalorizando a vida, as construções de vida ou existiria aí também uma parte violenta, sua parte violenta, atuando?

Ele odiava os pais que eram violentos, insensíveis, narcisistas, egoístas. E eles eram isso sim. Mas não só isso. Eram pais que se preocupavam com os filhos e cuidavam deles como lhes era possível, dados seus comprometimentos pessoais. Todo o lado positivo dos pais não existia para ele. E aqui comparece seu aspecto violento, que exigia dos pais uma completude ou uma perfeição que ninguém tem; todos nós temos qualidades para serem usufruídas e defeitos para serem tolerados.

Ele rejeitava os pais maus, mas também rejeitava ou negava a existência dos bons pais. Esse era o núcleo de sua problemática

– uma visão sempre parcial e idealizada de tudo: os pais eram só maus e a natureza era só boa, magnífica.

Além disso, sua autossuficiência o fascinava. Em nenhum momento conseguiu sair da postura narcisista, arrogante e reivindicadora. Tinha de se acreditar todo-poderoso.

Nem mesmo a experiência do casal amigo que encontrou serviu para abrir-lhe os olhos: a mulher vivia muito infeliz porque seu filho fez exatamente o que ele fazia com seus pais – saiu de casa e não deu mais notícias.

Ele não tinha dúvidas de que o bem maior a ser conquistado é a liberdade, e que ele era capaz *de viver só e livre*. Ele queria liberdade no concreto, indo para onde não existissem leis, confrontos, pessoa alguma para interditá-lo. Ele não sabia que era prisioneiro de si mesmo, de seus rancores, de sua idealização da natureza, como se ela existisse para ser apenas o que ele desejava. Na verdade, então, ele sempre viveu no Alasca, ou, o Alasca esteve sempre dentro dele.

Ele não sabia que liberdade é um estado interior precioso a ser conquistado por cada um. Nós sabemos que mesmo em cárceres terríveis as pessoas preservam sua liberdade interior quando têm capacidade para isto. Preservam também a capacidade de amar e guardam dentro de si esses sentimentos preciosos, como boas lembranças, e por isso podem se sentir sempre acompanhados. O sentimento de solidão só existe quando destruímos, dentro de nós, os bons objetos lá instalados. Ele fez isso, destruiu seus objetos pais, família, amigos, acreditando que se libertava, mas não se libertou dos maus sentimentos dentro dele. É por isso que podemos dizer que ele antes de sair de casa já estava no Alasca, na medida em que os seus bons sentimentos sempre estiveram congelados.

O que ocorreu com os pais é um aspecto também muito importante a ser considerado: eles passaram da raiva para a preocupação e a tristeza; e pai e mãe se aproximaram na dor – eles foram amaciados, digamos assim, pelo sofrimento, mas principalmente pela descoberta que o filho os obrigou a fazer: ele era um filho querido, mas pouco notado nas suas necessidades pessoais. Claro que esse é um problema dos pais quando eles não se aproximam de seus filhos. Mas eu gostaria de chamar a atenção para um outro aspecto e ampliar aqui nossa conversa – cabe apenas aos pais esse contato com os filhos ou os filhos também podem colaborar com os pais para que eles possam ser melhores pais? A psicologia moderna tem um viés em que se procura, na história e no processo de desenvolvimento do paciente, nos seus primeiros contatos, nas características dos pais etc. os motivos para os desvios posteriores. Acho esse caminho perigoso, ainda mais quando se estende às gerações – hoje se falam dos aspectos ou características transgeracionais! Penso que como psicanalistas esse não é o melhor percurso – o que nos importa é como recebemos, como usamos, como usufruímos ou negamos o que nos é oferecido desde sempre. A maneira como ele reagiu aos pais foi diferente da irmã, que pôde aceitar e conviver melhor com eles. Logo, seu percurso tem suas características, tem a ver com ele, com sua intolerância e sua violência.

Penso que esta é a reflexão do jovem diante da morte: o desejo de voltar para junto dos pais e da irmã para dar a eles seu testemunho de que não existe felicidade no isolamento. Tudo pode e deve ser compartilhado, como as descobertas, como os mais diferentes sentimentos, como nossos sonhos, nossos recursos, nossos projetos. Mesmo a criança muito pequena consegue partilhar seu mundo interno com os pais, e pode ensinar muitas coisas a eles; quantas vezes filhos, mesmo pequenos, não chamam a atenção dos pais, não os criticam, reclamam de atitudes erradas que os pais não percebiam; filhos também podem ajudar os pais a viverem melhor. Crianças muitas vezes chamam a atenção dos pais para seus erros e os ajudam a serem mais atentos e compreensivos. Esses são recursos de todos nós e os usamos quando a força de vida supera a força destrutiva dentro de cada um.

"Quando você perdoa você ama e quando você ama a luz de Deus brilha em sua vida" – essa frase, dita pelo velho ao se despedirem, é dos temas centrais do filme. Parece que ele não sabia amar as pessoas; ele só amava a natureza. Por que isso? Porque ele temia não suportar os vínculos; ele cortou os vínculos com as pessoas, até com a irmã, e com todos que ia conhecendo na sua peregrinação. E por que cortamos vínculos? Porque eles mobilizam nossos sentimentos, sempre; quando vinculados sentimos amor, ódio, decepção, inveja, frustração, ciúmes, prazer, expectativas, decepções, enfim, ficamos sujeitos a sentir os mais variados sentimentos, bons e maus. E ele não acreditava poder suportar seus sentimentos, sempre tão intensos.

Ir para o Alasca significava, portanto, fugir de si mesmo, de poder se avaliar, conhecer quem era na sua capacidade de sentir, de viver suas emoções.

Ele fugia das prisões que as vivências sociais criam e acabou prisioneiro da natureza. Ele caiu na armadilha que a natureza lhe montou. Diferente dos pais, que saíram da armadilha em que viviam e ampliaram seus horizontes quando passaram a viver intensamente o abandono e a pensarem no filho de maneira diferente, cheios de interrogações e de sofrimento. Os pais acordaram para uma outra realidade; o filho também, mas sem tempo ou oportunidade para usufruir de suas descobertas. Não aproveitou os infinitos aspectos belos da vida em comum. Mas deixou seu testemunho nos seus escritos, uma prova de amor pela qual pagou esse preço para ser descoberto.

38. *O invasor*[1]

Somos frequentemente invadidos; a raiva, a desconfiança, a inveja, a revolta, a insegurança enfim, são muitos os sentimentos desagradáveis que podem nos invadir a qualquer momento.

Mas também somos invadidos por bons sentimentos: solidariedade, tranquilidade, paz, ânimo, vontade de fazer uma boa ação, procurar um amigo; somos invadidos por boas ideias, por soluções brilhantes quando antes não havia saída etc.

Então o bom e o ruim nos invadem. Vindos de onde? De onde vem a invasão, de fora de nós?

O filme nos coloca essa questão, entre outras. A história do filme é clara, o desenvolvimento é linear, mas os questionamentos são muitos e vão além das imagens e do roteiro. A sequência pode ser resumida: os dois sócios contratam um matador para eliminar o terceiro sócio que atravancava seus planos; o marginal assassino decide então invadir o universo dos mandantes, se infiltrando e pretendendo se instalar no ambiente de trabalho e na família deles.

---

[1] Brant, B. (Diretor). (2001). *O Invasor* [Filme]. Drama Filmes.

Mas antes de nos deter na invasão desse marginal, vamos falar das invasões que ocorreram dentro dos dois personagens principais: eles já estavam invadidos pela voracidade, pela cobiça, pelo desejo de grandes lucros, pela competição. Principalmente eles estão invadidos pelo sentimento de onipotência: ao surgir um obstáculo a seus desejos grandiosos, eles pensam uma solução rápida e, supostamente, eficiente e resolvem o problema. Eles eliminam o sócio que emperra seus planos.

Sabem que são tão criminosos como o matador, mas isso não tem importância, desde que seja um trabalho bem-feito e que o obstáculo esteja removido e seus objetivos alcançados. Há uma total negação da realidade das leis, dos limites, do valor pessoal de cada um, das qualidades próprias. Eles não se questionam – buscam a gratificação de seus desejos inadiáveis.

Só que o marginal é tão onipotente quanto eles; aliás, eles não se diferenciam e essa é a grande mensagem do filme. A maneira como o invasor transita pelo ambiente dos ricos – tanto no ambiente de trabalho como na casa da jovem – é de completa liberdade, porque ele considera que são todos iguais naquela situação. Se são iguais no crime, também são iguais nos direitos, essa é a afirmação inusitada e surpreendente que o filme nos coloca.

O marginal é o dono da situação e toma suas decisões unilateralmente, quer dizer, onipotentemente. Ele também busca o poder. A frase de Giba, de uma outra maneira também é dita por Anísio; Giba aponta para um operário e diz a Ivan: "Ele só te respeita porque você tem o poder". E não é essa a noção que domina a marginalidade do tráfico? Só pelo que está acontecendo no Rio de Janeiro podemos ver como se sentem donos do poder e querem mostrar isso. Eles carregam e exibem a metralhadora como se fosse um cajado real, e se oferecem para serem filmados como os senhores poderosos, e não mais os submissos, os dominados. Anísio diz para Marina: "Dono *pode* tudo". Daí seu sonho: ter um palácio – ou ter o poder. O que significa: poder tudo.

Quando o Anísio fala que primeiro ele tira as joias (como quando subimos os muros e escondemos o jardim de nossas casas), depois o dinheiro (nos sequestros, por exemplo), mas que o seu troféu é *a alma do outro*, ele está dizendo que a verdadeira invasão ou a invasão mais poderosa é aquela que ocorre dentro de nós, quando somos invadidos pelo pânico, pelo ódio, pelo desespero. Essa também é a mais terrível e eficiente de todas as invasões: ao tomar conta da mente do outro você passa a ter controle sobre ele. Um exemplo disso é o que ocorreu com o povo dos Estados Unidos depois do 11 de setembro. Um povo sempre muito cioso de seus direitos, defensor das liberdades humanas, se transforma quando invadido pelo terror e pelo medo.

De onde vem o sentimento de onipotência e a ânsia de poder?

Desde o nascimento vivemos terríveis angústias; a criança extremamente dependente da mãe ou dos cuidados maternos, dependente em tudo para sobreviver, vive a terrível angústia do desamparo. Nada mais terrível do que sentir fome, frio ou dores e precisar desesperadamente do outro para sobreviver. É aí então que a criança desamparada precisa negar seu desamparo e acreditar que ela é todo-poderosa, que se vira sozinha, que é grande, forte etc. É daí que nascem os super-homens, os heróis magníficos que nada temem e tudo podem. Não existe criação fantástica popular que não tenha respaldo nas nossas necessidades internas, as mais primitivas às vezes. Então, saltamos da impotência para a onipotência com a maior facilidade. Todos abrigamos, de certa maneira, o desejo de ser um super-homem.

Se você, adulto, passa por necessidades ou perigos de qualquer tipo; se você se sente ameaçado de alguma maneira, o desespero que o sentimento de impotência traz leva a recorrermos à onipotência, como já aconteceu lá atrás, isto é, passamos a negar nossos limites, a negar os perigos e as consequências de nossos atos não pensados. É uma forma desesperada de buscar segurança. A onipotência é uma defesa do sentimento terrível de desamparo. E a ânsia de poder invade a pessoa. Só que isso aconteceu com os três personagens: os dois sócios e o rapaz da periferia, o marginal.

O filme não traz a questão de quem é o mocinho e quem é o bandido. Desde o início Giba já adverte Ivan: "Não pense que você não está sujando as mãos só porque o outro está fazendo o serviço".

Isso é muito interessante, porque desmistifica o ser humano de um de seus grandes sonhos: o de ser belo, perfeito, por dentro e por fora. Ninguém nasceu para ser mocinho ou bandido. Todos somos, ao mesmo tempo, mocinhos e bandidos. Depende do que se instala em nós, a cada passo. Uma das letras cantadas no filme pelo Sabotage fala exatamente isto: "Eu, você, ninguém presta". Todos vivemos momentos de onipotência, de negação da realidade, sentimentos de ódio, desejos de vingança, voracidade, inveja, mas também generosidade, capacidade de acolhimento, esperança, alegria no convívio, no aprendizado etc. E, principalmente, desenvolvemos a capacidade de conter, de dominar os impulsos mais destrutivos.

O desejo de vencer o bandido dentro de nós é nossa permanente grande luta. E todos nós aqui neste momento somos a prova de que o mocinho pode ganhar a parada sobre o bandido; estamos aqui realizando o desejo de aprender, de criar, de desenvolver, de trocar conhecimentos, de pensar. Mas cuidado, o filme nos adverte: se for para ficar alienado, como Marina na última cena do filme, ou acreditar que podemos dormir tranquilos, como se nada tivesse a ver conosco, podemos vir a acordar com a casa caindo sobre nós. Ou como diz outro refrão do Sabotage: "A bomba vai explodir, ninguém vai te acudir".

Capacidade de pensar é que falta a todos e a cada um nesta história.

Mas vejamos o Ivan – parece que ele se angustia, parece que ele percebe mais a situação terrível em que se envolveu, parece que ele pensa. Na verdade, não, ele não tem essa condição de autocrítica; ele percebe os perigos e se assusta, mas não há um sentimento de culpa pelo crime cometido; ele vive uma angústia persecutória. Ivan é perseguido pelo que poderá lhe acontecer e daí querer fugir. Ele não assume seu crime com o sentimento de responsabilidade pelo ato cometido. Ele só é diferente de Giba no sentido de que Giba é uma máquina, não tem conflitos, e está sempre buscando as soluções, quaisquer que elas sejam; Giba só pensa em como eliminar os obstáculos; sua mente é como um músculo forte, exercitado para os movimentos de força, não para pensar. Quando é para ser pai ele é ótimo, como esposo também, mas é tudo fragmentado e dissociado; no momento seguinte é um depravado, um antissocial que burla as leis com a maior tranquilidade. Onde está a coerência, a reflexão, a noção de sua responsabilidade diante dos outros, ou da própria família?

Quando uma pessoa não pode suportar as perdas e não tolera as frustrações, fica impedida de se desenvolver. Só quando elaboramos as perdas e buscamos sobreviver a elas é que vamos nos descobrir, descobrir nossos recursos, nossa força, nossos verdadeiros valores. Só então podemos optar e passamos a ser realmente livres. Ambos, Giba e Ivan, são prisioneiros de sua ganância, de sua mente travada, voltada para um único objetivo que consiste em preservar a crença em sua onipotência.

E o jovem marginal? Ou, o que é um marginal: é aquele que vive à margem. No caso, à margem da sociedade que detém o poder. Toda a periferia de onde ele vem vive à margem da sociedade, que tem o poder decisório para comandar a sociedade; nós aqui representamos essa sociedade que tem o poder, não só econômico, mas político, poder social.

E o marginal se infiltra no universo que não é o dele, e ao qual ele teria de se submeter. Ele vem de outro mundo, da periferia, que nos convém manter bem longe de nós, ou melhor, submetida às nossas necessidades. Quem aqui não se estremeceu ao ir se dando conta da invasão de Anísio? Invasão fria, onipotente, impossível de ser contida. Esse é um dos aspectos magníficos do filme porque nós nos identificamos imediatamente com os sócios, e repelimos o invasor que nos ameaça. É como se o criminoso fosse ele, e só ele. Só que ele é o representante ou a expressão de um crime que é de outros, ou de todos nós, e de quem ele também é vítima de alguma forma.

Mas o que mais nos assusta em Anísio é que todos identificamos, conhecemos bem o sentimento de marginalidade e sabemos como ele é terrível. E aqui temos um paradoxo porque repelimos o invasor e ao mesmo tempo nos identificamos com ele.

Todos nós já experimentamos a marginalidade e sofremos com ela; e isso desde que nascemos. Sempre que ficamos de fora de qualquer grupo nos sentimos marginalizados e revivemos isso que já ocorreu quando bem novinhos, quando nos demos conta de que a mamãe não era só nossa e que a mamãe e papai formavam uma dupla da qual estávamos de fora inevitavelmente. A marginalidade é uma condição inerente ao ser humano, ou melhor dizendo, de alguma maneira estamos sempre sendo marginalizados. Estou me referindo ao complexo de Édipo, conceito nuclear da psicanálise. Nascemos num universo socializado, onde sempre somos no mínimo três: eu, o objeto de meu interesse ou do meu desejo e um outro que sempre ameaça roubar o que é meu. Mesmo que esse outro não exista de fato, estou sempre com medo de que ele apareça. Todo o nosso desenvolvimento, nossa saúde mental vai depender de como convivemos com essa situação triangular, em que ocorre o risco da marginalidade e que, inevitavelmente, está sempre se reproduzindo em qualquer situação.

Decorre disso uma sensação extremamente familiar a todos nós: o medo de perder nosso lugar, a angústia de não ter um lugar garantido, sólido, e a necessidade de cuidar da preservação do que é nosso. No processo de desenvolvimento pessoal estamos sempre elaborando a situação edípica. Isto é, estamos sempre tentando suportar a exclusão.

Quando da primeira exclusão sabemos que os pais vão ajudar o filho a crescer e a ocupar seu lugar, aquele que lhe é próprio, aquele que lhe cabe. Ele não precisa roubar o lugar do pai, nem fica diminuído porque o pai tem um lugar mais importante que o seu. Ele pode esperar e vir a ocupar *seu* lugar, aquele que ele vai construir. E vai ocorrendo uma distribuição de poder, uma mobilização em que cada um tem sua vez e seu lugar de acordo com seus próprios recursos.

Mas se o pai permanece eternamente no poder sem nenhuma flexibilidade, sem nenhuma alteração nas regras decisórias, o filho vai reagir. Não tem outra saída, ele tem de protestar, porque de fato ele está sendo lesado.

Nos tempos atuais: a periferia provocou uma explosão de persecução enorme ao invadir a área de poder máximo; o 11 de setembro foi uma invasão da periferia ao centro do poder. Um ataque violento que despertou uma reação também muito violenta. Não vou discutir aqui quem vem primeiro, se o ovo ou a galinha, se a globalização provocou o 11 de setembro ou se o 11 de setembro fez surgir ou criou um Bush. Mas está claro que a violência foi uma reação ao centro do poder que exige a permanência da periferia numa situação secundária e submissa.

Agora, vamos ver o outro lado da questão ou vamos examinar uma outra história: quando um metalúrgico assume a presidência de uma grande nação não é a periferia chegando ao núcleo do poder? Mas aqui temos uma diferença: o lema é "Paz e Amor" e ele veio trazido por milhões invadidos pela esperança, pelo sonho de dias melhores, pelo entusiasmo, pela alegria. Essa é aquela boa invasão de que falei no início. Que elas se proliferem entre nós e entre todos os homens!

Também aparece no filme um outro tipo de marginalidade importante, que tem essas mesmas características de ser o reverso da medalha: o Sabotage. No filme, ele tem um tipo de marginalidade explícita, porque também veio da periferia, é amigo do Anísio. Mas ele representa um outro tipo de marginalidade muito importante – ele é o artista que compõe e canta a trilha sonora, e essa trilha é uma descrição magnífica do quadro que se desenrola no filme. O artista vê e prevê o que está acontecendo no seu universo e para conseguir isso ele tem de, de alguma forma, se colocar na marginalidade, ou à margem, para olhar com certa distância o que está acontecendo. Portanto, é próprio do artista ser um marginal porque só quando ele se afasta do grupo pode ver o que acontece. Essa é uma marginalidade sadia, oportuna, e que tem dado ao ser humano, desde sempre, o seu colorido mais extraordinário.

Retornando ao filme, vamos examinar o relacionamento de Anísio com Marina. Ela não oferece qualquer resistência à sua invasão; é absolutamente tranquilo o envolvimento dos dois. Isso decorre do fato de que ela está totalmente enfraquecida: ela não tem um lugar na sociedade em que vive, não tem um projeto, não tem uma identidade. Qualquer um que lhe oferecesse drogas, sexo, facilidades para se divertir ou se manter alienada ela acompanha. Ela não quer saber quem ele é, como ele não quer saber quem ela é. Esse desinteresse, essa falta de definição é o grande problema e só existe quando você extingue ou mata sua vida interior. Anísio nunca poderia prejudicá-la mais do que ela própria estava se prejudicando ao abdicar de fazer escolhas e de pensar quem ela é e o que quer da vida. Marina sofria da mais terrível invasão: da sensação de incapacidade, de indiferença, descrença em si própria e, principalmente, era invadida pela destrutividade interna que minava seus recursos pessoais.

É evidente que o tema social do filme é extremamente importante, porque expressa uma revolução ainda apenas se configurando em todo o mundo. Só que esse é um movimento natural, que mais cedo ou mais tarde acabaria se manifestando, como no processo de desenvolvimento humano. Ninguém quer ser tutelado, infantilizado, eternamente.

Mas o vértice pessoal também é trazido de maneira brilhante e se nem sempre pudermos atuar dentro do universo maior, cabe cuidar de nosso mundo interno para que não sejamos vítimas da nossa própria destrutividade, da qual a cegueira e a negação são importantes sintomas.

Mais importante do que as invasões externas são as internas, quando somos como que invadidos por sentimentos extremamente perturbadores, como onipotência, voracidade, inveja, desejo de controle ou negação da realidade.

Ambos os aspectos aparecem bem neste filme forte, contundente, que nos obriga a refletir a nossa realidade social do momento.

39. *Simplesmente Martha*[1]

Martha é uma pessoa magnífica que vamos conhecendo e que vai nos surpreendendo e encantando; esta *maluca*, como o Mario a chama. Vamos conhecendo e tentando entendê-la – porém nem ela se entende. Ela se mantém distante de si mesma, por incapacidade de se aprofundar em si.

Quando ela diz ao pai de Lina para ter paciência com a menina, porque ela era muito fechada e difícil de ser compreendida, ela diz *como eu*! Martha se sente uma estranha para ela mesma.

Ela não sabe por que está fazendo terapia, foi a patroa quem exigiu. E faz do seu próprio jeito, desfilando as receitas culinárias e levando as comidas que faz para o terapeuta. Aparentemente não fala de si, de seus sonhos, de suas frustrações, de suas relações, de suas necessidades. Fala do que sabe fazer. E ela se ocupa totalmente com a *precisão*: nas receitas, na casa, na cozinha, que não só tem tudo como é absolutamente limpa, perfeita. E não só a do restaurante, a de sua casa também. É extremamente correta com

[1] Nettelbeck, S. (Diretora). (2001). *Bella Martha* [Filme]. Bavaria Film.

as pessoas, só não consegue ser desenvolta e criativa com elas. Na cozinha, sim: além de correta ela é precisa e exigente nas medidas, nos produtos usados, nos tipos de ingredientes, no tempo de preparo etc. E é muito criativa.

Ela sabe saborear as comidas, embora inapetente, mas não aproveita as tarefas, as companhias, as trocas entre as pessoas e não diferencia os diferentes sentimentos. Nem mesmo sabe conviver com os diferentes clientes. Ela só aprecia os que gostam do que ela faz, os que a aplaudem, se a questionam ela rejeita violentamente. Não sabe conviver com o diferente, quando é o diferente que nos ajuda a aprender, a ampliar nossos horizontes.

E Martha fica no concreto das situações e das receitas; até quando está cansada, com a cabeça quente, ela vai descansar no frigorífico. Ela não sabe que o frio concreto não serve para aliviar ou esfriar sua cabeça quente, com angústias, expectativas, temores, tensões e insatisfações.

O terapeuta dela está totalmente atarantado, tão perdido, que eu resolvi ajudá-lo; vou fazer uma supervisão do trabalho dele com ela. Nós estamos vendo que ele é um terapeuta, mas não um psicanalista. Vou mostrar a ele como um psicanalista trabalha. Convido-o para me falar de seu trabalho com Martha; aí fico sabendo, todos estamos sabendo, que ele está entediado, sem esperanças, totalmente desanimado; tem horas que ele sente raiva dela e a agride porque fica irritado com essa paciente, para quem ele pede, mas não adianta, que não lhe traga mais comida e que não fique o tempo todo falando de sua cozinha. Então eu digo a ele: "Por que você está tão bravo?". Ele vai me dizer que não sabe por que ela vem fazer terapia, tanto que ela respondeu a ele que vinha porque a chefe dela mandou. Então eu pergunto: "Você acha que ela está desinteressada, que ela não traz suas dificuldades, seus pensamentos, não traz seus problemas, seus questionamentos? É isso que você acha?". Ele me dirá que sim. Aí eu coloco a pergunta: "Será que não? Será que ela não está trazendo, e de uma maneira bem explícita?".

Veja como você se sente (digo a ele)! Há uma comunicação inconsciente dela e uma captação inconsciente sua. Como terapeuta, você sabe, temos obrigação de saber, que devemos usar do que sentimos, e da seguinte maneira: se você tem esses sentimentos quando está com Martha, não duvide, isso tem a ver com a relação. Há aí uma comunicação importantíssima, que é a seguinte: ela está lhe dizendo que ela vive assim, desorientada, sem rumo, se sentindo insatisfeita, impotente e desanimada; há um caos interno que a deixa tensa todo o tempo. Então ela está fazendo uma identificação projetiva (IP): colocando em você, e fazendo você sentir os sentimentos dela. É assim que um analista trabalha, com toda sua personalidade, seus recursos internos de sentir e reagir, com sua sensibilidade, seus afetos e principalmente com toda sua atenção. E isso sem falar nas teorias, muitas, que ele conhece e instrumenta, mas que precisa sempre estar estudando mais para se atualizar, pesquisar, ampliar, contribuir para que os conhecimentos clínicos se enriqueçam sempre. E sabe por que a Martha vive dessa maneira – fugindo de vínculos com as pessoas? Isso nós também sabemos: é porque ela tem medo de sentir com intensidade, sentir a dor que sempre aparece quando nos relacionamos.

Ela se agarra no concreto das receitas, no sensorial dos gostos e cheiros, da limpeza e da ordem externa. Mas dentro dela é tudo insosso, confuso, desorganizado. Tanto que ela diz ao terapeuta no final: eu fico atenta ao que você não usou (o ingrediente que ele deixou de usar). É assim que o terapeuta tem de fazer sempre: ficar atento ao que não comparece. O paciente não sabe, mas ele usa a mente do analista para o analista saber o que ele está sentindo, tanto que o desespero dele é o desespero dela, que quer ser entendida e precisa de ajuda, de socorro. Ele fica no concreto de suas colocações e não naquilo que não é dito, mas *é projetado*. Então o tempo todo analista e analisando vivem emoções que dizem respeito à relação que se estabelece e é vivida ali. Temos de captá-las.

Vamos entender o que se passa com Martha então (já que o terapeuta não pode elaborar as IP que ela faz sobre ele). Se no externo tudo é limpo, arrumado, perfeito, com as medidas exatas, no seu interior é tudo caótico – ela quer ser boa e não sabe como, acaba distante, grosseira, sem sensibilidade. Nem com o vizinho de quem quer se aproximar consegue ser espontânea, natural. É ele que, sensível, vai descobri-la e apreciá-la. Dentro dela os ingredientes estão todos misturados. E é muito violenta; vimos isso com a Lina, com o cliente, com o Mario. Ela tem dificuldade de conter a violência interna de quem não suporta ser contrariado, e ao mesmo tempo não sabe como se aproximar. No caso com o cliente, a patroa diz: "Ele pode estar errado, mas ele é o cliente". Mas Martha não tem esta maleabilidade, tudo dentro dela é duro, inflexível; o diferente não tem vez. O terapeuta não viu que essa é sua defesa, o ficar no concreto, no conhecido, no correto.

É isso que o magnífico Mario percebe logo. Ele sim, uma pessoa extremamente sensível, humana, um sábio nas relações, na captação dos desejos, fantasias e necessidades do outro. Trata-a como criança, imagina seus desejos e necessidades e a acalma. Ele é melhor que o terapeuta de Martha. Martha não chega perto de Lina porque não chega perto da menina dentro dela; é como se ela tivesse sufocado a menina sonhadora e necessitada que existe em todos nós. Ela não pode sentir o que Lina busca porque não pode buscar para si mesma alguém que seja companheiro, um outro comigo.

Quando ela se depara com a cozinha suja e desarrumada, com uma refeição no seu santuário transformado em lugar de piquenique, onde se come com as mãos e todos partilham dos mesmos pratos, ela vive uma experiência inusitada. É assim que Mario quer desmontá-la, apelando para seu lado criança. E ela vai aprendendo lentamente que não adianta dar seu quarto para a Lina se não dava sua sensibilidade, seu coração, e não porque não quisesse, mas porque não tinha condições para isso, já que vivia amarrada aos seus esquemas muito rígidos. Lina quer o pai; ela vai, concretamente, procurar o pai da menina. Não percebe o que Lina quer dizer: ela quer alguém com ela, quer calor humano, alguém com capacidade de conter seu desespero, de entender sua dor, de partilhar suas fantasias.

O que torna Martha uma obsessiva, uma verdadeira máquina ambulante? Se ela se ligar, se ela se encontrar consigo própria, vai encontrar uma pessoa tão apaixonada, forte, cheia de vida que ela teme não poder controlar; ou fica se contendo a vida toda ou se solta e vai descobrir do que é capaz, e corre o risco de fazer muitos estragos. A vida é assim, corremos sempre muitos riscos porque não sabemos do que somos capazes em cada situação, no sentido de saber de nossas capacidades e recursos internos. Dos recursos externos ela sabe: sabe de cozinha, e ninguém vai lhe dizer como se faz um bife malpassado!

Pela primeira vez ela vai pedir ajuda, ao Mario: *Preciso de você.* Quando ela larga o restaurante, na verdade está largando para trás a pessoa que ela vem sustentando a vida toda, uma prisioneira que ela agora vai libertar para viver sua vida plenamente. Ela muda tudo e passa a viver suas relações com paixão, com vibração, com possibilidades de escolha. Quando eles escolhem a gravata de Mario para o casamento, isso é simbólico: podemos escolher, e podemos muitas vezes escolher errado, e daí? Cada escolha que fazemos é aquela que é possível no momento.

Vemos que ela mudou internamente, sem mudar na sua tarefa profissional; ela diz isso ao terapeuta – tem coisas que a gente não muda, mesmo querendo. E não precisa mudar! Cada um tem sua marca e podemos, devemos mantê-la.

Então o filme é todo simbólico – temos sempre as duas partes, coração e mente, razão e emoção; no filme Mario e Martha, o italiano e a alemã, dias claros e lindos da Itália e o frio com eficiência da Alemanha. Todos temos essas duas nacionalidades, e precisamos fazer um bom casamento interno desses nossos aspectos. Tanto assim que ela diz ao terapeuta atônito: "Eu vejo o que você não usou, o que você não fez, o que não está aqui". É assim que temos de ser sempre, se não vemos o alemão da pessoa, temos de perguntar por que ele não aparece? Se não está o italiano, o que foi feito dele? Essa é a pergunta sempre. Como quando o paciente diz: *Eu não sei o que falar*, e já está falando de sua angústia de ser incapaz, ou quando acha que não tem nada de importante para falar e que nós então já ficamos com a questão de precisar pesquisar com ele o que é que ele chama de importante, e assim por diante. Assim vamos apresentando a pessoa para ela mesma, para se conhecer, e não mudar. Não mudamos ninguém, é a capacidade de mudar de cada um que se vai descobrindo ou se construindo. Foi o que Mario fez, apresentou a ela a pessoa afetiva, amorosa, calorosa, rica de recursos, que ela não sabia que era. Ele não a transformou; ela sempre foi assim, apenas não podia viver a pessoa que ela era. Mario a ajudou a se transformar para ser simplesmente Martha.

Um outro aspecto magnífico do filme é sua mensagem de respeito ao profissional; quando Mario quer deixar o emprego e diz que ela, a *chef de cuisine*, tem de decidir; não é a dona do restaurante quem decide, mas a dona da cozinha, que é Martha. Ele está mostrando uma coisa a que raramente a gente assiste hoje em dia, que é o respeito ao conhecimento, à eficiência. Estamos vivendo num universo onde se gastam fortunas para desenvolver conhecimentos científicos de toda espécie e, no entanto, não se respeita o conhecimento, ou aquele que pensa; o verdadeiro cientista não é levado em conta nas grandes decisões. O *dono é quem manda*, ou o dinheiro, o lucro. É uma coisa terrível, que precisamos reverter o mais rápido possível para salvar este mundo da desumanidade que nos ameaça seriamente.

Parte V
Reflexões

40. Contestações à psicanálise na atualidade[1]

A fuga do autoconhecimento é fácil e pode ser extremamente violenta (por meio do suicídio). O grupo ou sociedade podem, de modo semelhante, resolver todos os problemas a partir do assassinato de outro grupo ou sociedade ou cultura. Esses impulsos assassinos, até o momento, não têm sido adequados porque o assassinato é penetrado pela coisa que ele assassina, ou a sociedade é penetrada pela cultura que ela está tentando destruir: a religião se torna impregnada da religião de cujo lugar ela está tentando se apossar.

A psicanálise e a sociedade

No ideário do congresso distribuído pela comissão organizadora, é chamada a atenção para as mudanças da sociedade, as formas de vida contemporâneas e seus reflexos: *desestímulo ao trato com a intimidade e dificuldades no inter-relacionamento humano.*

---

[1] Artigo publicado originalmente em 2001 na *Revista Brasileira de Psicanálise*, *35*(3), 453-462.

Outras questões são levantadas, mas me atenho à consideração desta proposta: as transformações sociais estão trazendo sérias consequências às pessoas em sua maneira de ser, de pensar e se relacionarem consigo próprias e com os demais. E isso trazendo reflexos para nossa disciplina no sentido do desinteresse pela psicanálise. As pessoas não estão mais interessadas em cultivar sua individualidade. É o naufrágio da subjetividade.

O processo de globalização expande as relações econômicas e a cultura e, segundo alguns, tende à massificação. A maneira como isso ocorre no contexto social contemporâneo traz uma confrontação inevitável com a psicanálise. Se a rapidez, a aceleração e a premência são fatores tão importantes e o tempo real pesa tanto; se a acumulação e a quantidade se impõem mesmo quando não existe qualquer condição de absorção do novo ou de elaboração das mudanças; se existe a necessidade de estar conectado a tudo, mais como forma de consumo das novidades do que como uma maneira de participação; se ocorre o isolamento forçado, que não gera introspecção, mas o sentimento penoso de solidão; se a monocultura é o que mais interessa, em detrimento da diversidade e da multiplicidade cultural, então nós, psicanalistas, estamos naturalmente na contramão! Mas se a globalização, que dificulta a individualização e tende à homogeneização, é um processo contemporâneo, a dificuldade de reflexão e de continência de nossos próprios conteúdos mentais é bem antiga; tem a idade do homem.

Não sou nenhuma entusiasta da globalização, mas ela está trazendo uma contribuição inegavelmente importante, na medida em que, ameaçando ou levando a tal extremo, o ataque à individualidade nos obriga a enfrentar o problema. É de inegável importância o fato de se estar exaustivamente discutindo em vários segmentos e com diferentes níveis de complexidade o processo de deformação que estamos vivendo. Preocupa o fato de não se pensar mais com liberdade e sermos violentamente condicionados.

Vivemos numa sociedade dominada pelo consumismo e pelo excesso de estímulos externos, em que a tendência é receber tudo pronto, sem a necessidade de se pensar, buscar novas soluções, criar ou recriar no nível pessoal.

A deflagração dessas angústias e a necessidade de lidar com elas é um ponto extraordinariamente positivo e louvável de nosso momento histórico. Estamos vivendo a denúncia de uma tragédia, da verdadeira tragédia humana, que é ser livre e ao mesmo tempo, não. Esse debate que hoje pode ser feito, mas que é tão antigo na história do pensamento, tenta definir, reconhecer e retomar a questão mesma da condição humana.

A psicanálise, sem dúvida, muito tem contribuído para chegarmos ao ponto em que estamos, a este momento tão significativo de conscientização das limitações humanas e de seu potencial. Há um século participamos de um movimento, ou mesmo de uma reformulação, que hoje está acontecendo com a participação quase total das diferentes correntes do pensamento. A denúncia de falsas noções, como as ligadas à sexualidade, que revolucionaram o conhecimento do homem sobre si mesmo e o comportamento social, só puderam acontecer graças às contribuições da psicanálise. Isso sem falar na descoberta do inconsciente, este sim o elemento revolucionário fundamental que equipara Freud às maiores figuras do pensamento humano.

A revelação do inconsciente nos fez despencar do alto de nossas pretensões racionalistas e moralistas: "Não somos senhores em nossa própria casa", disse o mestre (Freud, 1917/1976, p. 178) e mesmo assim continuamos responsáveis por nossas limitações e falhas, iniciativas e inoperâncias, criatividade e destrutividade.

E a minha tese é exatamente esta: como psicanalistas, não nos assenta absolutamente a condição de vítimas, mas de propiciadores e participantes ativos de uma revolução necessária, criadora de homens mais livres, pensantes, criativos e responsáveis pelo seu destino.

Temos de partir sempre do fato de que a relação sociedade-psicanálise é uma relação de reciprocidade: se as propostas psicanalíticas atuam sobre a sociedade e provocam mudanças, elas retornam para a psicanálise, agora retraduzidas pelo social, e vão colaborar para as reformulações de nossas teorias e de nossa prática. Nossa clínica muda quando nossas ideias mudam. E nossas ideias estão sempre mudando porque é no contato direto, clínico, com os seres humanos em sociedade, que vamos aferir e repensar nossas perspectivas teóricas. Participamos, portanto, da reflexividade enriquecedora e consequentemente própria das ciências.

Contestações

A psicanálise não está sendo contestada ou rejeitada hoje mais do que já foi. Não podemos esquecer que esse é um de nossos destinos. Mesmo porque está implícito nessa colocação que a psicanálise teve um período áureo que se perdeu. Será que isso é verdade? Será que nestes cem anos de existência realmente fomos compreendidos e aceitos com nossas peculiaridades e limitações? Será que a psicanálise que teve sucesso público, que foi tão bem acolhida por intelectuais, cientistas e clientes, é sempre a psicanálise em que acreditamos, a psicanálise que oferecemos? Eu penso que não.

Vale a pena nos deter um pouco nessa questão, embora eu tenha certeza de que é um assunto delicado, polêmico. Sempre desconfiei de que o grande sucesso público psicanalítico contivesse um engano, tanto de parte das pessoas em geral, que acorriam entusiasmadas aos nossos consultórios, como dos próprios psicanalistas. A demanda era tão grande que nós, da América Latina e principalmente do Brasil, não tivemos dúvidas em abandonar nossos empregos ou nossas cátedras para ficar no consultório. E mesmo assim não dávamos conta da demanda.

Mas qual era exatamente essa demanda? Claro que sempre foi e será o sofrimento mental o principal mobilizador da busca de análise; mas a capacidade de conviver com o sofrimento e de mobilizar recursos internos para um contato mais realista consigo mesmo e com o outro nunca foi ou será algo fácil. Parecia que sim, que a psicanálise milagrosa iria resolver todos os problemas sem a passagem pela dor, pelo esforço, pela culpa e pela responsabilidade. Tanto assim que hoje assistimos à entusiástica busca do público pelas terapias alternativas.

E os próprios psicanalistas acreditavam, se não nas mesmas crenças do paciente, em outra, de que conseguiriam *fornecer* recursos ao analisando para conviver com a análise, conviver consigo próprio. Acho até que temos muito a oferecer, mas ainda não descobrimos as anestesias nem os raios *laser* que tornem as *cirurgias mentais* rápidas e indolores.

Tem sido mencionado muitas vezes que está ocorrendo uma mudança no tipo de pacientes que chegam aos nossos consultórios; é comum a constatação de que casos mais graves, como psicóticos, autistas, toxicômanos etc. constituem uma população significativa, atual, dos consultórios psicanalíticos. Mas também são frequentadores de nossos consultórios os profissionais da área psíquica. Para o primeiro tipo, os casos graves, é evidente que não acontece por acaso; sem dúvida estamos mais bem aparelhados teórica e tecnicamente para trabalhar com eles. É a mudança e o refinamento dos instrumentos de observação e compreensão dos fenômenos psíquicos que reformulam permanentemente nosso trabalho e definem novos parâmetros.

Quanto aos profissionais que estão procurando análise, acho isso também extremamente promissor em todos os sentidos; é uma prova de que estamos sendo valorizados e diferenciados. Nossa proposta, de que é necessário ao profissional que trabalha com gente conhecer antes de tudo a si próprio, instrumentar-se internamente para os embates emocionais que sempre ocorrem no trato com os outros, está sendo compreendida e aceita.

Contudo, ocorre-me aqui uma dúvida: será que essas ocorrências não estão fortemente relacionadas com a concepção de análise do próprio psicanalista (ou dos grupos psicanalíticos)? Aqueles que pensam a análise como um processo de cura não estariam condicionando ou selecionando a demanda ao seu consultório de um tipo de paciente, enquanto aqueles que consideram a análise um processo de autoconhecimento ficam disponíveis para os profissionais que formal ou informalmente tentam desenvolver seus recursos internos por meio da análise? A concepção de análise de cada um (de seu alcance, de suas limitações, de suas finalidades) é muito mais importante, a meu ver, do que as opções teóricas expressas. É claro que uma depende da outra – escolho a teoria que combina com minha visão da análise – mas nem sempre ficamos atentos ao fato de que são muitas as psicanálises. Quando falamos de mudanças de perfil de pacientes não estaremos falando de mudanças das concepções da análise? Os questionamentos atuais dos *standards* da Associação Psicanalítica Internacional (IPA), com a proposta do ensino de psicoterapias nos nossos institutos, diminuição do número de sessões, a questão do didata, estão diretamente ligados à maneira de pensar a análise. Vemos hoje que há muito mais discordâncias do que antes ou elas sempre existiram e não eram explicitadas.

Estamos todos conscientes de que nossa tarefa envolve complexidades de vários níveis e de diferentes origens. Prefiro essa versão àquela que aponta a deterioração de nossas teorias ou de nossa prática, embora não devamos desprezar o alerta de muitos pensadores de nossa área, que se preocupam com o despreparo ou, mais claramente, com a incompetência dos profissionais psicanalistas. Não existisse essa séria ameaça, não estaríamos, em todos os nossos congressos, reiteradamente, retomando a questão da formação! Mas, teoricamente, nunca estivemos tão bem equipados para oferecer um bom trabalho como agora, tanto no atendimento clássico como na oferta de um referencial teórico rico e consistente a ser explorado por todas as disciplinas que lidam com o humano.

Quando Rustin (2000) fala da psicanálise como forma conservadora do modernismo, penso que ele se refere ao compromisso da psicanálise com a marginalidade – no sentido de uma não inserção forte dentro das estruturas científicas vigentes. Esse compromisso de marginalidade deixa a psicanálise em situação delicada, visto que é sempre questionada e cobrada de fora e muitas vezes de dentro de seus quadros. Mas é sua definição e sua garantia o manter-se à margem, preservando sua especificidade.

Dificuldades inerentes ao ser humano

Vou trazer duas situações clínicas muito sucintas e semelhantes, que poderão nos ajudar a pensar.

São duas mulheres de nível social, econômico e de escolaridade completamente diferentes. Mas ambas têm aproximadamente a mesma idade e são ambas inteligentes e sensíveis.

A – *Meu marido disse que não vê nenhuma vantagem na minha terapia. Veja só. E eu quase me suicidei; estava a ponto de me jogar de um precipício. Tenho certeza de que não estaria ainda viva se não tivesse recorrido à psicanálise. E estou me sentindo tão bem hoje! Não sei como ele não percebe.*

B – *Meu marido diz que o que nos atrapalha é minha análise. Outro dia resolvi falar com ele: "Você tem de saber que a análise já me salvou mais de uma vez. Fique sabendo que se não fosse a análise eu já tinha enlouquecido e não estaria aqui, com certeza!"*.

Essas contestações, no nível doméstico, digamos assim, é o microcosmos de uma situação muito maior. Esse voltar-se contra a psicanálise ou o minimizar sua contribuição é uma coisa tão rotineira na clínica e nas nossas relações com alguns segmentos sociais e científicos que não mais deveria impressionar. Sabemos muito bem quais são suas motivações e a que servem.

Estes dois maridos *não querem ver*. Eles não enxergam, e não só a pessoa ao seu lado, que aliás, nos dois casos, são pessoas muito queridas – não é a esposa que eles não querem conhecer: em primeiro lugar o que eles não querem é conhecer a si mesmos! O medo de entrar em contato com suas paixões os tornam cegos, limitados para captarem a dor e a beleza do mundo. Sem esquecer também que "os maridos", em cada caso, representam uma parte delas (pacientes) que não acredita na análise.

A dificuldade no trato com a intimidade, tão bem descrita por Meltzer, é o grande drama humano. Se as relações humanas íntimas mobilizam experiências emocionais capazes de desencadear o pensamento, são elas também responsáveis pelas mudanças catastróficas – pois "cada vez que uma emoção dá à luz, uma nova ideia desencadeia uma 'mudança catastrófica' ... e toda imagem do mundo tem de ser reordenada para dar lugar à nova ideia".

Estes pequenos fragmentos de consultório, tão atuais e comuns, resumem, de certa forma, a própria trajetória da humanidade; o trato tão inadequado e infeliz dado às mulheres durante toda a história, com a impossibilidade de serem conhecidas e consideradas seres completos, com capacidades, massa pensante e poder de escolha sempre foi uma questão espantosa. Justificar isso com argumentos sociais como distribuição do poder, problemas econômicos etc. é, a meu ver, insatisfatório. Fico mais com a incapacidade de pensar, de homens e mulheres.

Se pensar fosse uma coisa fácil e natural, não estaríamos só hoje, em pleno terceiro milênio, precisando elaborar e fazer valer o estatuto da criança e do adolescente, não teríamos mais leis que preservam preconceitos, segregam pessoas. Isso sem falar na escravidão que ainda existe em quase todas as partes do mundo e na destruição estúpida dos recursos naturais.

É interessante constatar que tudo o que conhecemos de outras épocas, de outros grupos humanos, conhecemos, o mais das vezes, por meio das transcrições pictóricas, literárias ou religiosas. Ficamos conhecendo maneiras de viver e de pensar muito sensíveis e fascinantes. Os personagens shakespeareanos, por exemplo, são reflexo da condição humana. Mas não podemos confundir: é o artista que se revela nessas reflexões, é ele que capta a intimidade; seus personagens só existem para que ele possa falar de si mesmo. É o artista que sempre teve a condição desse encontro magnífico com o mundo interno.

Sempre foi assim. Dizer que a dificuldade no contato com a própria mente está acontecendo hoje me parece incorreto. Hoje estamos mais uma vez identificando ou tentando lidar com o problema – digo mais uma vez porque esse debate também é recorrente, na medida em que sempre esteve presente; é o tema das tragédias gregas e muito antes delas já comparecia com os poetas de todas as civilizações.

A psicanálise já está aparelhada para participar significativamente do debate. Ela pode contribuir para que, cada vez mais, as pessoas possam tolerar esse convívio com sua intimidade, esse contato com um universo muito mais rico e propiciador de encantos do que sempre buscá-lo tão longe. Antes buscavam-se as riquezas e a liberdade no além-mar, hoje, no mundo sideral, e, no entanto, está tão perto um universo rico, sempre em expansão e que, se não é pleno de delícias, tem, com certeza, a única verdadeira fonte da felicidade. O mundo interno ainda está para ser descoberto por uma parcela significativa da humanidade. Citando Meltzer, ainda no mesmo texto:

> *Estendendo a revelação de Freud acerca do pouco que o homem conhece de si mesmo, Bion nos faz saber que grande parte de nossa vida é vivida em estado de desmentalização, isto é, fora da área na qual as experiências emocionais são aceitas e se observam e se pensa acerca delas mediante a simbolização do significado das emoções evocadas.*

O que quer dizer que muitas atuações poderiam ser evitadas se as emoções pudessem ser suportadas e pensadas.

A crença na psicanálise não é cega, ela vai se construindo. A função psicanalítica da mente humana precisa ser estimulada para que possa dar os seus melhores frutos. Numa conversa particular com o colega Antonio Carlos Eva, ele me disse, certa vez, que acreditava que todas as pessoas eram capazes de fazer análise, desde que fossem ajudadas a ter curiosidade para consigo próprias. Ele só não me deu a receita de como fazer isso..., mas eu entendi, e acredito desde então, que essa é nossa tarefa – cabe ao psicanalista desenvolver competência para despertar no outro a curiosidade pelo seu mundo interior.

Por outro lado, o universo da alucinose é fechado, completo, sem falhas; mesmo sendo insatisfatório ele tem seus momentos de glória, e muitos só conseguem viver dentro desse universo. Cabe a nós, psicanalistas, romper com essa construção "perfeita";

precisamos intervir criando *fendas,* como diz nosso colega Cecil Rezze. Na situação analítica, faz parte de nossa tarefa desmontar a construção alucinada sem violência e sem outra pretensão senão a de levar o paciente a conviver com sua fragilidade e seus enganos. Só assim ele poderá encontrar-se consigo.

É questão fundamental não nos esquecer nunca quem somos! E somos seres violentos. A violência, um legado da natureza ao ser humano, faz parte de nós, mas é sempre surpreendente. Escondida em múltiplos disfarces, sem cara própria, está sempre pronta a emergir, como nos filmes de terror em que o monstro está sempre sendo pressentido e surge onde e quando menos se espera. E vivemos sempre alertas, como nos filmes, sabendo que nossa violência pode aparecer. É nossa velha conhecida, habita dentro de nós, mas sempre nos assusta. A violência representa esta capacidade do ser humano de fazer estragos em si próprio, nos outros e na natureza.

Por outro lado, também temos capacidades construtivas e de colaboração; o homem também recebeu da natureza um legado forte, extraordinário, que é a condição de pensar, de dominar as paixões. Podemos influir sobre nossa natureza; temos as condições intrínsecas para isso com que a própria natureza se encarregou de nos brindar.

Sem dúvida, são imprevisíveis os recursos de que o ser humano é capaz de lançar mão para sobreviver e se desenvolver.

Existe uma tendência natural para o conhecimento; o ser humano não teria chegado a este ponto do desenvolvimento civilizatório não fosse esse impulso vital, essa permanente insatisfação e busca do novo que leva para a frente. Mas sabemos bem que a tendência a impedir o avanço, seja pessoal, seja do grupo, é tão forte quanto a de enfrentar obstáculos e desenvolver recursos.

Freud já falava no seu trabalho sobre o fetichismo que a perversão é uma forma "astuta" de reverter as coisas: você sabe da verdade, mas faz de conta que não sabe; você conhece o que é certo, mas arruma uma justificativa esperta para o errado; você sabe que não sobrevive sem empenho, sem enfrentar grandes batalhas internas e externas, mas foge ao esforço e fica à espera das soluções milagrosas que eliminam o desconforto e o sofrimento. E essa distorção perversa no lidar com a realidade me parece ser o grande problema do ser humano de todas as épocas.

E é com esse ser humano vamos lidar, um ser humano que com facilidade ataca a verdade, foge de enfrentar a dor mental e tem enorme intolerância para com suas próprias limitações. Um ser humano que precisa fundamentalmente do seu próximo, mas não aceita isso, que fica até transtornado diante do bom que o outro lhe propicia, passando a negar, quando não a destruir, aquilo que mais admira. Um ser humano que ataca quem é diferente dele como se ele próprio fosse o modelo divino a ser copiado ou adorado; que faz de conta que não sabe que podemos existir justamente porque nossos pais são um homem e uma mulher, e que é das diferenças que se cria algo novo; e mais, muito mais: sabe que envelhece e morrerá um dia, mas faz de conta que isso só acontece com os outros.

Como nos situarmos

No nível social, estamos preparando um mundo em que os valores intelectuais serão privilegiados; o trabalhador está, cada vez mais, deixando de usar as mãos para usar a cabeça. O trabalho científico, intelectual e artístico, primado das ideias, vai prevalecer. Estaremos instalados em um mundo onde a capacidade de sonhar e de acreditar nos sonhos será a mola propulsora do progresso e, com ele, esperamos, da justiça social. Mas de nada adiantará trocar máquinas por cérebros se estes mesmos cérebros não tiverem a condição de identificar as emoções e os diferentes sentimentos; se não forem capazes de suportar frustrações e de suprimirem sofrimentos inúteis.

Aos psicanalistas está faltando uma ação mais efetiva e mais ousada no sentido de nos inserir produtivamente junto à comunidade em geral. Se além de disponibilidade pudermos contar também com habilidade, poderemos nos instalar dentro das diferentes equipes de trabalho, nos setores de saúde, educação, economia ou política. Nosso vértice específico, detector de problemas, traz uma contribuição sempre inesperada que está sendo reconhecida mais pelos de fora do que por nós mesmos. Estamos realizando, em Ribeirão Preto, uma experiência junto à comunidade que nos faz acreditar nisso.

As transformações científicas e sociais são muito rápidas e os problemas se atropelam; questões buscando solução e antes mesmo delas serem plantadas, novas descobertas ou novas dificuldades se apresentam. A ciência vai rápido e a capacidade de usufruir ou mesmo de lidar com seus avanços é lenta. É aí que a psicanálise tem um papel importante, na medida em que pode e deve ajudar as pessoas a pensarem sua própria escolha, sua condição pessoal, seus recursos individuais. Só assim poderemos usufruir de nós mesmos, ter uma maior gratificação pessoal e com a ciência e a sociedade. Ampliando em cada um a possibilidade de se assumir, de ser livre nas suas decisões, estamos ajudando a sociedade a se realizar democraticamente, a única forma realmente valiosa e justa de vida.

O que é mais importante em tudo isso é a possibilidade de nos encontrar, cada um, com o ser único que somos. Na medida em que me assumo, assumo também minha responsabilidade social e não preciso ficar sonhando com os "salvadores da pátria", já que passo a ser eu mesmo o salvador de meus valores, de meus objetivos e de minha felicidade.

Comecei falando de denúncia e retorno a ela. Carlos Heitor Cony, com sua característica perspicácia e ironia, trata a questão brilhantemente numa de suas matérias para a *Folha de S.Paulo*. Ele resume essas questões com o título "Denúncia, cumplicidade e suicídio". Diz ele que toda grande obra artística contém uma denúncia:

> *Praticamente não há mais o que denunciar. Ao repisar nesta tecla, o artista não só está escolhendo o caminho mais fácil, mas o mais ocioso . . . é válida a pergunta: até que ponto o artista, ao cometer mais uma denúncia, não se torna cúmplice da coisa denunciada? . . . a solução seria o suicídio. Sem o suicídio tornamo-nos todos cúmplices . . ., mas esta solução é um erro, ou um desperdício. (Cony, 2000)*

Conclusão: ficar denunciando é acreditar que tudo pode ser consertado. Se você denuncia, vira cúmplice, e aí a possibilidade mesma de consertar fica anulada. A solução então é o suicídio; mas suicídio não é solução. Então, como Cony sugere, vamos continuar vivendo com nossos erros e com nossa estupidez! E nada vai impedir que continuemos tentando melhorar sempre; essa teimosia também é da nossa natureza.

Como psicanalistas, estamos continuamente oscilando entre a denúncia e a cumplicidade e teimosamente insistindo em melhorar nossas teorias e nossa prática. O suicídio seria definir precisamente nossos limites, ou o contrário, negar que eles existem.

Referências

Bion, W. (2000). Turbulência emocional. *Revista de Psicanálise da SPPA*, *7*(3), 447-457.

Cony, C. H. (2000). Denúncia, cumplicidade e suicídio. *Folha de S.Paulo*. Recuperado de https://www1.folha.uol.com.br/fsp/ilustrad/fq2209200045.htm

Freud, S. (1976). Uma dificuldade no caminho da psicanálise. In *Edição Standard brasileira das obras psicológicas completas de Sigmund Freud* (Vol. XVII, p. 178). Imago. (Trabalho original publicado em 1917)

Rustin, M. (2000). *A boa sociedade e o mundo interno: psicanálise, política e cultura*. Imago.

41. Sobre a sedução[1]

A primeira teoria proposta por Freud era de que situações reais de sedução, na infância, seriam responsáveis por comprometimentos emocionais graves. Ele supunha a ocorrência de um trauma em decorrência da sedução. Descobre depois que as descrições dos pacientes podiam ser construções fantasiosas relacionadas à sexualidade infantil. "Não acredito mais em minha neurótica", disse Freud, quando desistiu de sua teoria sobre a sedução como causa dos quadros histéricos.

Com o enfoque no narcisismo, passam a ser mais importantes os traumas a que estamos sujeitos nas relações e no processo natural de desenvolvimento. O abandono da teoria da sedução abriu caminho para a descoberta da realidade psíquica, da sexualidade infantil, do complexo de Édipo. A descoberta da sexualidade infantil esclareceu a força da pulsão, do desejo, da necessidade de gratificação. A fantasia passa a ocupar um lugar central e a sedução parecia deixar de ser uma questão psicanalítica importante para

[1] Comunicação oral, não publicada.

Freud, no sentido de desencadear comprometimentos emocionais. Mas não é bem assim; nos "Três ensaios sobre a sexualidade" ele volta a falar da sedução como um movimento latente nas perversões, predispondo à perversão. Logo ele liga sedução à perversão, ou seja, a sedução continua com uma conotação importante. Freud destaca aí a violência do sedutor (Chasseguet-Smirgel, 1991, p. 23)

Se a sedução é a capacidade de encantar o outro para chegar a algum objetivo, então o sedutor só se interessa por si mesmo, por alcançar seu objetivo. Mas ele sabe que todos estamos sujeitos à sedução. Como ele sabe? Não temos dúvidas de que o sedutor só se interessa por si mesmo e que há muita violência na sua atitude de levar o outro a ser ou fazer o que ele quer. A questão que eu coloco é: de onde ele tirou essa certeza de que pode seduzir o objeto? Por que somos facilmente seduzidos?

Laplanche e Pontalis (1967/1983, p. 614), no *Vocabulário de psicanálise*, abordam o tema: "A sedução não seria na sua essência um fato real, situável na história do indivíduo, mas um dado estrutural que só sob a forma de um mito poderia ser transposto historicamente". Nos seus desenvolvimentos teóricos, Laplanche e Pontalis trazem a proposta de que a mãe seduz a criança com seus cuidados maternos. Também aí a sedução supõe uma relação em que um é frágil e sujeito ou submetido ao outro.

Mas ainda, no *Vocabulário*, Laplanche e Pontalis nos dizem que o indivíduo não tem um comportamento passivo na cena de sedução, mas que ele a suporta porque evoca nele respostas, embora sem eco, em representações sexuais: o estado de passividade é correlativo de uma não representação. Por isso ela produz um "pavor sexual", que leva ao recalcamento.

Então, vejamos: sempre somos seduzidos de alguma forma. Os autores falam da sedução religiosa, a que somos levados pelo desejo de salvação; da sedução social, com o desejo de poder e força, e da sedução econômica, que é o desejo de ter muito dinheiro. Socialmente, em cada época um deles predomina.

Nesse sentido a sedução, ou possibilidade de ser seduzidos, é da nossa natureza? Meus desejos são meus ou os desejos emergem provocados pelo outro? Acredito que a sedução ou o desejo de seduzir para obter alguma gratificação existe e tem realmente uma conotação de violência, mas ela é também um legado da natureza aos seres humanos: tanto o desejo de seduzir como a necessidade de ser seduzido.

Chasseguet-Smirgel (1991, p. 30) defende a ideia de um "nódulo perverso" em todos nós. Ele seria então uma parte integrante da constituição normal. E a sedução faria parte dele, desse nódulo perverso.

Eu estou aqui propondo um outro vértice: será que poderíamos dizer que nos deixamos seduzir para renovar, para viver uma nova experiência? Pode ser uma forma de expansão?

É só nos deter um pouco e vamos ver, por exemplo, que o desejo de sucesso profissional, ou a sedução pelo brilho, pelo destaque, é acompanhado pelo desejo de desenvolver recursos internos; até o desejo de ter um corpo saudável, sedutor, representa também um desejo de vida. Se somos sempre levados a explorar nossos recursos internos e externos é porque está sempre presente a necessidade de identificar nossos valores, interesses e limites. É a necessidade permanente de nos sentir vivos ou competentes para a vida. A sedução pode então ser vista como um recurso de sobrevivência.

A jovem que se sente fortemente encantada pelo cantor ou ator preferido e que corre atrás dele, grita, delira e se sente profundamente feliz quando recebe dele um mínimo de atenção, é sem dúvida alguém batalhando pela preservação de entusiasmo pela vida.

Ela está lutando pela preservação de um sentimento forte que a ajuda a continuar viva!

A ideia é de que nos deixamos seduzir para poder preservar nossos sonhos, nossas fantasias, nossas vivências internas, nosso mundo interno. O professor que nos seduz, nos leva a estudar, o artista que me seduz me leva ao encantamento, aos sonhos, o político que me seduz me mobiliza a participar do social, do grupo.

Essas seriam situações de sedução ou fontes de estímulo? Qual seria a diferença entre estimular e seduzir? Entre o mobilizar e o encantar? Se eu mobilizo o outro para pensar ou pensar nas situações presentes eu não o estou seduzindo; mas se eu o mobilizo para atender a uma necessidade minha e estou tirando proveito disto, então estou seduzindo, estou no campo da perversão, onde *uso* o outro. Aquele que usa o outro é o perverso, isso está muito claro. O que não é claro é porque nos deixamos seduzir, nos deixamos ser usados.

O Outro é o referencial que me define. Betty Joseph (1990, p. 84) fala da culpa, sempre presente, pelo desejo infantil de seduzir a mãe. Isso fica bem claro quando nos detemos para examinar como é fácil criar situações em que sabemos, de antemão, que seremos repelidos. Portanto, estamos sempre nos punindo por criarmos vínculos, por desejarmos mantê-los, por usar da sedução nos vínculos. Dependemos totalmente do outro, dos vínculos com os outros! Essa é uma marca humana contraditória e absolutamente verdadeira.

Outro aspecto importante: segundo Elisabeth de Rocca (2000), na cultura atual está sempre presente "o atrativo demoníaco da completude, sempre à espreita em algum canto do psiquismo". O que é ser completo? Concordo com ela que desejamos ter sempre todos os recursos: poder, facilidades, perfeição. O sedutor é sempre visto como um agressor, mas admitindo nossa necessidade de ser seduzidos, temos de reformular essa questão. A maior agressão é a que fazemos a nós mesmos quando distorcemos a realidade dos fatos e de nossos sentimentos. O sábio não se deixa seduzir! Ele usa de seus recursos de discernimento para saber o que merece aprovação e o que é falso; ele se responsabiliza por suas escolhas e por isso o admiramos.

O que mais nos assusta é nossa própria realidade interna. É difícil ver, desde crianças, nossa violência, nossa voracidade, arrogância, desejo de domínio, dificuldade de suportar frustrações, e tantos outros sentimentos. A criança que não consigo identificar em mim, porque me assusta, fica facilmente oculta pelo recurso da sedução. Se me deixo seduzir, posso sempre alegar que foi o outro o responsável por minha atuação. Visto por esse prisma, desejamos ser seduzidos para poder justificar nossa voracidade, violência, preguiça ou desconsideração. Sou "levado" a isso! Não sou eu que desejo, é o outro que me faz desejar! Assim não assumo a responsabilidade por minhas escolhas, não assumo a responsabilidade por ser quem sou! Se somos "enganados", temos de quem reclamar e a quem responsabilizar por nossas queixas e insatisfações; nos tornamos vítimas. Por outro lado, não atuo sedutoramente quando confio no outro, quando conto com a capacidade de compreensão e tolerância do outro, quando atribuo a ele bons sentimentos. Se confio, não preciso seduzir.

Quando sou seduzido, posso dizer que a violência está no sedutor: ele vai me encantando, me envolvendo e eu nego, então, que há uma gratificação aí, que é minha! Eu desejo e preciso muito de renovação, de viver experiências novas. A gratificação de quem é seduzido é significativa também porque atende à necessidade de *não se assumir*.

Só quem escolhe tem de assumir a responsabilidade e o seduzido pode se considerar vítima da escolha do sedutor. Essa é a questão que estou levantando e que, a meu ver, é de uma importância e abrangência enormes. No mundo em que vivemos, em que a sedução é o mecanismo mais poderoso de domínio, não podemos esquecer o quanto estamos, cada um, colaborando para que a impessoalidade predomine. Estamos tão acomodados ao cotidiano que vamos atuando de acordo com o esperado, acreditando que é muito importante atender ao que se espera de nós. Ter objetivos próprios, ter projetos sérios, ter escolhas, ter perseverança, ter dedicação são propostas válidas e importantes desde que absolutamente pessoais. É diferente você ficar frustrado porque não conseguiu o que queria e não somente porque não correspondeu ao que esperavam de você. Localizar melhor minhas possibilidades e minhas reais limitações deveria ser, sempre, o mais importante a ser definido. Mas para isso preciso parar para pensar, para *me pensar*. Parece que no cotidiano desistimos de pensar, de escolher.

O que fica totalmente negado é a característica básica do ser humano: somos absolutamente únicos. Vivemos exigindo liberdade, lutamos para ser livres, para que outros sejam libertados e, no entanto, a ideia mais forte, hoje, é de que somos escravos dessa sociedade consumista que nos seduz e nos leva a distorcer e a negar valores fundamentais da condição humana. Somos vítimas da sociedade consumista? Não, somos vítimas de nossas limitações. Se sou vítima do social, do que esperam de mim, não posso ser responsabilizado por minhas falcatruas. A ideia de que não sou livre, mas sujeito ao meio ambiente, ao padrão vigente para todos, é válida ou acomodativa?

Aquilo que mais nos assusta é a liberdade. Estamos sempre desejosos por liberdade, e não percebemos que escolhemos sempre. Somos muito mais livres do que acreditamos; o difícil é admitir isso!

O psicanalista ajuda seu paciente a ser livre. O que isso quer dizer? Que ajudamos o paciente a ser ele mesmo, com suas limitações, defeitos, e com recursos, com seus recursos. Pensar o ser humano que somos não é fácil porque almejamos sempre o melhor, ou exigimos sempre muito de nós mesmos. E nem precisamos que os outros o façam, nós mesmos o fazemos. O paciente gosta de acreditar que o analista o seduz a ser outro; assim ele não vê que ele próprio quer ser outro. O analista oferece seus recursos de acolhimento, compreensão, competência na sua tarefa, para levar o paciente a se conhecer. Acusar o analista de querer seduzi-lo ou forçá-lo a ser outro é uma deformação violenta.

Queremos ser seduzidos, ou queremos acreditar que somos seduzidos? Assim não temos de ver como nos oferecemos para ser seduzidos. Com essa versão, muda completamente essa noção comum de que o sedutor é o vilão, e o seduzido, a pobre vítima.

Nossos desejos nos seduzem. O se deixar seduzir é um recurso de renovação; em vez de ser um empobrecimento, um aspecto de incapacidade, pode ser visto, também, como uma mobilização produtiva, uma maneira de sair da acomodação e fazer novas experiências.

A sedução mobiliza meus desejos – eu preciso desejar; o desejo me mantém viva. Então o que a sedução faz é me manter desejante, ligado, vivo. E isso é um fato: preciso muito e sempre estar atento às possibilidades de sobrevivência e de completude. A sedução é extremamente importante e ao mesmo tempo perigosa, assustadora; e sempre ocorre nas relações, nos vínculos. Em todo encontro há sempre uma busca: somos levados pela sedução do novo, da verdade, da vida.

Os autores como Chasseguet-Smirgel (1991) e Laplanche e Pontalis (1983) falam da sedução da mãe. E se essa sedução não existir, se eu não me deixar mobilizar pela mãe, vou sobreviver?

Vou encontrar recursos e a convicção de que vale a pena viver? Então faz parte de nossa natureza essa tendência, que não é positiva nem negativa, mas é um recurso de vida.

Fui seduzida: fui me encantando, me envolvendo, me sentindo gratificada. Não parei para pensar, para avaliar, para escolher. Quem escolhe assume a responsabilidade por sua escolha; quem é seduzido joga a responsabilidade no outro, no sedutor. Queremos sempre o mais fácil e chegamos a acreditar que se pode viver sem esforço, sem luta; e, no entanto, a vida, desde o início, exige de nós, do bebê, extraordinária perseverança e empenho. Sempre.

Então, vejamos: não fosse a serpente o nosso mundo existiria? Não foi ela, que, seduzindo Eva a comer a maçã, levou à expulsão de Adão e Eva do Paraíso? No Paraíso provavelmente não caberíamos todos nós, não é?

E os Don Juans, os grandes sedutores – eles devem viver atormentados, com uma insegurança terrível, com medo de não terem um lugar, de não serem vistos, de não serem lembrados, daí a necessidade de seduzir. Mas fazem, certamente, a felicidade de muitas mulheres.

E o Brasil teria sido povoado com a tranquilidade com que os portugueses foram se instalando não fosse a esperteza do bandeirante que seduziu ou assustou os índios queimando álcool e dizendo que iria pôr fogo e acabar com toda a água da terra se não lhe dissessem onde estavam o ouro e as pedrarias?

E a Sherazade, que com suas histórias seduziu e encantou a corte durante mil e uma noites? E sobreviveu!

A sedução construiu o nosso mundo e nos acompanhará sempre!

Referências

Chasseguet-Smirgel, J. (1991). *Ética e estética da perversão*. Artes Médicas.

Joseph, B. (1990). *Melanie Klein hoje* (Vol. 2). Imago.

Laplanche, J., & Pontalis, J-B. (1983). *Vocabulário de psicanálise*. (Trabalho original publicado em 1967)

Rocca, E. G. (2000). A psicanálise na sociedade pós-moderna. *Revista de Psicanálise da SPPA*, *7*(1), 65-70.

42. Ser adulto[1]

O que é ser adulto?

Toda criança tem um adulto cuidando dela. Isso é da condição humana; sem cuidados o bebê não sobrevive. Diferente dos animais, que não precisam ou precisam muito pouco da mãe ou pai, que estão preparados para a vida, embora precariamente, a criança necessita do adulto por algum tempo. Mas se não somos mais crianças, se já somos adultos na constituição corporal, na força, na capacidade de locomoção, nos conhecimentos, já não precisamos do outro. Certo? Não, errado! Precisamos do outro sempre, para sobreviver mentalmente, para nos realizar como pessoas específicas, com características e escolhas próprias. O outro me dá os parâmetros para que eu possa saber quem sou.

Do ponto de vista social, você faz 18 ou 21 anos e é considerado adulto, ou melhor, tem de responder por suas atitudes socialmente. Mas e no nível interno? O crescimento psíquico é

---

[1] Comunicação oral, não publicada.

inexorável; a natureza se impõe e exige de nós um crescimento que se não ocorrer é porque houve uma anomalia qualquer; normalmente desenvolvemos recursos de compreensão, de apreensão, de reflexão, de aprendizado que nos transformam, física e psiquicamente em adultos.

Mas, e a criança, o que acontece com ela? Quando adultos nos livramos dela? Ela simplesmente morre, deixa de existir? Não, ela continua viva dentro de nós, e continua precisando de cuidados. Então voltamos à pergunta: o que é ser adulto?

Ser adulto é ser capaz de cuidar bem da criança, da criança dentro de nós

O que quero dizer, basicamente, é que não deixamos nunca de ser criança, mesmo quando nos tornamos adultos, e se esse é um dos privilégios da condição humana é também uma das fontes de angústia, das mais significativas. É um privilégio porque podemos preservar a curiosidade, as fantasias, os sonhos, o desejo de novas experiências. É uma fonte de angústia porque precisamos, o tempo todo, conter a criança dentro de nós, em diferentes aspectos. Em outros, temos de preservá-la.

Vamos ver, então, que aspectos precisamos conter da criança e que aspectos precisamos salvar, dentro de nós.

1. A criança não tem noção de propriedade; com a maior tranquilidade vai e pega o brinquedo do outro para si, e chora quando alguém o toma de volta para seu dono. O adulto já adquiriu o sentido de propriedade, sabe o que é seu e o que não é. Essa capacidade de delimitar, de aceitar seus limites, é própria do adulto. Aprendemos isso a duras penas. Quando essa noção está perturbada (é o caso

dos roubos e crimes, por exemplo), então é porque o adulto está ausente, não está cuidando bem da criança dentro dele. Será que a criança sabe que ter limites, ser contida, é bom? Claro que sabe, de alguma maneira. Observem quando a criança está agitada, desorientada; ela se acalma quando alguém estabelece limites, diz: chega!

A necessidade de limites é fundamental, não só para mim, mas para o outro que está comigo também. E uma de nossas tarefas é ajudar o outro a se dar conta dos limites quando o outro não percebe que está extrapolando. Por exemplo, a paciente que não dormiu de tanto desejo de comprar o consultório; quando o marido diz *não*, ela se acalma e dorme. Ou quando eu programo uma série de coisas para o outro dia, me agito para fazer tudo; quando me dou conta de que não vai dar tempo mesmo e que tenho que escolher, então me tranquilizo.

2. A criança se descontrola facilmente. Qualquer contrariedade e ela sai batendo, chutando, derrubando o que está pela frente; ou então chora muito. Aí o adulto vai e diz que ela não pode fazer isso, que precisa se acalmar etc. O adulto percebe que a criança se frustrou e oferece continência e compensações à criança. Temos de ser esse adulto: desenvolver a capacidade de continência das nossas raivas, desejos de vingança etc., e principalmente de continência de nossa voracidade. Reconhecer nossos limites nos contraria e aí estamos sempre atacando os outros, ou responsabilizando os outros. Por exemplo, a paciente que se desesperava com a incapacidade do marido de tomar decisões ou ter iniciativa; quando tentei examinar por que ela não tomava a iniciativa e não desenvolvia as tarefas que cobrava do marido, ela descobre que não daria conta! Outro exemplo, do meu trabalho sobre o ódio ao esforço – da jovem que acusa os pais por terem a deixado com os avós ainda

criança. Colocamos nos outros e nos queixamos do outro daquilo que, na verdade, não queremos ver em nós.

Outro exemplo, do rapaz da novela que depois do tratamento para deixar as drogas não volta à faculdade como o amigo sugeriu. (Este reconhece seus limites e, sofrendo muito, os assume). Ele diz: "Olha, eu não tenho mais boa memória, não consigo mais ter concentração, não raciocino com rapidez como antes. Tenho de procurar uma atividade que eu dê conta". É sua própria realidade que o contraria, mas ele tenta aceitar. É claro que a gente quer retomar tudo o que tinha de melhor; mas perceber isso é o mais importante, ter noção de suas reais possibilidades. E ser responsáveis por nós mesmos.

3. Muitas vezes depois que nasce um irmão, a criança fica muito triste; pode ficar calada, sem vontade de comer, brincar, estudar. Na verdade, a raiva do irmão a faz acreditar que se ele chora, tem problemas ou passa por qualquer dificuldade, é porque ela teve muito ódio e quis que o irmão não nascesse. Daí a culpa. São fantasias. O adulto também pode fazer muito isso; por ter desejado, em pensamento, algo mau para o outro, e se isso acontece, ele se sente culpado.

Quantas vezes ouvimos: "Se eu tivesse impedido o outro de ir embora, se eu tivesse feito isso ou aquilo não teria ocorrido o acidente. Eu devia ter impedido, eu devia ter feito isso ou aquilo".

Saber que nós não temos poder para isso, não somos tão onipotentes, é tarefa do adulto, que acalma a criança dentro dele. A crença no poder de nossa destrutividade é um problema sério; é isso que caracteriza o deprimido, que acredita na sua responsabilidade ou na sua capacidade de maneira totalmente indevida; assim como o deprimido acredita que não pode e deve fazer muitas coisas, o maníaco acredita que ele pode resolver tudo. Em qualquer desses extremos temos de chamar a atenção dessa criança desesperada para a realidade. Ser gente é, exatamente, aceitar que temos muito pouco poder e que somos imperfeitos.

4. A criança não suporta qualquer desvantagem; por isso ela quer ser o Super-homem, o Batman, enfim, o grande herói imbatível. Tem de ser o maior em tudo: brinquedos, notas, elogios, em tudo. O adulto sabe que isso não é possível; ser mais ou menos bom em alguma coisa já deveria ser o suficiente e não precisa ficar infeliz, ou desvalorizar o outro se não tem todas as vantagens.

A inveja tem de ser domada, na criança e no adulto, o tempo todo, porque ela existe mesmo, e não vai desaparecer nunca. Todos sabemos o que é a inveja e como ela é daninha. O adulto aprende a conviver com ela, a detectar sua presença. Muitas vezes, a gente para e diz: "Nossa, acho que estou morrendo de inveja do fulano". Esse momento de percepção reinstala o adulto dentro de nós na medida em que não só você enxerga a criança invejosa, como também aceita essa criança como ela é, uma criança que sente inveja, que não está livre dela. Sempre que você se percebe você muda. Esse é o princípio básico da psicoterapia e mais ainda da psicanálise: nós não ficamos atentos e desejosos de curar o paciente de seus sintomas; ficamos atentos em compreender e ajudá-lo a compreender como ele é, como reage etc. Somos menos ainda conselheiros ou críticos. Mas acreditamos que o conhecimento pode ser útil para a pessoa que precisa mudar, ser mais leve, mais feliz.

Tenho pacientes que chegam dizendo que odeiam os invejosos e que eles não são invejosos nunca. Isso é impossível – a inveja é um sentimento inexorável dentro de nós, porque ela é a manifestação do instinto de morte. O importante não é ficar livre da inveja, mas ser capaz de contê-la, de administrá-la.

5. A necessidade de escolha é algo muito sério, difícil, e que devemos enfrentar sempre. Não é só a criança que fica desesperada numa loja de brinquedos porque tem de escolher um só brinquedo para ela. Quantas vezes sofremos por não ter todas as opções, como o adolescente: quer continuar sendo sustentado pelos pais e ao mesmo tempo não quer dar satisfação sobre seus gastos. O adolescente tem muito disso, é dependente, mas quer ser dono de seu nariz. Precisamos ter paciência, esperar ele crescer e não precisar castigá-lo toda hora. É preciso muita tolerância e aceitar que é assim mesmo. Principalmente não ter tanto medo dele; os pais ficam muito apavorados e não percebem que os jovens estão mais apavorados ainda, com todas as mudanças no seu corpo na apreensão de tantos estímulos, nas revoluções hormonais, nas solicitações do ambiente etc.

Nós adultos também temos de domar esta criança em nós toda hora; aprender a escolher e aproveitar o que escolheu hoje não é fácil, já que qualquer escolha implica em perda. Perdemos as vantagens de ser solteiro quando nos casamos; se não soubermos usufruir do casamento, das vantagens do casamento, vamos viver sofrendo. Ficar se recriminando porque se casou é ser como a criança que não pode brincar com o carrinho novo porque não ganhou também o revólver. Escolha é sempre perda e ganho, ao mesmo tempo.

Mesmo agora, eu, vocês, escolhemos estar aqui; deixamos de fazer outra coisa. Parece coisa simples – eu estou sempre mostrando a meus pacientes como a escolha é algo difícil e intransferível. A jovem me diz muito brava: “Tenho de ir para minha casa no fim de semana e vou perder tal festa”. Ela está convencida de que é obrigada a ir pelos pais. Eu pergunto: “Por que você não fica para a festa?”. “Porque meus pais querem; eles vão ficar zangados se eu não for”. E eu digo: “E você escolhe não os contrariar! Essa é sua escolha”. Então ela escolhe não contrariar os pais. É curioso como nossos pacientes acham que precisam cuidar dos outros, até de nós, os analistas! Minha paciente não podia deixar a análise porque eu ficaria desolada! Quando fui para o internato, ficava muito triste porque minha mãe não ia suportar minha ausência. Era eu que cuidava dela. Quando ela foi me visitar não acreditei vê-la de vestido novo, bolsa nova etc.

6. Se o adulto se apoiar no nome da família, ou no dinheiro, por exemplo, e achar que isso basta para ser bem tratado, ou para ter vantagens, isso é muito infantil. É como as pessoas que dizem: Você sabe com quem está falando?

A arrogância é expressão de desespero. E o desespero é o de não ter qualquer valor pessoal. O adulto sabe que seu valor é pessoal, depende dele mesmo, depende de como ele usufrui do que recebeu dos pais, de como ele usa o "patrimônio" recebido. A arrogância é prova da falta de noção da realidade externa e interna; é grave. A pessoa que sabe qual é seu lugar, sua importância; do que é capaz e do que não é, vive segura, tranquila. Sempre que você percebe muita arrogância no adulto, pode ter certeza de que é porque ele está como uma criança insegura que precisa chamar a atenção para ser visto, considerado. Ser adulto é poder apaziguar essa criança insegura dentro de nós, dizendo a ela que não precisa bancar o importante porque todos acabam, de algum modo, sabendo do valor do outro, de seus recursos, de suas condições pessoais.

Tenho me preocupado muito com a arrogância dos jovens hoje; tanto nas escolas como no ambiente social em geral e no ambiente de trabalho. A paciente que diz que os pais a tornaram tímida, sem condições de fazer amigos ou de se casar, está arrogantemente dizendo que ela não tem qualquer responsabilidade sobre sua falta de recursos para viver. Mas também aqueles que não respeitam a experiência, o empenho dos mais velhos em oferecer o melhor, estão sendo, no mínimo, pouco inteligentes, porque por mais que sejam burros, os adultos já passaram por esse caminho e sabem quais os perigos ou os recursos que têm.

Uma das perturbações graves, que se chama de perversão das gerações, não significa simplesmente que o jovem ou a criança quer saber mais que o adulto; esse é o aspecto superficial. O mais importante é que existe uma grande satisfação no aprender – vejam vocês: não é sem esforço que vocês estão aqui; há uma satisfação enorme em ver coisas novas, em desenvolver conhecimentos. É assim que se ampliam horizontes, que nos tornamos criativos e autônomos. Esse é um dos aspectos da criança que não podemos perder, que precisa ser preservado.

Esse prazer em aprender, em estar sempre crescendo de alguma forma, é inerente ao ser humano e quando você não aceita mais aprender, alguma coisa está errada. É como a criança que já quer ter as prerrogativas dos pais sem ter as condições físicas ou psíquicas para isso.

7. Estamos sempre dizendo para a criança que ela não pode fazer isso ou aquilo. Mais do que nunca, nós adultos sabemos quantas coisas não devemos fazer, e fazemos, como comer, beber, não se exercitar etc. E vocês já notaram a satisfação da criança quando ela não faz uma coisa proibida e vem nos contar? E o adulto é a mesma coisa, ficamos satisfeitos conosco quando fazemos a caminhada do dia, quando não comemos demais, quando estudamos para a prova e assim por diante. A capacidade de suportar a limitação e de se empenhar é sempre mais gratificadora do que a de se evadir.

Quem assistiu a Dogville deve se lembrar, eu mesma fiz um comentário nesse sentido, o pior para qualquer um é não ser ajudado quando perde os limites, quando perde as medidas, quando não suporta as restrições ou quando não é ajudado a se perceber nos seus erros. A criança está sempre pedindo limites e os adultos também, está sempre lutando para não extrapolar. O motoqueiro que eu repreendi na esquerda e que me retrucou com satisfação: não é não, vovó! Ele gostou de ser notado e repreendido; mostrou satisfação com meu interesse e me agradeceu, me esclarecendo.

8. Quando uma criança começa a ficar muito entusiasmada com suas habilidades e quer subir na árvore mais alta, ou correr muito na sua bicicleta, ou pular mais longe etc. ela pode estar se experimentando, tentando descobrir do que é capaz. Isso pode ser saudável. Mas se ela precisa provar que é a melhor de todas, se ela precisa chamar atenção e ter todas os elogios, a gente logo percebe que tem algo estranho aí.

O adulto que precisa ser capaz de grandes feitos pode estar lutando contra um sentimento terrível de se sentir ou ser visto como um incapaz, e ser desprezado por isso. Sempre, o que mais nos tranquiliza é estarmos convictos e seguros de nossos recursos; quando precisamos ficar provando isso aos outros é um mau sinal – se não tenho tranquilidade de que sou capaz, não adianta o que os outros acham; mas se me apoio nos outros, não sei de meus recursos, então estamos numa situação difícil – esse é um aspecto infantil que precisa muito ser elaborado internamente.

9. Crianças muito certinhas, que ficam impedindo as outras crianças de fazerem experiências novas, ou até estrepolias; ou crianças que ficam repetindo as regras são crianças muito infelizes, porque vivem subjugadas por temores. Adultos assim também são infelizes, porque não acreditam que o novo pode ser bom, ou que o novo vai ser suportável. O novo é sempre aterrorizador, mas precisa ser enfrentado. Temos de estar sempre tranquilizando a criança dentro de nós e aceitando que temos de ter medo sim,

sempre, mas o medo cauteloso, inteligente, de quem está atento à realidade.

Se uma criança de 3 anos entra tranquilamente na sala com o psicólogo, na primeira entrevista, e deixa os pais para trás, como se não tivesse nenhuma importância, ou como se fossem muito socializadas, cuidado, alguma coisa está errada. O adulto está preparado para entrar na sala sozinho, a criança, não; ela, em primeiro lugar, precisa conseguir ter a confiança no estranho, saber que ele é confiável. Crianças aparentemente muito desembaraçadas na verdade podem não estar tendo senso crítico suficiente.

O adulto também pode estar sendo uma criança muito vaidosa, que quer se mostrar valente. Avaliar nossos recursos é fundamental sempre.

10. Todos precisamos sempre do outro. A criança sadia sabe bem disso; ela precisa do adulto e de outra criança para brincar. E brincar é usufruir de sua imaginação, de seu corpo, de sua inteligência, de sua criatividade. Ela se desenvolve brincando com outras crianças. Essa é a grande ajuda: o outro é fundamental para nos descobrir e para desenvolver nossos recursos, para adultos e crianças. E quanto mais descobrimos a nós mesmos, mais e melhor estamos cuidando de nós.

Quando vocês se dispõem a ouvir tanta gente, num encontro como este, vocês estão mostrando saúde mental, confiança em si mesmos, capacidade de discernimento, desejo de aberturas etc. Isso é o lado saudável da criança que sempre deve existir dentro de nós e que precisa ser muito explorada e alimentada.

O adulto que não acredita nos seus recursos está sempre dependendo das opiniões dos outros. Mas, por outro lado, aquele que acredita estará sempre se cotejando com os outros para melhorar.

E o melhor que temos a fazer como adultos é ajudar a criança dentro de nós a continuar sempre sonhando, desejando, querendo se desenvolver.

E cuidando dela – essa criança não pode ficar aos cuidados da babá, da mamãe, da vovó; só nós podemos cuidar dela.

O aspecto criança que precisa ser preservado é o dos sonhos.

Em suma, o adulto é aquele que se ajuda ao se pensar e ao ter responsabilidade, não responsabilidade aleatória, mas calcada no conhecimento, no reconhecimento, no bom senso e na experiência.

Enfim, o adulto é aquele que sabe que tem de desenvolver a capacidade de pensar todos seus comportamentos, suas necessidades. Ele as pensa, não somente quer satisfação. E também não nega suas falhas; é reconhecendo seus erros que se prova realmente adulto; porque é no reconhecimento de minhas falhas que exercito minha força, minha coragem, minha grandeza.

E aprende que ser capaz de não ter tudo é mais importante do que ter.

Não ter medo de sofrer e estar sempre se desenvolvendo para melhor suportar o sofrimento ao em vez de ficar reclamando porque o sofrimento existe.

A criança, quando tem dificuldade para realizar uma tarefa, não gosta que o adulto faça por ela; ela quer continuar tentando; esse aspecto infantil não podemos perder nunca: a capacidade de enfrentar o difícil e não ficar esperando que fique fácil.

43. Ser velho[1]

Envelhecer é doloroso, mas não só.
Envelhecer é horrível, mas não só.
Envelhecer dá pena, mas não só.
Envelhecer dá raiva, mas não só.
Envelhecer dá ódio, mas não só.
Envelhecer é triste, mas não só.

Não sinto nenhum privilégio por estar aqui falando do envelhecer, longe disso. Bom é ser jovem, forte, saudável, cheio de projetos, de sonhos, de futuro.

Também não vou falar que ser jovem é bom, mas não só bom. Isso seria tolice. Vou voltar para o que é ser *velho*, para mim e para muitos outros que sabem bem de tudo isso. Outro dia estava passeando no jardim da praça e quase me sentei junto a alguns idosos para me ajudarem a pensar no tema; mas achei melhor não

---

[1] Comunicação oral, não publicada.

fazer isso. Sei que alguns me ajudariam muito, mas outros talvez me confundissem, e preferi ficar sozinha com minhas reflexões.

Hoje sou mais capaz de:

- tolerar;
- esperar;
- observar;
- perceber;
- aceitar os limites;
- me aceitar com falhas sem sofrer;
- aceitar as falhas dos outros;
- perdoar;
- *discriminar o que é perdoar e o que é escolher, ou, melhor, posso perdoar, mas não preciso aceitar*;
- aprender sempre, com as mínimas coisas;
- conviver;
- ser só – não o sendo nunca, mesmo estando sozinho;
- suportar as ausências;
- pensar na morte sem pânico, com tranquilidade;
- discriminar o que é importante;
- me vincular sem medo dos vínculos e das frustrações;
- não se deixar enganar com as aparências e saber ver o bom e valioso com mais facilidade;
- conviver com o novo sem ódio, desprezo, raiva, medo;
- aceitar as mudanças e as inovações sem manter a arrogância de que "no meu tempo era melhor";
- aceitar o desprezo dos jovens;

- não precisar mudar o mundo porque acredito que ele mudará naturalmente, no momento possível;
- valorizar a vida como um grande presente;
- me encantar com as pessoas e sua criatividade;
- me encantar com o novo;
- ter saudades e ter esperança.

44. Sexualidade[1]

Não pretendo ser original nas nossas conversas de hoje sobre sexualidade; apenas a organização da exposição e a maneira de trazer as ideias me é própria; as possíveis falhas e omissões também.

Além dos inúmeros autores assimilados por mim, hoje anônimos e indistinguíveis, quero destacar duas leituras básicas sobre o percurso de Freud até o aprimoramento desta conceituação fundante da psicanálise; são eles: Alírio Dantas Júnior no texto "Freud e a ordem do sexual: do trauma à fantasia" (2006) e Garcia Rosa (1991).

Costuma-se destacar a sexualidade como a grande descoberta de Freud. Garcia Rosa nos lembra que não foi assim; o interesse pela sexualidade já era muito grande ao tempo de Freud. Desde o século XVIII e no século XIX foram muitos os escritos sobre o tema. Tanto assim que o próprio Charcot já falava que o problema central da histeria era sexual. Freud deu um passo à frente. Ele não estava interessado no estudo da sexualidade, ele não era um

[1] Comunicação oral, não publicada.

sexólogo. Algo mais o atraía e inquietava e foi pelo caminho da sexualidade que ele chegou ao inconsciente. Tanto que ele vai desvincular sexo de genitalidade e vincular sexo ao inconsciente.

A ordem sexual em Freud não é da natureza, do biológico, mas da ordem do psíquico. No início, a sexualidade estava ligada diretamente à genitalidade, ao corpo, e se revelava pelo patológico – é o trauma. Era pelo trauma que a sexualidade entrava na ordem do psíquico; mas ainda ligada ao corpo. A sexualidade não era conhecida pela criança, considerada passiva – era o adulto quem forçava nela a vivência da sexualidade, de forma traumática.

A descoberta da sexualidade infantil trouxe a grande virada; afastada a teoria do trauma, teremos uma nova visão da criança, que passa de passiva e vítima a ser considerada muito ativa, na medida em que as fantasias sexuais são ativas desde sempre – a atividade sexual psíquica existe desde o início, desde a satisfação oral.

Ao descobrir a fantasia e sua inscrição inconsciente, Freud (1905) dá novo rumo a suas pesquisas; é a atividade erótica, não a atividade sexual explícita que tem força e um lugar central na construção do psiquismo. É o prazer erótico, não o genital, que tem inscrição na mente, e para sempre, no sujeito.

E a sexualidade não mais ligada ao instinto, mas à pulsão, não se faz ato, como diz Dantas Júnior (2006), mas se faz representar psiquicamente. Inconsciente e sexualidade agora intimamente ligados; é a coexistência de ambos a grande descoberta. Na expressão de Liana Albernaz:

> *É a mãe, e não o pai, quem subverte o corpo infantil. É ela a implantadora no corpo infantil da pulsão sexual. Pervertedora do corpo da criança, é a mãe*

quem gera nesta o corpo erógeno, sustentado na experiência de satisfação. Experiência fundamental, pois dela emerge o desejo.

A criança necessita da mãe para satisfazer seus desejos de acolhimento e de alimentação. Toda satisfação, que traz a eliminação da tensão interna, é relacionada a um objeto – da relação entre necessidade e objeto nasce o desejo. A criança cria a imagem mnêmica do objeto que gratifica, imagem que volta sempre, mas é a imagem que reaparece, não o objeto real, porque agora se cria a representação do objeto – portanto, é entre o fisiológico e o desejo que se cria a mente, o universo das representações. É por meio do desejo, que é uma ideia ou um pensamento, que a pulsão sexual estará sempre se manifestando; não mais o instinto sexual, mas seu representante psíquico, o desejo.

O desejo, por sua própria origem, está fadado a nunca ser satisfeito, a ser sempre buscado, mas nunca satisfeito porque deslocado do corpo, que agora é um corpo erógeno (o leite não mais saciará o desejo de gratificação plena). O que foi ampliado é o próprio conceito de sexualidade, graças à introdução do conceito de fantasia. É para a fantasia que se dirige o desejo, e não para o real.

Toda satisfação é acompanhada de uma insatisfação, porque o desejo se realiza em objetos, mas não se satisfaz com eles. O desejo é sempre acompanhado de uma falta e se caracteriza pelo impulso de reproduzir alucinatoriamente uma satisfação original. O sentido do prazer para Freud será sempre determinado psiquicamente; o objeto de satisfação de um desejo é sempre um objeto interno, que precisa ser descoberto, inventado. A insatisfação e a interdição estarão sempre presentes. É a sexualidade iluminando a construção da interioridade e trazendo a noção de interdição, que vai colocar Édipo no centro do psiquismo e da psicanálise.

O universal no psiquismo humano é essa situação triangular: o sujeito, o objeto de seu desejo e a interdição. Sempre que sofro uma insatisfação é porque alguém está tendo o que me é negado. Com Klein vamos ver que não importam os direcionamentos possíveis da pulsão ou das representações pulsionais; as relações com os objetos é que são fundamentais; é na relação com os objetos que obtemos gratificação das necessidades e ainda por meio dessas relações que construímos a mente, nas suas diferentes modalidades de funcionamento. A existência do outro elemento, do terceiro, me dá a noção de minha limitação, de minha descontinuidade. Somos incompletos, esse é nosso destino, física e psiquicamente incompletos. É o outro que me delimita e me define humano.

É também na ausência de gratificação, é na necessidade de suportar a falta que Bion vai apontar o nascimento da capacidade de pensar. Ele ensina que a frustração nos leva a mobilizar recursos que vão construir o aparelho pensante, pela atividade da função alfa.

Na base da teoria do pensamento de Bion está a configuração da relação sexual, a relação continente-contido. Nas palavras de Leopoldo Nosek: "A dicotomia pensamento e sexualidade se desfaz, e pensar é como uma sexualidade interna, agindo em continente-conteúdo" (1996). A compatibilidade analítica se assenta nas diferenças, nas posições intercambiáveis, que trazem implícito o conceito freudiano da bissexualidade humana.

Vou deter a exposição teórica aqui para trazer um material clínico que nos ajudará a dialogar.

O paciente adulto, há poucos meses comigo, chega à segunda sessão da semana dizendo: "Hoje estou bem melhor. Hoje está tudo bem". E passa a narrar os acontecimentos da manhã, em família, que foram muito agradáveis. E depois retoma: "Hoje estou bem. Ontem eu estava uma fera, mas pensando hoje, acho que aconteceu uma coisa muito importante, uma coisa muito boa. Eu briguei com a senhora, reclamei, fiz aqui e na minha casa o maior escarcéu. Lembro que num momento a senhora falou alguma coisa e eu entendi que a senhora concordava com minha mulher, e eu queria que a senhora concordasse comigo. Eu fiquei muito bravo. Racionalmente eu a entendi, mas eu não queria saber. E a senhora me mostrou que eu estava brigando com a senhora. É, eu estava mesmo, porque a senhora não fazia o meu jogo. Eu achei muito bom poder brigar com a senhora – curiosamente não tive medo – e depois da sessão achei bom tudo o que aconteceu. Fiquei lembrando como briguei com a senhora, foi a primeira vez, e achei muito bom".

Eu disse a ele: "Você está me dizendo que uma nova relação está começando entre nós".

"É, e achei que a sessão foi muito curta, poderia se prolongar mais. Mas eu cheguei atrasado e ela ficou curta".

"Esta é uma reclamação de hoje; você está me dizendo que eu bem poderia ter estendido a sua sessão, não descontando o tempo do seu atraso, já que você precisava de mais tempo".

"Sabe que é. Tanto que quando entrei no elevador e vi no relógio que eram 7h11 fiquei uma fera. Mas minha sessão não ia até 7h20? Fiquei fazendo os cálculos, custei para me localizar e aí eu vi que não. Custei para perceber que a hora estava certa".

"Você está me informando do seu medo de ser dominado e controlado por mim".

"É, eu sei que fui muito violento com minha mulher. Com ela eu sou violento muitas vezes. Com os outros não sou assim. Sempre fui considerado uma pessoa tranquila, apaziguadora. Com minha mãe eu também brigava muito e ela me aguentava. Minha irmã também, tínhamos muitas brigas e depois tudo ficava bem.

Com minha namorada, a O., também. Aliás, eu nunca entendi por que ela me deixou; somos hoje bons amigos e um dia quero conversar com ela para perguntar sobre o que realmente aconteceu. Com minha outra analista também, eu brigava muito. Agora com a senhora – é bom isso. *(contei sete mulheres)* É com elas que eu fico louco, que eu explodo. Mas de modo geral não sou nada assim, não costumo ser violento, sou um apaziguador. Uma vez eu estava com uma namorada *(conta em detalhes)* e quando estacionei o carro e abri a porta, dois assaltantes com revólver exigiram que eu desse a carteira, relógio, corrente. Eu dei e eles saíram correndo. Liguei o carro e sai atrás deles dizendo à namorada que esperava reaver os documentos, que eles costumam jogar fora. Na verdade, estava fora de mim, de tal maneira enlouquecido que eu queria encontrá-los e passar por cima deles de carro, tal o meu ódio".

Digo a ele que o que mais o assusta não são ladrões que levam coisas, mas quando se sente assaltado por uma grande violência interna, assaltado pelo ódio, ele acredita poder fazer vítimas.

"Eu tenho esse medo mesmo, porque fico fora de mim".

Volta a falar das mulheres e continua achando que elas devem aguentá-lo. Fiquei intrigada com esta colocação e várias coisas me passaram pela cabeça: há uma valorização da mulher; há uma crença de que são elas que podem contê-lo; mas há também uma supervalorização de si mesmo.

Digo então que ele está aliviado hoje porque eu estou aqui com ele, depois de tanta briga, mas também está me dizendo que eu preciso ver que se ele me valorizava, me escolhia, eu tinha de ficar muito satisfeita. Eu devia estar muito gratificada de tê-lo comigo e tinha então de aguentá-lo. Era o preço pelo prazer que ele me dava.

"Eu concordo com isso; minha mulher é a pessoa de quem eu mais gosto no mundo atualmente. Então ela tem de me suportar. Tem de aguentar meus estouros. Acho que a senhora também".

Penso que na teoria do meu paciente, a relação continente--conteúdo é uma construção rígida, bem demarcada. Homem e mulher têm lugares bem definidos; na sua teoria não há a possibilidade de uma vivência dinâmica, em que as posições mudam a cada momento. Insisto, na sua teoria, não na sua vivência, como veremos depois.

O paciente precisa manter a ideia de que não *é capaz* de conter sua própria intolerância e violência. O significado de suas projeções parece expressar a premência de buscar fora dele um continente que o suporte. Ao projetar seus recursos de contenção, fica desprovido deles, e ao não reintegrar a capacidade de contenção e controle, fica empobrecido, como aconteceu na sessão anterior a esta. (Mas neste momento da sessão de hoje já ocorreu uma mudança; não é alguém limitado que se apresenta, mas uma pessoa interessada, preocupada com seus conteúdos internos e com os estragos perigosos que podem ocorrer dentro e fora dele.)

Ele idealiza os recursos das mulheres à custa de uma distorção importante. Para elaborar esta situação interna, ele necessitava me provocar diretamente na minha condição feminina. Suas queixas de mim não têm nada a ver com o fato de eu ser mulher – mas ele precisou ir por aí, batendo de frente com sua problemática mais profunda. As mulheres que ele enumera e eu mesma somos parceiros importantes que o ajudam a se conhecer. Ao me usar, como as outras mulheres, como modelos de uma função interna, ele está usando a linguagem que lhe é possível; é sua condição atual.

Quais são as fantasias subjacentes a essa relação sadomasoquista com as mulheres? Seu problema maior é lidar com o sadismo e com as fantasias infantis de identificação com a mulher submetida da dupla parental em coito anal. É uma fantasia infantil assustadora, na medida que o remete às angústias homossexuais. Poder e domínio vão além das diferenças sexuais e se relacionam com a analidade não integrada. Toda situação de perigo é sempre interna: são o ego e os objetos internos que correm perigo. A dificuldade na integração e manejo dos aspectos sádicos leva à fantasia de que se não é ele que tem o poder e o domínio, vai ser dominado e massacrado pelo outro.

As mulheres, na sua transformação, não só aceitam, mas se gratificam ao serem dominadas e controladas, e isso contra todas as evidências: a namorada o deixou, e ele não sabe por quê. Ele tem medo de saber o que sabe e tenta me levar a uma cumplicidade; tenta fixar minha função dentro de seu esquema e me provocar culpa. Ele insiste que formemos uma dupla estável; assim ele fica protegido do novo. Mas ao mesmo tempo teme que eu, como a esposa, aceite isso.

Na sessão em que ele não pôde me ouvir, em que não pôde ser continente para os conteúdos que eu lhe oferecia, trouxe para dentro da relação seu conflito interno. Esse é o início de um movimento que não está claro ainda para ele, mas ao se observar, ao nos observar, ele está criando uma terceira situação importante, fundamental. Na sessão relatada, vimos que ele me deu oportunidade de mostrar seus aspectos persecutórios básicos; pudemos, então, fazer trocas, embora ele insista na superioridade de seu esquema dominador.

Na sessão em que não me deixou falar, ele acredita que fui passiva; longe disso, minha grande atividade consistiu em deixá-lo me usar como continente de suas evacuações. Ao me oferecer como objeto para suas projeções, possibilitei o início de uma nova pesquisa – são as fantasias homo e heterossexuais que estão aparecendo e precisando ser elaboradas com urgência. Ao propor que eu fique com sua impotência, ele mostra que a situação interna já não está tão cimentada, algo está se movendo. O *conteúdo* de sua fala insiste na vantagem da imobilidade, mas na sua vivência comigo há um processo francamente evolutivo que o assusta exatamente porque aponta para experiências novas. Ele me ouve e aceita hoje e não está mais se sentindo ameaçado de uma intromissão disruptiva. Corretamente, ele se dá conta de que podemos brigar porque somos diferentes, não só um do outro, mas cada um dentro de si, e diferentes a cada passo. Ele briga numa sessão e reconsidera na outra. Caminha para a genitalidade no nível psíquico, para as trocas que criam novas possibilidades e expandem o universo mental.

Quando fala da importância da briga, mostra que está atento, curioso; intui que novos significados estão aparecendo, eu diria até que já estão presentes; se podemos brigar, podemos nos entender – podemos ter uma relação sexual (psíquica) e podemos nos separar, nos individualizar.

> *Todos os nossos afetos de simpatia, amizade, confiança etc., tão proveitosos na vida, ligam-se geneticamente à sexualidade e se desenvolveram por enfraquecimento da meta sexual, a partir de anseios puramente sexuais, por mais puros e não sexuais que se apresentem à nossa autopercepção consciente. Originalmente só conhecemos objetos sexuais; a psicanálise nos faz ver que as pessoas que em nossa vida são apenas estimadas ou veneradas podem ser ainda objetos sexuais para o inconsciente dentro de nós. (Freud, 1912/1976)*

Referências

Dantas Jr., A. (2006). Freud e a ordem do sexual: do trauma à fantasia. *Revista Brasileira de Psicanálise, 40*(1), 59-65.

Freud, S. (1905). Três ensaios sobre a teoria da sexualidade. In *Edição Standard brasileira das obras completas* (Vol. VII). Imago.

Freud, S. (1976). A dinâmica da transferência. In *Edição Standard brasileira das obras completas* (Vol. XII, pp. 129-143). Imago. (Trabalho original publicado em 1912)

Garcia-Roza, L. A. (1991). *Introdução à metapsicologia freudiana, 1: Sobre as afasias, 1891, O projeto de 1895*. Zahar.

Garcia-Roza, L. A. (1993). *Introdução à metapsicologia freudiana, 2: A interpretação do sonho*. Zahar.

Garcia-Roza, L. A. (1995). *Introdução à metapsicologia freudiana, 3: Artigos de metapsicologia, 1914-1917*. Zahar.

Nosek, L. (1996). Sexualidade e pensamento. [Apresentação de trabalho]. *Simpósio Bion em São Paulo – Ressonâncias*.

45. As perversões e a sociedade perversa[1]

A psicanálise clínica nos situa na fronteira entre o íntimo e o social. Da captação pelo analista do que se passa com o analisando e do que é vivenciado por ambos, podemos lançar hipóteses ou fazer conexões produtivas sobre o que ocorre nos planos cultural e social. Não podemos nos furtar a pensar o mundo em que vivemos porque ele não só nos bate à porta, mas entra fortemente para dentro do consultório. Li em algum lugar: "O paciente é o sintoma do universo social a que todos pertencemos".

Ao pensar o homem da intimidade, a psicanálise está contribuindo com o social; por outro lado estamos reformulando permanentemente nossas teorias e nossa prática a partir do contato vivo, clínico, com a sociedade. A reflexibilidade entre o social e o psicanalítico é uma prova da vitalidade de nossa ciência.

Marcelo Viñar fala da importância em "conceituar o que existe de próprio de nossa época e é relevante". A ânsia de poder não é própria de nossa época, é própria do ser humano, mas as maneiras

1 Comunicação oral, não publicada.

como ela se manifesta, ou com que se busca o poder hoje, no plano social, político e individual, tem características que podemos considerar como peculiares. Em muitos aspectos se configura como uma atuação perversa – estou chamando de perversa a conduta em que a destrutividade predomina na relação, e o outro é usado como objeto. Ou melhor, quando o outro não é considerado tendo em vista suas necessidades, características próprias, seus recursos pessoais; quando não é tratado como alguém único, com sua maneira própria de sentir e reagir; quando não se respeitam os limites de cada um e não se tenta conhecer o que esse outro tem de melhor ou de pior, no que é disponível e em que aspectos é comprometido por barreiras internas. Enfim, quando o outro não é tratado como um ser humano, mas apenas como um objeto qualquer útil e descartável. Nessas circunstâncias estamos lidando com relações de objeto parciais que configuram o caráter perverso da relação.

Nas relações normais o outro é visto como alguém com necessidades e desejos próprios; a qualidade das relações é preservada. O outro, mesmo sendo diferente, é respeitado.

Muitos autores já nos esclareceram sobre os mecanismos, as falhas ou as necessidades que levam ao comportamento perverso ou formas de relacionamento perverso: Freud, Klein, Bion, Rosenfeld, Baranger, Meltzer e tantos outros. Na literatura psicanalítica atual temos visto um grande interesse pela compreensão das manifestações perversas neste sentido de distorções graves nas relações, seja com o outro, seja consigo próprio.

Os fundamentos para a compreensão das perversões já foram dados por Freud, principalmente no seu trabalho sobre o fetichismo. Mas concordo com Albert Eigner, que o mais importante é "como a perversão pode se transformar no ponto de partida de ideias novas". Nesse sentido, o de ser ponto de partida para ideias novas, eu vejo a possibilidade do estudo das manifestações perversas, podendo ser muito útil para compreender aspectos importantes da clínica como também da sociedade atual.

Janine, que descreve vários tipos de manifestações perversas, destaca um importante movimento em que o paciente está sempre buscando reencontrar o universo sem obstáculos, sem asperezas e diferenças da situação intrauterina. A necessidade de obter prazer a todo custo leva ao ataque à heterogeneidade, que é própria da vivência pós-natal. Quando as diferenças têm de ser abolidas, bom e mau tendem a se equiparar; consequentemente surge o risco do bom ser desvalorizado e do mau ser valorizado. E isso ocorre quando a necessidade de obter prazer a todo custo é imperativa; a capacidade de protelar, substituir, ou de encontrar a representação mental do desejo não acontece; são as capacidades de representar e de simbolizar que estão fortemente prejudicadas.

O mundo globalizado é um retorno a essa situação intrauterina na medida em que é um movimento e uma estrutura que visa abolir as diferenças. Curiosamente, vivemos "uniformizados" e ao mesmo tempo lutando para sermos especiais. Se a globalização elimina as diferenças, ela própria mobiliza os indivíduos a buscarem uma especificidade com o objetivo de conseguir uma afirmação de si mesmos, como uma reação importante para não se afogarem no geral, no comum, no indiferenciado. Parece então que a própria globalização provoca o surgimento do diferente ou a ânsia pela diferença. O marginal, por exemplo, que sempre viveu uma história de desacertos familiares e que não tem uma cultura ou uma tradição a que se apegar, cria a sua própria cultura ou uma identidade que é a sua, específica. Isso tem uma conotação de criatividade importante e não deixa de ser uma forma de luta pela sobrevivência. Podemos dizer que é ilegítima? Penso que escapa ao certo e errado, escapa à ética porque expressa a luta pela vida.

Albert Eider mostra ainda que nas perversões o mais importante não é o prazer, mas a volúpia, "a excitação das sensações até seu esgotamento". Se buscamos a excitação é porque o compromisso com os aspectos mortíferos é muito forte. E se atentarmos ao que estamos vivendo no momento, cercados e pressionados pelas novidades, por ruídos de todos os tipos, pelas ofertas mais esdrúxulas, pela velocidade dos acontecimentos, pelo excesso de informações impossíveis de serem absorvidas e metabolizadas, vamos constatar que vivemos, querendo ou não, em permanente estado de excitação.

Se o homem atual é um homem deprimido, massacrado, apático, sem esperanças, podemos sempre esperar dele a reação maníaca. Mas Meltzer nos alerta para a questão de a perversão ser uma defesa contra a depressão. Então seria mania ou perversão?

Se tentarmos examinar a reação maníaca em comparação à resposta perversa, veremos que são equivalentes. O maníaco precisa superar seus objetos internos. Seus ideais onipotentes exacerbados o tornam um herói na luta travada internamente para dominar e controlar os bons e maus objetos internos – o maníaco nega a importância dos bons objetos e sua dependência deles; também nega os perigos advindos dos maus objetos internos. Sua hiperatividade, nos mostra Klein, vem dessa necessidade permanente de se defender do perigo de desintegração, o que o leva a correr compulsivamente atrás da perfeição. E o triunfo tem de ser exteriorizado, publicado, e com foros de verdade e superioridade. Na sua luta contra os objetos e pressões internas quase totalmente projetadas no exterior, o paciente num quadro maníaco, como o paciente com comportamento perverso, precisa vencer concretamente, destruir concretamente seus adversários – os pais da constelação edípica; esses pais que o decepcionaram um dia e com quem ele não se reconcilia, preservando um ressentimento anacrônico mas fundamental. E como não é capaz de viver o atual, preserva a insatisfação que justifica seus ataques destrutivos.

Money-Kyrle fala que o homem normal é humanista e democrático; o homem normal se conhece ou sente sempre a necessidade de se conhecer. Na vivência perversa e na vivência maníaca não existe a possibilidade do conhecimento porque não aprendem com a experiência emocional; não toleram aprender sobre si mesmos e sobre o outro; suas "verdades" estão cristalizadas; não convém saber além de suas razões e de seus objetivos edipicamente construídos ou edipicamente distorcidos. Também estão longe de serem democráticos, na medida em que são os representantes máximos do narcisismo e da autovalorização defensiva onipotente.

E a vivência dentro de uma sociedade perversa não colabora no sentido de confrontar o sujeito com os seus aspectos mentais doentios na medida em que os padrões e valores sociais, eles próprios distorcidos, encontram eco na vivência nossa do dia a dia; o perigo está no reencontro do temor infantil de ser esquecido e de ficar abandonado. A necessidade do poder é para nos proteger dessa ameaça.

Se o continente (a mãe, a instituição) é sentido como agressor e destrutivo, o que vamos ter fatalmente é a acentuação da agressividade e da destrutividade do indivíduo; essa seria uma postura defensiva importante e talvez absolutamente necessária. Aquilo que se impõe, então, é a necessidade de atentar para o papel continente das instituições. Se a instituição (a mãe) rejeita os filhos como tais e os usa para seu próprio engrandecimento, aumentam os sentimentos de inutilidade e se acentua a perda da autoestima. Quais são os objetos dignos de identificação que restam? Essa é a pergunta que fica.

Outra questão importante é o fato de o mundo moderno, assim como o indivíduo, não se interessar pelas verdadeiras mudanças.

Em vez de tentar fazer as reformulações significativas, o que vemos é uma forte tendência a radicalizações; não se busca o novo mas se dá nova configuração ao existente para torná-lo mais palatável, convincente ou manipulável. É a permanência a todo custo. A geração de novos significados mobiliza sempre reações muito violentas, na análise e fora dela.

Para evitar a situação de confronto consigo próprio, para evitar a dor da angústia depressiva, para não sofrer a dor do reconhecimento dos aspectos destrutivos internos (pessoais e do grupo), acirram-se as posições e os enfrentamentos. Quando nos agarramos à imobilidade, mesmo que disfarçada, estamos desacreditando de que somos dotados de recursos para suportar o esforço e as dores do crescimento. A elaboração do luto é a grande tarefa, assim como a permanente vigilância sobre os aspectos disruptivos internos.

Muitas perguntas permanecem: o social contraria o individual ou o social deflagra com mais clareza as nossas limitações pessoais? Se existe a lei e se existem os defensores da lei, é por que naturalmente não aceitamos restrições? Poderíamos dizer que a lei é uma criação artificial que constrange o que é natural nos homens?

A sedução e a corrupção visam manter uma hierarquia; há uma lei particular aí implícita em que o sedutor ou o corruptor provam seu poder. Transgredir é o processo e triunfar é o objetivo. Neste contexto é necessário que exista a lei para que ela seja desrespeitada; ela não deve ser abolida porque o prazer está no triunfo sobre o Rei, sobre o Pai. Totalmente edípico. Um Édipo com muito desejo, mas sem amor, e com muito ressentimento... Consequentemente temos o predomínio da defusão e das fragmentações.

Este processo, que é pessoal e intrínseco, pode sofrer o impacto do social ou é ele que condiciona o social de maneira irreversível? Na medida em que os aspectos perversos ficam identificados com os da sociedade perversa em que estão inseridos, ficam mais difíceis as possibilidades de reconhecer e localizar os desvios. A corrupção, por exemplo, como a hipervalorização do individualismo e do sucesso pessoal e tantos outros aspectos, são expressões dessa atuação violenta dentro de uma sociedade em que a economia de mercado trata o homem como mercadoria – são desvios sustentados pela sociedade perversa da qual todos fazemos parte.

Desde os mais sadios e conscientes até os mais ingênuos acabamos paralisados e, de certa forma, coniventes com essas distorções porque elas têm forte repercussão interna.

São muitas as questões a serem desvendadas. O nosso referencial teórico básico ainda não esgotou todas as suas possibilidades. Aqui eu estou trabalhando principalmente com o complexo de Édipo, e tentando examiná-lo pelo viés do predomínio da destrutividade e da intolerância à frustração; outros vértices podem ser explorados. E poderá chegar o momento em que possamos dispensar esse referencial, por se provar insuficiente ou porque um outro melhor virá substituí-lo.

Voltando à globalização, se estamos todos globalizados eu não sei, mas estamos todos "num mundo em que a humanidade nunca esteve tão forçosamente unida diante dos mesmos perigos militares, políticos e ecológicos". Se não podemos fugir às condições externas, podemos e devemos estar atentos às nossas condições internas, em que o desejo de poder, as posturas narcísicas, a negação de nossos limites, todas reações muito humanas na luta pela sobrevivência psíquica, estão sempre operando. A questão é que elas não possibilitam um bem-viver, mas ao contrário, complicam seriamente a vida. Poder ajudar as pessoas a lançarem mão de outros recursos, de recursos que também nos são próprios, é a tarefa do psicanalista. Aprender a construir com o outro, desenvolver a capacidade de conviver com as frustrações, aceitar os limites, viver as experiências emocionais e aprender com elas, poder refletir, pensar em cada experiência, são capacidades que todos temos ou podemos desenvolver.

A experiência analítica me faz acreditar nessa possibilidade de ajudar os pacientes a desenvolver recursos de conviver com o outro de maneira mais sadia, sem precisar se evadir da realidade e sem precisar se impor ou dominar nas relações. Este pequeno relato clínico pode exemplificar o que tento expor. Assim que se deita no divã, a paciente diz, muito assustada: "Estou escrevendo uma história!". E explica: ela tinha conversado com o namorado por telefone e ele disse a ela que seria impossível ficarem juntos todo o tempo das férias, como tinham programado. A partir daí, ela desenvolve toda um fantasia terrível em que o namorado a estaria traindo com outra mulher, que já não se interessava por ela e que ela estaria sendo enganada e ficaria abandonada; há todo o desenvolver detalhado de enredos e imagens que ela vai então criando. Diz ela: "O pior é que mal conseguimos superar o drama que eu montei sobre minhas dívidas e eu começo a montar outro!".

E realmente nós tínhamos trabalhado muito, nas últimas sessões, sobre suas angústias com relação a dívidas, empréstimos bancários e ameaças de falência; eram dramas que ela montava antes de os fatos acontecerem, mas que se configuravam como problemas insolúveis e catastróficos, quando não era exatamente assim; tanto que tudo se resolveu relativamente bem no nível externo. Ela estava percebendo que não conseguia controlar suas terríveis criações mentais e era isso que a deixava agora assustada. Eu me lembrei então de que ela já me contara, mais de uma vez, de como ela acompanhava com interesse, e até muito encantada, a criação e toda a montagem de um delírio por um parente próximo que acabou adoecendo seriamente e foi internado em hospital psiquiátrico. Ele acreditava ter descoberto um aparelho muito engenhoso que resolvia situações práticas domésticas com muita eficiência. E ela acompanhava encantada as descrições minuciosas que ele fazia de seu "invento!". Ela sabia que era um delírio, mas acompanhava com entusiasmo todos os relatos – "Isso me dava muito prazer".

A paciente não é delirante, mas recorre a essas construções fantasiosas automaticamente, viciosamente, para não viver expectativas, esperas, dúvidas. Não suporta não saber o que vai acontecer no futuro próximo e por isso cria o futuro e passa a acreditar, parcialmente, na sua criação. Como ainda preserva o contato com a realidade externa e consegue perceber um pouco da sua realidade interna, não chega a ser um delírio. Mas também fica evidente que isso é prazeroso. De onde vem o prazer? Da sensação de que ela tem o controle de tudo, do presente e do futuro. Ela precisa se instalar como aquela que é poderosa, que faz as coisas acontecerem dentro e fora dela. Pode assim ficar no seu magnífico isolamento, criando um mundo que atende às suas necessidades. Em outras sessões era comum a paciente dizer, depois de me ouvir: "Nós já vimos isso muitas vezes" ou "Você já me mostrou isso várias vezes e não adiantou nada!"

É claro que estávamos vendo agora, ou o importante é o que estávamos vendo agora, mas sua fala tinha a função de atacar o que ocorria ali, naquele momento. Ela precisava atacar a percepção de si própria que poderia ser alcançada e me atacava também, e ao nosso trabalho. É claro que o ataque invejoso está presente nestas situações, mas eu penso que o mais significativo é o terror da percepção de si mesma, impotente, frágil e necessitada.

O que eu aponto para ela é que hoje ela está me falando de sua satisfação com a percepção de si mesma e da satisfação com nosso trabalho. Ela está trazendo, para partilhar comigo, uma experiência e um aprendizado importantes. Ela pode ver, então, que o ser só, ser autossuficiente, não é o mais gratificador, mas sim a capacidade de ter alguém com ela, de preservar alguém que sente valioso com ela. Está satisfeita por poder contar comigo e nos desenvolver juntas.

Se a vida mental é constituída fundamentalmente de relacionamentos, o relacionamento tem significado marcante em qualquer circunstância. É a qualidade do relacionamento que importa, seja com os objetos externos, seja com os internalizados. O que nos leva a recorrer ao poder ou à crença no poder como garantia de segurança e mesmo de sobrevivência é a descrença na preservação dos bons sentimentos internos, os únicos a nos proteger da ameaça de abandono ou de morte.

46. Algumas questões atuais da teoria e da prática psicanalíticas[1]

Gostaria de falar das questões atuais como uma epistemóloga capaz de fazer grandes análises da teoria psicanalítica. Não é o caso; o que me leva a pensar as mudanças ou a situação atual da prática e da teoria psicanalítica tem mais a ver com minha própria experiência, ou melhor, com meu trabalho do dia a dia. Nestas últimas décadas, mais de cinco já, vi nascer, crescer e passar por inúmeras crises a psicologia e a psicanálise entre nós. Estou aqui tirando proveito da idade; a velhice tem de ter alguma vantagem, não é?

Em uma jornada ocorrida em Goiânia, no ano passado, o Sérgio Rouanet fez inúmeras cobranças: os psicanalistas não estão pensando nos problemas sociais, não estão atentos à cultura e às patologias sociais e ficam só voltados para dentro do consultório. Diz ele: Freud escreveu textos magníficos para nos ajudar a compreender os conflitos de sua época, falando de religião, moralidade, psicologia das massas, narcisismo etc. O que ele fazia quando pensava os problemas sociais, os grupos humanos, era chamado de

1 Comunicação oral, não publicada.

"psicanálise aplicada" e agora parece que a psicanálise aplicada é a que se aplica nos consultórios. A psicanálise essencial, pergunta ele, não seria a que analisa as patologias coletivas? Não deveríamos estar mais atentos ao social, ao coletivo?

Essa crítica de que não estamos atentos ao social é absolutamente equivocada: não há qualquer possibilidade de nos distanciar do mundo ao nosso redor. A clínica nos situa na fronteira entre o íntimo e o social. Da captação do que se passa com o analisando e do que é vivenciado por ambos, podemos levantar hipóteses ou fazer conexões produtivas sobre o que ocorre no plano cultural e social e de uma maneira viva, como nenhuma pesquisa pode conseguir. Não podemos nos furtar a pensar o mundo em que vivemos porque ele não só nos bate à porta, mas entra fortemente dentro do consultório. Alguém disse que o paciente é o sintoma do universo social a que todos pertencemos. Ao pensar sobre o homem da intimidade, a psicanálise está contribuindo com o social, ao mesmo tempo em que estamos reformulando permanentemente nossas teorias e nossa prática a partir desse contato vivo. O problema levantado pelo Rouanet tem outras características.

Então, vejamos: o estudo das macroestruturas sociais não pode ser feito senão em equipe, ou com as várias áreas do conhecimento trabalhando junto, como a sociologia, a antropologia etc. E mesmo nessas disciplinas, estudos desse tipo não estão ocorrendo. Outro aspecto importante: sempre se começa a estudar psicanálise estudando o Freud, era assim e continua sendo, felizmente. Estudávamos toda a metapsicologia do Freud, o inconsciente, o aparelho psíquico, as estruturas psíquicas, o funcionamento do pensar etc. As discussões giravam ao redor das construções freudianas e as mudanças que os outros autores iam trazendo. E falávamos de escolas e de linhas teóricas divergentes. Hoje ainda existe isso, mas é diferente; vemos mais trabalhos clínicos, descobertas clínicas, formas diferentes de entender os pacientes e de trabalhar com eles.

Não ficamos discutindo as teorias, as diferentes escolas psicanalíticas e sim tentando desenvolver uma visão clínica mais apurada. E isso não acontece só na psicanálise: nas outras áreas de ciências humanas também não estão surgindo novas teorias nem novas escolas; os pensadores estão sem "prisões teóricas", como diz a filósofa Regina Shöpke; vivemos uma época de crise das teorias. Outra questão importante é que qualquer psicanalista não fica preso a um contexto teórico como antes. Muitos dizem que eu sou kleiniana, na verdade o núcleo de minha prática está apoiado nas ideias de Klein, mas não só, tento conhecer outros autores e aproveito deles o que acho bom e útil no trabalho e na minha maneira de pensar a psicanálise.

Além disso, diferente do que diz o Rouanet, a psicanálise está vivendo um momento de muita atenção para com os aspectos culturais e nem poderia deixar de fazê-lo, só que a questão que se coloca é outra: como o social interfere em nosso trabalho? Como construir a clínica com as transformações sociais que estamos vivendo? Sem dúvida, temos de pensar a clínica e a cultura juntas porque ambas estão presentes no desenvolvimento e na expansão da psicanálise. Por exemplo, quando comecei a trabalhar eu atendia crianças; primeiro uma entrevista com os pais, depois com a criança e começávamos o trabalho; quando surgia algum problema a gente convocava de novo os pais. Agora ficou muito diferente, a construção da família mudou, as responsabilidades estão muito difusas e a gente tem de pensar em como fazer. Vejam o exemplo do ambulatório, que exige que a mãe participe do grupo para poder atender a criança; eu hoje não quero nada dos pais além de trazer as crianças e pagar o tratamento. Quanto aos horários e a forma de atendimento também; num atendimento, da senhora E., ocorreram mudanças interessantes: primeiro eram os horários fixos, depois passei a cobrar três semanas, depois passamos a fazer os horários possíveis.

Outra questão: cada época tem um vocabulário próprio, diretamente relacionado aos conhecimentos e problemas daquele momento. A ampliação ou a expansão de um campo de conhecimentos traz novas palavras enquanto outras vão, praticamente, sumindo do vocabulário corrente. Por exemplo: hoje não usamos mais o termo *parafrenia* e quase não se houve falar de *histeria*, que era corrente no tempo de Freud. Estamos ouvindo agora outras expressões: *holding*, objeto transicional, *rêverie*, sujeito suposto saber, relação *self*-objeto, síndrome do pânico etc. Estamos tentando responder às questões propostas na nossa época; a ciência tem de ser assim: levanta questões e tenta respondê-las à medida que surgem. Portanto, estamos nos reformulando a cada passo e é importante a maneira como formulamos as questões, como problematizamos e como lidamos com as dificuldades. Então, quando estou aqui falando isso com vocês não estou fazendo uma escolha aleatória de um tema. O contexto em que trabalho, em que vivo, em que ensino, me obriga essas reflexões; é o momento que vivemos nos impondo questões e esperando respostas.

As respostas devem estar à altura dos problemas. O importante é: a clínica é o lugar das inquietações; ela não nos permite acomodação nem certezas. Cada paciente é novo, ou cada sessão com o paciente é uma nova sessão. Trabalhar sem memória e sem desejo é o ensinamento sábio de Bion, que diferencia nosso trabalho de todos os outros. E mais, estamos a cada momento revendo, cada analista, sua própria análise pessoal, o que torna nossa tarefa muito mais difícil do que a dos teóricos e filósofos da psicanálise.

E aqui eu faço um parêntese para falar da psicanálise na universidade. Vou citar Suzane Languer, no seu livro *Filosofia em nova chave*, em que ela mostra que o método das ciências naturais levou a psicologia a desembocar na fisiologia, na histologia e na genética. Por esse caminho, a psicologia não nos ajudou a conhecer os fenômenos mentais. Freud contribuiu para a grande virada já em 1900, com "A interpretação dos sonhos". Os processos de simbolização foram trazidos para o centro dos estudos também no campo da lógica simbólica, e isso nos ajudou a trazer uma nova concepção de mentalidade, que nos fez atentar para as reações humanas agora de um outro vértice. Os processos de simbolização passaram a ser a nova ideia geradora que abriria novos caminhos para a psicologia. Ganhamos esclarecimentos importantes: o que nos diferenciava dos animais não era mais a inteligência, a capacidade de captação sensorial, de memorização, a capacidade associativa, mas a capacidade de criar símbolos. É o poder da fala. É a vida mental sendo vista como um processo simbólico. Aí se instalou uma revolução no conhecimento, na filosofia. É por isso que a psicanálise está, hoje, bem instalada na universidade. A filosofia se deu conta da legitimidade da psicanálise, de sua força e de sua sustentação erudita, e vai explorá-la. A elitização da psicanálise está, hoje, relacionada à cultura universitária. Mas as eruditas e sofisticadas discussões de nossos autores psicanalistas, dentro da universidade, não estão vinculadas conosco, não estão vinculadas à clínica, não tem vinculação com a Associação Psicanalítica Internacional (IPA). Ela está bem instalada no campo filosófico. Mas psicanálise para eles é um tema, uma teoria a ser pensada, discutida, esmiuçada, defendida ou questionada. E para nós, a psicanálise é para ser vivida. A psicanálise clínica é outra coisa, e, cá entre nós, é mais difícil, e isso não reverte em procura pelo trabalho psicanalítico no consultório hoje. Mas não era assim.

Quando comecei a trabalhar como psicóloga eu tinha dois empregos: trabalhava em uma instituição de crianças com deficiência e era funcionária pública, do Serviço Social de Menores, em São Paulo. Abri consultório, abandonei o emprego público e o emprego na instituição particular porque meu consultório era lotado. Hoje os consultórios estão vazios e muitos tentam saída no emprego público ou nas instituições particulares. A situação se reverteu. O que levou a isso é um assunto interessante a se pensar.

Voltando à questão da procura pela análise, fazer análise era uma coisa misteriosa, estranha, diferente, e a procurávamos para saber de algo muito desconhecido. Hoje não parece ser assim: o paciente não vem para ver como a análise é, ele vem para nos dizer como ela deve ser! É o paciente que faz sua proposta de trabalho, ele questiona nossa maneira de atender, de cobrar, de estabelecer qualquer cláusula do contrato, seja número de sessões, pagamento das faltas, fixação dos horários etc. Então, se ele não vem para ver como a psicanálise é, mas para nos dizer como ela deve ser, significa que ele não quer nada de novo e que tudo deve permanecer igual. Os analistas é que têm de mudar; não é sua possibilidade, dele, paciente, de mudar é que está em jogo. O paciente não sabe que ele quer reinstalar a ordem anterior, antiga, de ser o centro do mundo da mãe. O que nós temos a fazer é exatamente trazê-lo para o presente, para viver o hoje, para ser o adulto que é hoje. O paciente não sabe que o que conhece não lhe basta e que é exatamente o novo, o diferente, que ele está buscando. Alguns pacientes demoram a descobrir que o novo não só é bom, mas absolutamente necessário, e que faz parte de nossa natureza estar sempre em busca de renovação. Sartre disse que o homem está fadado a ser livre; podemos ampliar isso e dizer que o homem está fadado a crescer, a se desenvolver, a mudar; o homem está fadado a se expandir, a criar.

E nós, psicanalistas, não temos porque mudar nossos projetos e nossa tarefa, nós que sempre caminhamos na contramão. O que quer dizer isso? Como mostra Marcelo Viñar, "a sessão analítica é um reduto de resistência à cultura do vértigo". Vivemos numa sociedade onde não se tem tempo para nada, cada um tem de se virar sozinho, apressado, o que importa é o novo, o acúmulo, o estar dentro dos padrões. Ao contrário disso, a psicanálise é um momento de reflexão, de questionamento, de compartilhamento; ali as duas pessoas compartilham a experiência e refletem juntas, um aprende com a experiência do outro, usufrui do outro, tem no outro seu limite e sua possibilidade de definição. Na sessão analítica fica bem clara a importância do outro para eu construir minha própria mente. Ali a proposta de Klein fica bem definida: o interesse pelo outro ser humano é constitucional, faz parte do desenvolvimento de tal maneira que crescimento saudável ou saúde mental têm a ver com a inclusão, o respeito e trocas humanas. É na relação com o outro que conheço meus recursos e posso desenvolvê-los.

Certa vez me pediram para falar sobre a falta de limites em nossa sociedade e a autossuficiência. E foi quando eu me dei conta de como vivemos iludidos com isso, porque não existe autossuficiência nem perda de limites; o que existe é uma busca desesperada de limites, de um lugar, de um contorno, de uma definição, de um projeto. Se vocês prestarem atenção e fizerem as conexões entre os fatos, verão que, por exemplo, o jovem que se junta a um grupo criminoso o faz para ter um lugar, uma referência, uma identidade. Mesmo os jovens de nossa sociedade, quando vão a uma festa e acreditam que são livres para fazer o que querem, na verdade estão absolutamente enquadrados, fazendo o que se espera deles, como ficar com o número maior de parceiros, ser o mais requisitado, usar o *ecstasy* etc. Eu tenho sabido que atualmente muitas mortes ocorrem aleatoriamente porque o jovem bandido precisa ter um número x de assassinatos para ascender na sua gangue, para chegar a chefias. Tudo muito organizado, disciplinado, delimitado. E sempre a busca de um lugar junto aos demais.

Estamos nos defrontando com grandes mudanças, o que implica a necessidade de renovação. Mas renovação, nas ciências e na cultura também, não significa ruptura com nossas origens. Aliás, ser original é isso, é estar sempre atento às origens, ligado a elas. Inovação não significa corte, mas ampliação, expansão e retorno, senão você voa sem destino e nós psicanalistas corremos o risco de cair no misticismo, nas crenças ou nas manipulações perversas perigosas. É sempre assim, se nos desinteressamos pelo passado, pela tradição, pela herança, não conseguimos nos preocupar com o futuro, não criamos projetos, não construímos nada. Como diz o Viñar, hoje a distância entre as gerações é enorme e a rapidez como tudo muda é impressionante; vivemos uma cultura de ruptura de códigos, uma crise de normatividade. E a psicanálise, ou a sessão de análise é um momento especial, é um momento seu, quando você tem um ouvinte, uma testemunha. E quando você traz o seu testemunho. É aí que vamos conhecer como se estabelecem os vínculos e como eles são danificados, como cortamos o vínculo entre conhecimento e ação, cortamos o vínculo com nossas experiências e não podemos então aproveitá-las, cortamos o vínculo com nossa história, com nossas tradições e assim por diante.

Nada a ver com cura ou com sintomas. O psicanalista não tem o propósito de curar; nosso trabalho tem a ver com as relações internas e externas, com o desenvolvimento dos recursos pessoais, com o questionamento das criações mentais fantásticas que aprisionam e trazem muito sofrimento. E nosso trabalho, hoje, tem, principalmente, a ver com o quadro curioso que é o *da manutenção de um equilíbrio psíquico patológico*. E isso ocorre nos níveis pessoal, social e cultural. Os mecanismos de negação têm a ver com isso: manter o quadro patológico a todo custo (casais que se completam na patologia e negam isso, mas vivem se queixando um do outro). Mesmo no nível científico é curioso como há resistência em dar importância aos aspectos psíquicos, como muitos fazem, por exemplo, com anorexias tratadas como problemas orgânicos e não como um grave distúrbio psíquico.

Hoje falamos muito das atuações no corpo: as adições, as anorexias e os funcionamentos em exterioridades. Somos tratados, no nível social, não como parceiros, mas como objetos úteis; não sabemos ao certo de onde vem isso (ou sabemos?), mas somos manipulados o tempo todo. Tudo o que nos rodeia fala disso: compre esta geladeira, compre este carro, viaje a tal lugar, aplique em tal firma etc. E nós corremos atrás, e nem podemos pensar. E isso acaba se repetindo no nível de relacionamento individual, entre as pessoas. Lamentavelmente estamos cada vez mais vendo a multiplicação de relações perversas entre as pessoas, em que se usa o outro como objeto, para conseguir alguma coisa. Esse tipo de relacionamento não pode predominar sobre as relações de troca, de participação, de auxílio mútuo, em que enriqueço com o que o outro me oferece ou ensina no nível pessoal, afetivo, cheio de calor humano.

E a clínica, atenta a essas questões, está mudando seu núcleo de observação; hoje estamos vendo o aparelho psíquico e as pulsões de outro vértice.

Um conceito atual em grande discussão é a terceira tópica. Para explicar isso temos de voltar a Freud, de onde evoluímos para chegar até aqui. Então, no Freud inicial, a postura proposta ao terapeuta era a de neutralidade, no sentido de se defender ou se proteger dos seus próprios sentimentos ali na relação com o paciente. O próprio Freud descobriu que não era bem assim e a pesquisa continua até hoje; atualmente o que predomina é a relação, ou melhor, poder examinar os sentimentos que circulam ali entre ambos, analista e analisando, como um interfere no outro e como se constitui a relação terapêutica a partir desse interjogo. A intersubjetividade, em última instância, significa que o terapeuta tem de estar atento a si próprio para entender o que ocorre com o paciente. Devemos estar sempre atentos às fantasias e às projeções; nossos sentimentos constroem os objetos, ou meu sentimento constrói o outro. A maneira como o paciente me vê fala como ele é. Por outro lado, precisamos ficar atentos para diferenciar o que é dele e o que é meu; muitas vezes o paciente tem de recorrer às identificações projetivas (IP) para me ajudar a entendê-lo.

Por exemplo, ele chega atrasado e aflito porque eu vou estar brava com ele, isso me faz ver que ele é assim, não tolera que os outros tenham qualquer falha para com ele. E assim por diante. Portanto, nunca estivemos tão conscientes da importância da experiência emocional compartilhada.

Evoluímos de uma compreensão intrassubjetiva, da pessoa com ela mesma, com seu superego, com seus desejos e impulsos para uma compreensão muito apurada da intersubjetividade, das relações entre as pessoas. É também de Melanie Klein a diferenciação entre as posições, que, em resumo, significa que a felicidade pessoal e a responsabilidade social vêm juntas, ou melhor, que o individualismo e o narcisismo dominantes na nossa sociedade marcam a presença do pensamento psicótico.

Ao negar a importância do outro, ou estar apenas atentos ao como podem me prejudicar, estamos repetindo o sentimento de exclusão que é básico e muito conhecido porque já foi vivido no início de nossas vidas.

Estou falando da situação edípica, do complexo de Édipo, que vocês conhecem bem. A criança não percebe, inicialmente, os pais separados, mas fundidos, formando uma figura fantástica, combinada, poderosa. Depois vai diferenciando os pais e se sente excluída da relação dos dois. Esse sentimento de exclusão, enquanto permanece, é a base de sentimentos penosos e desconfortáveis que vivemos durante nossa vida. Enquanto não for superado o sentimento de exclusão, não alcançamos a maturidade psíquica. Traduzindo: aos poucos temos de aceitar nosso lugar e a partir dele, desse lugar que não é o lugar da mãe junto ao pai nem o lugar do pai junto à mãe, vamos poder observar os dois e como eu próprio me relaciono com cada um deles. E passo a prestar atenção aos irmãos e às outras pessoas do meu ambiente; vou descobrindo o mundo. Então a resolução do Édipo é o fator da socialização, do desenvolvimento e do crescimento psíquico. Portanto é o reconhecimento do outro, de sua importância para mim, que me ajuda a ser eu mesmo. Estamos então na terceira posição. Essa terceira posição, no nível pessoal identifica o indivíduo maduro. No social, no mundo onde estamos vivendo, tem de ser a posição do psicoterapeuta, do psicanalista. Precisamos ter noção do nosso lugar e do porquê incomodamos muito; nós incomodamos exatamente porque lidamos com o mundo interno de cada um, com o que se precisa muitas vezes esconder porque não gostamos de sentir. Então não se iludam, somos sempre amados e odiados na nossa tarefa.

A maioria de vocês ainda não está em campo, ou não está trabalhando como psicólogo; os que já estão sabem muito bem das grandes dificuldades e frustrações que sofremos nessa profissão, que amamos e que nos encanta cada vez mais a cada dia. Também cheia de dificuldades e insatisfações; elas começam já na formação universitária e continuam na especialização psicanalítica. Dentro da sociedade de psicanálise, que tem uma formação longa, trabalhosa e rigorosa, os candidatos, ou alunos reclamam muito dos professores e dos cursos; reclamam que cada professor observa ou ensina de um jeito, que cada um propõe sua própria bibliografia, que não têm exatamente o professor que queriam para tal matéria, que os cursos são falhos, incompletos, que os supervisores não falam a língua de seus analistas, e assim por diante. Não perceberam ainda que é exatamente aí que está a importância do aprendizado e da formação. A riqueza está nas diferenças, na apreensão que cada um tem de um fenômeno ou de uma teoria, a maneira própria de ver, falar, reagir. E que cada um de vocês terá de descobrir seu estilo, sua maneira pessoal de usar seus conhecimentos de falar, de interagir com o outro. E que por mais que tentemos ser ótimos, seremos sempre incompletos e devemos apreender isso e ajudar o paciente a aceitar isso: a incompletude do ser humano.

E fica implícito então outro aspecto importantíssimo: formação universitária é aqui, onde vocês estão. Terminada essa formação, uma outra se impõe ao terapeuta psicanalítico; agora o centro de sua formação estará na análise pessoal. É a análise pessoal que me informará sobre sentimentos, impulsos, transformações e loucuras. É vendo em mim mesmo que poderei aprender sobre o ser humano que terei diante de mim no consultório. E mais, não estaremos exatamente nos informando, mas nos *formando* para tão difícil tarefa.

E o que ela tem de mais difícil é o fato, muito comum, de sermos tantas vezes competentes no trabalho com o paciente e não sermos reconhecidos; muitas vezes o paciente abandona o tratamento e vai procurar outras soluções para seus problemas, como terapias questionáveis, misticismos ou tratamentos medicamentosos. Isso é muito comum e temos de nos acostumar, já que as resistências e as negações fazem parte dos problemas, dos problemas que levam o paciente a nos procurar.

Recentemente fiz uma palestra que eu finalizei da mesma maneira que pretendo finalizar esta, contando de minha discordância com um paciente que me dizia ser óbvio que a gente queira sempre tudo de bom; ele alegava que isso é ótimo, sempre. Eu discordei dele dizendo que não, e mostrando que a frustração é a mola do crescimento. Se não temos frustrações, não nos mobilizamos para encontrar novos caminhos, não fazemos descobertas e nem podemos saber de nossos recursos. Então, bom não é ter sempre tudo de bom, *bom é poder suportar não ter tudo de bom*.

E suportar significa aguentar as dificuldades e lutar para superá-las. Toda criança só consegue sobreviver se confia que a mãe virá para alimentá-la e protegê-la; não é só a mãe que representa a garantia de sobrevivência da criança; a criança que usufrui da mãe, que tem bons sentimentos para com a mãe, tem recursos internos para viver, mesmo com as dificuldades que sempre existem. Sabemos que, por melhor que uma mãe seja, ela nunca vai poder impedir seu bebê de sofrer frustrações. O desespero do bebê quando tem fome ou se sente desamparado nunca poderemos impedir que ocorra. E sabemos que quando desamparados temos muito ódio. A gratificação permite que a violência não aumente e faz diminuir a crença do bebê de que ele que tem todos os poderes, até de fazer a mãe aparecer quando quer. E quanto mais gratificada, menos onipotente a criança é. Logo, a perda da onipotência nos leva a um melhor contato com a realidade e com nossos próprios recursos; nos leva a ter de ficar atentos e a cuidar mais de nós mesmos. É lutando com as dificuldades que descobrimos de que somos capazes e onde estão nossos limites.

Nesta profissão não faltarão oportunidades, e minha mensagem a vocês é esta: desenvolvam a capacidade de suportar frustrações e vocês serão muito competentes, e terão muitas gratificações.

47. A prática psicanalítica nas culturas contemporâneas[1]

A discussão psicanalítica partindo do interior de sua problemática é permanente: discutimos sempre suas teorias, a validade de seu método, a validade dos seus conceitos fundamentais e seu *status* científico. Essas discussões sempre existiram e continuarão a mobilizar congressos e publicações.

Agora, esse enfoque em que tentamos relacionar a construção da psicanálise às condições sociais em que ela emerge, se não é uma coisa exatamente nova, mostra, ao menos, um longo caminho percorrido. Quer dizer: o que tentamos fazer aqui neste encontro acho extremamente procedente e útil, já que nos traz para a discussão a psicanálise que existe, a psicanálise que estamos exercendo, que temos de continuar a produzir e a desenvolver.

Dois aspectos, segundo Pierre Bourdieu, são absolutamente inseparáveis em todo campo científico: o da autoridade ou competência científica e do agente social a quem é outorgada a legitimidade para agir. Quer dizer: o aspecto científico e o aspecto

[1] Comunicação oral, não publicada.

político-social são de tal maneira inter-relacionados e imbricados que é impossível ou inútil distinguir o que são determinações propriamente científicas das que são propriamente sociais. Elas vêm tão juntas que não dá para separar o que é importante para o cientista do que é importante para o grupo. Se o que for importante para mim não for reconhecido como de grande interesse pelo grupo, não há trabalho algum a ser feito.

Por outro lado, eu só me disponho a agir quando acredito que vou ter lucro – lucro simbólico, é claro!

Tenho que contar com bons resultados quando aplico o meu capital – no caso, os meus esforços, os meus conhecimentos.

Toda estratégia científica é feita dentro de um campo social, e, portanto, inclui também estratégias políticas. É assim que estou entendendo a proposta deste encontro e desta mesa em particular.

Vou tentar esta troca de experiências sobre prática psicanalítica por meio do relato sumário dos acontecimentos e minhas reflexões sobre o que está ocorrendo em Ribeirão Preto.

Penso que conversar sobre a experiência que estamos fazendo em Ribeirão Preto cai dentro da proposta deste encontro e desta mesa. Como se foi criando um núcleo de psicanalistas numa cidade do interior e como esse núcleo evoluiu para um grupo de estudos, e também o que está ocorrendo lá agora, são situações muito específicas de Ribeirão Preto, mas guardam semelhanças com o que está ocorrendo ou vai ocorrer em outras cidades brasileiras, por isso acho que vale a pena ser exposto e discutido. Não preciso lembrar *que se trata de minha vida pessoal.*

O começo todos conhecem.

Graças à possibilidade de fazer análise e formação psicanalítica em dois dias por semana, alguns colegas começaram a viajar para São Paulo. Os pioneiros foram logo seguidos por outros. Com o desenvolvimento pessoal e profissional, alguns mais rapidamente do que os outros, vão passando pelas diferentes etapas de formação e logo temos efetivos e didatas em Ribeirão Preto. Surgem então os candidatos que fazem análise em Ribeirão Preto, e fazem também alguns cursos, e viajam a São Paulo para completar cursos e supervisões. Então, parte é feito em Ribeirão Preto, e parte em São Paulo.

Tem também os analistas que migram para Ribeirão Preto. Em pouco tempo, somados, esse núcleo entre membros e candidatos tinha 32 pessoas. Costumamos dizer que fomos levados a solicitar a passagem para o grupo de estudos por pressão do Leopoldo Nosek, que nos visitou fazendo essa proposta quando era presidente da Associação Brasileira de Psicanálise (ABP). Mas a coisa é bem mais complexa.

Simplificando, dou o seguinte exemplo: se encontro o Odilon, pergunto sobre a família, sobre o trabalho; ou se encontro Fábio, pergunto das suas férias, de suas publicações. Agora, se encontro o Colucci, a pergunta é outra: "Como vai Marília?". Encontro a Elza e pergunto: "Como vai Santos?". Conosco, de Ribeirão, é sempre assim: "Como vai Ribeirão Preto?". Isso ocorre até com os candidatos, que são logo identificados como "o colega de Ribeirão Preto" ou "o candidato de Ribeirão Preto". A identificação da cidade não é feita só de dentro, é principalmente definida fora de você. Exerce pressão. Então Ribeirão Preto é como a pólis grega: você é um cidadão de Atenas, isso o define.

Mas, no nosso caso, essa identificação era muito imperfeita, porque na verdade éramos uma pólis sem muitas regras, sem muitos parâmetros próprios. Continuávamos com os mesmos critérios e valores da sociedade de São Paulo e continuávamos com nossas opções pessoais.

O que nos uniria era mais um laço familiar e a necessidade de troca, como existe entre analistas de São Paulo ou de qualquer outro lugar. Mas para quem vê de fora, somos a pólis. Dentro não, porque falta a hierarquia institucional, falta o *setting* institucional. Porque o que São Paulo e qualquer um de fora espera é que os analistas mais experientes intervenham para ajudar os que começam e impedir as perversões da vivência ou da formação psicanalítica. Isso nos era cobrado em decorrência da visão de que na pólis existe já uma divisão de tarefas que na verdade não existia.

Eu não podia, mesmo como didata ou membro da comissão de ensino, ter qualquer jurisdição sobre um candidato de Ribeirão Preto legalmente, porque ele é de São Paulo, do instituto de São Paulo. Por outro lado, nada elimina o meu sentimento de responsabilidade. Então, informalmente me é cobrado, e eu própria me cobro, uma coisa que institucionalmente não tenho nenhum poder para executar.

Além de nos sentir capazes de enfrentar a tarefa de criar um grupo de estudos, sentíamos também a necessidade de definir uma situação que estava difícil de ser mantida. Então, de um grupo familiar, passamos para uma instituição toda hierarquizada. E aí surgem os conflitos próprios das situações de mudanças. E foram muitos. Vocês podem imaginar: de um único núcleo passamos a ter dois agrupamentos, porque só os já analistas poderiam ser do grupo de estudos (que começou com onze membros); os candidatos ficaram de fora; continuaram ligados a São Paulo, logo eles, que nos possibilitaram a criação do grupo!

Além disso, os candidatos perderam outras vantagens, como o fato de não poderem mais fazer supervisões oficiais conosco, porque era necessário que se fizesse o mais rápido possível o desligamento em termos de instituto. Quer dizer: continuamos todos ligados e pertencendo à sociedade de São Paulo; essa dupla pertinência nos é assegurada, mas não podemos pertencer a dois institutos. Então os didatas e docentes de Ribeirão Preto vão lentamente tendo de deixar de exercer essas funções junto aos candidatos de São Paulo.

Esse é apenas um dos problemas surgidos. São muitos e depois a gente pode conversar mais sobre isso, mas quero voltar à questão de como somos vistos.

Existe ainda a ideia de que formamos um grupo homogêneo, quando felizmente isso é apenas uma ilusão. Felizmente porque somos diferentes e insistimos nisso. Queremos preservar nossas diferenças que têm sido preciosas, embora às vezes explosivas. Tentamos nos complementar, mas às vezes o casamento entra em crise, e como sempre ocorre nos bons casamentos, geralmente acabamos chegando a um acordo. Eu diria que nós estamos organizados de tal maneira que cada um tem direito ao seu dia de loucura.

A família está podendo sobreviver não pela soma de semelhanças, mas pelo exercício da aceitação das diferenças, porque acima dos conflitos pessoais está a preservação e a continuidade da instituição.

Quando você entra para uma sociedade grande, com sua organização própria, sua história, você não nota muito e não pensa por qual motivo as coisas são como são. Você as aceita; um conta para o outro como funciona a secretaria, o instituto, a biblioteca, e as pessoas vão se adaptando ao que já está estabelecido.

Agora quando você tem de construir o *setting* institucional, você descobre que tem muita coisa que você nunca pensou, outras que você não sabia que sabia, outras que você se esqueceu ou não se importou de lembrar.

E o que é a instituição psicanalítica, e por que ela existe?

O *setting* institucional existe para proteger o *setting* psicanalítico. Toda essa montagem é para você ter condições de estar tranquilo lá no seu consultório, trabalhando, fazendo psicanálise.

Nosso medo era nos afogar na burocracia; foram meses em que não fazíamos outra coisa senão elaborar regulamentos e estatutos, procurar secretária, montar a sede, comprar os equipamentos. O que não prevíamos, e isso é muito importante, é como fomos forçados a pensar e repensar a psicanálise, nossa tarefa, nossas pretensões, preferências, objetivos e nossas limitações.

Montar a instituição psicanalítica é uma grande oportunidade de rever toda a psicanálise, porque você não coloca um tijolo nessa construção sem ter de pensar muito. Minha conclusão é de que a psicanálise necessita da instituição, ela se faz necessária, mas ela, a psicanálise, nunca será cercada, limitada. A psicanálise é como o Dionísio nas Bacantes; se você quiser aprisioná-la, ela explode a instituição que a aprisiona.

Outro aspecto interessante que eu quero trazer. Um dos processos de formação do grupo de estudos é aquele que decorre de rupturas. Dentro de uma sociedade, um grupo insatisfeito cria outra sociedade. Isso não tem nada a ver conosco. Nós não nascemos contra a sociedade de São Paulo, não rompemos com ela; ao contrário, se demoramos para assumir a decisão foi porque queríamos estar seguros de que continuaríamos em São Paulo, com todos os privilégios. Essa forma de nascimento define então algumas ou muitas de nossas características. Uma delas é a de que não há oposição ou rupturas científicas, mas uma continuidade. Isso que parece ser muito saudável pode ser também muito desvantajoso. Existe o risco de ficarmos muito acomodados cientificamente, inertes, transformados em copiadores eficientes, sem uma real e autêntica criação científica própria. A excessiva identificação com a matriz precisa ir aos poucos (e sempre) sendo trabalhada.

Ligada a isso eu me lembro que uma das vantagens que nos era apontada quando pensamos em solicitar a passagem ao grupo de estudos foi a de que teríamos representatividade. Eu não entendia bem o que era isso e por que a representatividade poderia ser uma coisa boa. Agora acho que percebo bem do que se trata: é uma questão política. Como grupo de estudos você passa a participar de um clima político mais amplo, mais geral. Você, como grupo, fica ligado ou se relaciona diretamente com as outras sociedades brasileiras e estrangeiras. Pessoalmente nunca me senti atraída por isso, mas tenho que reconhecer que essa história de representatividade traz vantagens no aspecto científico também. Desde que passamos a grupo de estudos não tivemos mais sossego: somos solicitados permanentemente a comparecer a reuniões científicas, congressos, mesas-redondas etc. E somos só quatorze atualmente; então vocês imaginam como vivemos acelerados. Não dá para descuidar do aspecto científico, ao contrário, você é mais estimulada a estudar, organizar as ideias, elaborar relatórios. É interessante descobrir que muitos de nós (eu me incluo nisso) só escreve quando solicitado. É o estímulo que leva você a se organizar e trabalhar.

Então é interessante, como eu disse no início, como não pode existir uma atividade puramente científica ou uma atividade puramente político-institucional, completamente desvinculada uma da outra. Temos sempre uma dupla face, veja: se eu tenho uma experiência que me dá uma visão, ou uma linha de trabalho produtiva, ela não pode ser importante só para mim. Eu necessito que ela também o seja para os outros. Eu preciso desse parâmetro para continuar minha própria pesquisa individual.

Então você passa a pensar a questão do poder em psicanálise. Esse poder vem do exercício político, da habilidade política? Acho que não.

Dentro de um campo científico que se preza, o prestígio científico deve determinar o jogo político. Para você ter autoridade, precisa primeiro ter autoridade científica. Você se impõe, você legitima a autoridade com a força de seus argumentos científicos. Se não for assim, alguma coisa está errada.

Agora, é a aprovação dentro do grupo que me legitima; não a comunidade além dos muros que me dá força, que me aprova. Mas, em situações iniciais como a nossa, situação de transição, de falta de experiência, de insegurança geral, há uma certa confusão porque a pressão externa pode ser usada por algumas correntes internas, tentando ter influência. Na verdade, isso *tem* de durar pouco. O importante é descobrir, localizar como, porque e onde a pressão externa está se fazendo e tentar neutralizar. Por exemplo: vocês imaginam o interesse despertado na comunidade de Ribeirão Preto e região, a criação de um núcleo de formação psicanalítica. É um acontecimento. Só que esse mesmo interesse e entusiasmo tão agradável de se saber acaba trazendo o problema da grande demanda, impossível de ser atendida, como a gente sabe. E o perigo da pressão existe mesmo e pode atuar dentro da instituição e comandar a instituição sem que ela perceba.

Então vemos repetir no nosso pequenino grupo os mesmos problemas de todas as sociedades de psicanálise, grandes ou médias.

Mas estamos aprendendo e não reclamamos mais dos "problemas insolúveis". Penso que na vivência psicanalítica temos problemas que não são exatamente insolúveis, são apenas problemas próprios da nossa estrutura. Problemas que precisam ser detectados. No momento em que você os reconhece, que fica atento, tudo o que vier é lucro. É deixar acontecer, para depois ver o que fazer.

Claro que começamos com muitos sonhos, muitas ilusões e descobrimos que a realidade é outra coisa. Pagamos, às vezes, muito caro pela nossa inexperiência.

Temos sido muito elogiados. Vários colegas nos trazem então estes comentários de que o grupo de Ribeirão Preto é um grupo muito bom. Eu não me canso de perguntar e até agora não tive resposta. Por que? Por que dizem que nós somos bons? Bons em quê? Na verdade, nós não fazemos o que precisa ser feito. Ora estamos satisfeitos, ora insatisfeitos. Vivemos apreensivos, querendo acertar. Se tensão, preocupação, desejo de acertar são ingredientes necessários, então estamos no caminho certo.

48. O corpo[1]

A resposta psíquica mais comum que o ser humano dá à dor mental é por meio do corpo, diz Joyce McDougall. São as somatizações. Se fico preocupada, posso ter dor de cabeça, ou insônia, ou falta de apetite, ou desinteria e assim por diante.

A relação do corpo com a mente, e o entrelaçamento entre ambos, é uma questão complexa e está sempre comparecendo de diferentes maneiras, e em diferentes áreas do conhecimento. Mesmo a filosofia, ela não nasceu do assombro, da angústia, do medo da morte física e psíquica?

Freud não trata muito dessa questão porque se deslocou da pesquisa do dualismo psicossomático para o dualismo vida e morte; mas permaneceu sempre a noção de que o pensamento surge dentro do conflito, senão entre o psíquico e o somático, entre as pulsões de vida e de morte (Aisenstein).

---

1 Comunicação oral, não publicada.

Na verdade, todos os sintomas físicos, todos os desvios psíquicos são maneiras de preservar a vida. Até aqueles que vivem se machucando ou tentando morrer querem ser vistos e salvos da morte. Qualquer sintoma psicossomático, assim como qualquer comportamento, são formas de comunicação, muitas vezes bastante primitivas. E há uma interação dinâmica sempre, entre os movimentos integrativos e desintegrativos.

Nossa relação com o corpo é complexa, tanto quanto nossa relação com o outro. Frayze-Pereira resume bem quando fala da "relação ambígua e misteriosa do corpo com a mente; o espírito se introduz no corpo e o corpo se introduz no espírito".

A noção que temos de nós mesmos e do mundo é: temos um mundo que nos rodeia e temos uma mente, a nossa mente presente dentro de um corpo, do nosso corpo. Presente ou prisioneira? Vamos ver.

Foucault, no seu livro *Vigiar e punir*, sobre a história da violência nas prisões, mostra que as punições eram focadas no castigo físico; até princípios do século XIX a punição física violenta era um grande espetáculo. O castigo aos prisioneiros, principalmente aos condenados à morte, era uma encenação muito concorrida. Só a partir de então é que a repressão penal é abolida. Não é mais ao corpo que se dirige a punição; passou a ser uma punição para a alma. O castigo tem de passar a atuar profundamente sobre o coração, o intelecto, a vontade. É o domínio sobre o corpo que se extingue.

Fontana, em seu texto "O corpo aprendiz", nos fala da disciplina da ginástica que foi institucionalizada também a partir do século XIX como modelo de educação do corpo. Muito articulada aos preceitos de moralidade, era o meio adequado para a educação da vontade, para nos tornar, cada um, disciplinadores de si mesmos. *Mens sana in corpore sano* pressupõe uma ética e uma estética de "retidão".

E na área do ensino: no livro *Catástrofe e representação*, a autora fala de *testemunho* em que ao se ensinar, ao transmitir conhecimento, algo acontece: o que ensina e o que aprende passam por experiências, por "crises". Ambos mudam, ambos se transformam. Na análise isso é bem conhecido: ao oferecer uma outra visão ao paciente, há surpresa, a quebra do estabelecido. O novo comparece e as mudanças acontecem.

O corpo, como linguagem, expressa poder, força, competência, loucura. Temos lembranças e expectativas, temos passado e futuro, temos imaginação; isso nos diferencia dos animais. Um outro aspecto, que é um diferenciador fundamental entre homem e animal é saber da morte! A busca da autorrealização é um objetivo unicamente humano. O ser humano se liberou do instinto; o animal vive para preservar a espécie e nós, para preservar a nós mesmos, para realizar nossos sonhos. E estamos, todos os humanos, envolvidos com a humanidade. Temos, portanto, um senso social que nos define como seres que necessitam do outro. Essa colocação da filósofa Suzane Languer é muito importante, porque ressalta a nossa responsabilidade pessoal, de cada um, por nossa vida e por nosso bem-estar físico e psíquico.

No seu texto "A imagem inconsciente do corpo", a psicanalista Françoise Dolto nos fala de dois aspectos distintos do ser humano: *a imagem do corpo e o esquema corporal*, ou, o corpo que temos e o uso e as fantasias que temos a respeito do nosso corpo.

O esquema corporal como uma realidade de fato, nosso mediador com o mundo, é o mesmo para todos ou quase o mesmo; já a imagem é peculiar de cada um, e está ligada ao sujeito e a sua história e é basicamente inconsciente: "A imagem do corpo é a síntese viva de nossas experiências emocionais", diz ela. A imagem corporal, que está sempre presente no contato com os outros, ela chama de "suporte de narcisismo"; pode tornar-se independente do esquema corporal, e é sempre inconsciente. Somos basicamente narcisistas, portanto. Mas também dependentes, fundamentalmente dependentes do outro, para nos conhecer, para sabermos quem somos.

Uma criança pode ter um esquema corporal saudável e, no entanto, mostrar uma imagem do corpo muito perturbada, e que geralmente expressa uma forte contenção da agressividade. E não só as crianças... O esquema corporal está presente em nosso contato com o mundo. Essa ligação natural pode ser prejudicada por transformações da imagem do corpo. Doenças físicas e acontecimentos psíquicos graves podem alterar nossa imagem do corpo, e, portanto, interferir seriamente em nossa adaptação social. Nós sabemos o quanto a postura corporal define uma pessoa, ou define o estado interior da pessoa.

Se eu quero estar vivo, permanecer vivo, preciso da mente, do pensar, para ir me adaptando às mudanças. Então, respondendo à pergunta que fiz antes: não somos prisioneiros, somos partícipes: corpo e mente juntos. E mudamos o tempo todo, no corpo e internamente, no nosso trabalho psíquico, quando precisamos discriminar, escolher, analisar, comparar, delimitar etc. Não se tratam de sensações em si, mas de seu registro, do modo como são representados psiquicamente. Todas as sensações têm de ver sempre muito mais conosco, como as vivenciamos, como elas nos mobilizam. Um exemplo simples: a mãe está apressada, nervosa, obrigando os filhos a serem rápidos com suas tarefas; um deles reclama da mãe, acreditando que ela não gosta dele, que ela não se interessa por ele, e por isso fica exigindo, ou, como ele pensa, o fica maltratando; ele está nervoso, deixa cair suas coisas, e tropeça ao entrar no carro. O outro filho fica atento e não reclama da mãe: ele pensa: nossa, ela está muito nervosa, alguma coisa aconteceu! Anda calmamente, calado e muito atento às suas coisas, reunindo tudo com cuidado, observando ao redor, e querendo saber mais. Corpo e mente alinhados.

Se é o corpo que tem de dar conta ou a mente que tem de dar conta do corpo não faz diferença. Temos de dar conta da condição humana o tempo todo, só que isso não é claro, e a negação da condição humana é coisa fácil de ocorrer. A idealização, o recurso à onipotência, à onisciência e tantos outros mecanismos, a que facilmente recorremos, obscurecem a percepção da condição humana, mas o mais curioso é que são recursos absolutamente necessários para sobreviver. Nossos mecanismos de defesa são fantásticos, fantasiosos, mas necessários. A necessidade do outro é fundamental, e muito incomodativa, às vezes.

Nossa mente está sempre expressando a força e a fraqueza de nosso corpo; nossa mente expressa as tensões corporais de um corpo que quer estar vivo.

O declínio do corpo não implica necessariamente em declínio dos recursos internos; quando preservamos a percepção de nossas limitações físicas, podemos lidar bem com elas e ir, então, em busca de outros recursos valiosos. A mídia tem feito um bom trabalho quando, principalmente na televisão, nos faz conhecer casos magníficos de superação das limitações físicas: pessoas que descobrem formas diferentes de caminhar, se exercitar, se comunicar e mesmo de trabalhar.

Temos necessidade de força psíquica como suporte do corpo no *envelhecimento*. O corpo nos põe em contato com o mundo – é o responsável pelo nosso enquadre, em qualquer momento, em qualquer idade.

Em seu artigo "A arte de envelhecer", Drauzio Varella[2] diz que a exaltação da juventude como período áureo da existência é um mito das sociedades ocidentais. Ele lembra que nenhum animal

---

2 Recuperado de https://drauziovarella.uol.com.br/drauzio/a-arte-de-envelhecer-artigo/

consegue criar soluções diante das adversidades como o ser humano; somos inigualáveis na capacidade de nos adaptar. O envelhecimento, mostra ele, não é decadência, mas mudança, e se formos capazes de usufruir das inúmeras mudanças, físicas e psíquicas do desenvolver de nossas vidas, poderemos ampliar nosso universo de conhecimentos e de experiências de uma maneira inusitada, e eu acrescento, de maneira prazerosa.

49. A angústia do ilimitado[1]

Pedi para Zina que solicitasse às pessoas que iriam participar deste encontro que vissem o filme *Dogville*[2] porque vou usá-lo como modelo para falar de violência, mas também sobre identidade, tolerância, generosidade, fé, condições humanas e tantos outros aspectos de que podemos falar.

Quem vê o filme sai impactado; Zina ficou impressionada quando viu, e me ligou. Mas é assim mesmo. Quando você sabe que um filme é de guerra você sabe que vai encontrar violência, destrutividade, crueldade; e você pode escolher se assiste a ele ou não. Um filme como este é diferente. Vamos nos encantando com estes jovens bem-educados, Tom e Grace, bonitos, gentis, que tratam todos de maneira cortês e respeitosa. Aos poucos as coisas vão mudando e sem nos dar conta, estamos nos inserindo num mundo de horror, não de horror sobrenatural, mas de situações humanas

1 Comunicação oral, não publicada.

2 O filme é analisado no Capítulo 35 deste livro.

terríveis, e de certa forma muito familiares. É essa familiaridade que nos horroriza. Vamos ver como.

O filme já é impressionante na sua narrativa linear, mas se você pode ir além da aparência, a complexidade se instala e novos elementos entram em cena alterando a visão ou ampliando nossa visão a respeito do que é *identidade* e do que são *limites* e de como podemos focalizar as *violências*. Por isso eu escolhi falar da angústia, que gera a falta de limites, que me parece um aspecto que compõe esta situação difícil que vivemos no filme e no mundo atual.

A proposta do filme é aceitação – é isto que o Tom propõe aos moradores e para ela, a jovem fugitiva, também. Como aceitar o outro. Antes da aceitação, ou junto com ela vem a questão da identidade – Quem são estas pessoas? Quem é esta moça?

Vamos ver antes como se constrói a identidade de cada um de nós.

Por meio do retorno, do retorno de aspectos nossos abandonados, deixados de lado, esquecidos ou expulsos de nós, e geralmente colocados no outro.

Muitas vezes precisamos expulsar aspectos nossos, negando que são nossos, mas com certeza temos de fazê-los retornar para nos sentir inteiros. Só podemos perdê-los momentaneamente ou estrategicamente, mas temos de retorná-los para nos construir como pessoas únicas, independentes, verdadeiras. Temos de recolher o bom e o ruim espalhados por aí para sobreviver. Sem esses movimentos de jogar fora não suportamos viver. Sem o retorno deles a mente sadia também não sobrevive. Por exemplo, a paciente chega reclamando da mãe e conta várias passagens em que a mãe teve uma conduta muito ruim, intolerante, prepotente. A paciente não percebe agora sua própria intolerância para com a mãe. Falar da intolerância da mãe é jogar bem longe a sua própria intolerância, que fica lá fora, no outro. Quando a paciente percebe que ela própria é assim, esse aspecto dela retorna para ela e então ela vai construindo sua própria identidade, com esse aspecto que ela não gosta, mas tem. E vai tentar administrar.

Se percebo em mim esses aspectos, vou tendo mais consciência de minha maneira de ser, de minha identidade. Por exemplo, quando me preparo para me apresentar para vocês fico incomodada, achando que não vão gostar, que prefeririam algo mais bem elaborado etc. O que me incomoda são vocês? Ou não, já que eu nem os conheço? Na verdade, o que eu digo que são vocês, que eu projeto em vocês, é uma construção minha. Então ponho fora algo meu e fico perseguida. Quando reconheço isso fico mais tranquila, posso ser do meu jeito e confiar na tolerância de vocês comigo. O que me tranquiliza, então? São meus sentimentos bons, se posso sentir tolerância me sinto bem. É sempre assim.

Mas vejam o que estou chamando de *fora*: é a outra pessoa ali comigo, fora de mim. Então, este outro me é fundamental; eu preciso do outro para projetar nele aspectos meus e para que ele me delimite. O outro é que me faz ver até onde eu posso ir, qual é minha força, meus direitos, onde estou certo, onde estou errado. O outro é quem me faz pensar, o tempo todo, assim me reporta a mim mesmo, à minha identidade. Por isso o título de Angústia do ilimitado – portanto, da fundamental necessidade de ter ou de encontrar limites para não nos perder, para não enlouquecer. Quem estabelece os limites é o outro. Por exemplo, se falo depressa vocês me avisam, eu mudo; se falo baixo também etc.

Construímos nossas mentes e a fortalecemos por meio das trocas, *com os outros*; isso significa que somos *dependentes*. Essa dependência emocional do outro é tão assustadora que muitas e muitas vezes precisa ser negada. A separação minha do outro e a necessidade que tenho dele é assustadora, é o grande desafio e o motivo fundamental de nossas dores. O outro existe independente de mim e eu preciso dele; não tenho controle sobre ele, não posso prever nada sobre o outro etc. Isso é desesperador. Daí pode-se partir então para a negação da importância do outro e da dependência, e a busca de substitutos: os padrões grupais e impessoais. Não é com os pais que o jovem aprende, é com a televisão, com o grupo de amigos, com o que está na moda.

Esse aspecto do aceitar o outro, que será tratado o tempo todo no filme, tem a ver com o aceitar o outro real e o aceitar ao "outro", que também somos ou temos dentro de nós mesmos; esse "outro" que não conhecemos bem, e que nos assusta. Há o outro-fora e o outro-dentro.

O *outro-fora* somos aqui, eu e vocês, um e outro, o *outro-dentro* é aquele desconhecido que levamos e descobrimos a cada instante em nós mesmos. E temos de aceitar ambos sempre; temos de ir conhecendo e reagindo, e ao fazer isso vamos conhecendo a nós mesmos. Vamos construindo nossa identidade.

Voltando ao filme. Os moradores da cidade resistiram em fazer a experiência de aceitar Grace porque, intuitivamente, sabiam que não era ela que estaria sendo testada, mas eles próprios, testados o tempo todo, se revelarão para si próprios e para os demais, que revelarão o que nem conhecem de si mesmos.

Os moradores vão mudando suas atitudes para com ela. Por quê? É claro que cada um reage a ela do jeito que é; aspectos diferentes de cada um vão aparecendo, aspectos que nem eles próprios suspeitavam ter. E a situação vai ficando cada vez mais tensa e nós, espectadores, nos revoltando com as injustiças cometidas contra ela. Eles vão se tornando cada vez mais cruéis. Todo o tempo parece pairar um estado de perigo. Onde está o perigo? Nas comunicações dos gângsters? Eram eles a ameaça?

Não, a ameaça estava dentro de cada um – eles sentiam que estavam perdendo os limites, e estavam assustados!

Grace foi, na verdade, o grande mal para a cidade porque permitiu que as pessoas se revelassem com todas suas mazelas. Ela só tomará conhecimento disso com a chegada do pai e seu diálogo com ele. Nós já estávamos percebendo (o espectador): Grace sempre tinha uma atitude totalmente passiva diante das agressões. Por quê? Porque ela pretendia ser um modelo de *aceitação*, exatamente a tese que o Tom propunha para a comunidade – a comunidade não foi capaz, mas ela sim era capaz de uma *aceitação ilimitada*.

É esta postura diante da vida que o pai vai intitular de *arrogante*.

Ele mostra, no diálogo com ela, como é absurdo ela pretender provar que as pessoas não têm recursos para aprender ou se desenvolver. Ele mostra como ela, ao não julgar as pessoas, está na verdade com pena delas, como se elas só merecessem piedade. "Até os cães podem superar sua natureza; nós os ensinamos e eles aprendem. Todos têm de responder pelos seus atos, e você não deixa isto ocorrer, você não dá chance. Você os perdoa sempre e se coloca como a única que aguenta tudo. Esta é sua arrogância".

O pai, o gângster, faz um jogo aberto: quem ele julga perigoso ou o contraria, ele elimina. Ele expõe o tempo todo sua voracidade, sua pretensão e seus objetivos. As pessoas sabem o que ele quer, e a que ele veio. Ela não faz um jogo aberto: colocando-se como vulnerável e generosa, ela os deixa serem tudo e não impõe limites. Ora, o limite é absolutamente necessário sempre. Então vejamos.

A criança precisa de limites – os pais sabem disso, os educadores também. Sem os limites a criança fica totalmente perdida, sem qualquer noção da realidade externa e das suas próprias condições. Isso aparece bem no filme quando o menino insiste em ser castigado por ela; só assim ele poderá saber o que é certo e errado e só assim ele aprende a se conter e não precisa carregar uma culpa imensa que ele nem sabe por que sente. Mas se ninguém reage ele fica sem parâmetros, fica perdido. Vocês se lembram daquela criança que se vestiu de Batman e se jogou do alto da janela – não encontrou o limite físico (janela) e não encontrou o limite psíquico (o conhecimento). E as crianças que carregam armas até nas escolas, que ferem e matam outras crianças sem qualquer noção do que ocorre. Elas não lidam com os limites.

Também as leis, é para isso que elas existem.

Se existe a lei e se existem defensores das leis, é porque sentimos necessidade das restrições. Poderíamos dizer que a lei é uma criação que bloqueia o que é natural nos homens. A voracidade, o desejo de poder e de controle, a vontade de não ter restrições na satisfação de nossos desejos, o buscar a satisfação a todo custo, todas essas características fazem parte de nós.

Mas ao tentar nos conter no nível pessoal, o fazemos na certeza de que a capacidade de se conter traz sempre uma gratificação maior do que quando extrapolamos. Um exemplo simples disso todos nós conhecemos, é quanto à alimentação – comer é bom, mas resistir à comida traz, sem dúvida, uma satisfação muito maior. Não ficamos muito satisfeitos quando comemos muito, tudo que temos vontade, mas sim quando somos capazes de não comer demais.

Então, o pai diz a ela (em outras palavras): você não julga, deixa o outro sem parâmetros e pior, você considera o outro totalmente incapaz de reagir, de aprender, de melhorar. Se você não oferece resistência é porque não acredita que o outro vai aguentar. Na verdade, o outro está sendo totalmente desprezado por você. E mais: você é a única capaz de aguentar tudo e só você aprende, só você suporta frustrações. Essa é a grande pretensão, a grande arrogância.

Quando você não mostra ao outro que ele não está correto, você está dizendo que ele é um incompetente; estamos desconsiderando o outro; é como se disséssemos: "Não adianta, este não tem jeito". Isso é desprezo, é desconsideração; é a pior das violências.

Se ela, com sua experiência, seus conhecimentos e sua inteligência, tivesse ensinado essa gente a pensar, tudo poderia ter sido diferente. E como ela faria isso? Simplesmente contestando! Ela nunca contestou nada; sempre se submeteu como se fosse totalmente generosa, boa, gentil. E isso é falso porque generosidade é oferecer, não submissão ou serviços, mas recursos para o outro refletir, aprender. A verdadeira colaboração possibilita o desenvolvimento interno, a capacidade de pensar do próximo. Quando você corrige uma criança você mostra a ela porque aquilo que ela fez não pode ser feito, e mostra as consequências. É assim que a criança desenvolve a percepção de si, do outro, do mundo que a rodeia.

A necessidade fundamental que temos do outro é exatamente para isso: para aprender de nós mesmos. O outro não está para ser explorado, ou me explorar, mas para me definir, me oferecer com clareza a minha própria dimensão.

Se você não faz isso, não se oferece como obstáculo para a voracidade do outro, para a crueldade do outro, você está sendo igualmente cruel. Está negando a ele uma oportunidade de crescer, de aprender, de experimentar o novo e de se reformular. Enquanto esteve com a comunidade, sofrendo as pressões todas, Grace foi, com eles, mais cruel que os gângsters que os mataram a tiros: ela colaborou para matarem, dentro deles, o senso crítico, a generosidade, o respeito pelo outro, o sentimento de humanidade, em cada uma daquelas pessoas.

Psicanaliticamente, podemos dizer, segundo Bion, que Grace não aprendia com a experiência emocional, que ela não prestava atenção a ninguém, que ela alucinava. Alucinar para Bion é isto: você cria algumas ideias, constrói uma imagem do outro e passa a acreditar que isso que você criou, ou isso que você acha é a realidade, é a verdade. Grace não tentou conhecer os recursos dos moradores, ela partiu de uma ideia já preconcebida deles. E com sua alucinação levava os outros à loucura.

E se formos continuar na visão psicanalítica, podemos dizer que ela vivia um grande drama edípico; ou melhor, que ela não vivia ou nunca viveu o Édipo, mas sempre fugiu dessa vivência quando, ao em vez de disputar o pai com a mãe, ela já tinha a certeza de que a mãe perderia o pai para ela, que a mãe seria derrotada por ela. Essa mãe indefesa e incompetente ela transfere para todas as pessoas ao seu redor. Para nunca se defrontar com seus limites, nunca se ver como é na realidade, uma criança em desenvolvimento, ela garante que é uma supermulher, imbatível.

Estamos vendo então que o vértice da sexualidade ou da repressão da sexualidade continua como em Freud, só que com outras características, agora ampliadas pelas descobertas pós-Freud como as de Klein e Bion – ela não reprime a sexualidade, mas o conhecimento ou o reconhecimento da verdade. Ela nega seus próprios limites e nega os recursos dos outros ou nega seu desconhecimento sobre os recursos dos outros. Assumindo uma postura onipotente, ela própria não se vê como é e se considera dona da verdade, sem limites, portanto. É próprio da condição humana ter de estar sempre atentos para conhecer o que se passa, qual a verdade do momento, já que o que nós achamos são sempre hipóteses para serem verificadas e não verdades para serem afirmadas.

Em um momento, Tom sugere que ela mostre, na reunião da comunidade, os defeitos das pessoas; sugere que ela exponha a eles o que achava deles. E isso foi pior, porque ela de novo se colocou arrogantemente como alguém que avalia e julga, mas como alguém de fora; como o intelectual ou o cientista que faz avaliações e expõe seus resultados. E ela o fez arrogantemente! Não era esse o caminho, porque falar *depois* é fácil e, no caso, foi inoportuno. O importante é mostrar na vivência, quando está acontecendo e você está ali participando. É construir junto a experiência. Como na análise.

Na análise temos duas pessoas vivendo uma experiência e aprendendo juntos o que está ocorrendo, os sentimentos, os temores, quais fantasias estão sendo mobilizadas, aqui, agora. Não é mais como o Freud fazia bem no começo, em que ele contava para o paciente como ele era e porque foi ficando doente; e ele próprio, o Freud, ficava de fora como um observador cuidadoso para não se comprometer. Estamos mais instrumentados hoje para trabalhar com a contratransferência e com a identificação projetiva, o que significa que as emoções do analista também são importantes, ali na sessão, para chegar ao conhecimento da experiência emocional que está sendo vivida.

No filme temos alguns questionamentos da história das religiões, que aqui não nos interessa abordar, mas que nos alerta para características humanas importantes. O cão se chama Moisés, as frutas da região são maçãs etc. Parece que o diretor está falando da generosidade que encobre uma grande violência, ou do grande empreendedor que não pode ser contrariado. A história, até na Bíblia, mostra como atitudes pacíficas podem estar encobrindo muita violência. *Porque a violência é do ser humano*. Não se trata de eliminá-la, mas de administrá-la. Como eu li em algum lugar: a violência é um legado da natureza ao ser humano, mas não é o único, já que a natureza nos legou também a capacidade de acolhimento, de tolerância, de participação e tantos outros recursos.

Relacionado a isso, o filme nos apresenta no final alguns *flashs* chocantes: são pessoas miseráveis, extremamente pobres, abandonadas, marginalizadas. E as perguntas que podemos colocar são: elas não se ajudam ou não são ajudadas? Quando não oferecem oposição e aceitam uma situação tão terrível, quem ou o que os está massacrando? São eles que não confiam em si ou somos nós que não confiamos neles ou os desprezamos? De quem eles são vítimas? Existiria uma destrutividade interna muito grande sendo alimentada pela destrutividade externa? A falta de vitalidade nesses quadros expõe a violência externa ou a interna? Ou ambas?

Numa reportagem de jornal recente, estudiosos das questões sociais falavam da tendência atual a uma insensibilidade diante da violência que é absorvida passivamente e, em vez de despertar indignação, gera apatia. Essa é uma questão séria, porque a indignação está a serviço do instinto de vida e se orienta a oferecer resistência às ameaças destrutivas contra a vida, como diz Eduardo Montagne. Quando você nega sua revolta e seu temor da violência que ocorre ao seu redor e se torna indiferente, o que estará acontecendo? Estaríamos fugindo de viver o ódio, de sentir ódio? Mas se não se vive a experiência de ódio também não se vive a experiência de amor, de confiança, de esperança. Será que o medo de sentimentos intensos não estaria levando as pessoas a matá-los dentro de si para não experimentá-los?

Só que assim já estamos exercendo uma grande e terrível violência, na medida em que estamos matando dentro de nós o que temos de mais precioso, que é nossa capacidade de sonhar, de criar, de participar.

O mais chocante no filme é, a meu ver, o símbolo: o cachorro feroz. Ele dá nome à cidade, ele é o único sobrevivente. Temos todos um Moisés dentro de nós? No filme o cão não morre e fica a questão: Grace deixou Dogville? Ou Dogville deixou Grace? Ou dito de outra maneira: nós deixamos o cão feroz? Ou ele nos deixa?

Bibliografia consultada

Aisenstein, M. (2009). Sobre a ação terapêutica da psicanálise no século XXI. *Revista Brasileira de Psicanálise*, *43*(3), 171-181.

Arendt, H. (1987). *A condição humana*. Forense Universitária.

Assoun, P. L. (1983). *Introdução à epistemologia freudiana* (pp. 207-211). Imago.

Baranger, M., & Baranger, W. (1961-1962). La situación analítica como campo dinámico. *Revista Uruguaya de Psicoanálisis*, *4*(1), 3-54.

Baranger, W., & Baranger, M. (1969). *Problemas del campo psicanalítico* (pp. 15-50). Kargieman.

Baranger, W., Goldstein, R. Z., & Goldstein, N. (1994). *Artesanias psicanalíticas*. Kargieman.

Barros, E. M. R. (2005). Reflexões sobre a interpretação psicanalítica. *Revista Brasileira de Psicanálise*, *39*(21).

Bion, W. R. (1988). *Estudos psicanalíticos revisados: second thoughts* (W. M. M. Dantas Trad.). Imago. (Trabalho original publicado em 1967)

Bion, W. R. (1991). *O aprender com a experiência.* Imago. (Trabalho original publicado em 1962)

Bion, W. R. (2000). Turbulência emocional. *Revista de Psicanálise da SPPA, 7*(3), 447-457.

Bion, W. R. (2006). *Atenção e interpretação* (2a ed. P. C. Sandler Trad.). Imago. (Trabalho original publicado em 1970)

Birksted-Breen, D. (2005). Tempo e *après-coup*. *Livro Anual de Psicanálise, XIX*, 219-229.

Bleichmar, S. (2005). *A clínica psicanalítica e a neogênese* (pp. 24-35). Annablume.

Bollas, C. (1992). *A sombra do objeto. Psicanálise do conhecido não pensado*. Imago.

Bollas, C. (2015). Psicanálise na era da desorientação: do retorno do oprimido. *Revista Brasileira de Psicanálise, 49*(1), 47-66.

Bolognini, S. (2004). O bar no deserto. Simetria e assimetria no tratamento de adolescentes difíceis. *Revista Brasileira de Psicanálise, 38*(2), 259-269.

Bourdieu, P. (1992). *O poder simbólico*. Bertrand Brasil.

Bourdieu, P. (2003). *Economia das trocas simbólicas*. Perspectiva.

Bourdieu, P. (2007). *A distinção: crítica social do julgamento*. Zouk.

Chaui, M. (1994). *Convite à filosofia*. Ática.

Chasseguet-Smirgel, J. (1991). *Ética e estética da perversão*. Artes Médicas.

Cintra, E. U., & Figueiredo, L. C. (2004). *Melanie Klein: estilo e pensamento*. Escuta.

Derrida, J. (2001). *Estados-da-alma da psicanálise: o impossível para além da soberana crueldade* (A. R. Nogueira, & I. K. Marin Trads.). Escuta.

Dolto, F. (1992). A imagem inconsciente do corpo. São Paulo: Perspectiva.

Eiguer, A., & Berliner, C. (2014). A perversão narcísica, um conceito em evolução. *Revista Brasileira de Psicanálise, 48*(3), 93-104.

Figueiredo, L. C. (2005). A questão do sentido, a intersubjetividade e as teorias das relações de objeto. *Revista Brasileira de Psicanálise, 19*, 79-80.

Fisher, R. (2007). *O cavaleiro preso na armadura*. Record.

Flechner, S. (2008). Sobre a agressividade e violência na adolescência. *Livro Anual de Psicanálise, 21*, 155-165.

Fontana, R. C. (2001). O corpo aprendiz. In Carvalho, Y. M., & Rubio, K. *Educação física e ciências humanas*. Hucitec.

Franco Filho, O. M. (2009). A civilização do mal-estar pela felicidade. *Revista Brasileira de Psicanálise, 43*(2), 183-192.

Franco Filho, O. M., & Sandler, P. C. (2006). Intersubjetividade: progresso em psicanálise? *Revista Brasileira de Psicanálise, 19*, 96-97.

Frayze-Pereira, J. A. (1984). *A tentação do ambíguo: sobre a coisa sensível e o objetivismo científico*. Ática.

Frayze-Pereira, J. A. (1995). *Olho d'água: arte e loucura em exposição*. Escuta/Fapesp.

Foucault, M. (1979). *Microfísica do poder*. Graal.

Foucault, M. (1987). *Vigiar e punir: nascimento da prisão*. Vozes.

Freud, A. (1971). O tratamento psicanalítico de crianças (M. A. S. Matos Trad.). Imago. (Trabalho original publicado em 1927)

Freud, S. (1996a). A interpretação dos sonhos. In *Edição Standard brasileira das obras psicológicas completas de Sigmund Freud* (Vols. IV e V). Imago. (Trabalho original publicado em 1900)

Freud, S. (1996b). Fragmento da análise de um caso de histeria. In *Edição Standard brasileira das obras completas de Sigmund Freud* (Vol. VII). Imago. (Trabalho original escrito em 1901 e publicado em 1905)

Freud, S. (1996c) Três ensaios sobre a teoria da sexualidade. In *Edição Standard brasileira das obras completas de Sigmund Freud* (Vol. VII). Imago. (Trabalho original publicado em 1905)

Freud, S. (1996d). Formulações sobre os dois princípios do funcionamento mental. In *Edição Standard das obras psicológicas completas de Sigmund Freud* (Vol. 12). Imago. (Trabalho original publicado em 1911)

Freud, S. (1996e). A dinâmica da transferência. In *Edição Standard brasileira das obras completas de Sigmund Freud* (Vol. XII). Imago. (Trabalho original publicado em 1912)

Freud, S. (1996f). Totem e tabu. In *Edição Standard brasileira das obras completas de Sigmund Freud* (Vol. XIII). Imago. (Trabalho original publicado em 1913 [1912-13])

Freud, S. (1996g). Sobre o narcisismo: uma introdução. In *Edição Standard brasileira das obras completas de Sigmund Freud* (Vol. XIV). Imago. (Trabalho original publicado em 1914)

Freud, S. (1996h). A pulsão e seus destinos. In *Edição Standard brasileira das obras completas de Sigmund Freud* (Vol. XIV). Imago. (Trabalho original publicado em 1915a)

Freud, S. (1996i). O inconsciente. In *Edição Standard brasileira das obras completas de Sigmund Freud* (Vol. XIV). Imago. (Trabalho original publicado em 1915b)

Freud, S. (1996j). Conferências introdutórias sobre psicanálise. In *Edição Standard brasileira das obras completas de Sigmund Freud* (Vol. XV). Imago. (Trabalho original publicado em 1916-1917 [1915-1917])

Freud, S. (1996k). Conferências introdutórias sobre psicanálise. In *Edição Standard brasileira das obras completas de Sigmund Freud* (Vol. XVI). Imago. (Trabalho original publicado em 1917 [1916-1917])

Freud, S. (1996l). Luto e melancolia. In *Edição Standard brasileira das obras completas de Sigmund Freud* (Vol. XIV). Imago. (Trabalho original publicado em 1917)

Freud, S. (1996m). Uma dificuldade no caminho da psicanálise. In *Edição Standard brasileira das obras psicológicas completas de Sigmund Freud* (Vol. XVII). Imago. (Trabalho original publicado em 1917)

Freud, S. (1996n). Uma criança é espancada: uma contribuição ao estudo da origem das perversões sexuais. In *Edição Standard brasileira das obras completas de Sigmund Freud* (Vol. XVII). Imago. (Trabalho original publicado em 1919)

Freud, S. (1996o). Além do princípio de prazer. In *Edição Standard brasileira das obras completas de Sigmund Freud* (Vol. XVIII). Imago. (Trabalho original publicado em 1920)

Freud, S. (1996p). O ego e o id. In *Edição Standard brasileira das obras completas de Sigmund Freud* (Vol. XIX). Imago. (Trabalho original publicado em 1923)

Freud, S. (1996q). Neurose e psicose. In *Edição Standard brasileira das obras completas de Sigmund Freud* (Vol. XIX). Imago. (Trabalho original publicado em 1924 [1923])

Freud, S. (1996r). O futuro de uma ilusão. In *Edição Standard brasileira das obras completas de Sigmund Freud* (Vol. XXI). Imago. (Trabalho original publicado em 1927)

Freud, S. (1996s). O mal-estar na civilização. In *Edição Standard brasileira das obras completas de Sigmund Freud* (Vol. XXI). Imago. (Trabalho original publicado em 1930)

Freud, S. (1996t). Construções em análise. In *Edição Standard brasileira das obras completas de Sigmund Freud* (Vol. XXIII). Imago. (Trabalho original publicado em 1937)

Freud, S. (1996u). Esboço de psicanálise. In *Edição Standard brasileira das obras completas de Sigmund Freud* (Vol. XXIII). Imago. (Trabalho original publicado em 1938)

Freud, S. (1996v). Esboço de psicanálise. In *Edição Standard brasileira das obras completas de Sigmund Freud* (Vol. XXIII). Imago. (Trabalho original publicado em 1940 [1938])

Gabbard, G. O., & Westden, D. (2003). Repensando a ação terapêutica. *Revista Brasileira de Psiquiatria, 25*(2), 257-273.

Giddens, A. (2002). *Modernidade e identidade.* Zahar.

Green, A. (2005). O intrapsíquico e o intersubjetivo: pulsões e/ou relações de objeto. *Revista de Psicanálise da Sociedade Psicanalítica de Porto Alegre, 12*(1), 51-83.

Greenberg, J. R., & Mitchell, M. S. A. (1994). Relações objetais na teoria psicanalítica (p. 15-19). Artes Médicas.

Guimarães Filho, P. D. (2005). Recentes confluências teóricas na psicanálise e sua importância epistemológica. *Livro Anual de Psicanálise, XIX*, 179-189.

Klein, M. (1976). Notas sobre mecanismos esquizóides. In *Obras completas de Melanie Klein* (Vol. III). Imago. (Trabalho original apresentado em 1946)

Klein, M. (1981). *Psicanálise da criança*. Mestre Jou. (Trabalho original publicado em 1926)

Klein, M. (1991a). Algumas conclusões teóricas relativas à vida emocional do bebê. In *Obras completas de Melanie Klein* (Vol. III). Imago. (Trabalho original apresentado em 1952)

Klein, M. (1991b). *Inveja e gratidão e outros trabalhos (1946-1963)* (E. M. Rocha, & L. P. Chaves Trad.). Imago. (Trabalho original apresentado em 1957)

Klein, M. (1996). Amor, culpa e reparação e outros trabalhos (1921-1945). In *Obras completas de Melanie Klein* (Vol. I). Imago.

Kristeva, J. (2002). *O gênio feminino: a vida, a loucura, as palavras – tomo II Melanie Klein*. Rocco.

Languer, S. (2004). *Filosofia em nova chave*. Perspectiva.

Lebrun, G. (1981). *O que é poder*. Brasiliense.

Manfredi, S. T. (1998). *As certezas perdidas da psicanálise clínica* (p. 173). Imago.

Marinho, N. C. (2006). *Razão e psicanálise* (p. 272). [Tese de Doutorado, Pontifícia Universidade Católica do Rio]. Coleção Digital. https://www.maxwell.vrac.puc-rio.br/colecao.php?strSecao=resultado&nrSeq=8964@1

McDougall, J. (1983). *Em defesa de uma certa anormalidade: teoria e clínica psicanalítica* (C. E. Reis Trad.). Artes Médicas.

McDougall, J. (1989). *Teatros do eu*. (O. Coddá Trad.). Francisco Alves.

McDougall, J. (1991). *Teatros do corpo: o psicossoma em psicanálise*. (P. H. B. Rondon Trad.). Martins Fontes.

Meltzer, D. (1994). *A apreensão do belo: o papel do conflito estético no desenvolvimento, na violência e na arte*. Imago. (Trabalho original publicado em 1988)

Money-Kyrle, R. (1977). *O medo da insanidade* (p. 448). Casa do Psicólogo.

Money-Kyrle, R. (1996). *Obra selecionada*. Casa do Psicólogo.

Montagne, E. (1991). Odiar sin culpa; una reflexión psicoanalítica sobre los afectos y su relación con la violência. In M. Lemlij. *El múltiple interés del psicoanálisis; 77 años después* (pp. 98-106). Sociedad Peruana de Psicoanálisis.

Monzani, L. R. (1989). *Freud, o movimento de um pensamento* (pp. 69-78). Editora da Unicamp.

Rechardt, E. (1986). Os destinos da pulsão de morte. In A. Green, J. Laplanche, H. Segal, E. Rechardt, & C. Yorke. *Pulsão de morte*. Escuta.

Rezende, A. M. (2006). *Novas perspectivas para a psicanálise atual – a expansão do universo mental*. Curso proferido na SBPSP. 7a aula.

Rocca, E. G. (2000). A psicanálise na sociedade pós-moderna. *Revista de Psicanálise da SPPA*, *7*(1), 65-70.

Roth, P. (2002). *A marca humana*. Companhia das Letras.

Roudinesco, E. (2000). *Por que a psicanálise?* (V. Ribeiro Trad.). Zahar.

Said, E. W. (2006). *Humanismo e crítica democrática* (R. Eichenberg Trad.). Companhia das Letras.

Segal, H. (1975). *Introdução à obra de Melanie Klein*. Imago.

Segal, H. (1982). Notas a respeito sobre a formação de símbolos. In *A Obra de Hanna Segal: uma abordagem kleiniana à prática clínica*. Imago.

Segal, H. (1986). Da utilidade clínica do conceito de pulsão de morte. In A. Green, J. Laplanche, H. Segal, E. Rechardt, & C. Yorke. *Pulsão de morte*. Escuta.

Shöpke, R. (2004). *Por uma filosofia da diferença: Gilles Deleuze, o pensador nômade*. Contraponto; Edusp.

Spillius, E. B. (1990). *Melanie Klein hoje – Desenvolvimentos da teoria e da técnica - Vol. 2: Artigos predominantemente técnicos*. (E. B. Spillius Ed.; B. H. Mandelbaum Trad.). Imago.

Spillius, E. B. (1991). *Melanie Klein hoje – Desenvolvimentos da teoria e da técnica – Vol. 1: Artigos predominantemente teóricos*. (E. B. Spillius Ed.; B. H. Mandelbaum Trad.). Imago.

Stein, R. (1991). Una nueva mirada a la teoría de Melanie Klein. *Libro Anual de Psicoanálisis*, 6, 189-202.

Steiner, J. (1997). *Refúgios psíquicos: organizações patológicas em pacientes psicóticos, neuróticos e fronteiriços* (R. Quintana, & M. L. Sette Trads.). Imago.

Steuerman, M. E. (2003). *Os limites da razão: Habermas, Lyotard, Melanie Klein e a Racionalidade*. Imago.

Tanis, B. (2009). Especificidade no processo de elaboração do luto na adolescência. *Revista Brasileira de Psicanálise*, *43*(3), 39-50.

Vassalli, G. (2003). O nascimento da psicanálise a partir do espírito da técnica. *Livro Anual de Psicanálise*, *XVII*, 97-117.

Viñar, M. N. (2002). A psicanálise e o mundo de hoje: mudanças e permanências. *Revista Latinoamericana de Psicoanálisis – Fepal*, *5*, 11-20.

Zizek, S. (2005, 27 de março). A vítima é o criminoso. *Folha de S.Paulo – Caderno Mais*.

Comissão organizadora

Maria Aparecida G. Galiote B. Pelissari (organizadora)

Psicóloga pela Faculdade de Filosofia, Ciências e Letras de Ribeirão Preto da Universidade de São Paulo (FFCLRP–USP) e psicanalista formada na Sociedade Brasileira de Psicanálise de Ribeirão Preto (SBPRP). Associada a *International Psychoanalytical Association* (IPA). Psicanalista de criança e adolescente pela IPA desde 19 julho de 2021. Membro da primeira turma do Instituto de Psicanálise da SBPRP. Representante dos Membros Filiados (1994-1999). Vice-presidente da Associação Brasileira de Candidatos (ABC) (1995-1997). No Instituto de Psicanálise da SBPRP, participa na formação de novos psicanalistas, na divulgação da SPBRP e da psicanálise, apresentando trabalhos em congressos no Brasil e na América Latina. Membro efetivo com funções didáticas da SBPRP. Membro do Conselho Editorial da *Berggasse 19 – Revista de Psicanálise da SBPRP* desde 2022. Tesoureira do Núcleo de Infância e Adolescência (NIA) do Instituto de Psicanálise da SBPRP desde abril de 2022.

Ana Rita Nuti Pontes

Psicanalista, membro associado da Sociedade Brasileira de Psicanálise de São Paulo (SBPSP) e membro efetivo com funções didáticas da Sociedade Brasileira de Psicanálise de Ribeirão Preto (SBPRP) Filiada a *International Psychoanalysis Association* (IPA). Membro participante da Comissão *Cinema e Psicanálise* em seu nascedouro (1999). Coordenadora da Comissão *Cinema e Psicanálise* de 2000 a 2004.

Guiomar Papa de Morais

Psicóloga graduada pela Faculdade de Filosofia, Ciências e Letras de Ribeirão Preto da Universidade de São Paulo (FFCLRP–USP). Mestre em Psicologia Clínica pelo Instituto de Psicologia da (IP--USP). Psicanalista, membro efetivo com funções didáticas da Sociedade Brasileira de Psicanálise de Ribeirão Preto (SBPRP). Filiada a *International Psychological Association* (IPA). Analista de crianças e adolescentes (COCAP-IPA). Membro do Conselho Editorial da *Berggasse 19 - Revista de Psicanálise da SBPRP* desde 2021. Atual Coordenadora do Núcleo de Infância e Adolescência (NIA) do Instituto de Psicanálise da SBPRP.

Maria Aparecida Sidericoudes Polacchini

Psicóloga e psicanalista pela Sociedade Brasileira de Psicanálise de São Paulo (SBPSP), onde é membro associado. Membro efetivo com funções didáticas da Sociedade Brasileira de Psicanálise de Ribeirão Preto (SBPRP) e do Grupo de Estudos de Psicanálise de Rio Preto e Região.

Maria Lucimar Fortes Paiva

Psicanalista, membro associado da Sociedade Brasileira de Psicanálise de Ribeirão Preto (SBPRP). Docente da Faculdade de Filosofia, Ciências e Letras de Ribeirão Preto da Universidade de São Paulo (FFCLRP-USP) (aposentada). Autora de artigos sobre psicanálise e formação profissional. Foi membro componente de comissões da SBPRP, e de comissões organizadoras de congressos, além de membro do conselho diretor da SBPRP (2010-2012).

Mauro Campos Balieiro

Psicólogo pela Pontifícia Universidade Católica de Campinas (PUC-Campinas). Mestre em Saúde Mental pela Faculdade de Medicina de Ribeirão Preto da Universidade de São Paulo (FMRP-USP). Doutor em Psicologia pela Faculdade de Filosofia, Ciências e Letras de Ribeirão Preto da Universidade de São Paulo (FFCLRP-USP). Atualmente, é professor titular da Universidade Paulista (Unip) e membro filiado ao Instituto de Psicanálise da Sociedade Brasileira de Psicanálise de Ribeirão Preto (SBPRP).

Suporte técnico

Vanessa Alves Zagatto – CRB 8/8638

Mestra em Ciência da Informação pela Faculdade de Filosofia e Ciências da Universidade Estadual Paulista "Júlio de Mesquita Filho" (Unesp – *Campus* Marília) – Área de concentração Informação, Tecnologia e Conhecimento. Bacharel em Ciências da Informação, Documentação e Biblioteconomia pela Faculdade de

Filosofia, Ciências e Letras de Ribeirão Preto da Universidade de São Paulo (FFCLRP-USP). Gestora de Conhecimento & Informação e Bibliotecária na Sociedade Brasileira de Psicanálise de Ribeirão Preto e responsável técnica pela Diretoria de Publicações da Sociedade Brasileira de Psicanálise de Ribeirão Preto (SBPRP). Editora Assistente da *Berggasse 19 - Revista de Psicanálise da SBPRP*.

Denise Lopes Rosado Antônio – Diretoria de Publicações (Biênio 2020-2022)

Médica psiquiatra, psicanalista associada a *International Psychoanalytical Association* (IPA). Membro efetivo da Sociedade Brasileira de Psicanálise de Ribeirão Preto (SBPRP). Médica colaboradora na Residência de Psiquiatria do Hospital das Clínicas da Faculdade de Medicina de Ribeirão Preto da Universidade de São Paulo (FMRP-USP) desde 2011. Coordenadora da Comissão de Cinema e Psicanálise de 2006 a 2010. Coordenadora da Comissão Cultural da V Bienal de Psicanálise e Cultura da SBPRP realizada em 2020/2021. Diretora de Publicações da SBPRP no Biênio 2020-2022.

Sônia Maria Nogueira de Godoy – Diretoria de Publicações (Biênio 2022-2024)

Graduada em Letras pela Universidade Estadual Paulista "Júlio de Mesquita Filho" (Unesp - *Campus* Franca) e em Psicologia pela Universidade de Franca (Unifran-SP). Mestre em Psicologia Clínica pela Pontifícia Universidade Católica de São Paulo (PUC-SP). Psicanalista pela Sociedade Brasileira de Psicanálise de Ribeirão Preto (SBPRP). Apresentou trabalho em congresso da Federação

Brasileira de Psicanálise (Febrapsi), têm artigos publicados pela *Berggasse 19 – Revista de Psicanálise da SBPRP* e participou como organizadora dos livros: *Matrizes míticas na obra de Bion* e *Rêverie hostil, premonições na experiência analítica e textos selecionados*, ambos pela Editora Blucher. Diretora de publicações do Conselho diretor da SBPRP no biênio 2022-2024.

GRÁFICA PAYM
Tel. [11] 4392-3344
paym@graficapaym.com.br